동양books
Dongyang books

동양문고 ⊞ 일본어뱅크 ⊞ 중국어뱅크 ⊞ 홍익미디어⁺ ⊞ 상상공방 ⊞

출판그룹 동양books (瞳養BOOKS)는 분야에 따라 다섯 가지
브랜드로 독자 여러분에게 다가가고 있습니다.
동양문고 ⊞ (東洋文庫)는 일본어, 중국어, 한자 및 아시아권 어학서,
일본어뱅크 ⊞ 와 중국어뱅크 ⊞ 는 일본어 · 중국어 강의용 교재,
홍익미디어⁺ ⊞ 는 영어 및 유럽권 어학서,
상상공방 ⊞ 은 일반 단행본(실용서, 경제경영, 소설, 에세이,
만화)을 출간하고 있습니다.

동양북스의 '동양(瞳 눈동자 동 養 기를 양)'은 '안목을 기른다'는 뜻으로
'책을 읽고 세상을 보는 안목을 기른다'는 이념을 담고 있습니다.

동양문고 · 상상공방 www.dongyangbooks.com
일본어뱅크 · 중국어뱅크 www.nihongobank.co.kr
홍익미디어플러스 www.hongikmediaplus.co.kr
동양TV(동영상강좌) www.dongyangTV.com

신개정 출제기준 반영

新 JLPT
일본어능력시험

N1

이렇게
풀어라!

동양문고

초판 인쇄 | 2010년 10월 18일
초판 발행 | 2010년 10월 25일

지은이 | 정의상, 메구로 마코토
발행인 | 김태웅
편집장 | 김연한
책임편집 | 김해영
집필도움 | 이미지, 허순정
디자인 | 안성민, 차경숙
마케팅 | 권혁주, 나재승, 조도현, 정상석, 서재욱, 장영임, 김귀찬, 이용재, 김지원
제작 | 현대순

발행처 | 동양문고 · 상상공방
등록 | 제 10-806호(1993년 4월 3일)
주소 | 서울시 마포구 서교동 463-16호 (121-842)
전화 | (02)337-1737
팩스 | (02)334-6624
웹사이트 | http://www.dongyangbooks.com
　　　　　http://www.dongyangtv.com

ISBN 978-89-8300-705-6 14730
　　　　978-89-8300-678-3 14730 (세트)

新 JLPT

일본어능력시험

N1

이렇게
풀어라!

머리말

2010년부터 새롭게 개정된 新 일본어 능력시험(N1~N5)은 과제 수행을 위한 커뮤니케이션 능력의 측정을 가장 큰 개정의 목표로 삼고 있다. 이는 다시 말하면 일본어 학습자들의 과제 수행을 위한 커뮤니케이션 능력을 향상시키기 위한 목적으로 지난 10여 년 동안 일본의 유수한 학자 및 전문가들의 연구와 세미나 등을 통해 기존의 능력시험에서 부족하다고 여겨져 왔던 부분을 대폭 보강한 형태로 탈바꿈한 새로운 유형의 시험이다. 기존의 능력시험은 단순히 일본어의 언어 지식 면에서의 능력 측정에 치우쳐, 실용적인 측면에서의 일본어 능력을 측정하기에는 부족한 점이 많았다고 하는 점에서 대단히 바람직한 방향으로 개정되었다고 할 수 있다.

과제 수행을 위한 커뮤니케이션 능력의 측정 및 향상을 개정의 목표로 하고 있는 新 일본어 능력시험 N1에서 기존 능력시험 1급과 비교해 난이도가 약간 상향 조정되었으며, 두드러지게 변화된 문제의 유형은 다음과 같다.

첫째, '청해' 문제의 비중이 큰 폭으로 상향 조정되었다는 점과 일상 회화 장면을 떠올리게 하는 '즉시 응답' 문제가 청해 문제로 신설되었다는 점이다.

둘째, '독해' 문제에 있어서 과제 수행 능력을 측정하기 위해, 복수의 텍스트를 비교하면서 읽고 양쪽의 텍스트에 제시되는 정보를 비교하고 통합할 수 있는지를 묻는 '통합 이해' 문제, 지문으로 제시되는 여러 가지 정보소재 안에서 필요한 정보를 찾아낼 수 있는지를 묻는 '정보 검색' 문제가 신설되었다는 점이다.

셋째, '문법' 문제에 있어서는 문법의 실용화를 꾀하고자 기존의 '기능어 관련 문제(단문의 문법1)'에 비중을 두었던 것에서 탈피해 주어진 단어를 올바르게 조합해 하나의 문장을 완성시킬 수 있는지를 묻는 '단어 조합을 통한 문장 어순 완성(단문의 문법2)' 문제와, 여러 개의 문장으로 이루어진 텍스트의 내용 구성과 문맥의 흐름을 정확히 파악하고 텍스트의 전체적인 내용을 완성시키기 위해 올바른 문형이나 단어 및 표현을 사용할 수 있는지를 묻는 '텍스트 문맥 속 알맞은 단어 넣기(텍스트의 문법)' 문제가 신설되었다는 점이다.

넷째, '문자 · 어휘' 문제의 비중이 하향 조정되었고, 특히 '한자' 문제의 비중이 대폭으로 줄어들었다는 점이다.

이와 같은 문제 유형의 변화는 이번 개정이 과제 수행을 위한 커뮤니케이션 능력의 측정 및 향상을 목표로 하고 있기 때문이라고 할 수 있다.

이에 따라 이 책은 新 일본어 능력시험의 개정 의도 및 목표가 나와 있는 가이드북과 2010년 7월에 시행된 일본어 능력시험 N1을 철저히 분석하여, 크게는 '문자 · 어휘', '문법', '독해', '청해'로 나누어지는 분야별 공부를 평소에 어떻게 하는 것이 효과적인가에 대해 설명해 놓은 완벽 가이드이다.

세부적으로는 新 일본어 능력시험에서 출제되는 각각의 분야별 문제 유형을 세분화하여 예제를 제시하고, 이를 효과적이고도 정확하게 풀 수 있도록 '문제 풀이 요령'을 상세하게 설명해 놓았으며, 또한 시험에 출제될 확률이 높은 학습 내용 등을 분야별로 실어 놓았다.

마지막으로는 이러한 문제 풀이 요령을 습득한 후에, 습득한 풀이 요령을 활용해 다시 한 번 전체적인 복습을 할 수 있도록 '모의 테스트' 2회분을 수록해 놓았다.

아무쪼록 이 책이 새로운 출제유형에 대한 두려움과 막막함을 없애고 일본어 능력시험 N1에 높은 점수로 합격할 수 있도록 수험생 여러분에게 많은 도움이 되기를 바란다.

저자

 # 차례

이 책의 특징

2010년부터 일본어능력시험(JLPT)이 新 일본어능력시험(NJLPT)으로 개정되었습니다. 이 책은 새로운 출제 유형을 철저하게 분석하여 N1 시험이 어떻게 출제되며, 어떻게 푸는지를 가장 자세하게 설명한 〈일본어능력시험 N1 종합 가이드북〉입니다. 책은 크게 두 가지 부분으로 구성되어 있습니다. 첫 번째는 일본어능력시험 N1에 나오는 문제 유형 전부를 예로 들면서 과목별로 풀이 요령을 설명하는 [공부 방법과 문제 유형] 부분이며, 두 번째는 실제 시험과 똑같은 형태의 [모의 테스트] 부분입니다. 이 책에 실린 문제들은 새롭게 개정된 일본어능력시험의 출제유형을 따르며, 단순히 문제를 싣는 데 그치지 않고 다음과 같은 특징을 가집니다.

1. 新 일본어능력시험 N1에서 나오리라 예상되는 문제 유형이 빠짐없이 모두 실려 있습니다.

문제 유형 하나 하나마다 철저히 분석하였으며, 어떠한 유형이 출제되더라도 대비할 수 있도록 자세하게 설명하여 혼자서도 학습할 수 있도록 구성했습니다.

2. 과목별로 문제별 풀이 요령을 제시하여 수험생에게 좋은 길잡이가 되도록 하였습니다.

각 과목마다 크게 [공부 방법과 문제 유형], [문제별 풀이 요령]으로 구성되어 있습니다. [공부 방법과 문제 유형]에서는 각 문제 유형에 대한 설명을 제시하고, 유형별로 어떻게 풀어야 하는지 간략하게 설명되어 있습니다. [문제별 풀이 요령]에서는 직접 예제 문제를 풀어보면서 문제 유형을 설명, 분석하였습니다.

3. 각각의 문제 유형마다 푸는 방법을 [이렇게 풀어라!]에서 자세하게 설명하였습니다.

예제 문제에 대한 문제 풀이를 [이렇게 풀어라!]를 통해 자세하게 설명, 분석하고 어떻게 문제를 풀어야 하는지에 대한 요령을 제시하여 시험에 대비할 수 있도록 했습니다.

4. 각 유형마다 [실전문제]를 수록했습니다.

〈PART 02 문법〉과 〈PART 04 청해〉에 [실전문제]를 수록하여 한 번 더 문제를 풀어볼 수 있도록 했습니다.

5. 시험을 보려면 꼭 알아야 할 어휘, 기능어, 접속사 등을 실어 문제를 푸는 데 기본적으로 필요한 어휘력을 기르도록 하였습니다.

시험에 자주 나오는 기능어와 접속사 등 중요한 어휘를 예문을 들어 설명하여 학습하기 수월하도록 하였으며, 헷갈리기 쉬운 한자나 부사 등도 수록하여 시험에 도움이 될 수 있도록 했습니다.

6. 권말에는 실제 시험과 똑같은 모의테스트 2회분을 실어 실력을 점검할 수 있도록 하였습니다.

7. 문제에 대한 우리말 번역을 실어 혼자서도 공부할 수 있습니다.

新 일본어능력시험

1. 新 일본어능력시험의 개요

新 일본어능력시험은 일본 국내외에서 일본어를 모국어로 사용하지 하지 않는 전 세계 수험자를 대상으로 실시하는 시험으로, 기존의 시험이 일본어에 관한 단순한 지식만을 평가했다면 2010년부터 개정되는 시험에서는 출제기준과 유형이 대폭 개정되면서 일본어에 관한 전반적인 지식과 함께 실질적인 문제 해결능력 및 커뮤니케이션 능력을 겸비할 수 있는 방향으로 개선되었다는 것이 가장 큰 특징이다.

일본 정부가 공인하는 일본어 시험으로 국제교류기금과 재단법인 일본국제교육지원협회가 주최한다.

2. 新 일본어능력시험 실시 횟수

2009년 이전까지 연 1회였던 시험이 매년 7월 첫 번째 일요일과 12월 첫 번째 일요일로 연 2회 실시로 변경되었다.

1) 전반적으로 무엇이 바뀌는지?

(1) 과제 수행을 위한 언어 커뮤니케이션 능력 중시

2009년까지 실시한 시험은 단순히 일본어에 관한 지식 위주의 시험이었지만, 새로운 시험은 일본어에 관한 지식과 함께 실질적인 문제해결 능력을 묻는 문제를 중점으로 출제된다. 또한 종합 배점에서 청해가 차지하는 비율이 기존의 4분의 1에서 3분의 1로 높아졌다.

(2) 레벨 신설

기존의 4단계(1급~4급)에서 레벨을 한 단계 늘려 5단계(N1~N5)로 개정 실시한다. 이는 기존의 3급과 2급의 현격한 레벨 차이를 보완하기 위해 개정된 것으로 각 레벨의 수준은 다음과 같다.

변경 전	변경 후	난이도
1급	N1	기존의 1급과 비슷하거나 다소 높은 수준
2급	N2	기존의 2급 수준
	N3	기존의 2급과 3급 사이 수준 (신설 레벨)
3급	N4	기존의 3급 수준
4급	N5	기존의 4급 수준

(3) 과락 제도 도입

　기존 시험에서는 1급의 경우 종합점수 400점 만점에 70%인 280점 이상 득점하면 문자·어휘, 청해, 문법·독해 3개 영역 중 1개 영역 점수가 0점이 나오더라도 종합점수로만 합격 여부를 결정하였기 때문에 합격이 가능했다. 하지만 2010년 개정되는 능력시험에는 과락 제도를 도입하여 해당 과목당 기준 점수가 있어 기준 점수에 미달되는 경우 총득점이 높다 해도 불합격 처리된다.

2) 시험과목 및 시험시간

레벨	시험 과목	시험시간	시험점수	新JLPT 난이도
N1	언어지식 (문자·어휘, 문법)	110분	60점	기존 시험 1급과 거의 비슷하거나 다소 높은 수준
	독해		60점	
	청해	60분	60점	
	계	170분	180점	
N2	언어지식 (문자·어휘, 문법)	105분	60점	기존 시험 2급 수준
	독해		60점	
	청해	50분	60점	
	계	155분	180점	
N3	언어지식(문자·어휘)	30분	120점	기존 시험 2급과 3급 사이 수준
	언어지식(문법)·독해	70분		
	청해	40분	60점	
	계	140분	180점	
N4	언어지식(문자·어휘)	30분	120점	기존 시험 3급 수준
	언어지식(문법)·독해	60분		
	청해	35분	60점	
	계	125분	180점	
N5	언어지식(문자·어휘)	25분	120점	기존 시험 4급 수준
	언어지식(문법)·독해	50분		
	청해	30분	60점	
	계	105분	180점	

3. 新 일본어능력시험 개정의 목적

2010년도에 개정된 新 일본어능력시험이 내세우는 궁극적인 목표는 과제 수행을 위한 커뮤니케이션 능력을 테스트하는 것이다. 이는 일상적인 생활, 즉 학교생활, 비즈니스 관련 업무, 문화생활 등 일반 사회생활에서 어느 정도 일본어를 사용한 커뮤니케이션이 가능한지 그 능력을 테스트하고, 이러한 시험 과정을 통해 일본어 학습자들이 좀 더 일본어를 실용적으로 회화에 응용할 수 있도록 하는데 그 목표가 있다.

이러한 목표는 상당히 오래 전부터 세워져 목표를 수행하기 위해서 부분적으로 구두로 회화능력을 평가하는 시험 개발도 검토되어 왔으나, 여러 가지 제한 사항이 있어 新 일본어능력시험에 반영되지 못하고, 결과적으로 기존의 시험 시스템으로 시행을 하되 변화를 주었다.

일본의 일본어 능력시험 관계 기관의 잡지에 실린 '新 일본어능력시험을 위한 어휘표 작성'이라는 보고서에 따르면,

첫째, 문어적인 표현뿐만 아니라 구어체(회화체)적인 표현도 지금보다 적극적으로 어휘 목록에 추가하도록 한다.

둘째, 해당 사안을 좀 더 구체적이고 풍요롭게 묘사할 수 있는지를 평가할 수 있도록 여러 가지 실용적 표현을 어휘 목록에 추가하도록 한다.

新 일본어능력시험이 추구하는 커뮤니케이션 능력 평가라는 핵심 목표는 어휘 목록 작성에 변화를 가져왔으며 단순히 지식을 묻는 문제 유형이었던 한자 문제도 문항 수 및 전체시험에서의 비중이 대폭 하향 조정되었다. 이러한 문자·어휘 시험의 변화는 다른 유형의 시험, 즉 문법시험, 독해시험, 청해 시험의 변화에도 반영되어 문제 유형을 신설하거나 바꾸게 되었다. 그 중에서 청해의 비중을 기존의 1/4에서 1/3로 대폭 상향조정 한 것이 가장 큰 변화라고 할 수 있다.

(1) 시험결과의 표시

각 레벨의 득점 구분과 득점의 범위는 아래와 같습니다.

레벨	득점구분	득점범위
N1	언어지식(문자, 어휘, 문법)	0~60
	독해	0~60
	청해	0~60
	종합득점	0~180
N2	언어지식(문자, 어휘, 문법)	0~60
	독해	0~60
	청해	0~60
	종합득점	0~180
N3	언어지식(문자, 어휘, 문법)	0~60
	독해	0~60
	청해	0~60
	종합득점	0~180
N4	언어지식(문자, 어휘, 문법), 독해	0~120
	청해	0~60
	종합득점	0~180
N5	언어지식(문자, 어휘, 문법), 독해	0~120
	청해	0~60
	종합득점	0~180

N1, N2, N3의 득점 구분은 ①언어지식(문자, 어휘, 문법), ②독해, ③청해의
3구분입니다.
N4, N5의 득점 구분은 ①언어지식(문자, 어휘, 문법), 독해, ②청해의 2구분입
니다.

* 자주 하는 질문

Q1 시험은 1년에 몇 번 실시됩니까?

A1 「N4, N5」는 12월에만, 「N1, N2, N3」는 7월과 12월 두 번입니다. 다만, 해외에서는 7월 시험을 실시하지 않는 나라나 지역이 있습니다. 자세한 것은 국제교류기금의 웹사이트(www.jlpt.jp)에 게재합니다.

Q2 시험일은 정해져 있습니까?

A2 7월과 12월의 첫째주 일요일에 실시합니다.

Q3 향후, 시험 정보는 어디서 알 수 있습니까?

A3 일본어능력시험 웹사이트에서 수시로 갱신하기 때문에 www.jlpt.or.kr에 게재되는 내용을 참조해 주세요.

* 일본어능력시험 관할 지역

서울권(경기 · 대전 · 강원 · 충청 · 호남) : 일본어능력시험 서울 실시위원회
(02-723-8487)

부산권(영남 · 대구 · 울산) : (사) 부산 한일문화교류협회
(051-465-7323)

제주권 : 제주도 한일친선협회(064-757-2164~6)

PART 01

N1 문자 · 어휘(언어지식)

01 문자 · 어휘 공부 방법과 문제 유형

02 문제별 풀이 요령

1. 한자 읽기
2. 문맥 규정
3. 유사표현 바꾸기
4. 용법

03 꼭! 암기해야 할 N1 문자 · 어휘

1. 시험에 출제되는 핵심 어휘
2. 시험에 출제되는 핵심 외래어
3. 시험에 출제되는 합성어
4. 한자 읽기
5. 시험에 출제되는 핵심 관용구

1. '문자 · 어휘' 고득점을 위한 공부 방법

1) 사전은 이렇게 찾아라.

개정된 새로운 일본어 능력시험 N1의 문자 · 어휘 문제는 깊이와 넓이 양쪽 모두를 요구하여 난이도가 높아졌다.

(1) 되도록 일일 사전(전자 사전의 広辞苑 등)으로 단어를 찾는 습관을 길러라!

단어	仰ぐ (あおぐ)	扇ぐ (あおぐ)
뜻	① うやまう(존경하다)	① 扇子などを動かして風を出す。
	② もとめる(청하다)	(부채질하다)
	③ うつむく(올려보다)	
	④ 一気に飲む(들이켜다)	

(2) 해당 단어의 표제어 아래로 나와 있는 내용을 전부 익혀라!

단어를 찾을 때 해당 단어의 필요한 의미를 찾는 것은 물론이고 단어의 표제어 아래로 나와 있는 여러 가지 항목에는 어떠한 것들이 있는지 알아 놓아야 한다.

지금 당장은 시간도 더 걸리고 필요 없는 내용이라고 생각되겠지만, 언젠가는 유용하게 쓰일 것이다.

さす【差す】를 사전에서 찾는다고 생각해 보자.

〔사전 표제어〕

さす【差す】 [자동사]	① 비치다 (入り込む) ⑩ **屋根に朝日が差す**。 (지붕에 아침 햇살이 비치다.)
	② 나타나다 (表れる) ⑩ **顔に赤みが差す**。 (얼굴에 붉은 빛이 나타나다.)
	③ 밀려오다 (満ちる) ⑩ **顔潮が差す**。 (밀물이 밀려오다.)
	④ 씌다, 들리다 (とりつく) ⑩ **まが差す**。 (신들리다.)
さす【差す】 [타동사]	① 쓰다 (頭の上に広げる) ⑩ **傘を差す**。 (우산을 쓰다.)
	② 부어 넣다 (そそぎ入れる) ⑩ **ビンに水を差す**。 (병에 물을 부어 넣다.)
	③ 차다, 꽂다 (帯にはさむ) ⑩ **刀を差す**。 (칼을 차다.)

사전에서 「さす」를 찾아보면, 우선 자동사로서의 쓰임새와 타동사로서의 쓰임새로 나누어져 있고, 자동사와 타동사 각각에 여러 가지 의미가 있음을 알 수 있다.

따라서 사전에서 단어를 찾을 때는 찾으려고 하는 의미만 익히려고 하지 말고, 해당 단어의 그 외의 다른 의미에도 눈길을 주자.

(3) 해당 단어의 문장을 통째로 외워라!

사전에서 찾은 단어를 단순히 단어로만 외우면 금방 잊어버리기 쉽고, 해당 단어가 실제로 문장에서 어떻게 쓰이는지 단어의 용법을 정확하게 파악하기 어려울 때가 많다. 따라서 단어를 외울 때는 아주 짧은 문장이라 하더라도 그 문장을 통째로 외우는 것이 시간은 더 걸릴지 모르나 단어의 쓰임새를 제대로 암기하는 데는 훨씬 효율적이다.

① 긍정 표현이나 부정 표현으로 보이지만 뜻이 반대인 단어

- **〜かねる** (〜어렵다)　　　　当ホテルは<u>盗難</u>についての<u>責任</u>を負い<u>かねます</u>。

  당 호텔에서는 도난에 대한 책임은 지기 어렵습니다.

- **〜かねない** (〜지도 모른다)　　そんなに<u>無理</u>すると<u>病気</u>になり<u>かねない</u>。

  그렇게 무리하면 병이 날지도 모른다.

② 연어적으로 쓰이는 숙어 및 관용구

- **体調をくずす** (컨디션을 망치다)　風邪などで<u>体調をくずす</u>。

  감기 등으로 컨디션을 망치다.

- **機嫌を取る** (비위를 맞추다)　　妻の<u>機嫌を取ろう</u>と土産を買う。

  아내의 비위를 맞추려고 선물을 사다.

- **顔が広い** (발이 넓다)　　　　　<u>顔が広い</u>彼に相談してみよう。

  발이 넓은 그에게 상담해 보자.

2) 같은 글자의 단어는 동시에 외우는 습관을 길러라!

　　같은 가나이지만 해당 단어의 위아래에 나오는 의미와 한자가 다른 단어들은 같이 외운다. 특히 이에 해당하는 단어는 한자로 이루어진 명사와 동사인 경우가 많다.

つとめる	**勤める** 근무하다, 종사하다 예 大企業に勤めている。 (대기업에 근무하고 있다.)
	努める・勉める 노력하다, 힘쓰다 예 受験勉強に努める。 (입시 공부에 힘쓰다.)
	務める 역할을 하다(맡다) 예 案内役を務める。 (안내역을 맡다.)
いる	**居る** 있다 예 人が居る。 (사람이 있다.)
	要る 필요하다 예 金が要る。 (돈이 필요하다.)
	入る 들어가다, 들다 예 気に入る。 (마음에 들다.)
	炒る・煎る 볶다 예 豆を炒る。 (콩을 볶다.)

－동음이자어(同音異字語)

たいせい	いぎ	せいさく	ついきゅう
体制(체제)	意義(의의)	製作(제작)	追求(추구)
態勢(태세)	異議(이의)	制作(제작)	追及(추궁)
体勢(자세)	異義(이의)	政策(정책)	追究(추구)

3) 한자는 1음절로 외운다!

하나의 단어를 외울 때는 단어를 통째로 외우기도 해야겠지만, 한자를 외울 때는 단어의 1음절 1음절을 따로 떼어서 외우기도 해야 한다. 왜냐하면, 하나의 단어를 구성하고 있는 1음절 1음절은 결국 다른 단어의 조합에서 하나의 구성 요소가 될 수 있기 때문이다.

同年輩 :

同 (동)	年 (년)	輩 (배)
同時 (동시)	年月 (연월)	先輩 (선배)
時期 (시기)	月末 (월말)	先生 (선생)
期限 (기한)	末路 (말로)	生業 (생업)
限度 (한도)	路上 (노상)	業種 (업종)
度数 (도수)	上映 (상영)	種類 (종류)

2. '문자 · 어휘'의 출제 의도 및 문제 유형

1) 출제 의도

얼마나 많은 단어를 알고 있는지, 단어에 대해 얼마나 자세히 알고 있는지를 테스트하는 데 목적이 있다.

2) 출제 의도에 따른 문제 출제 유형

한자 읽기	얼마나 많은 단어를 알고 있는지를 테스트
문맥 규정	단어에 대해 얼마나 자세히 알고 있는지를 테스트
유사 표현 바꾸기	위의 두 가지 사항을 복합적으로 테스트
용법 찾기	단어에 대해 얼마나 자세히 알고 있는지를 테스트

3) 공부 방법

① 기본적으로 N1 관련 문자 · 어휘 문제집 한 권을 마스터한다는 각오로 임하며, 각 유형별 문제를 풀이할 때는 정답뿐만 아니라 나머지 3개의 오답에 대해서도 꼼꼼히 체크하면서 왜 오답인지 확인한다. 이는 다음에 유사한 문제가 나왔을 때 문제 풀이에 대비하기 위해서이다.

② 기출 문제 및 모의고사 문제를 통해 출제 경향을 정확히 파악하고 반복 학습을 통해 많은 단어를 접해 보는 것도 필요하다. 한자 관련 문제는 노력하면 할수록 정답과 친해질 수 있다는 점을 명심하자.

다음으로 먼저 〈2010년 7월 N1 문자 · 어휘 문제의 경향〉을 분석한 후, 문자 · 어휘 관련 4개 유형의 문제 각각에 대한 전체 개요 및 문제 풀이 요령에 대해 설명하도록 한다.

〈2010년 7월 N1 문자 · 어휘 문제 경향 및 분석〉

問題1 한자 읽기 (6문항)

- 동사 – する동사 1문항(繁盛する), 일반 동사 2문항(潤う, 壊す)
- 명사 – 1문항(契約)
- い형용사 – 1문항(華々しい)
- な형용사 – 1문항(手薄だ)

TIP 단순하게 명사 한자어를 읽을 수 있는지를 테스트하는 문제보다 얼마나 다양한 품사의 한자 단어를 읽을 수 있는지를 테스트하기 위한 출제 경향을 보이고 있다.

問題2 문맥 규정 (7문항)

- する동사 – 1문항(完結する)
    - → **출제 핵심 포인트** 문장의 내용에 알맞은 する동사 고르기
- 가타카나 – 1문항(フォローする)
    - → フォロー(follow)는 일본어로는 '지원하다, 후원하다'라는 의미로 쓰이는 외래어로, 일상 생활이나 업무와 관련해서 자주 쓰이는 말이다. (외래어 74P 참조)
- 명사 – 2문항(한자어(念願[のマイホーム]), 일본 한자(本音[を言えば]))
    - → '음독 한자어 문제'와 '음독+훈독 한자어' 문제가 각각 1문항씩 출제되었다. 念願(염원)이 뒤에 오는 명사를 수식할 때는 보통 우리말은 '염원하던~'이라고 쓰이지만, 일본어는「念願の~」의 형태로 쓰이는 차이를 보인다.
    - → 本音(본심)은 建前(겉으로 보여주는 방침) 과 짝을 이루어 자주 쓰이는 말로, 관용적으로「本音を言う(본심을 말하다)」라는 표현이 많이 쓰인다. 이러한 관용 표현을 많이 외워두면 고득점을 얻을 수 있다. (관용 표현 95P 참조)
- 부사 – 1문항(やんわり[断られる])
    - → 부사 やんわり는 '부드럽게'라는 말로, 생김새가 비슷한 やわらかい를 연상시키면 외우기 쉽다. 부사 문제로는 やんわり와 같은 〈~ん ~り형〉 부사나, うっかり(무심코)와 같은 〈~っ ~り형〉 부사가 자주 출제된다.

■ 파생어 – 1문항(当[ホテル])

　우리말에서 當(당)이 '당사', '당 공장', '당 열차' 등과 같이 접두어 파생어로 쓰이는 것처럼, 일본어에서도 「当ホテル」, 「当社」, 「当列車」와 같이 쓰이며, 쓰이는 단위는 우리말보다 범위가 넓다. (파생어 82P 참조)

■ な형용사 – 1문항(繊細な[計画])

　'계획'이라는 단어를 수식할 수 있는 な형용사를 고르는 문제로, 우리말에서는 '섬세한 계획'이라는 표현도 쓰이지만 '치밀한 계획'이라는 표현으로 더 자주 쓰인다. 일본어에서는 「緻密な計画」와 「繊細な計画」양쪽 모두 비슷하게 쓰인다. 참고로 「繊細」의 외래어 유사 표현인 「デリケート」도 많이 쓰인다.

> **TIP** 우리말 한자의 쓰임새만 알면 음독 명사나 **する**동사, 또는 파생어 문제는 비교적 풀기 쉽지만, 훈독 명사나 일반동사, 형용사, 부사, 가타카나 등은 평소에 뜻을 제대로 파악하고 있어야 한다.

問題3 유사 표현 바꾸기 (6문항)

■ 동사 – 2문항

- なじむ＝慣れる

  → 「なじむ(친숙해지다)」는 '慣れて親しくなる(익숙해져 친숙해지다)'의 의미를 갖는 말로, 유사 표현은 「慣れる」가 있다.

- 張り合う＝競争する

■ 형용사 – 2문항

- 〈な형→い형〉 ルーズだ＝だらしない

  → 일본어의 「ルーズ(loose)だ」는 '칠칠치 못함'을 나타내는 말로, 유사 표현은 「だらしない」가 있다.

- 〈い형→な형〉 わずらわしい＝面倒だ

  → 「わずらわしい」는 '번거롭다, 귀찮다, 까다롭다'라는 의미의 형용사로, 유사 표현은 「面倒だ」가 있다.

■ 명사 – 2문항

- 朗報＝うれしい知らせ

  → 「朗報(낭보)」는 '기쁜 기별이나 소식'이라는 의미의 단어로, 유사 표현은 「うれし

い知らせ」が있다.

- いやみ ＝ 皮肉(いやみを言う)
  - → 「いやみ[嫌味](불쾌감, 혐오감)」는 「いやみを言う」라는 표현으로 쓰이면 '비꼬아 말하다'라는 의미이므로 유사 표현은 「皮肉(빈정거림, 비꼼)」가 된다.

용법 (5문항)

- 동사 – 4문항
- する동사 – 3문항(密集する, 発足する, 満喫する)
  - → 密集する(밀집하다): 주택이나 인구 등이 밀집하다
    - 예 住宅が密集している。(주택이 밀집되어 있다.)
  - → 発足する(발족하다): 어떤 단체나 조직체가 새로 만들어짐
    - 예 この団体は先月発足したばかりです。(이 단체는 지난달 막 발족했습니다.)
  - → 満喫する(만끽하다): 자유, 휴가 등을 마음껏 충족하다
    - 예 久しぶりの休暇を満喫する。(오랜만의 휴가를 만끽하다.)

- 일반 동사 – 1문항(にぎわう)
  - → 상점가, 가게 식당 등이 번화해지다, 흥청거리다
    - 예 どこのレストランもにぎわっている。(어느 레스토랑도 북적이고 있다.)
    - 예 朝の電車はサラリーマンでにぎわっている。(아침 전철은 샐러리맨으로 북적이고 있다.)

- い형용사 – 1문항(潔い)

潔く謝ったほうがいい。(깨끗하게 사과하는 편이 좋다.)

「潔い(깨끗하다, 떳떳하다, 결백하다)」는 주로 「潔く諦める(깨끗이 단념하다)」의 형태로 뒤에 오는 동사를 수식하는 부사적 용법으로 쓰이거나, 「潔い＋명사: 潔い態度(떳떳한 태도)」의 형태로 명사 수식 용법으로 쓰이는 경우가 많다.

- 부사 – 1문항(ひとまず)

今日の作業はひとまずこれで終りにしよう。(오늘 수업은 일단 이것으로 마치기로 하자.)

「ひとまず(일단, 우선)」는 그 시점에서 일단 일단락을 내는 것을 나타내는 부사로, 유사어로는 とりあえず, さしあたって 등이 있다.

문제별 풀이 요령

1. 한자 읽기

1) '한자 읽기' 문제의 개요

일본어 한자를 가나로 쓰거나 읽을 수 있는 능력을 알아보고, 어느 정도의 한자를 알고 있는지를 테스트하기 위한 문제이다.

(1) 개정 내용

기존의 1급		개정된 N1
65문항 중 20문항 (전체의 11%)	→	25문항 중 6문항 (전체의 2%)
한자 관련문제:'한자 읽기','한자 쓰기'		한자 관련문제:'한자 읽기'만 출제
한 문장에 복수의 한자 읽기 문제		한 문장에 1개의 한자 읽기 문제

(2) 출제 대상

N1 시험에 출제되는 '한자 읽기' 문제 유형으로는 명사 관련 한자 읽기가 가장 많이 출제되며, 그 외에도 동사, い형용사, な형용사 등 여러 품사의 한자가 다양하게 출제된다.

(3) 유의 사항

문자·어휘 + 문법 + 독해 = 110분

① 新 일본어 능력 시험에서는 '한자 읽기' 문제의 비중이 상당히 낮아졌다. 문법이나 독해, 특히 독해 문제를 푸는데 많은 시간을 할애해야 하기 때문에, 문제에 제시되는 한자어가 우리말로 무엇인지 알 때는 문장 전체를 읽지 말고 한자어만 보고 선택지에서 정답을 고르도록 한다.

② 그러나 제시된 한자어가 우리말로 무엇인지 정확히 모를 때는 문장 전체를 읽고 해당 한자어의 의미를 파악한다.

(4) N1 과 N2 의 한자 읽기 문제의 차이점

N2
한자의 장 · 단음
한자 관련문제 : '한자 읽기', '한자 쓰기'
청음 · 탁음 · 반탁음 구별과 관련된 문제

→

N1
틀리기 쉬운 음독 한자
특수하게 읽히는 한자
숙지하고 있는 한자의 지식을 묻는 수준 높은 문제

2) 출제 유형

N1 '한자 읽기' 시험을 대비하기 위해서는 다음과 같은 점들에 유의하여 공부하는 것이 바람직하다.

(1) 틀리기 쉬운 음독 한자

(2) 틀리기 쉬운 훈독 한자

(3) 여러 종류로 읽는 한자

(4) 2개 이상의 음독을 갖는 한자

(5) 특수하게 읽는 한자

(6) 한자의 장 · 단음

(7) 한자의 촉음 유무

(8) 청음 · 탁음 · 반탁음 구별

(9) 우리말 한자 발음법과 헷갈릴 수 있는 일본어 한자

위와 같이 '한자 읽기' 문제를 9가지 세부 유형으로 나누어 예제 문제 및 풀이 요령을 알아보도록 하자.

3) '한자 읽기' 문제의 세부 유형

(1) 틀리기 쉬운 음독 한자

 喘息の<u>発作</u>がなかなか治らない。

1 はっさ　　　2 ほっさ　　　3 はっさく　　　4 ほっさく

 이렇게 풀어라!

Check Point

① 해석　천식의 발작이 좀처럼 낫지 않는다.

② 「発」은 뒤에 오는 글자의 따라 일반적으로 はつ 또는 はっ으로 읽지만, 예외적으로「ほっ」으로 읽기도 하므로 틀리지 않도록 주의한다.

③ 「発」의 읽는 법
　・はつ : 発言, 発明, 発売
　・はっ : 発見, 発生, 発展
　예외　「ほっ」: 発端、発起人、発作

결과

「発作」의 「発」은 예외적으로「ほっ」으로 읽으므로, 정답은 2번「ほっさ」이다.

 喘息(ぜんそく) 천식

(2) 틀리기 쉬운 훈독 한자

 **예제 2**　和食一筋の料理長が腕を<u>奮う</u>料理の数々をご堪能下さい。

　　　　1 ふるう　　　　2 うばう　　　　3 おごる　　　　4 かばう

이렇게 풀어라!

Check Point

① **해석**　일본 음식 외길 요리장이 솜씨를 발휘한 여러 가지 요리를 맛보세요.

② 문맥상「奮う」는 '(솜씨를) 발휘하다'라는 의미를 갖는다.

③ 奮, 奪, 奢는 부수가 '大'로 같고 한자의 모양이 비슷하므로, 한자의 모양과 뜻을 정확히 파악해야 한다.

　• 奮う : 발휘하다, 용기를 내다　　　奮 (떨칠 분)
　• 奪う : 빼앗다　　　　　　　　　　奪 (빼앗을 탈)
　• 奢る : 사치스럽다, 한턱내다　　　奢 (사치할 사)

④ **참고**　이와 비슷하게 한자의 부수가 같고 모양이 비슷한 한자어를 구별해 보자.

　説く (설명, 설득하다)　　　設ける (준비, 설치하다)　　　訴える (호소하다)
　諫める (간하다, 충고하다)　　　誘う (권하다, 권유하다)

결과

문장에서 동사「奮う」는 '발휘하다'의 의미로 쓰이고 있으므로 정답은 1번「ふるう」이다.

　一筋(ひとすじ) 외줄기 | 堪能(たんのう) 충분히 만족함

예제 3　ここでどんな<u>農産物</u>を<u>生産</u>したらいいでしょうか。

　　　　1 のうさんもの　2 のさんぶつ　　3 のうさんぶつ　4 のさんもつ

 이렇게 풀어라!

 **Check** Point

① 해석　여기서 어떤 농산물을 생산하면 좋을까요?

② 「農産物」의 「物」이 음독의 「ぶつ」인지, 「もつ」인지, 혹은 훈독(もの)으로 읽는지 파악한다. (더불어 「農」이 장음(のう)인지 단음(の)인지 파악한다)

③ 「物」의 읽는 법
- ぶつ : 農産物(のうさんぶつ)、廃棄物(はいきぶつ)、生物(せいぶつ)
- もつ : 農作物(のうさくもつ/のうさくぶつ)、穀物(こくもつ)、手荷物(てにもつ)
- ぶっ : 物資(ぶっし)、物質(ぶっしつ)、物産(ぶっさん)、物件(ぶっけん)

🖊 결과

「農産物」의 「農」은 「のう」로, 「物」는 「ぶつ」로 읽으므로 정답은 3번 「のうさんぶつ」이다.

Tp

일본인들이 상대방을 처음 만났을 때 명함을 건네면서 자신의 이름을 이야기하는 이유는 자신의 이름의 한자를 음독해야 하는지 훈독해야 하는지, 또는 음독이라도 어떻게 읽어야 하는지 정확히 전달하기 위해서이다.

단어 도우미　生産(せいさん) 생산

(4) 2개 이상의 음독을 갖는 한자

> **예제 4**   もっと良い写真を撮るために<u>精進</u>します。
>
>   1 せいしん   2 しょうじん   3 せいじん   4 じょうしん

❓ 이렇게 풀어라!

Check Point

① **해석** 좀 더 좋은 사진을 찍기 위해 정진하겠습니다.

② a. 우리말의 '정'에 해당하는 한자「精」,「情」,「静」과 비슷한 한자「清(청)」의 쓰임새를 정
확히 파악한다.

　b.「精」의 2가지 음독 방법(せい/しょう)과 각각의 음독으로 읽히는 한자어를 파악한다.

③ ・精[せい] : 精神(せいしん), 精算(せいさん)、精密(せいみつ)

　예외 [しょう] : 精進(しょうじん), 精霊(しょうりょう)

　・情[じょう/ぜい] : 情報(じょうほう), 情熱(じょうねつ) / 風情(ふぜい)

　・静[せい/じょう] : 静電気(せいでんき), 静粛(せいしゅく) / 静脈(じょうみゃく)

　・清[せい/しょう] : 清潔(せいけつ), 清酒(せいしゅ) / 清浄(しょうじょう)

✏️ **결과**

「精進」의「精」은 예외적으로「しょう」로 읽으므로, 정답은 2번「しょうじん」이다.

 예제 5 朝から晴れ上がり、行楽には絶好の<u>日和</u>となった。

1 ひなぎ 2 ひわ 3 ひより 4 にちわ

 **이렇게 풀어라!**

Check Point

① 해석 아침부터 맑아서 행락에는 절호의 좋은 날씨가 되었다.

② 「日和」는 '좋은 날씨' 또는 「行楽日和(こうらくびより)」와 같이 「日和」의 형태로 '~하기 좋은 날'이라는 의미를 갖는 특수하게 읽는 한자어이다.

③ 참고 시험에 자주 출제되는 '특수 한자어'는 86P 참조.

결과

따라서 정답은 3번 「ひより」이다.

단어 도우미 行楽(こうらく) 행락 | 絶好(ぜっこう) 절호

(6) 한자의 장·단음

예제 6　　日本語では、修飾語は<u>修飾</u>される語の前に来ます。

　　1 しゅうしょく　2 しゅうしき　　3 しゅしょく　　4 しゅしき

이렇게 풀어라!

Check Point

① **해석** 일본어에서는 수식어는 수식되는 말의 앞에 옵니다.

② '수식'의 수(修)에 해당하는 한자가 일본어로 장음인지 단음인지 구별한다. (더불어 식 (飾)의 음독을 정확히 파악한다)

③ 「修」는 「修了(しゅうりょう)」, 「修習(しゅうしゅう)」, 「修正(しゅうせい)」와 같이 「しゅう」로 읽지만, 드물게는 「修行(しゅぎょう)」와 같이 「しゅ」로 읽는 경우도 있다. 「飾」은 우리말 한자의 영향으로 「しき」로 읽기 쉬우나, 「しょく」로 읽는다.

결과

修는 「しゅう」로, 飾는 「しょく」로 읽으므로, 정답은 1번 「しゅうしょく」이다.

> 예제 7　私たちの世代（せだい）は、否（いや）が応（おう）でも質素な生活を余儀（よぎ）なくされてきた。
>
> 　1 しつす　　　　2 しつそ　　　　3 しっす　　　　4 しっそ

 이렇게 풀어라!

 **Check** Point

① 해석　우리들 세대는 좋든 싫든 검소한 생활을 부득이하게 해 왔다.

② 「質」는 일반적으로 「しつ」로 읽으며, 전당품(담보물, 볼모) 등의 의미로 쓰일 때는 「しち」, 드물게는 촉음 형태의 「しっ」으로도 읽는다. 이처럼 읽는 방법이 다양할 때는 각각의 한자에 대해서 정확하게 파악한다.

③ ・質 [しつ]: 質感（しつかん）, 質疑（しつぎ）, 質量（しつりょう）
　　　[しち]: 質屋（しちや）, 質物（しちもつ）, 質人（しちにん）
　　　[しっ]: 質素（しっそ）, 質地（しっち）, 質直（しっちょく）
　　　[じち]: 人質（ひとじち）

　・素 [そ] : 質素（しっそ）, 素質（そしつ）, 素っ気（け）ない
　　　[す] : 素足（すあし）, 素肌（すはだ）, 素姓（すじょう）

📝 결과

「素質」의 「質」은 「しつ」로 읽지만, 「質素」의 경우는 「しっ」으로 읽으며, 「素」는 「そ」로 읽으므로, 정답은 4번 「しっそ」이다.

단어 도우미　否（いや）が応（おう）でも 좋든 싫든

(8) 한자의 청음 · 탁음 · 반탁음 구별

예제 8　世界的に見ても珍しいほどに日本ではスキーが<u>大衆</u>化している。

1 たいじゅう　　2 だいしゅ　　　3 だいじゅう　　4 たいしゅう

? 이렇게 풀어라!

Check Point

① 해석　세계적으로 봐도 드물 정도로 일본에서는 스키가 대중화되어 있다.

② 「大衆」의 「大」의 첫 음절이 청음(た)인지 탁음(だ)인지 구별한다. 또한 「衆」가 「しゅう」 인지 「じゅう」인지, 또는 장음(しゅう)인지 단음(しゅ)인지 구별한다.

③ ・大：[たい]　大衆（たいしゅう）　　大量（たいりょう）　　大漁（たいりょう）

　　　　　　　　大義（たいぎ）　　大河（たいが）　　大会（たいかい）

　　　　　　　　大勝（たいしょう）　　大望（たいもう）　　大陸（たいりく）

　　　　　　　　大金（たいきん）　　大路（たいろ）　　大破（たいは）

　　　[だい]　大胆（だいたん）　　大多数（だいたすう）　　大都会（だいとかい）

　　　　　　　　大規模（だいきぼ）　　大吉（だいきち）　　大脳（だいのう）

　　　　　　　　大海（だいかい）　　大小（だいしょう）　　大企業（だいきぎょう）

　　　　　　　　大事件（だいじけん）　　大勝利（だいしょうり）

・「衆」는 거의 대부분 「しゅう」로 읽는다. (「衆生(しゅじょう)」와 같이 「しゅ」로 읽는 경우 도 있으나 아주 드물다.)

결과

「大」는 「たい」로, 「衆」는 「しゅう」로 읽으므로, 정답은 4번 「たいしゅう」이다.

(9) 우리말 한자 발음법과 헷갈릴 수 있는 일본어 한자

동일한 한자에 대한 우리말의 발음법과 일본어의 발음법의 미묘한 차이를 제대로 구별할 수 있는지를 묻는 문제이다.

 **パソコンの構成部品の中で最も衝撃に弱いのはハードディスクである。**

1 ちゅうげき　　2 じゅうげき　　3 しょうげき　　4 とつげき

 이렇게 풀어라!

Check Point

① 해석 컴퓨터의 구성 부품 중에서 가장 충격에 약한 것은 하드디스크이다.

② '충'은 일본어로는 한자의 차이에 따라「ちゅう」,「じゅう」,「しょう」로 읽는다.

- 충고 : 忠告(ちゅうこく)
- 충실 : 充実(じゅうじつ)
- 충돌 : 衝突(しょうとつ)

③ 이와 같이 '충'은 일본어로「ちゅう」나「じゅう」로 많이 읽는데, 이 두 가지 음독은 우리말 한자 발음법과 비슷해서 자칫 衝撃의「衝」도「ちゅう」나「じゅう」로 잘못 읽기 쉬우므로 주의해야 한다.

④ 참고 틀리기 쉬운 한자

- 挑戦 : ちょうせん(○)　　とせん(×)　　どせん(×)
- 努力 : どりょく(○)　　のうりょく(×)　　のりょく(×)
- 漠然 : ばくぜん(○)　　まくぜん(×)

✏ 결과

「衝」은 음독으로「しょう」라고 읽는다. 따라서 정답은 3번「しょうげき」이다.

 構成(こうせい) 구성 ｜ 部品(ぶひん) 부품

2. 문맥 규정

1) '문맥 규정' 문제의 개요

제시된 한 문장 또는 두 문장 정도의 문맥을 보고 빈칸에 적합한 단어를 넣는 의미 파악 문제로, 얼마나 많은 한자를 알고 있는지 테스트하기 위해서 출제된다.

(1) 출제 대상

빈칸에 들어갈 단어로는 한자어 명사, 형식 명사, 동사, 형용사, 부사(의성어, 의태어 포함), 접속사, 복합 조사, 합성어(복합어, 파생어 관련) 등 여러 가지 품사 외에 외래어(가타카나 표기)가 출제될 수 있다.

(2) 공부 방법

해당 단어를 중심으로 앞뒤에 오는 단어들을 정확히 파악하는 것이 중요하다. 따라서 단어를 사전의 표제어 형식으로 하나의 개별적인 단어로만 익히지 말고, 연어 형식, 즉 해당 단어를 기준으로 앞뒤에 오는 말까지 포함하여 어구(語句) 또는 숙어 형태로 문장을 통째로 외우는 것이 이 유형의 문제를 푸는 데 도움이 될 것이다.

2) 출제 유형

제시된 한 문장 또는 두 문장 정도의 문맥을 보고 빈칸에 적합한 단어를 넣는 의미 파악 문제로, 얼마나 많은 한자를 알고 있는지 테스트하기 위해서 출제된다.

(1) 유사 단어의 의미적 쓰임새 구별 문제

(2) 관용구 관련 문제

(3) 부사 관련 문제

(4) 합성어 관련 문제

(5) 유사한 음의 어휘 구별 문제

(6) 외래어 관련 문제

(7) 의성어 · 의태어 문제

등의 유형의 문제가 출제 대상이다.

3) '문맥 규정' 문제의 세부 유형

(1) 유사 단어의 의미적 쓰임새 구별

N1의 문맥 규정 문제 중 출제 가능성이 가장 높은 문제 유형이다.

단어의 피상적인 의미뿐 아니라 제시되는 단어의 문맥 속에서의 쓰임새를 정확히 파악하고 있어야만 풀 수 있는 문제로 난이도가 높은 편이다.

예제 1　彼はネット上に（　　　　　）記事を掲載したとして、治安管理法違反として罰金を課された。

　　　　1 偽装　　　　　2 偽造　　　　　3 捏造　　　　　4 偽証

이렇게 풀어라!

Check Point

① **해석**　그는 인터넷상에 (날조) 기사를 실었다고 해서, 치안 관리법 위반으로 벌금이 부과되었다.

② 먼저 문제문을 읽고 문맥의 내용을 파악한 후 괄호 안에 들어갈 올바른 명사를 찾는다.

③ ・偽装(위장): '위장 전입', '위장 공작' 등과 같이 어떠한 사실을 감추기 위해 다른 사물이나 상황으로 가장함을 나타냄.

　・偽造(위조): '위조 지폐', '공문서를 위조하다' 등 가짜를 만든다는 의미.

　・捏造(날조): '증거 날조', '날조된 기록(기사)' 등과 같이 사실이 아닌 것을 사실인 것처럼 꾸며 만드는 것을 나타냄.

　・偽証(위증): '속여서 증언하는 것'이므로 정답에서 가장 먼저 제외된다.

결과

따라서 이 경우는 사실이 아닌 기사를 마치 사실처럼 꾸며서 인터넷에 실은 것이므로, 정답은 3번 「捏造」이다.

 　最近の若い男はあごひげを（　　　　）いる人が多い。

　　　　1 そだてて　　　2 やしなって　　3 つちかって　　4 はやして

 **이렇게 풀어라!**

 **Check** Point

① **해석** 요즘 젊은 남자들은 턱수염을 (기르고) 있는 사람이 많다.

② 문제문을 읽고 문맥의 내용을 파악한 후 괄호 안에 들어갈 올바른 명사를 찾아야 한다.

③ 문맥의 내용상 괄호 안에는 '기르다'라는 동사가 들어가야 할 것으로 예상된다.

④ 4개의 선택지 모두 '기르다(키우다)'라는 의미를 가지므로 각각의 의미적 쓰임새의 차이
　 를 알아야 정답을 찾을 수 있다.
   - そだてる(育てる) : '사람, 재능' 등을 키우다, 기르다
   - やしなう(養う) : '사람(아이)'을 기르다, 양육하다, 부양하다
   - つちかう(培う) : '식물, 힘, 우정' 등을 키우다, 기르다
   - はやす(生やす) : '수염, 초목' 등을 기르다

결과

'턱수염을 기르다'라는 내용이므로, 정답은 4번 「はやして」이다.

(2) 필수 관용구

관용구란 두 개 이상의 단어가 결합하여 원래 의미와는 전혀 다른 의미로 쓰이는 숙어로 실생활에서 자주 쓰이며, '문맥 규정' 문제로도 자주 출제될 것이다.

관용구의 종류는 다양하지만 시험에 자주 출제되는 유형으로는 「気」관련 관용구, 신체 관련 관용구, 일반 관용구로 나눌 수 있다.

■ 気 관련 관용구

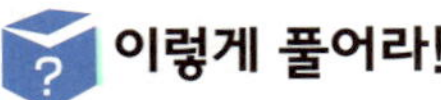 自分が悪い事をしていると思えば、人は何となく気が（　　　　　）、ビクビクするものである。

1 つき　　　　　2 とがめ　　　　　3 ひけ　　　　　4 きき

이렇게 풀어라!

Check Point

① **해석** 본인이 나쁜 짓을 하고 있다고 생각하면, 사람은 왠지 마음이 (꺼림칙해) 흠칫흠칫하기 마련이다.

② 먼저 문제를 읽고 전체 문맥의 내용을 파악한 후 괄호 앞뒤에 오는 관용구의 한 쪽 단어를 참고로 괄호 안에 들어갈 올바른 단어를 찾는다.(気 관련 관용구 : 95p 참조)

③ ・気がつく : 깨닫다, 정신이 들다

　　・気がとがめる : 마음이 꺼림칙하다, 가책이 되다

　　・気がひける : 기가 죽다, 주눅 들다

　　・気が利く : 생각이 잘 미치다, 센스가 있다, 세련되다

결과

이 문장은 '마음이 꺼림칙하다'에 해당하는 「気がとがめる」가 쓰여야 하며, 따라서 정답은 2번 「とがめ」이다.

 ビクビク 흠칫흠칫, 벌벌

■ 신체 관련 관용구

예제 4　　君が有名校に合格して、君のお母さんもさぞ（　）が高いだろうね。

　　　　　1 腰　　　　　　　2 目　　　　　　　3 背　　　　　　　4 鼻

 이렇게 풀어라!

Check Point

① 해석 자네가 유명한 학교에 합격해서 자네 어머님도 필시 (자랑스러워) 하겠군.

② 먼저 문제문을 읽고 전체 문맥의 내용을 파악한 후 괄호 앞뒤에 오는 관용구의 한 쪽 단어를 참고로 괄호 안에 들어갈 올바른 명사를 찾는다. (신체 관련 관용구 : 95~98p 참조)

③ • 腰が高い : 거만하다, 고자세이다

　 • 目が高い : 보는 눈이 있다, 안목이 높다

　 • 背が高い : 키가 크다

　 • 鼻が高い : 자랑스러워하다, 우쭐해 하다

✎ 결과

이 문장은 '자랑스러워하다'에 해당하는 「鼻が高い」가 쓰여야 하는 문맥이므로, 정답은 4 번 「鼻」이다.

단어 도우미　さぞ 틀림없이. 아마. 필시

예제 5　低迷が続く株式市場も、総選挙の行方をかたずを（　　　）見守っ
ている。

1 かいて　　　　2 のんで　　　　3 して　　　　4 だして

 이렇게 풀어라!

 **Check** Point

① 해석　침체가 계속되는 주식시장도 총선거의 행방을 (숨을 죽이고) 지켜보고 있다.

② 먼저 문제를 읽고 전체 문맥의 내용을 파악한 후 괄호 앞뒤에 오는 관용구의 한 쪽 단어
　를 참고로 괄호 안에 들어갈 올바른 동사를 찾는다.

③ 선택지의 단어 중 괄호 앞에 오는「かたず(마른침)」와 어울려 관용구를 만들 수 있는 것
　은 '삼키다'에 해당하는「呑む」밖에 없다. (일반 관용구 99~103p 참조)

결과

따라서 정답은 선택지 2번「のんで」이다. 「かたずをのむ」란, '마른침을 삼키다', 즉 '긴장해
서 숨을 죽이다'라는 의미의 관용구이다.

단어 도우미 **低迷(ていめい)** 침체 · 나쁜 상태에서 헤어나오지 못하고 헤맴

(3) 부사

부사는 일본어 능력시험 곳곳의 출제 대상이 되는 단어로, 문맥 규정의 문제에도 예외 없이 중요한 출제 대상이 된다.

예제 6   誰も来ていなかったから、（　　　）場所を間違えたのかと思った。

1 きっかり　　　2 てっきり　　　3 めっきり　　　4 あっさり

 이렇게 풀어라!

Check Point

① 해석 아무도 와 있지 않았기 때문에, (틀림없이) 장소를 잘못 안 것이라고 생각했다.

② 문맥의 내용에 알맞은 부사를 찾는다.

③ • きっかり : 두드러지게

　• てっきり : 틀림없이, 영락없이

　• めっきり : 현저히, 뚜렷이

　• あっさり : 깨끗이, 산뜻하게

결과

따라서 정답은 '틀림없이' 라는 의미를 가진 2번 「てっきり」이다.

(4) 합성어 (파생어, 복합어)

• N1 과 N2 의 "합성어 문제"의 차이점

N2는 합성어가 독립된 하나의 유형으로 출제되지만, N1에서는 '문맥 규정' 문제의 일부분으로 출제되며, 또한 파생어 중에서 접미어는 문법 시험의 기능어로도 출제된다.

■ 파생어

예제 7 かつて、私の生徒に非常に素直で（　　　　　）真面目な人がいました。

　　1 本　　　　　2 生　　　　　3 高　　　　　4 被

 이렇게 풀어라!

 Check Point

① 해석 옛날에 내 학생 중에 순진하고 (진정으로) 착실한 사람이 있었습니다.

② 선택지에 나온 단어가 접두사로 쓰일 때는 다음과 같은 뜻으로 쓰인다.

- 本(ほん) : 본, 주된, 정식의　　　　예 本舞台 (본무대), 本決まり (정식으로 결정됨)
- 生(き) : 순수함, 오직 그대로임을 강조　　　예 生真面目 (진정으로 착실함), 生醬油 (순 간장)
- 高(こう) : 뒤에 오는 명사의 정도가 높음　　예 高画質 (고화질)
- 被(ひ) : 행위를 받음을 나타냄　　　　예 被修飾語 (피수식어)

※ '파생어'는 82~87p를 참조하기 바란다.

 결과

따라서 이 경우는 문맥의 내용상 괄호 안에 접두사「生」가 와서, 착실함을 강조하는「生真面目」라는 합성어가 되어야 한다.

■ 복합어

> 예제 8　馬を上手に乗り（　　　　　　　）には、かなりの技術が必要だ。
>
> 　　　　1 こめる　　　　2 とおす　　　　3 こなす　　　　4 はたす

 **이렇게 풀어라!**

 **Check** Point

① 해석 　말을 (능숙하게) 타기 위해서는 상당한 기술이 필요하다.

② 복합 동사의 후행 동사로 쓰일 때는 다음과 같은 뜻으로 쓰인다.

- こめる : 안쪽으로의 이동　　　　　　　　例 閉じ込める 안에 가두어 놓다
- とおす : 끝까지 계속해서 하다　　　　　例 読みとおす 끝까지 다 읽다
- こなす : 해당 동작을 능숙하게 해냄을 강조　例 やりこなす 능숙하게 해내다
- はたす : 몽땅 ～해버리다　　　　　　　　例 使いはたす 다 써버리다

※ '복합어'는 76~81p를 참조하기 바란다.

✐ 결과

이 경우는 문맥의 내용상 괄호를 포함한 문장이 '말을 능숙하게 타다'라는 내용이 되어야 하므로, 3번「こなす」를 써서「乗りこなす」라는 복합 동사를 만들어야 한다.

(5) 유사한 음을 갖는 어휘 구별

유사한 음의 단어를 제시해 놓고 문맥의 내용에 알맞은 어휘를 고르는 유형의 문제로, 출제 대상이 되는 품사는 명사(한자어), な형용사, 동사, 부사(의성어, 의태어) 등이 있다.

■ 파생어

예제 9 　計画に遅れが生じる事態になれば、地元の反発は(　　　　　　)だ。

　　　1 必至　　　　　2 必須　　　　　3 必死　　　　　4 必修

 이렇게 풀어라!

 Check Point

① 해석 계획이 늦어지는 사태가 발생한다면, 그 지역의 반발은 (불가피하다).

② ・必至 (필지, 불가피함)

　・必須 (필수)

　・必死 (필사)

　・必修 (필수)

 결과

4개의 선택지의 단어의 음이 유사하므로 헷갈릴 수 있다. 이 경우는 문맥상 '(반발이) 불가피하다'가 되어야 하므로, 정답은 1번「必至」이다. 단, '필지(必至)'는 우리말로 쓰이기는 하지만 그다지 자주 사용되는 단어가 아니므로 제대로 뜻을 알아 두어야 한다.

(6) 외래어

외래어의 용법을 제대로 파악하고 문맥의 내용에 알맞은 외래어를 고를 수 있는지를 묻는 문제이다.

예제 10   事故で電車の(　　　　　　)が乱れて、会議に30分も遅れてしまった。

1 スピード　　　2 パニック　　　3 デフレ　　　4 ダイヤ

? 이렇게 풀어라!

Check Point

① 해석 사고로 전철 (운행 시각)이 엉망이 되어 회의에 30분이나 늦어버렸다.

② • スピード (스피드)

   • パニック (패닉 상태)

   • デフレ (디플레이션)

   • ダイヤ (열차 · 버스 운행표)

결과

문맥의 내용으로 볼 때 정답은 4번 「ダイヤ」이다.

「ダイヤ」는 「ダイヤグラム(diagram)」의 준말로 '도표'나 열차나 버스의 운행표(운행시각), 또는 행사 예정표를 나타낸다.

(7) 의성어 · 의태어

의성어나 의태어는 동사에 의한 표현을 좀 더 풍요롭게 할 때 자주 쓰이며, 커뮤니케이션 능력을 필요로 하는 新 일본어 능력시험의 취지에 알맞게 문자 · 어휘 문제로 종종 출제될 가능성이 있다. 또한 의성어 · 의태어 문제는 '유사한 음을 갖는 어휘 구별' 유형 문제이기도 하다.

> 예제 11　おしゃれなカフェやショップができたこの通りは（　　　　　　）歩くだけでも楽しい。
>
> 　　1 ぶらぶら　　　　2 ばらばら　　　　3 ふらふら　　　　4 はらはら

 이렇게 풀어라!

 **Check** Point

① [해석] 멋진 카페나 가게가 생긴 이 거리는 (하릴없이) 걷는 것만으로도 즐겁다.

② • ぶらぶら (아무런 생각 없이 어슬렁어슬렁)

　• ばらばら (빗방울이 후드득)

　• ふらふら (비틀비틀)

　• はらはら (나뭇잎 등이 우수수)

 결과

문맥의 내용상 괄호에 들어갈 말은 '그저 아무 생각 없이 걷는 것'에 해당하는 부사이므로, 정답은 1번 「ぶらぶら」이다.

3. 유사 표현 바꾸기

1) '유사 표현 바꾸기'문제의 개요

문제문인 단문 문장 속에 단어나 표현을 제시해주고, 빈칸에 문제문의 단어나 표현과 가장 비슷한 말로 바꿔 넣는 문제가 출제된다.

기존 1급	新JLPT N1
밑줄의 단어를 정확히 모르더라도 문제문의 문맥을 통해 전체적인 의미를 이해하면 선택지에서 쉽게 정답을 찾을 수 있는 경우가 많았다.	기존 시험보다 난이도가 높아져서, 문제문의 전체적인 내용을 이해하더라도 밑줄 단어나 선택지에 나오는 단어 양쪽 모두 어려운 어휘로 제시되는 경우가 많아 문제를 쉽게 풀 수 없는 경우도 많을 것이다.

(1) 출제 대상

빈칸에 들어갈 단어로는 한자어 명사, 동사, 형용사, 부사, 접속사, 복합 조사 등 다양한 품사 외에 외래어(가타카나 표기)가 출제될 수 있다.

(2) 공부 방법

'유사 표현 바꾸기' 문제를 효과적으로 풀기 위해서는 평소에 단어를 공부할 때 본인이 원하는 단어의 의미뿐만 아니라 해당 단어가 가지고 있는 그 외의 여러 가지 의미 및 유사 표현도 같이 외우며, 유사 표현 간의 쓰임새의 차이, 뉘앙스의 차이도 파악하도록 한다. 또한 고득점을 얻기 위해서는 단어를 찾을 때 일본어 단어를 의미적으로 유사한 일본어로 찾은 후에 우리말로 그 의미를 확인하는 습관을 길러야 한다.

2) 출제 유형

　　문제문인 단문 문장 속에 단어나 표현을 제시해주고, 빈칸에 문제문의 단어나 표현과 가장 비슷한 말로 바꿔 넣는 문제가 출제된다.

(1) 문제문의 밑줄에 헷갈리기 쉬운 단어 제시

(2) 문맥을 통한 적당한 단어 고르기

(3) 출제 유력 일반 어휘

(4) 필수 관용구

(5) 외래어

(6) 부사

3) '유사 표현 바꾸기' 문제의 세부 유형

(1) 문제문의 밑줄에 헷갈리기 쉬운 단어 제시

자칫 착각하기 쉬운 어휘를 밑줄 단어로 제시해 놓고, 함정에 빠지지 않고 그 단어를 문맥 내용에 알맞게 의미를 파악할 수 있는지를 묻는 문제이다.

예제 1 　<u>かねて</u>申し上げたとおり、今回をもって委員会を終了させていただきます。

　　　　1 前にも　　　　2 何度も　　　　3 ついでに　　　　4 ただいま

 이렇게 풀어라!

 **Check** Point

① 해석 <u>전에도</u> 말씀드린 대로, 이번으로써 위원회를 종료하겠습니다.

② 이 문제는 제대로 읽지 않으면 부사「かねて」를 기능어「かねて(겸해서)」로 잘못 생각해서 이와 비슷한 의미의「ついでに(하는 김에)」로 정답을 착각하여 실수할 수 있다.

③ ・**前にも** (전에도)

　・**何度も** (몇 번이나)

　・ついでに (하는 김에)

　・ただいま (지금)

④ 부사「かねて」는「**前にも**(전에도), さきほど(좀 전에), **前もって**(미리), **以前から**(이전부터)」의 의미를 나타낸다.

 결과

따라서 정답은 1번「**前にも**」이다.

電気自動車と水素燃料自動車は、それぞれの利点を生かしてすみわけをすることが大事だ。

1 共存する   2 分離する   3 分類する   4 区別する

 이렇게 풀어라!

Check Point

① **해석** 전기 자동차와 수소 연료 자동차는 각각의 이점을 살려 공존하는 것이 중요하다.

② ・共存する (공존하다)

・分離する (분리하다)

・分類する (분류하다)

・区別する (구별하다)

③ 「すみ分け」는 일본에서는 흔히 쓰이는 단어이지만, 수험생 여러분에게는 다소 생소하게 느껴질 것이다. 따라서 「すみわけをする」의 정확한 의미를 모를 때는 단어의 일부분인 **わけ(分け)**를 보고 '나누거나 구별한다'라는 의미라고 미루어 짐작하기 쉽다.

④ 내용을 제대로 이해하지 못한 상태에서 이러한 식으로 단어 뜻을 잘못 생각하면 「分離する」, 「区別する」를 정답으로 오인할 수 있다.

⑤ 그러나 문제문을 제대로 읽고 이해했다면 '분리하거나 구별한다'는 의미는 문맥상 알맞은 표현이 될 수 없다.

 결과

이 문장에서 「すみわけをする」는 문맥상 '공존한다'의 의미로 쓰이기 때문에 정답은 1번 「共存する」이다.

TIP

'유사 표현 바꾸기' 문제도 문맥 규정 문제와 마찬가지로 제시된 밑줄 단어의 의미를 미루어 짐작하지 말고 반드시 문제문을 정확하게 해석한 후 밑줄 단어가 문맥에서 어떤 의미로 쓰이는지 제대로 파악해야 한다. 이 점이 '유사 표현 바꾸기' 문제를 푸는 가장 중요한 풀이 도령이라 할 수 있다.

단어 도우미   燃料(ねんりょう) 연료 | 利点(りてん) 이점 | 生(い)かす 살리다, 소생시키다

(2) 문맥을 통한 적당한 단어 고르기

밑줄에 주어진 단어를 잘 모를 때는 우선 문장을 해석해보고 선택지에 나와 있는 단어 중 문맥상 밑줄 단어를 대신해 들어갈 수 있는 단어를 골라 밑줄에 넣은 뒤 문장이 자연스럽게 해석되는지 확인한다.

예제 3 私は、本校で三年生の世界史を<u>受け持つ</u>ことになった吉井先生です。

　　1 提供する　　　2 選考する　　　3 採用する　　　4 担当する

 이렇게 풀어라!

Check Point

① 해석 　나는 본교에서 3학년 세계사를 <u>담당하게</u> 된 요시이 선생님입니다.
② ・提供する (제공하다)
　・選考する (전형하다 [서류 전형])
　・採用する (채용하다)
　・担当する (담당하다)

③ 「受け持つ」는 난이도가 높은 단어는 아니다. 하지만 만일 「受け持つ」의 의미를 모른다고 가정하고 문제를 푼다면, 먼저 문제문을 정확히 해석하고 문맥의 내용상 밑줄에 어떤 말이 들어가야 가장 자연스러운 문장이 될 수 있는지를 파악해야 한다.

결과

밑줄에는 '담당하다, 맡다'와 같은 의미의 단어가 들어가야 한다는 것을 알 수 있다. 따라서 정답은 4번 「担当する」이다.

단어 도우미　本校(ほんこう) 본교

　その場を上手に<u>とりつくろう</u>のは私には簡単ですが、私の良心が許しません。

　　1 逃げる　　　　2 乗り越える　　3 ごまかす　　　4 いなくなる

 **이렇게 풀어라!**

Check Point

① **해석** 그 순간을 능수능란하게 <u>얼버무려 넘기는</u> 것은 나에게는 간단하지만, 내 양심이 허락하지 않습니다.

② ・逃げる (도망가다)

　・乗り越える (극복하다)

　・ごまかす (얼버무리다)

　・いなくなる (없어지다)

③ 「とりつくろう」라는 말이 무슨 의미인지 모르더라도 문맥의 내용상 '대강 넘어가다'라는 의미임을 짐작할 수 있다.

④ 선택지를 살펴보면 「ごまかす」가 문맥의 내용에 알맞은 말임을 알 수 있다. 「ごまかす」는 '속이다'라는 뜻 외에 '얼버무리다'라는 의미로 쓰이기도 한다.

 **결과**

문맥 내용상 「とりつくろう」와 비슷한 의미를 갖는 단어는 3번 「ごまかす」이다.

참고

위 문제는 사전에서 단어를 찾을 때 필요한 의미뿐만 아니라 다른 의미도 함께 파악해 두는 것이 왜 중요한지를 알 수 있게 해 주는 좋은 예이다.

또한, 「とりつくろう」는 이 문장에서 쓰인 '얼버무리다' 라는 뜻 외에 '고치다, 수선하다'라는 의미도 있다.

단어 도우미　良心(りょうしん) 양심

어떠한 유형으로 분류할 수는 없으나 '유사 어휘 바꾸기' 문제로 출제될 가능성이 높은 일반 어휘 문제를 살펴보기로 한다. 출제 유력 일반 어휘 목록은 69p를 참고하기 바란다.

예제 5   子どもの受け入れにあたっては、保育士の資格を持つ地域住民に協力を<u>あおいだ</u>。

1 あおむく　　2 うやまう　　3 もとめる　　4 あおる

? 이렇게 풀어라!

Check Point

① 해석 아이들을 받아들일 때는 보육사 자격을 가진 지역 주민에게 협조를 <u>구했다</u>.

② ・あおむく(仰向く, 올려다보다)　　　　・うやまう(敬う, 존경하다)

　　・もとめる(求める, 구하다)　　　　　・あおる(한 번에 들이키다)

③ 「あおぐ」는 4개의 선택지에 나와 있는 단어의 뜻을 모두 가지고 있다. 따라서 문장에서 「あおぐ」가 어떠한 뜻으로 쓰이고 있는지 파악해야 한다. **「地域住民に協力をあおぐ」** 의 문맥 내용상 '(협조를) 구하다'이므로 이에 해당하는 동사를 찾는다.

✐ 결과

이 문장에서 「あおぐ」는 '(협조를) 구하다'라는 의미로 쓰이고 있으므로, 정답은 이와 유사 표현인 3번 「もとめる」이다.

참고

만일 「あおぐ」의 뜻을 '구하다' 밖에 모른다면 다음과 같이 **「悪法も法」と毒杯をあおいだソクラテスの姿が思い浮かぶ。** ('악법도 법'이라며 독배를 들이킨 소크라테스의 모습이 떠오른다)라는 문장이 출제되면 정답을 고르기 어려울 것이다.

따라서 단어를 찾을 때는 되도록 일일사전(전자사전의 **広辞苑** 등)을 찾는 형식으로 단어를 찾은 후 우리말의 의미를 찾는 순서로 사전을 찾아서 정리하는 습관을 기르는 것이 좋다.

 受(う)け入(い)れ 받아들임, 떠맡음 ｜ 保育(ほいく) 보육

(4) 필수 관용구

관용구 문제는 앞서 다룬 '문맥 규정' 문제에서뿐만 아니라, '유사 표현 바꾸기' 문제에서도 출제될 수 있다. 따라서 일상 생활에 자주 쓰이는 '気 관련' 관용구나 '신체 관련' 관용구 등은 평소에 의미를 정확히 파악해 두어야 한다. 시험에 출제될 가능성이 높은 필수 관용구에 대해서는 95p를 참조하기 바란다.

■ 気 관련 관용구

 今夜の飲み会は気が置けない連中だから、楽しみだね。

1 油断できない　2 遠慮のない　　3 馬が合う　　　4 気配りをする

 이렇게 풀어라!

Check Point

① 해석　오늘밤 술자리는 마음 편한 허물없는 친구들과 해서 기대되네.

② ・油断できない (방심할 수 없는)
　・遠慮のない (허물없는)
　・馬が合う (마음이 맞는)
　・気配りをする (배려심이 있는)

③ 「気が置けない」는 원래 '상대에 대해 딱히 배려하지 않아도 되거나 허물없는 사이'라는 의미를 갖는 관용구이다.

④ 그러나 일본인들도 「置けない(놓을 수 없다)」의 탓인지, 「気が置けない」를 '방심할 수 없거나 배려를 해야만 하는 사이'라는 반대의 의미로 실수하여 잘못 쓰는 경우도 있으므로 정확하게 의미를 파악해야 한다.

 결과

「気が置けない」는 문맥상으로 '허물없는 사이'라는 의미를 나타내므로, 정답은 2번 「遠慮のない」이다.

 連中(れんちゅう) 한 패, 동아리, 동료들

■ 신체 관련 관용구

 이렇게 풀어라!

Check Point

① 해석 유품 정리를 하고 싶지만, 바빠서 <u>어찌할 도리가 없는</u> 상황입니다.

② ・どうしようもない (어찌할 도리가 없는)

　　・触れない (만질 수 없는)

　　・我慢できない (참을 수 없는)

　　・配慮できない (배려할 수 없는)

③ 「手がつけられない」는 '어찌할 도리가 없다'라는 의미를 갖는 관용구이다.

④ 해당 관용구의 앞뒤 문맥을 해석해 봐도 선택지 중에는 '어찌할 도리가 없다'라는 내용으로 밖에 바꾸어 쓸 수 없음을 확인할 수 있다.

⑤ 만일 이 관용구의 정확한 의미를 모르더라도, 직역하면 '손을 댈 수가 없다'라는 뜻이다. 관용구는 보통 추상적인 의미로 쓰이는 경우가 많으므로, 이를 추상적인 의미로 재해석하면 '어찌할 방법(도리)가 없다'라는 의미가 됨을 짐작할 수 있다.

 **결과**

「手がつけられない」는 '어찌할 도리가 없다'라는 의미를 갖는 관용구로, 정답은 이러한 의미를 갖는 1번 「どうしようもない」이다.

참고

이와 같이 해당 관용구의 의미를 잘 모를 때는 먼저 문자 그대로를 직역하고 이를 토대로 유추할 수 있는 의미를 나름대로 재해석한 후, 문맥의 내용에 맞추어 선택지에서 알맞은 표현을 고르도록 하자.

 遺品(いひん) 유품

■ 일반 관용구

일반 관용구란 앞서 다룬 '気' 또는 '신체' 관련 관용구를 제외한 그 외의 시험에 출제되기 쉬운 관용구를 말한다.

> 예제 8　　人の悪口を言わないように<u>心掛け</u>ている。
>
> 　　　1 気になって　　2 気をつけて　　3 忠告して　　　4 決心して

? 이렇게 풀어라!

Check Point

① 　해석　다른 사람의 욕을 하지 않도록 <u>유의하고</u> 있다.

② ・気になって (걱정되어)

　・気をつけて (유의하고, 조심하고)

　・忠告^{ちゅうこく}して　(충고하고)

　・決心^{けっしん}して　(결심하고)

③ 「心掛^{こころが}ける」는 '유의하다'라는 의미를 갖는 말로, 이와 유사한 표현은 「気をつけて」가 있다.

④ 「心(を)掛ける」를 직역하면 '마음을 걸다'가 되며, 이를 재해석하면 '마음을 쓰다'라고 해석할 수 있다.

✎ 결과

「心掛ける」는 문맥의 내용상 '마음을 쓰다, 유의하다'로 파악할 수 있으므로, 정답은 이와 유사한 관용구인 2번 「気をつけて」이다.

단어 도우미　忠告(ちゅうこく) 충고

(5) 외래어

예제 9

彼は<u>パティシエ</u>を目指して、誰よりも早く就職活動に取り組みました。

1 菓子職人　　　2 パン職人　　　3 革職人　　　4 寿司職人

? 이렇게 풀어라!

Check Point

① **해석** 그는 <u>파티쉐</u>를 목표로 누구보다도 빨리 취업 활동에 전력을 다하고 있다.

② ・菓子職人 (과자 장인)　　　・パン職人 (빵 장인)

　　・革職人 (구두 장인)　　　・寿司職人 (초밥 장인)

③ パティシエ(파티쉐, pâtissier)는 프랑스어로 과자나 케이크, 또는 쿠키 같은 제과류를 만드는 직업이나 이를 만드는 장인을 나타내는 말이다. 따라서 이 문제에서는 과자와 관련된 단어를 찾아야 한다.

결과

「パティシエ」란 제과류를 만드는 장인의 의미를 갖는 단어이므로, 정답은 이와 유사한 표현인 1번「菓子職人」이다.

TIP

외래어란 영어, 프랑스어, 독일어 등 외국어였던 것이 국어에 동화되어 사회적으로 그 사용이 허용된 단어를 말하는데, 일본어의 외래어 관련 문제도 외국어를 많이 알면 도움이 된다.

그러나 일본어는 모음이 많지 않아서 mother가 マザー로 발음되거나 handicap(ハンディキャップ)를 ハンデ로 말을 줄여 쓰는 경향이 있어서, 쉬운 외래어라도 때에 따라서는 이해가 잘 안 된다.

이러한 경우에는 문맥을 내용을 제대로 이해하고 비슷한 의미의 외래어를 찾아야 하며, 실생활에서 많이 쓰일 것 같은 단어를 중심으로 공부하도록 한다. 자주 출제되는 외래어는 74, 75p에 정리해 놓은 단어를 참조하자.

단어 도우미 職人(しょくにん) 장인, 기술자

(6) 부사

예제 10　　宿題の締め切りに<u>かろうじて</u>間に合った。

1 なんとなく　　2 きちんと　　　3 やっと　　　　4 まえもって

 이렇게 풀어라!

Check Point

① 해석 　숙제의 제출 기한에 <u>가까스로</u> 맞췄다.

② ・なんとなく (왠지)　　　　　・きちんと (정확히)

　・やっと (간신히, 겨우)　　　・まえもって (미리)

③ 「かろうじて(가까스로, 간신히)」는 '결과를 예측할 수 있거나 결과가 나온 경우'에 쓰이는 부사이다.

결과

「かろうじて」는 '가까스로, 간신히'의 의미를 갖는 부사로, 정답은 이와 유사한 표현인 3번 「やっと」이다.

참고

부사는 '문자・어휘' 전반과 문법 문제 등 다양한 분야에서 자주 출제되는 어휘이다. 따라서 부사도 많이 암기해 두어야 하는 어휘 중 하나인데, 되도록 유사한 용법(쓰임새)을 갖는 부사끼리 그룹별로 나누어 외우는 것이 바람직하다. 용법 별 부사의 종류는 문법part 238~247P를 참조하기 바란다.

TP

밑줄 친 부분의 어휘의 뜻을 도저히 모를 때는 문제문 밑줄의 앞뒤 문맥을 파악하여 문제문 전체를 해석해 보고, 선택지에 나와 있는 어휘를 밑줄에 넣었을 때 문맥의 내용상 가장 자연스러운 어휘를 고르도록 한다. 단, 선택지에 나와 있는 어휘들은 대부분 밑줄에 넣어 해석을 해보면 나름대로 해석이 되는 경우가 많으므로, 그 중에서도 우리말 해석이 가장 자연스러운 어휘를 골라야 한다.

단어 도우미　締(し)め切(き)り (기한의) 마감

4. 용법

1) 용법 문제의 개요

제시된 단어의 의미를 묻거나 문장 안에서 어떻게 쓰이는지를 묻는 문제로, 의미 용법에 관한 지식을 테스트하기 위해 출제된다.

따라서 단어의 의미나 품사를 정확히 파악하고 제시된 단어의 앞 또는 뒤에 이어질 수 있는 말이 어떠한 것인지를 판단하는 것이 중요하다.

(1) 출제 대상

출제될 수 있는 단어로는 한자어 명사, 외래어 명사(가타카나 표기), 동사, 부사 등을 들 수 있다.

또한 각각의 단어 자체의 사전적 의미는 비슷해도 쓰임새가 달라서, 단어의 의미를 알아도 쓰임새(용법)를 모르면 쉽게 문제를 풀 수 없는 경우가 있다. 따라서 선택지에 제시된 단어의 앞 뒤 내용의 어울림을 잘 비교해서 선택해야 한다.

(2) 공부 방법

용법 문제를 잘 풀기 위해서는 평소에 단어를 따로따로 외우지 말고, 회화체에서 자주 쓰이는 관용적 표현이나 단어 간에 호응을 이루는 표현의 기본적인 예문을 올바르게 암기해 두어야 한다. 또한 피수식어와 수식어 관계에 따라 뉘앙스가 달라지는 표현도 잘 파악해 두도록 하자.

① 관용적 표현
- 몸 컨디션을 망치다 　　　体調をくずす(○) / 体をくずす(✕)
- 물을 끓이다 　　　　　　お湯を沸かす(○) / 水を沸かす(✕)

② 단어 간에 호응을 이루는 표현

- 마음이 넓다 (<u>心</u>が<u>広い</u>)　　　　　• 반가운 <u>마음</u>으로 (うれしい **気持**で)
- 마음에 걸린다 (**気**になる)

※ 우리말에서는 같은표현(마음)이라도 앞뒤에 어떤 단어와 호응을 이루느냐에 따라 일본어의 표현(**心, 気持, 気**)이 달라질 수 있다.

③ 피수식어와 수식어 관계에 따라 뉘앙스가 달라지는 표현

- 화려한 옷: <u>**派手な服装**</u> (**カラフルな服装**) [마이너스적으로 쓰이는 표현이 아님]
- 화려한 옷: <u>**けばけばしい**</u> **服装** ['요란한 옷차림'으로도 해석되므로, 마이너스인 표현]

2) 출제 유형

(1) 의미 용법 문제

제시된 단어의 의미를 정확히 파악하고 그 단어가 문장 속에서 어떻게 쓰이는지를 묻는 문제

(2) 문법적 용법 문제

제시된 단어의 품사를 파악하고 문장 속에서 어떻게 활용되어 쓰이고 어떤 말과 연결될 수 있는지 등을 테스트하는 문제

3) '용법' 문제의 세부 유형

(1) 의미 용법 문제

예제 1   동사의 의미 용법

育む   1 私は花壇で菊の花を育んでいます。

2 絵本は子どもの想像力を育むのに役に立ちます。

3 みんなの力で、会社をここまで育んできた。

4 この給料で、妻子を育むのは容易なことではない。

이렇게 풀어라!

Check Point

① 育(はぐく)むは '키우다, 기르다'라는 뜻 외에도 「才能(さいのう), 想像力(そうぞうりょく), 夢(ゆめ), 愛(あい)」등과 같이 추상적, 내면적인 능력이나 힘을 '키우다, 육성하다'의 의미를 갖고 있으므로, 이에 해당하는 내용의 선택지를 찾는다.

→ 2 絵本は子どもの想像力を育むのに役に立ちます。

(그림책은 아이들의 상상력을 키우는데 도움이 됩니다.)

② 그 외의 다른 오답은 다음과 같이 고칠 수 있다.

1 育んでいます→育てています(키우고 있습니다)

3 育んできた→育ててきた(키워왔다)

4 育む→養(やしな)う(부양하다)

결과

따라서 정답은 2번 「絵本は子どもの想像力を育むのに役に立ちます」이다.

단어 도우미   花壇(かだん) 화단 │ 妻子(さいし) 처자

 형용사의 의미 용법

こまかい　1 彼女の<u>こまかい</u>心遣いがうれしかった。

　　　　　2 そんな<u>こまかい</u>声では聞こえませんよ。

　　　　　3 あの<u>こまかい</u>体のどこからあんなエネルギーが出てくるんだろう。

　　　　　4 うちの娘は食が<u>こまかい</u>ので、心配しています。

이렇게 풀어라!

Check Point

① 「こまかい」는 '작다, 상세하다, 꼼꼼하다, 세심하다' 등의 의미 용법을 갖는 い형용사로, '세심하다'의 의미로 쓰이는 문장을 골라야 한다.

　　→　1 彼女の<u>こまかい</u>心遣いがうれしかった。

　　　　（그녀의 세심한 배려가 기뻤다.）

② 그 외의 다른 오답은 다음과 같이 고칠 수 있다.

　　2 こまかい → 小さい(小さな)声 (작은 목소리)

　　3 こまかい → 小柄な体 / 小さい体 (작은 체구)

　　4 こまかい → 食が細い (먹는 양이 적다) [≠食が太い]

결과

따라서 정답은 1번 「彼女の<u>こまかい</u>心遣いがうれしかった」이다.

 **예제 3** 명사의 의미 용법

役　1 料理したいんですが、何か包丁の<u>役</u>になるものはありませんか。

　　2 木山先生は、高校では世界史の<u>役</u>についている。

　　3 その少女は家庭では立派に母親の<u>役</u>を果たしていた。

　　4 彼は十分にその任務を果たすだけの<u>役</u>があります。

이렇게 풀어라!

Check Point

① 「役」는 '직무, 임무, 배역, 역할, 구실' 등의 의미 용법을 갖는 단어로 이에 해당하는 문장을 찾아야 한다.

　　→ 3 その少女は家庭では立派に母親の役を果たしていた。

　　　（그 소녀는 가정에서는 훌륭한 엄마 역할을 다하고 있었다.）

참고

「果たす」는 '(의무·역할·책임 등을) 완수하다, 다하다, 달성하다'의 의미로 쓰이는 동사

② 그 외의 다른 오답은 다음과 같이 고칠 수 있다.

　　1 役 → 包丁の代わり / 代用 (식칼의 대용)

　　2 役 → 世界史の担当 (세계사의 담당)

　　4 役 → 力 / 能力 (능력)

결과

따라서 정답은 3번 「その少女は家庭では立派に母親の役を果たしていた。」이다.

 任務(にんむ) 임무

 외래어의 의미 용법

ムード　　1 彼女は<u>ムード</u>を害したのか、怒って部屋を出て行った。

　　　　　2 祭りの<u>ムード</u>がいよいよ盛り上がった。

　　　　　3 彼女、洋服の<u>ムード</u>がなかなかいいね。

　　　　　4 彼は少しユーモアの<u>ムード</u>に欠ける。

이렇게 풀어라!

Check Point

① 「ムード」는 '분위기, 기분'의 의미를 나타낸다. 이 문제에서는 '사람의 기분'이 아닌 '주위를 둘러싸고 있는 상황이나 분위기'의 의미를 나타내는 표현을 찾아야 한다.

→ 2 祭りのムードがいよいよ盛り上がった。

（드디어 축제의 분위기가 무르익었다.）

② 그 외의 다른 오답은 다음과 같이 고칠 수 있다.

1 ムード → 気分 (사람의 기분)

3 ムード → センス (센스)

4 ムード → センス (센스)

결과

따라서 정답은 2번 「**祭りのムードがいよいよ盛り上がった。**」이다.

 盛(も)り上(あ)がる 고조되다. 무르익다 ｜ 欠(か)ける 모자라다, 부족하다

制作　　1 <u>横断幕</u>を<u>制作</u>したいけど、データが用意できない。

　　　　2 このサイトで販売している洋服はすべて私がデザイン・<u>制作</u>した
　　　　　 ものです。

　　　　3 視聴者の知的好奇心に応えて暮らしを豊かにするさまざまな番組
　　　　　 を<u>制作</u>する。

　　　　4 当社では紙を使ったさまざまなオリジナルグッズを<u>制作</u>しており
　　　　　 ます。

 **이렇게 풀어라!**

Check Point

① 「制作」는 예술작품 등 추상적인 것을 창작하거나 만들 때 쓰이고, 「製作」는 물품이나 제품 등 구체적인 물건을 만들 때 쓰인다. 이를 잘 구분하여 알맞은 표현을 찾아야 한다.

→ 3 視聴者の知的好奇心に応えて暮らしを豊かにするさまざまな番組を制作する。
(시청자의 지적 호기심에 부응해 생활을 풍요롭게 하는 다양한 프로그램을 제작한다.)

② 그 외의 다른 선택지 1, 2, 4번은 물품이나 제품 등 구체적인 물건을 나타내고 있으므로, 「製作」로 바꾸어 써야 한다.

결과

따라서 정답은 3번 「視聴者の知的好奇心に応えて暮らしを豊かにするさまざまな番組を制作する。」이다.

단어 도우미　横断幕(おうだんまく) 현수막 | 知的(ちてき) 지적 | 好奇心(こうきしん) 호기심 |
当社(とうしゃ) 당사, 이 회사

(2) 문법적 용법 문제

 명사 또는 な형용사의 문법적 용법

不満　　1 彼は給料が安いとか仕事がつまらないとか、会社の<u>不満</u>ばかりしている。

　　　　2 彼女は料理の味に<u>不満</u>して、一口食べたきりだった。

　　　　3 自分の意見が認めてもらえず、彼女の表情はいかにも<u>不満</u>だった。

　　　　4 今回の決定には<u>不満</u>もあるが、会議で決まったことだから従うしかない。

 이렇게 풀어라!

Check Point

① 「不満(だ)」: 불만(명사), 불만스럽다(な형용사)

② 不満(だ)는 반의어인 「満足する」와는 달리 'する동사', 즉 「不満する」로 쓰이지 않으므로 1번 「不満ばかりしている」나 2번 「不満して」는 정답에서 제외된다.

　· 不満ばかり<u>している</u> → 不満ばかり<u>言っている</u> (불만만 토로하고 있다)

　· 不満して → 不満で (불만이어서)

③ 3번 「彼女の表情はいかにも不満だった(그녀의 표정은 자못 불만스러웠다)」의 「不満だった」는 な형용사로 쓰여 문법적으로 문제가 없는 듯하다. 그러나 '감정 형용사'는 제3자의 감정을 나타낼 때는 일반적으로 추측의 「〜そうだ(〜해 보이다)」나 동사화 접미어 「〜がる(〜해하다)」를 쓴다.

　· 不満だった → 不満そうだった (불만스러워 보였다)

 결과

따라서 정답은 4번 「今回の決定には不満もあるが、会議で決まったことだから従うしかない。(이번 결정에는 불만도 있지만, 회의에서 결정된 사안이니까 따를 수밖에 없다.)」이다.

案の定　　1 <u>案の定</u>なことに、日本チームは見事勝利の栄冠を手にした。

　　　　　2 長年の夢が<u>案の定</u>になってうれしい。

　　　　　3 知事選における民主党の敗北は、私にとっては<u>案の定</u>だった。

　　　　　4 彼なら大丈夫だと思っていたが、<u>案の定</u>、早稲田大学に合格した。

이렇게 풀어라!

Check Point

① 「案の定(あんじょう)」: 생각한 대로, 아니나 다를까 (부사)

② 선택지 1, 2, 3번은 부사인 「案の定」가 각각 な형용사나 명사처럼 쓰이고 있으므로 문법적으로 틀린 문장이다.

　　1案の定なことに → 期待どおり (기대에 맞게)

　　2案の定になって → 思った通りになって (생각한 대로 되어서)

　　3案の定だった → 予想どおりだった (예상대로였다)

결과

따라서 정답은 부사로 쓰이는 4번 「彼なら大丈夫だと思っていたが、案の定、早稲田(わせだ)大学に合格した。(그러면 괜찮을 거라고 생각하고 있었는데, 생각한 대로 와세다 대학에 합격했다.)」이다.

단어 도우미　栄冠(えいかん) 영관 ｜ 民主党(みんしゅとう) 민주당 ｜ 敗北(はいぼく) 패배

 외래어의 문법적 용법

コントラスト

    1 モノクロ写真は<u>コントラスト</u>が命です。

    2 双子の姉妹は外見はそっくりだが、**性格は<u>コントラスト</u>**だ。

    3 花の色と海の色が<u>コントラスト</u>して 美しい景観を醸し出していた。

    4 優勝を争った<u>コントラスト</u>な2校の戦いぶりを振り返ってみたい。

이렇게 풀어라!

Check Point

① コントラスト : 대조, 대비, 명암의 대조 (명사)

② 영어에서 contrast는 명사뿐 아니라 동사로서의 용법도 있으나, 이에 해당하는 일본어의「コントラスト」는 명사로만 쓰인다. 그러나 선택지 3, 4번은 각각 동사와 형용사처럼 쓰이고 있으므로 문법적으로 틀린 문장이다.

    3 コントラストして → 対照をなして (대조를 이루어)

    4 コントラストな → 対照的な (대조적인)

③ 2번은 문법적으로 명사의 용법으로 쓰이고 있다고 볼 수도 있으나, 의미적으로는「**性格**」와 같은 명사와 어울려 쓸 수 없기 때문에 틀린 문장이다.

    2 性格はコントラストだ → 対照的だ (대조적이다)

 결과

따라서 정답은 '명암의 대조'라는 의미로 쓰이고 있는 1번「モノクロ写真はコントラストが命です。(흑백 사진은 명암의 대조가 생명입니다.)」이다.

단어 도우미   **モノクロ** 흑백 ┃ **醸(かも)し出(だ)す** (느낌, 기분 등을) 자아내다, 조성하다 ┃ **振(ふ)り返(かえ)る** 뒤돌아보다, 돌아다보다

1. 시험에 출제되는 핵심 어휘

□ 仰ぐ(あおぐ) ①우러러보다 ②청하다 ③공경하다 ④의존하다 ⑤단숨에 마시다

□ あくせく 마음에 여유가 없이 아득바득 하는 모양 ↔ ゆうゆう

□ あたかも ①마치, 흡사(=まるで, さながら) ②때마침, 마침(그 때), 바야흐로

□ 呆気ない(あっけない) 싱겁다, 어이없다, 허망하다

□ あとげない 천진난만하다, 사랑스럽고 귀엽다

□ 有明(ありあけ) ①달이 지지 않은 채 동이 틈 ②새벽

□ 案外(あんがい) 뜻밖(에), 예상외(의), 의외(로) ＝予想外(よそうがい)

□ 案の定(あんじょう) 생각한 대로, 예상(짐작)했던 대로, 아니나 다를까, 과연

□ 厳めしい(いかめしい) ①위압적인 느낌이 들다, 위엄이 있다, 엄숙하다(おごそかだ) ②삼엄하다

□ 意気(いき) 의기, 기세, 기개

□ 潔い(いさぎよい) ①맑고 깨끗하다 ②결백하다, 떳떳하다, 비겁하지 않다

□ 勤しむ(いそしむ) 부지런히 힘쓰다, 열심히 노력하다 ↔ 怠る(おこたる)

□ 労る(いたわる) ①친절히 대하다, 돌보다 ②노고를 위로하다

□ 逸話(いつわ) 일화 ＝エピソード

□ 訝る(いぶかる) 수상히 생각하다, 의심하다 ＝怪しむ(あやしむ)

□ 色めく(いろめく) ①빛깔이 아름다워지다, 화려해지다 ②술렁거리다, 동요하다

□ 浮足(うきあし) ①발끝만 땅에 닿음 ②막 도망치려는 태세 ＝逃げ腰(にげごし)

□ 浮彫り(うきぼり) 사물이 뚜렷이 보이게 되는 일

□ うっとり 황홀히, 멍하니, 넋을 잃고

□ 有無(うむ) ①유무, (사물이) 있음과 없음 ＝あるなし ②승낙과 거부, 좋고 싫음 ＝いやおう

□ 潤う(うるおう) 축축해지다, 습기를 띠다

□ 敬う(うやまう) 존경하다, 숭배하다, 공경하다 ＝あがめる

□ 上辺(うわべ) ①겉, 표면, 외면 ＝表(おもて) ②겉보기, 외관, 거탈 ＝見せかけ(みせかけ)

□ うんざり 지긋지긋하게, 지겹게

□ 運輸(うんゆ) 운수, 수송

□ 栄進(えいしん) 영진, 벼슬 · 지위가 높아짐

□ 栄転(えいてん) 영전, 명예로운 대우

□ 会釈(えしゃく) ①(머리를 살짝 숙이는) 가벼운 인사 ②상대에게 마음을 씀, 배려(配慮) ＝思いやり(おもいやり)

□ 会得(えとく) 터득

□ 炎暑(えんしょ) 염서, 혹서(酷暑)

□ 往々(おうおう) 이따금, 때때로

□ 往生(おうじょう) ①죽음 ②체념함 ③난처함, 손듦

男々しい (おお)	사내답다, 용감하다, 씩씩하다 =勇ましい(いさ)
大らか (おお)	대범하고 느긋함, 너글너글함 =おおよう
奥床しい (おくゆか)	깊이와 품위가 있다, 그윽하고 고상하다, 그윽하다
烏滸がましい (おこ)	①어리석다, 우습다 어이없다 ②건방지다, 주제넘다 아니꼽다
夥しい (おびただ)	①엄청나다 ②(수량이) 굉장히 많다
徐に (おもむろ)	서서히, 천천히
絵画 (かいが)	회화, 그림
甲斐甲斐しい (かいがい)	①몸을 아끼지 않고 바지런하다 ②동작이 시원스러우며, 익숙하게 일을 처리하는 모양
皆目 (かいもく)	(否定이 따르며) 전혀, 전연, 도무지
託ける (かこつ)	핑계 삼다, 칭탁하다, 빙자하다, 구실삼다
過疎 (かそ)	과소
頑な (かたく)	완고함, 고집스러움
辛うじて (かろ)	겨우, 간신히, 가까스로, 아슬아슬하게 =ようやく
簡素 (かんそ)	간소함
兆し (きざ)	조짐, 전조, 징조
気性 (きしょう)	타고난 성질, 기질 =気象(きしょう)
気まぐれ (き)	변덕, 변덕스러움
窮屈 (きゅうくつ)	①비좁아 갑갑함, 답답함 ②거북함, 부자유스러움
競争 (きょうそう)	경쟁
共鳴 (きょうめい)	①공명, 공진(共振) ②동감함, 공감함
苦情 (くじょう)	불평, 불만, 푸념, 고충
口添え (くちぞ)	의뢰·교섭 등이 성사되도록 옆에서 말을 거듦. 조언(助言)
口調 (くちょう)	어조(語調), 말투
覆す (くつがえ)	뒤엎다, 뒤집어엎다, 전복시키다
苦難 (くなん)	고난
雲行 (くもゆき)	①구름이 움직이는 모양(형세 ②(사물이 되어 가는) 형세, 추세
境内 (けいだい)	경내, 신사(神社)·사찰의 구내
契約 (けいやく)	계약
けげん	의아함, 미심쩍음
決断 (けつだん)	결단
気配 (けはい)	①기척, 기색, 낌새 =けわい, けしき ②시세, 경기 =きはい
故意 (こい)	①고의, 짐짓, 일부러 ②고의 ↔過失(かしつ)
好意 (こうい)	호의, 호감 ↔悪意(あくい)
孝行 (こうこう)	효행, 효도(孝道)
高じる (こう)	정도가 심해지다, 늘어나다
耕地整理 (こうちせいり)	경지 정리
肯定 (こうてい)	긍정, 그러하다고 인정함
木枯らし (こが)	늦가을부터 초겨울에 걸쳐 부는 건조하고 찬 바람
試みる (こころ)	시도해 보다, 시험해 보다 =試(た)めす
姑息 (こそく)	고식, 일시적인 방편
こばしり	종종걸음, 잔 달음질 (こ는 接頭語)
子煩悩 (こぼんのう)	자기자식을 끔찍이 아끼고 사랑함
こもごも	번갈아, 교대로
根気 (こんき)	끈기, 싫증 내지 않고 오래 해낼 수 있는 기력

□ 些細 (さ さい)	사세함, 사소함	□ 瀬戸際 (せ と ぎわ)	운명의 갈림길
□ ささやく	속삭이다, 소곤거리다	□ 世論 (せ ろん)	세론, 여론 ＝ せいろん, 興論 (よ ろん)
□ さながら	마치, 흡사	□ せわしい	바쁘다, 겨를이 없다 조급하다, 성급하다
□ 参考 (さんこう)	참고		
□ 参照 (さんしょう)	참조	□ 繊細 (せんさい)	섬세
□ しかつめらしい	(딱딱한 표정으로) 짐짓 점잔을 빼는 듯하다	□ 早春 (そうしゅん)	조춘, 이른봄, 초봄
		□ そそる	돋우다, 자아내다
□ 自業自得 (じ ごう じ とく)	자업자득	□ 素っ気ない (そ っ け ない)	무뚝뚝하다, 쌀쌀하다 ＝ すげない
□ 仕組み (し く)	①사물의 구조, 장치, 기구(機構) ②궁리, 방법, 계획		
		□ 素朴 (そ ぼく)	소박
□ 質素 (しっ そ)	검소하다	□ 尊重 (そんちょう)	존중
□ 凌ぐ (しの)	견디어내다, 막아서 견디다, 헤치고 나아가다	□ 台無し (だい な)	쓸모 없는 모양, 엉망이 된 모양, 아주 망가진 모양
□ しぶとい	질기다, 강인하다, 고집이 세다	□ たくましい	①억세다, 다부지다 ②힘차다, 강인하다, 왕성하다
□ 需要 (じゅよう)	수요		
□ 成就 (じょうじゅ)	성취	□ たしなめる	타이르다, 나무라다, 주의시키다
□ 照合 (しょうごう)	조합, 대조(조회)하여 확인함	□ たじろぐ	①질리다, 기가 죽다, 움츠러들다 ＝ ひるむ ②(상대편의 힘에 밀려) 비틀거리다
□ 精進 (しょうじん)	정진, 전념		
□ 真剣 (しんけん)	진정임, 진지함		
□ 深刻 (しんこく)	심각함, 마음에 깊이 새겨질 만큼 절실한 모양	□ たそがれ	황혼, (비유적으로) 쇠퇴기, 해질 무렵
□ 推移 (すい い)	추이	□ 佇む (たたず)	①잠시 멈추어 서 있다, 우두커니 서 있다 ②서성거리다
□ すげない	박정하다, 매정하다, 살차다, 쌀쌀하다, 냉담하다 ＝ つれない	□ ためらう	주저하다, 망설이다, 서성거리다, 방황하다
□ 素姓 (す じょう)	①혈통, 가문, 출신, 성장 과정 ②경력, 신원		
		□ だらしない	단정하지 못하다
□ せちがらい	①세상살이가 힘들다, 각다분하다 ②잇속에 밝다, 야박하다, 교활하여 빈틈이 없다	□ 知己 (ち き)	자기 마음을 잘 알아주는 사람
		□ ちぐはぐ	짝이 맞지 않음, 짝짝이임, 뒤죽박죽임, 조화가 안 됨
□ 切望 (せつぼう)	절망, 갈망, 간절히 바람	□ 着目 (ちゃくもく)	착목, 착안, 주목
□ 絶望 (ぜつぼう)	절망	□ つかの間 (ま)	잠깐 사이, 짧은 시간
□ 絶滅 (ぜつめつ)	절멸, 근절	□ 月並み (つき な)	①매월, 월례 ②평범함, 진부함, 흔해 빠짐

募る	①더해지다, 격화하다, 심해지다 ②모으다, 모집하다
倹しい	검소하다, 알뜰하다
手薄	허술함, 불충분함
手ほどき	(학문, 기예 등의) 초보를 가르침, 초보서, 입문서
天分	천분, 천성, 천품
滞る	밀리다, 막히다, 정체되다
とどのつまり	결국, 필경, 종국에는 = あげくのはて
徒歩	도보 = かち
取り繕う	①고치다, 수선하다, 손질하다 ②허물 등을 숨겨 그 자리를 얼버무리다
等閑	등한함, 소홀함(いいかげん)
和やか	온화함, (분위기·기색이) 부드러움
情けない	한심하다
なじむ	①친숙해지다, 정들다, (사람을) 따르다 ②익숙해지다, 길들다
なにげない	별 생각도 없다, 무심하다, 아무렇지도 않다, 태연하다
なみなみならぬ	보통 정도가 아닌, 예사롭지 않은 = 普通ではない
にぎわう	번창하다, 번성하다
忍耐	인내
ぬかずく	이마를 땅에 대고 배례하다, 공손히 절하다, 조아리다
ぬかりない	실수 없이 = 油断がない
ぬきんでる	①썩 높이 나타나다, 돌출하다, 특히 눈에 띄다 ②빼어나다, 뛰어나다, 출중하다

ぬれぎぬ	①젖은 의복 = ぬれごろも ②누명(陋名), 무고한 죄
音色	그 음이 갖는 느낌, 음색
労う	노고를 치하하고 위로하다
念願	염원
懇ろ	①공손함, 정성스러움 ②친함
のたうつ	괴로워 몸부림치다, 몸부림치며 뒹굴다
のどか	마음이 편하고 한가로움 = のんびりしている, 날씨가 화창함
敗北	패배
はかない	덧없다, 무상하다, 헛되다, 부질없다, 속절없다
育む	①어미 새가 새끼를 품어 기르다 ②상상력 등을 키우다
弾む	①(탄력 있는 것이) 튀다 ②숨이 거칠어지다, 숨이 가빠지다
華々しい	화려하다, 찬란하다
阻む	①기가 이다, 주눅 들다 ②막다, 방해하다, 저지하다
春めく	(날씨가) 봄다워지다, 봄기운이 느껴지다
繁盛	번성
控える	대기하다, 기다리다, (명령 등을 기다리며) 곁에서 대기하다
ひしめく	①북적거리다, 와작거리다 ②삐걱거리다
必至	필지, 필연, 불가피
皮肉	비꼼, 빈정거림
ひたすら	오로지, 한마음으로, 한결같이
ひのき舞台	(변하여) 자기의 능력을 과시할 자랑스러운 자리

怯む（ひる）	기가 꺾이다, 풀이 죽다, 겁먹다	ものものしい	삼엄하다, 장엄하다, 엄숙하다
風変わり（ふう が）	(성격·모습·행동 등이) 보통과 다름, 색다름, 특이함, 별남	模範（も はん）	모범
普及（ふ きゅう）	보급	もめる	분규가 일어나다, 말썽이 일어나다, 옥신각신하다
不断（ふ だん）	①부단, 끊임없음 ②결단력이 없음	やにわに	당장에, 그 자리에서, 즉석에서
物色（ぶっしょく）	물색, 많은 것 중에서 적당한, 물건·인물을 얻으려고 찾음	やんわり	부드럽게, 살며시
ふんだんに	넘칠 정도로 많이 풍부하게, 넉넉하게	委ねる（ゆだ）	남에게 맡기다, 위임하다
発作（ほっ さ）	발작	朗報（ろうほう）	낭보, 기쁜 기별이나 소식
ぼやく	투덜거리다, 불평하다	わずらわしい	번거롭다, 귀찮다, 성가시다
本性（ほんしょう）	①본성, 본래의 타고난 성질 ②본정신, 제정신		
紛らわしい（まぎ）	헷갈리기 쉽다, 혼동하기 쉽다 = 見分けにくい（み わ）		
免れる（まぬが）	면하다, 피하다, 벗어나다		
満身（まんしん）	온몸, 전신		
見限る（み かぎ）	가망 없다고 단념하다		
見くびる（み）	우습게 보다		
身じろぎ（み）	몸을 약간 움직임		
密集（みっしゅう）	밀집		
見通し（み とお）	전망, 예측, 끝까지 지켜봄		
見届ける（み とど）	끝까지 지켜보다		
むなしい	공허하다, 내용이 없다		
無類（む るい）	비길 데가 없음, 유례가 없음		
面倒（めんどう）	귀찮다		
面目（めんぼく）	면목, 체면		
もってこい	안성맞춤, 딱이다		
もどかしい	(뜻대로 안 되어) 답답하다, 안타깝다, 초조하다		
求める（もと）	구하다, 찾다, 청하다, 바라다		

2. 시험에 출제되는 핵심 외래어

□ アーカイブ（保存記録）　　　　대규모 기록이나 자료의 수집

□ アシスタント（助手、補佐）　　보조, 도움

□ アドバイス（助言）　　　　　　조언, 충고

□ インフォメーション（情報）　　정보

□ エコ（環境の）　　　　　　　　환경

□ エレクトロニクス（電子工学）　전자공학

□ オフィシャル（公式の）　　　　공식적인

□ カルチャー（文明、文化、教養）　문명, 문화, 교양

□ クラシック（古典）　　　　　　고전적인

□ クリーンエネルギー（大気汚染を生じないエネルギー）

　　　　　　　　　　　　　　　　대기오염을 일으키지 않는 천연에너지

□ コーディネーター（調整係）　　코디네이터, 여러 가지 요소를 조정하는 사람

□ コスト（費用）　　　　　　　　비용

□ コラボレーション（共同作業、共同制作）　공동 작업, 공동 제작

□ コレクション（収集）　　　　　수집

□ コンセンサス（合意）　　　　　합의

□ サポーター（支援者）　　　　　지지자, 서포터즈

□ ジェンダーフリー　　　　　　　성차(性差)가 없는

□ シルバー（銀、高齢者の）　　　은, 노년기

□ スクープ（特種）　　　　　　　특종 기사

□ スタンダード（標準）　　　　　표준, 기준

□ セキュリティー（安全）　　　　안전

□ セクション（区切り、部門）　　구분, 부분

□ ディスカッション（討議）　　　토론, 토의

□ テキスト（教科書、文章）　　　교과서, 문장

□ テクノロジー（科学技術）　　　과학 기술

□ デリケート　　　　　　　　　　섬세함

□ トレンド（傾向）　　　　　　　경향, 트렌드, 시대의 동향·풍조·경향

□ ネイチャー（自然）　　　　　　자연

□ バーチャル（仮想）　　　　　　가상적인

□ バイオテクノロジー（生命工学）　생명공학

□ ハイブリッドカー　하이브리드 카, 엔진과 전기 모터를 이용한 저공해 자동차

□ パティシエ（菓子職人）　과자 및 케이크 장인, 파티쉐

□ バリアフリー　고령자 및 장애인을 배려한 건축설계

□ ヒートアイランド（都市高温化）　도시 고온화, 열섬 현상

□ ビオトープ（生物生息空間）　비오톱, 야생 동식물의 안정된 서식지

□ フォロー（補い助ける）　지원하다, 후원하다

□ マーケット（市場）　시장, 마트

□ マニュアル（手引き書）　매뉴얼, 설명서

□ メカニズム（仕組み）　기계 장치, 기구（機構）, 구조

□ モラル（道徳）　도덕

□ ユニバーサルデザイン（万人向けの設計）　보편적인·일반적인 디자인

□ リアクション（反応）　반응, 대답

□ リストラ（人員削減）　구조 조정

□ ルーズ（不身持ち）　단정하지 못함

□ ダイヤ（運行表）　도표, 열차나 버스의 운행표, 행사 예정표

□ テナント　임차인, 세입자

□ モータープール（駐車場）　주차장

□ マイノリティー（少数民族）　소수파, 소수민족 ↔ マジョリティー

□ ジレンマ（進退両難）　딜레마 ＝ ディレンマ

3. 시험에 출제되는 합성어

1) 복합어

(1) 동사 관련 복합어

① 동사＋동사

동사의 복합어(복합 동사)는 선행 동사와 후행 동사의 2개의 동사가 합쳐져서 만들어지는 단어를 말한다.

a. 동작, 습관 또는 상황 규정 관련 복합동사

- ～かえる　　電車からバスに乗りかえる。전철에서 버스로 갈아 타다.

- ～なおす　　作文を何回も書きなおす。작문을 몇 번이나 고쳐 쓰다.

- ～こなす　　彼は一人で三人分の仕事をやりこなす。
  그는 혼자서 세 명의 일을 해낸다.

- ～なれる　　見なれた部屋で、見なれた食器で、食事をする。
  눈에 익은 방에서 눈에 익은 식기로 식사를 한다.

- ～あさる　　私は北極に関する本を手当たり次第に読みあさった。
  나는 북극에 관한 책을 닥치는 대로 읽어댔다.

- ～つける　　和服は普段着付けていないでしょう。
  일본 전통 옷은 평소에는 자주 입지는 않죠?

b. 의미 강조 관련 복합동사

- ～すぎる　　お酒を飲みすぎる。술을 너무 많이 마시다.

- ～こむ　　　従来のことを考えこむ。종래의 일을 깊이 생각하다.

- ～ぬく　　　彼女は子どものことで苦しみ抜いた。
  그녀는 아이 일로 몹시 고생했다.

- ～まわる　　彼は毎日忙しく飛びまわる。그는 매일 바쁘게 돌아다닌다.

- ～まわす　　二人は、あたりをきょろきょろ見まわした。
  두 사람은 주위를 두리번두리번 둘러보았다.

- ～きる　　　彼のわがままには困りきった。그의 방자함에 두 손 두 발 다 들었다.

□ ～つける　　彼女は彼を殴りつけた。그녀는 그를 세게 때렸다.

□ ～こなす　　彼は一人で三人分の仕事をやりこなす。
그는 혼자서 세 명의 일을 해낸다.

□ ～たてる　　犬がけたたましくほえたてた。개가 요란스럽게 짖어댔다.

c. 대상 관계 관련 복합동사

□ ～合う　　　友達と話し合う。친구와 (서로) 이야기하다.

□ ～あわせる　のりをつけた紙と、もう一方の紙を貼り合わせる。
풀을 바른 종이와 또 다른 한쪽의 종이를 겹쳐 붙였다.

□ ～かける　　友達に話しかける。친구한테 말을 걸다.

□ ～つける　　旗をさおに結びつけた。깃발을 깃대에 잡아매었다.

□ ～つく　　　つたが巻きついた木。담쟁이덩굴이 휘감긴 나무.

d. 방향 관련 복합동사

● 위쪽

□ ～あげる　　京都の空に花火を打ち上げる。교토의 하늘에 불꽃을 쏘아 올리다.

□ ～あがる　　飛行機が飛びあがった。비행기가 날아올랐다.

● 아래쪽

□ ～さげる　　成人年齢を１８歳に引きさげる。성인 연령을 18살로 낮추다.

□ ～おりる　　我が家に天使が舞い降りた。우리 집에 천사가 날아 내려왔다.

□ ～おろす　　トラックから荷物を積み降ろした。트럭에서 짐을 내려 쌓았다.

□ ～おちる　　顔から汗が流れ落ちた。얼굴에서 땀이 흘러내렸다.

□ ～おとす　　飛行機をミサイルで打ち落とす。비행기를 미사일로 쏘아 떨어뜨리다.

● 바깥쪽

□ ～だす　　彼は荷物を外に放り だした。 그는 짐을 밖으로 내던졌다.

□ ～でる　　額から冷や汗がにじみ でる。 이마에서 식은 땀이 배어 나왔다.

● 안쪽

□ ～こむ　　洗剤がスポンジにしみ こむ。 세제가 스펀지에 스며들다.

□ ～こめる　従業員は犯人を部屋に閉じ 込めた。

종업원은 범인을 방에 가두었다.

□ ～いれる　海外の大学から交換留学生を受け 入れる。

해외 대학으로부터 교환유학생을 받아들이다.

e. 시간 관련 복합동사

● 시작단계

□ ～はじめる　ベルがなるのを聞いて、走り 始めた。

벨이 울리는 것을 듣고, 뛰기 시작했다.

□ ～だす　　会社に行く途中、突然雨が降り 出した。

회사에 가는 도중 갑자기 비가 내리기 시작했다.

□ ～かける　ご飯を食べ かけた時、友達が来た。

밥을 막 먹으려고 할 때 친구가 왔다.

□ ～かかる　酒に酔った状態で車道部分に倒れている男性を通り かかった 人が発見した。

술에 취한 채 차도 부근에 쓰러져 있는 남성을 마침 지나가던 사람이 발견했다.

● 진행단계

□ ～つづける　おもしろくて、朝まで小説を読み 続けた。

재미있어서 아침까지 계속 소설을 읽었다.

□ ～つづく　つゆなので、毎日雨が降り つづいている。

장마철이라서 매일 계속해서 비가 내리고 있다.

□ ～つつある　猫が死に つつある。 고양이가 죽어가고 있다.

※ 「つづく」는 「降りつづく」, 「(雷が)鳴りつづく (계속해서 (천둥이) 치다)」정도의 경우에만 쓰인다.

● 종료 및 완료 단계

□ ～おわる　　ご飯を食べ終ってから、話し合いましょう。
　　　　　　　밥을 먹고 나서 이야기합시다.

□ ～おえる　　先生はすべての組の話を聞きおえた。
　　　　　　　선생님은 모든 그룹의 이야기를 다 들었다.

□ ～やむ　　　朝になってやっと赤ちゃんが泣きやんだ。
　　　　　　　아침이 되어 겨우 아기가 울음을 그쳤다.

□ ～きる　　　品物を売り切った人は、先に帰ってもいいです。
　　　　　　　물건을 다 판 사람은 돌아가도 좋습니다.

□ ～ぬく　　　最後まで走りぬいた。　끝까지 (포기하지 않고) 계속해서 달렸다.

□ ～とおす　　彼女はゴールまで走りとおした。　그녀는 골인지점까지 끝까지 뛰었다.

□ ～つくす　　品物を売りつくした。　물건을 다 팔았다.

□ ～あげる　　とうとう原稿を書きあげた。　드디어 원고를 완성했다.

□ ～あがる　　ふわふわのパンが出来上がった。　부드러운 빵이 완성됐다.

f. 동작과 그 결과를 나타냄

□ ～とる　　　震える指先から彼女の真意を感じとった。
　　　　　　　떨리는 손끝에서 그녀의 진의를 느꼈다.

□ ～ころす　　若い男に刺し殺された。　젊은 남자에게 찔려 죽었다.

□ ～たおす　　その男を殴りたおした。　그 남자를 때려 눕혔다.

g. 실패 난이(難易)관련 복합동사

□ ～そこなう　君がぐずぐずしているから、乗りそこなってしまったじゃないか。
　　　　　　　네가 꾸물대서, 못 탔잖아.

□ ～かねる　　今は、これ以上詳しいことは申しかねます。
　　　　　　　지금은 이 이상 자세한 사항은 말씀 드리기 어렵습니다.

② 명사＋동사

대부분 명사 뒤에 오는 동사를 **ます**형으로 고쳐 전체적인 품사를 명사로 만든다.

<table>
<tr><td>□ 山登り 등산</td><td>□ 夏休み 여름방학</td></tr>
<tr><td>□ 砂遊び 모래장난</td><td>□ 心変わり 변심</td></tr>
<tr><td>□ 皿洗い 설거지</td><td>□ 虫下し (むしくだ) 회충약, 구충제</td></tr>
<tr><td>□ 塩焼き 소금구이</td><td>□ 気掛かり 근심, 걱정</td></tr>
<tr><td>□ 気乗り 마음이 내킴</td><td>□ 夜明け 새벽</td></tr>
</table>

③ 동사＋명사

대부분 앞에 오는 동사를 **ます**형으로 고쳐 뒤에 명사가 연결된다.

<table>
<tr><td>□ 干しいか 마른 오징어</td><td>□ 勤め先 근무처</td></tr>
<tr><td>□ 生き物 생물</td><td>□ 行き先 행선지</td></tr>
<tr><td>□ 焼き肉 불고기</td><td>□ 帰り道 돌아오는 길</td></tr>
<tr><td>□ 使い方 사용법</td><td>□ 乗り場 타는 곳</td></tr>
<tr><td>□ 売り場 매장</td><td>□ 割り箸 일회용 젓가락</td></tr>
<tr><td>□ 生け花 꽃꽂이</td><td>□ 買い物 쇼핑</td></tr>
</table>

(2) 기타 복합어

① 명사＋명사: 秋風(秋＋風)

명사+명사의 복합어의 경우에는 두 개의 명사의 결합으로 몇 가지 음(音)의 변화에 주의해야 한다.

연탁(連濁)	두 개의 명사의 결합으로 후위명사 첫 음절에 탁점이 붙는 현상 腕時計 : うで＋とけい → うでどけい
전음(転音)	두 개의 명사의 결합으로 전위명사의 마지막 음이 바뀌는 현상 酒場 : さけ＋ば → さかば 傘 : あめ＋かさ → あまがさ (かさ → がさ로 변하는 연탁 현상도 동시에 일어남)
자음 삽입	두 개의 명사의 결합으로 후위 명사의 첫 음에 자음이 플러스되는 현상 雨 : はる＋あめ[ame] → はるさめ[same]

② 형용사＋명사

近道 (近い＋道)　古本 (古い＋本)　長話 (長い＋話)

2) 파생어

(1) 동사 관련 복합어

독립적으로 의미를 갖는 단어에 접두사나 접미사를 붙인 말로, 때에 따라서는 다른 품사로 바뀌는 경우도 있다.

① 기본 접두사

□ 新 (しん)	新一日本語能力試験、新世界、新造語、新記録、新興国、 신일본어능력시험　　　신세계　　신조어　　신기록　　신흥국 新作物 신작물
□ 不 (ふ)	不可能、不一致、不経済、不可欠、不確実、不完全、不器用 불가능　　불일치　　비경제　　불가결　　불확실　　불완전　　서투름
□ 非 (ひ)	非常識、非公開、非常時、非売品、非能率、非人情 비상식　　비공개　　비상시　　비매품　　비능률　　비인정
□ 名 (めい)	名場面、名家、名画、名作、名産地 명장면　　명가　　명화　　명작　　명산지
□ 真 (ま)	真夏、真冬、真っ暗、真っ赤、真っ白、真ん中 한여름　한겨울　아주 캄캄함 새빨간　새하얀
□ 当 (とう)	当社、当列車、当ホテル 당사　　당열차　　당호텔
□ 超 (ちょう)	超おいしい、超音速、超音波、超現実、超高層、超自然 아주 맛있다　　초음속　　초음파　　초현실　　초고층　　초자연
□ 高 (こう)	高画質、高圧的、高学年、高気圧、高血圧、高速度 고화질　　고압적　　고학년　　고기압　　고혈압　　고속도
□ 初/初 (しょ/はつ)	初対面、初心者、初年度、初舞台、初仕事 초대면　　초심자　　초년도　　첫무대　　첫 일
□ お	お金、お茶、お菓子、お寿司、お店 돈　　　차　　과자　　초밥　　가게

□ か	か細い、 か弱い、 か黒い （ぼそ）（よわ）（ぐろ） 가냘프다　연약하다　새카맣다
□ 気/気 （き/け）	気だるい、 気まずい、 気短い、 気味悪い、 気高い （け）（き）（きみじか）（きみわる）（けだか） 나른하다　어색하다　성급하다, 조급하다　기분 나쁘다　고상하다
□ たて	たて役者、 たて行司 （やくしゃ）（ぎょうじ） 주연 배우　씨름판의 최고 위의 주심

② 특별 접두사

□ 生 （き）	生真面目、 生娘、 生薬・生薬、 生糸 （きまじめ）（きむすめ）（きぐすり・しょうやく）（きいと） 착실함　숫처녀　생약　생명주실
□ 本 （ほん）	本決まり、 本舞台 （ほんぎ）（ほんぶたい） 정식으로 결정됨　본무대
□ 乱 （らん）	乱調子、 乱反射、 乱開発、 乱気流 （らんちょうし）（らんはんしゃ）（らんかいはつ）（らんきりゅう） 시세의 변동이 심함　난반사　난개발　난기류
□ 被 （ひ）	被修飾、 被選挙権、 被告人、 被写体、 被験者 （ひしゅうしょく）（ひせんきょけん）（ひこくにん）（ひしゃたい）（ひけんしゃ） 피수식　피선거권　피고인　피사체　피험자
□ 副 （ふく）	副社長、 副読本、 副産物、 副収入、 副作用 （ふくしゃちょう）（ふくどくほん）（ふくさんぶつ）（ふくしゅうにゅう）（ふくさよう） 부사장　부독본　부산물　부수입　부작용
□ ひ	ひ弱い 허약하다, 가냘프다 （형용사에 붙어 그 느낌이 강함을 나타낼 때 쓰인다） （よわ）

※ [예외] 生やさしい : 손쉽다（일반적으로 부정어가 동반되어 '손쉬운 일은 아니다'）
（なま）

③ 부정적 의미를 나타내는 접두사

□ 不/不 （ふ/ぶ）	不正、 不自由、 不正確、 不明確、 不服、 不器用、 不気味、 不利益 （ふせい）（ふじゆう）（ふせいかく）（ふめいかく）（ふふく）（ぶきよう）（ぶきみ）（ふりえき） 부정　부자유　부정확　불명확　불복　서투름　어쩐지 불안함　불이익
□ 否	否決、 否認、 否定 （ひけつ）（ひにん）（ひてい） 부결　부인　부정
□ 無/無 （む/ぶ）	無事故、 無制限、 無愛想、 無欲、 無理解 （むじこ）（むせいげん）（ぶあいそう）（むよく）（むりかい） 무사고　무제한　무뚝뚝함　무욕　무이해

□ 非 （ひ）	非常識（ひじょうしき）、　非力（ひりき）、　非協力（ひきょうりょく）、非売品（ひばいひん）、非番（ひばん）、非公式（ひこうしき）、 비상식　　역량이 모자람　비협력　　비매품　　비번　　비공식 非合理（ひごうり）、非国民（ひこくみん） 비합리　　비국민
□ 未 （み）	未成年（みせいねん）、未開発（みかいはつ）、未処理（みしょり）、未調整（みちょうせい）、未解決（みかいけつ）、未完成（みかんせい） 미성년　　미개발　　미처리　　미조절　　미해결　　미완성

(2) 접미사 파생어

□ 的 （てき）	積極的（せっきょくてき）、現実的（げんじつてき）、圧倒的（あっとうてき）、好意的（こういてき）、効果的（こうかてき） 적극적　　현실적　　압도적　　호의적　　효과적
□ 賃 （ちん）	お使い賃（つかちん）、汽車賃（きしゃちん）、運賃（うんちん） 심부름 삯　　기차삯　　운임
□ 値 （ち）	平均値（へいきんち）、絶対値（ぜったいち）、近似値（きんじち） 평균치　　절대치　　근삿값
□ 祭 （さい）	学園祭（がくえんさい）、芸術祭（げいじゅっさい）、前夜祭（ぜんやさい） 학원제　　예술제　　전야제
□ 師 （し）	詐欺師（さぎし）、美容師（びようし）、薬剤師（やくざいし） 사기사　　미용사　　약제사
□ 系 （けい）	文科系（ぶんかけい）、理科系（りかけい）、太陽系（たいようけい）、神経系（しんけいけい） 문과계열　　이과계열　태양계　　신경계
□ 性 （せい）	合理性（こうりせい）、社会性（しゃかいせい）、品性（ひんせい） 합리성　　사회성　　품성
□ 化 （か）	現代化（げんだいか）、機械化（きかいか）、合理化（ごうりか）、硬化（こうか）、強化（きょうか）、酸化（さんか） 현대화　　기계화　　합리화　　경화　　강화　　산화
□ つけ	飲みつけ（の）,　行きつけ（い） 늘 마시는 술　단골
□ ぐむ	涙ぐむ（なみだ）、　芽ぐむ（め） 눈물을 머금다 싹트다, 움트다

□ っこい	油（あぶら）っこい、ひとなつっこい
	느끼하다　　사람을 잘 따르고 상냥하다
□ だらけ	どろだらけ、血（ち）だらけ、汗（あせ）だらけ
	흙투성이　　피투성이　　땀투성이
□ さ	長（なが）さ、広（ひろ）さ、高（たか）さ、重（おも）さ
	길이　넓이　높이　무게
□ み	重（おも）み、甘（あま）み、黒（くろ）み、悲（かな）しみ
	무게　단 맛　검은빛　슬픔
□ 気（け）	寒（さむ）気、水（みず）気、人（ひと）気、眠（ねむ）気、吐（はき）気
	한기　물기　인기척　졸음　구역질
□ げ	なつかしげ、うれしげ
	그리운 듯　　기쁜 듯
□ 気味（ぎみ）	かぜ気味（ぎみ）、ヒステリー気味（ぎみ）、あせり気味（ぎみ）、遅（おく）れ気味（ぎみ）
	감기 기운　히스테리 성　　초조한 기색　늦은 경향
□ っぽい	水（みず）っぽい、怒（おこ）りっぽい、色（いろ）っぽい
	싱겁다　화를 잘 내는 성미이다 요염하다
□ がち	曇（くも）りがち、遅（おく）れがち、病気（びょうき）がち
	주로 흐림　자주 늦음　자주 아픔
□ がる	嬉（うれ）しがる、あやしがる、不思議（ふしぎ）がる
	기뻐하다　수상해하다　이상하게 여기다
□ ぶる	聖人君子（せいじんくんし）ぶる、利口（りこう）ぶる、上品（じょうひん）ぶる
	성인군자인 척하다　영리한 체하다　고상한 체하다
□ びる	古（ふる）びる、大人（おとな）びる、田舎（いなか）びる
	낡아지다　어른스러워지다　촌스러워보이다
□ たて	二本（にほん）たて
	연속 상영
□ たて	焼（や）きたて、卒業（そつぎょう）したて、塗（ぬ）りたて
	갓 구운　　갓 졸업한　　갓 칠한

4. 한자 읽기

1) 특수 한자어

<table>
<tr><td>雨戸 _{あまど}</td><td>덧문</td><td>精進 _{しょうじん}</td><td>정진</td></tr>
</table>

□ 雨戸（あまど）　덧문　　□ 精進（しょうじん）　정진

□ 回向（えこう）　회향　　□ 小児（しょうに）　소아

□ 街道（かいどう）　가도　　□ 静脈（じょうみゃく）　정맥

□ 金具（かなぐ）　쇠장식　　□ 真紅（しんく）　진홍

□ 功徳（くどく）　공덕　　□ 神道（しんとう）　신도

□ 供養（くよう）　공양　　□ 出納（すいとう）　출납

□ 境内（けいだい）　경내　　□ 相殺（そうさい）　상쇄

□ 夏至（げし）　하지　　□ 内裏（だいり）　궁궐, 대궐

□ 仮病（けびょう）　꾀병　　□ 弟子（でし）　제자, 문하생

□ 格子（こうし）　격자　　□ 納屋（なや）　헛간, 곳간

□ 黄金（こがね）　황금　　□ 暴露（ばくろ）　폭로

□ 木立（こだち）　나무숲　　□ 問屋（とんや）　도매상

□ 早速（さっそく）　즉시, 재빨리　　□ 拍子（ひょうし）　박자, 장단

□ 磁石（じしゃく）　자석, 마그네트　　□ 遺言（ゆいごん）　유언

□ 支度（したく）　채비, 준비　　□ 不精（ぶしょう）　게으름을 부림

□ 赤銅（しゃくどう）　적동　　□ 遊説（ゆうぜい）　유세

□ 成就（じょうじゅ）　성취　　□ 緑青（ろくしょう）　녹청

2) 1음절일 때와 단어일 때 음이 다른 한자

1음절일 때	단어일 때	1음절일 때	단어일 때
気 (け)	湯気 (ゆげ) 수증기	皇 (おう)	天皇 (てんのう) 천황
負 (ふ)	勝負 (しょうぶ) 승부	応 (おう)	反応 (はんのう) 반응
詩 (し)	詩歌 (しいか) 시가	金 (こん)	黄金 (おうごん) 황금
色 (しき)	金色 (こんじき) 금색	化 (け)	権化 (ごんげ) 권화
借 (しゃく)	借金 (しゃっきん) 돈을 꿈		

3) 여러 종류로 읽는 한자

□ 下	下流 (かりゅう) 하류　下水 (げすい) 하수　下着 (したぎ) 속옷　下手 (しもて) 아래쪽　親の下 (おやもと) 부모 아래　頭を下げる (あたまをさげる) 머리를 숙이다　山を下る (やまをくだる) 산을 내려가다 下ろす (おろす) 내리다
□ 上	上下 (じょうげ) 상하　日蓮上人 (にちれんしょうにん) 일연상인　上着 (うわぎ) 윗옷　上半期 (かみはんき) 상반기　椅子の上 (いすのうえ) 의자 위　上げる (あげる) 올리다　上る (のぼる) 오르다
□ 行	親孝行 (おやこうこう) 효도　行事 (ぎょうじ) 행사　行在所 (あんざいしょ) 행재소　行方 (ゆくえ) 행방　行う (おこなう) 행하다
□ 生	生徒 (せいと) 학생　一生 (いっしょう) 일생　生系 (きいと) 생명주실　生き物 (いきもの) 생물　生い立ち (おいたち) 성장　生意気 (なまいき) 건방짐　生える (はえる) 자라나다 生まれる (うまれる) 태어나다
□ 明	文明 (ぶんめい) 문명　光明 (こうみょう) 광명　明らか (あきらか) 분명한　明るい (あかるい) 밝다　明ける (あける) (날이) 밝다
□ 重	重大 (じゅうだい) 중대　尊重 (そんちょう) 존중　八重桜 (やえざくら) 참벚나무　重荷 (おもに) 무거운 짐　重ねる (かさねる) 겹치다
□ 省	帰省 (きせい) 귀성　省略 (しょうりゃく) 생략　省みる (かえりみる) 돌이켜보다, 반성하다　省く (はぶく) 생략하다
□ 物	本物 (ほんもの) 진짜　禁物 (きんもつ) 금물　農産物 (のうさんぶつ) 농산물

4) 2개 이상의 음독을 갖는 한자

易	貿易 ぼうえき	무역	静	静物 せいぶつ	정물	雑	複雑 ふくざつ	복잡
	容易 ようい	용이		静脈 じょうみゃく	정맥		雑木 ぞうき	잡목
遺	遺書 いしょ	유서	口	口実 こうじつ	핑계	平	平均 へいきん	평균
	遺言 ゆいごん	유언		口調 くちょう	어조, 말투		平等 びょうどう	평등
画	計画 けいかく	계획	然	自然 しぜん	자연	会	会議 かいぎ	회의
	絵画 かいが	회화, 그림		天然 てんねん	천연		会得 えとく	터득

5) 틀리기 쉬운 음독 한자

<table>
<tr><td>□ あいちゃく
愛着</td><td>애착</td><td>□ こ がい
戸外</td><td>옥외, 집 밖</td></tr>
<tr><td>□ あん ぴ
安否</td><td>안부</td><td>□ こくもつ
穀物</td><td>곡물</td></tr>
<tr><td>□ あんらく
安楽</td><td>안락</td><td>□ ざいあく
罪悪</td><td>죄악</td></tr>
<tr><td>□ い がい
以外</td><td>이외</td><td>□ じょうじゅ
成就</td><td>성취</td></tr>
<tr><td>□ い ぎょう
偉業</td><td>위업</td><td>□ しょうだん
商談</td><td>상담</td></tr>
<tr><td>□ いっしょう
一生</td><td>일생</td><td>□ しゅうそく
終息</td><td>종식</td></tr>
<tr><td>□ いんしょう
印象</td><td>인상</td><td>□ しゅしょう
首相</td><td>수상</td></tr>
<tr><td>□ いんそつ
引率</td><td>인솔</td><td>□ しゅじょう
衆生</td><td>중생</td></tr>
<tr><td>□ いんりょく
引力</td><td>인력</td><td>□ しゅったつ
出立</td><td>길을 떠남, 출발</td></tr>
<tr><td>□ え とく
会得</td><td>터득</td><td>□ しょくぶつ
植物</td><td>식물</td></tr>
<tr><td>□ えんかつ
円滑</td><td>원활</td><td>□ しょくもつ
食物</td><td>음식물, 식품</td></tr>
<tr><td>□ おうこう
横行</td><td>횡행</td><td>□ すいこう
遂行</td><td>수행</td></tr>
<tr><td>□ おうらい
往来</td><td>왕래</td><td>□ そっちょく
率直</td><td>솔직</td></tr>
<tr><td>□ おくない
屋内</td><td>옥내</td><td>□ そんちょう
尊重</td><td>존중</td></tr>
<tr><td>□ かいたく
開拓</td><td>개척</td><td>□ ち き
知己</td><td>지기</td></tr>
<tr><td>□ がんじつ
元日</td><td>정월</td><td>□ ち すい
治水</td><td>치수</td></tr>
<tr><td>□ かんじょう
勘定</td><td>셈, 계산</td><td>□ ていさい
体裁</td><td>외관, 겉모양, 외양</td></tr>
<tr><td>□ き しょう
気性</td><td>성질, 기질</td><td>□ てんねん
天然</td><td>천연</td></tr>
<tr><td>□ ぎょうれつ
行列</td><td>행렬</td><td>□ とう じ
湯治</td><td>온천욕으로 병을 치료함</td></tr>
<tr><td>□ けいそつ
軽率</td><td>경솔</td><td>□ とうてん
読点</td><td>쉼표</td></tr>
<tr><td>□ げ ねつ
解熱</td><td>해열</td><td>□ なん い
難易</td><td>난이</td></tr>
<tr><td>□ け らい
家来</td><td>부하</td><td>□ ひっ す
必須</td><td>필수</td></tr>
<tr><td>□ こうせい
公正</td><td>공정</td><td>□ ほっ さ
発作</td><td>발작</td></tr>
</table>

□ 発足（ほっそく）　발족

□ 満喫（まんきつ）　만끽

□ 毛布（もうふ）　모포, 담요

□ 門戸（もんこ）　출입구

□ 問答（もんどう）　문답

□ 漁師（りょうし）　어부

□ 緑化（りょくか）　녹화

6) 틀리기 쉬운 훈독

□ 商う（あきな）　장사하다, 거래하다

□ 預ける（あず）　맡기다, 보관하다

□ 浴びる（あ）　끼얹다, 뒤집어쓰다

□ 編む（あ）　엮다, 뜨다

□ 著す（あらわ）　저술하다

□ 潔い（いさぎよ）　맑고 깨끗하다

□ 営む（いとな）　영위하다, 일하다

□ 承る（うけたまわ）　삼가 받다

□ 請負（うけおい）　청부, 도급

□ 敬う（うやま）　존경하다, 숭배하다

□ 拝む（おが）　배례하다, 절하다

□ 補う（おぎな）　보충하다

□ 修める（おさ）　수양하다, 학문을 익히다

□ 納める（おさ）　납부하다, 바치다

□ 収める（おさ）　받다, 받아들이다, 간수하다

□ 収める（おさ）　받다, 받아들이다, 간수하다

□ 訪れる（おとず）　방문하다

□ 面映ゆい（おもは）　낯간지럽다, 부끄럽다

□ 風上（かざかみ）　바람이 불어오는 쪽

□ 形見（かたみ）　추억거리, 유품

□ 生糸（きいと）　생사, 생명주실

□ 刻む（きざ）　잘게 썰다, 조각하다

□ 競う（きそ）　다투다, 경쟁하다

□ 険しい（けわ）　가파르다, 험하다

□ 快い（こころよ）　기분이 좋다, 상쾌하다

□ 断る（ことわ）　양해를 구하다, 거절하다

□ 逆らう（さか）　역행하다, 거스르다

□ 授ける（さず）　내리다, 수여하다

□ 因る（よ）　의하다, 의존하다

□ 覚める（さ）　잠이 깨다, 눈이 뜨이다

□ 災い（わざわ）　불행, 재난

□ 素足（すあし）　맨발

□ 健やか（すこ）　몸이 튼튼함, 건강함

□ 勧める（すす）　전진시키다, 진행시키다

□ 速やか（すみ）　빠르다, 신속하다

□ 責める（せ）　나무라다, 비난하다

□ 注ぐ（そそ）　흘러들다

□ 供える（そな）　신불에게 올리다

□ 備える (そな)	갖추다, 구비하다		□ 省く (はぶ)	줄이다, 생략하다
□ 耕す (たがや)	논밭을 갈다, 일구다		□ 率いる (ひき)	거느리다, 인솔하다
□ 断つ (た)	절단하다, 자르다		□ 奮う (ふる)	용기를 내다
□ 費やす (つい)	쓰다, 소비하다		□ 賄う (まかな)	공급하다, 조달하다
□ 就く (つ)	취임하다, 취업하다		□ 任せる (まか)	맡기다
□ 勉める (つと)	노력하다, 힘쓰다		□ 真似る (まね)	흉내내다, 모방하다
□ 務める (つと)	역할을 하다		□ 導く (みちび)	안내하다, 지도하다
□ 勤める (つと)	근무하다		□ 報いる (むく)	보답하다, 갚다
□ 取締役 (とりしまりやく)	임원, 중역		□ 設ける (もう)	마련하다, 준비하다
□ 延びる (の)	연장되다, 길어지다		□ 儲ける (もう)	벌다, 이익을 보다
□ 測る (はか)	(무게를) 달다, (길이를) 재다		□ 喧しい (やかま)	시끄럽다
□ 計る (はか)	무게를 달다, 길이를 재다		□ 和らぐ (やわ)	누그러지다
□ 図る (はか)	요량하다, 도모하다		□ 因る (よ)	의하다, 의존하다

7) 특수 한자어

□ 日和 (ひより)	일기, 날씨		□ 修行 (しゅぎょう)	수행
□ 早乙女 (さおとめ)	처녀		□ 呑気 (のんき)	무사태평함, 낙천적임
□ 時雨 (しぐれ)	오다 말다 하는 비		□ 佇む (たたず)	우두커니 서 있다, 서성거리다
□ 白髪 (しらが)	백발		□ 弥生 (やよい)	음력 3월
□ 雪崩 (なだれ)	눈사태		□ 時化 (しけ)	바다가 거칠어짐, 불경기
□ 吹雪 (ふぶき)	눈보라		□ 生地 (きじ)	본성, 본바탕
□ 出納 (すいとう)	출납		□ 辻褄 (つじつま)	조리, 이치
□ 厳しい (いかめ)	위엄있다		□ 粘土 (ねんど)	점토, 찰흙
□ 七夕 (たなばた)	칠석		□ 閏 (うるう)	윤(평년보다 날수나 달수가 많음)

乞食 (こじき)	거지		嫁ぐ (とつ)	시집가다, 출가하다
小豆 (あずき)	팥		賄う (まかな)	일을 처리하다, 꾸리다
妬む (ねた)	질투하다		漁り (あさ)	고기잡이, 조개잡이
凸凹 (でこぼこ)	울퉁불퉁, 요철		培う (つちか)	가꾸다, 배양하다
卍 (まんじ)	만자		黒子 (ほくろ)	점
造作 (ぞうさ)	수고, 번거로움		意気地 (いくじ)	패기, 의지, 기개
反吐 (へど)	토함, 구역질		息吹 (いぶき)	호흡, 숨결
反る (そ)	휘다, 몸이 뒤로 젖혀지다		乙女 (おとめ)	소녀, 처녀
日向 (ひなた)	양달, 양지		八百屋 (やおや)	채소 가게, 채소 장수
木綿 (もめん)	목면		商人 (あきんど)	장사꾼
台詞 (せりふ)	대사		行方 (ゆくえ)	행방
只管 (ひたすら)	오직 단지, 오로지		建立 (こんりゅう)	건립
氷柱 (つらら)	고드름		生業 (なりわい)	생업, 가업, 직업
玄人 (くろうと)	장인, 전문가		今昔 (こんじゃく)	옛날과 지금
素人 (しろうと)	초보자		外科 (げか)	외과
仲人 (なこうど)	중매인		轟音 (ごうおん)	굉음
気質 (かたぎ)	기질, 기풍		解毒 (げどく)	해독
行脚 (あんぎゃ)	행각, 여행, 순회		日付 (ひづけ)	날짜

8) 3음절 한자어

愛読者 (あいどくしゃ)	애독자		亜熱帯 (あねったい)	아열대
朝飯前 (あさめしまえ)	아침밥 먹기 전, 매우 쉬움		衣食住 (いしょくじゅう)	의식주
後始末 (あとしまつ)	뒤처리, 뒷마무리		一里塚 (いちりづか)	이정표

引率者 (いんそつしゃ)	인솔자		欠席届 (けっせきとどけ)	결석계
植木鉢 (うえきばち)	화분		原始林 (げんしりん)	원시림
雨量系 (うりょうけい)	우량계		顕微鏡 (けんびきょう)	현미경
円周率 (えんしゅうりつ)	원주율		講演会 (こうえんかい)	강연회
延長線 (えんちょうせん)	연장선		格子戸 (こうしど)	격자문
凹面鏡 (おうめんきょう)	오목거울		候補者 (こうほしゃ)	후보자
温度計 (おんどけい)	온도계		裁判所 (さいばんしょ)	재판소
海岸線 (かいがんせん)	해안선		最大限 (さいだいげん)	최대한
海水浴 (かいすいよく)	해수욕		司会者 (しかいしゃ)	사회자
快男児 (かいだんじ)	쾌남아		紫外線 (しがいせん)	자외선
加害者 (かがいしゃ)	가해자		試写会 (ししゃかい)	시사회
拡声器 (かくせいき)	확성기		市町村 (しちょうそん)	마을의 행정구역
果樹園 (かじゅえん)	과수원		耳鼻科 (じびか)	이비(인후)과
気管支 (きかんし)	기관지		守銭奴 (しゅせんど)	수전노, 구두쇠
漁業権 (ぎょぎょうけん)	어업권		消火器 (しょうかき)	소화기
寄生虫 (きせいちゅう)	기생충		松竹梅 (しょうちくばい)	솔, 대나무, 매화
絹織物 (きぬおりもの)	명주, 비단		小児科 (しょうにか)	소아과
逆効果 (ぎゃくこうか)	역효과		正念場 (しょうねんば)	가장 중요한 고비(순간)
救急車 (きゅうきゅうしゃ)	구급차		新発売 (しんはつばい)	신발매
救命具 (きゅうめいぐ)	구명구		針葉樹 (しんようじゅ)	침엽수
共通語 (きょうつうご)	공통어		水源地 (すいげんち)	수원지
蛍光灯 (けいこうとう)	형광등		図工室 (ずこうしつ)	도공실
皇太后 (こうたいごう)	황태후		正解者 (せいかいしゃ)	정답자

声楽家	성악가	排水溝	배수구
潜水艦	잠수함	繁華街	번화가
扇風機	선풍기	反作用	반작용
造船所	조선소	微生物	미생물
総予算	총예산	泌尿器	비뇨기
総領事	총영사	防砂林	방사림
大気圏	대기권	放射能	방사능
代議士	대의사, 국회의원	防波堤	방파제
第三者	제삼자	前口上	서론, 머리말
太陽熱	태양열	愛弟子	사랑하는 제자
大陸棚	대륙붕	真似事	흉내
長距離	장거리	綿製品	면제품
超短波	초단파	疫病神	전염병을 퍼뜨리는 귀신
調度品	살림살이	優勝旗	우승기
著述家	저술가	輸入品	수입품
貯水池	저수지	預貯金	예금과 저금
通行人	통행인	羅針盤	나침반
提案者	제안자	理不尽	도리에 맞지 않음
特派員	특파원	領収書	영수증
特許権	특허권	類似品	유의품
土壇場	막판, 마지막 순간	類人猿	유인원
生菓子	생과자	錬金術	연금술
難問題	난문제		
似顔絵	초상화		

4. 시험에 출제되는 핵심 관용구 일람

1) 気 관련 관용구

- 気がある　　　　　(할) 마음이 있다, 관심이 있다
- 気がない　　　　　(할) 마음이 없다
- 気がおけない　　　허물 없이 재낼 수 있다
- 気が利く　　　　　눈치가 빠르다, 재치가 있다
- 気が進まない　　　마음이 내키지 않다, ~할 생각이 들지 않다
- 気が短い　　　　　성미가 급하다
- 気が長い　　　　　성격이 느긋하다
- 気がとがめる　　　마음이 켕기다, 양심에 찔리다
- 気を抜く　　　　　긴장을 늦추다
- 気をもむ　　　　　마음을 졸이다, 조바심하다, 애태우다

2) 신체 관련 관용구

(1) 手, 足

- 手がかかる　　　　　잔손이 가다, 품이 들다
- 手をかける　　　　　공을 들이다, 잔손질을 많이 하다
- 手がつけられない　　손을 댈 수가 없다, 속수무책이다
- 手も足も出ない　　　꼼짝달싹 못하다, 혼자 힘으로는 어찌할 도리가 없다
- 手を借りる　　　　　손을 빌리다, 도움을 받다
- 足が出る　　　　　　예정보다 많은 돈을 쓰다, 적자가 나다
- 足が棒になる　　　　다리가 피곤해졌을 때, 다리 근육이 굳어지고 장작개비처럼 뻣뻣해지다
- 足もとを見る　　　　상대의 약점을 이용하다
- 足を洗う　　　　　　나쁜 일에서 손을 떼다
- 足を引っ張る　　　　다른 사람의 진보나 성공을 방해하다

(2) 目

- 目から鱗が落ちる   갑자기 깨닫다, 콩깍지가 벗겨지다
- 目がない   너무 좋아해서 사리분별력이 없다
- 目が高い   안목이 높다, 보는 눈이 있다
- 目が離せない   눈을 뗄 수 없다, 한눈을 팔 수 없다
- 目が回る   눈코 뜰 새 없다
- 目につく   눈에 띄다, 돋보이다
- 目をかける   보살피다, 총애하다, 주의해서 보다
- 目をこらす   응시하다
- 目をつぶる   결점·잘못 등을 못 본 척하고 탓하지 않다
- 目を通す   대강 훑어보다, 대충 보다

(3) 鼻, 口

- 鼻が高い   우쭐거리다
- 鼻であしらう   냉대하다
- 鼻につく   물려서 싫증나다, 싫어지다
- 鼻を明かす   방심하는 틈을 타 깜짝 놀라게 하다
- 鼻を打つ   (냄새가)코를 찌르다
- 口がうまい   남의 비위를 맞추는 말을 잘하다, 말솜씨가 좋다
- 口が重い   말수가 적다
- 口が堅い   입이 무겁다
- 口がすべる   입을 잘못 놀리다
- 口車に乗る   상대방의 그럴듯한 감언이설에 넘어가다, 입발림에 넘어가다

(4) 耳, 舌

- 耳が痛い   결점이나 약점을 지적받아 듣는 것이 괴롭다, 남의 말에 찔린다
- 耳に入れる/耳に入る   알리다, 정보를 전하다 / 귀에 들어오다, 들리다

□ 耳にする　　　　　　　(들으려 한 것이 아닌데 우연히) 듣다

□ 耳にたこができる　　　귀에 못이 박히다, 귀가 따갑다

□ 耳を貸す　　　　　　　남의 이야기를 들어주거나 의논 상대가 되어주다

□ 耳をかたむける　　　　귀를 기울이다

□ 舌が長い　　　　　　　말이 많다

□ 舌が回る　　　　　　　거침없이 말을 잘하다

□ 舌足らず　　　　　　　표현이 충분하지 못함

□ 舌の根のかわかぬうちに　입에 침도 마르기 전에

□ 舌を巻く　　　　　　　혀를 내두르다

(5) 歯, 顔

□ 歯が立たない　　　　　상대가 강하거나 고집이 세서 당해낼 수가 없다

□ 歯に衣着せぬ　　　　　생각하는 바를 솔직히 말하다, 가식 없이 말하다

□ 歯を食いしばる　　　　이를 악물다

□ 顔が立つ　　　　　　　체면이 서다

□ 顔をつぶす　　　　　　체면을 잃다, 체면을 손상하다

(6) 首, 頭

□ 首が回らない　　　　　빚 등이 늘어서 이럴 수도 저럴 수도 없게 되다

□ 首をかしげる　　　　　고개를 갸웃거리다, 의심쩍어 하다

□ 首を長くする　　　　　학수고대하다, 목을 길게 빼고 기다리다

□ 首をひねる　　　　　　의아해 하다, 이상해 하다, 고개를 갸우뚱하다

□ 首を振る　　　　　　　(부정이나 긍정의 뜻으로) 목을 흔들다, 좌우로 방향을 바꾸다

□ 頭が上がらない　　　　꼼짝 못하다, 고개를 들지 못하다, 큰소리를 칠 수 없다

□ 頭が固い　　　　　　　융통성이 없고 완고한 모습

□ 頭が低い　　　　　　　겸손하다

□ 頭にくる　　　　　　　화가 나서 신경이 곤두서다

□ 頭をひねる　　　　　　머리를 짜내다, 골똘히 생각하다

(7) 腹, 肩

- □ 腹が黒い　　　　　엉큼하다
- □ 腹が立つ　　　　　화가 나다((腹を立てる) 화를 내다)
- □ 腹が太い　　　　　배포가 크다, 담력이 크다, 배짱이 세다
- □ 腹をすえる　　　　각오를 하다
- □ 腹を割る　　　　　상대에게 숨김없이 모든 것을 털어놓다
- □ 肩にかかる　　　　(책임 · 의무 등이) 어깨에 지워지다, 부담이 되다
- □ 肩の荷を下ろす　　부담을 덜다
- □ 肩身がせまい　　　떳떳하지 못하다, 창피하다, 주눅 들다
- □ 肩を落とす　　　　힘이 빠져 어깨가 축 쳐지는 모습, 몹시 낙담하는 모습
- □ 肩を貸す　　　　　돕다, 원조하다
- □ 肩をもつ　　　　　편들다, 지지하거나 보호해주다, 두둔하다(肩を入れる)

(8) 胸, 身

- □ 胸がつぶれる　　　슬픔이나 놀람 등으로 가슴이 미어지다
- □ 胸を打つ　　　　　어떤 것에 강하게 감동하다
- □ 胸をなでおろす　　가슴을 쓸어내리다, 안심하다
- □ 胸を張る　　　　　가슴을 펴다, 자신만만한 태도를 취하다
- □ 胸をふくらませる　(희망 따위로)가슴이 부풀다
- □ 身が軽い　　　　　동작이 경쾌하다, 몸이 가볍다, 민첩하다, 가뿐하다
- □ 身につける/身につく　몸에 익히다, 몸에 배다, 몸에 걸치다
- □ 身に染みる　　　　뼈저리게 느끼다
- □ 身もふたもない　　너무 직접적이어서 서먹서먹하다
- □ 身を入れる　　　　정성을 쏟다

3) 시험에 출제되는 일반 관용구

□ 開いた口がふさがらない	기가 막혀 말이 안 나오다
□ あいづちを打つ	맞장구 치다
□ 揚げ足を取る	말꼬투리를 잡고 늘어지다
□ あげくの果て	끝에 가서는, 결국
□ あごを出す	몹시 지치다, 기진맥진하다
□ 味もそっけもない	무미건조하다, 멋대가리가 없다
□ 味をしめる	맛들이다, 재미 붙이다
□ あっけにとられる	어안이 벙벙하다
□ 当てが外れる	예상이 빗나가다
□ 後の祭り	소 잃고 외양간 고치기
□ 生き馬の目を抜く	눈 감으면 코 베어간다
□ 犬死に	개죽음
□ 行き当たりばったり	닥치는 대로 함
□ 息の根を止める	철저히(완전히) 박멸하다
□ 息をこらす	숨을 죽이다
□ 息をつくひまもない	숨 돌릴 틈도 없다
□ 息をのむ	(놀라서) 한 순간 숨을 죽이다, 몹시 놀라다, 바짝 긴장하다
□ 意地が悪い	심술궂다, 성미가 나쁘다
□ 一事が万事	하나를 보면 열을 알 수 있다
□ いばらの道	가시밭길, 고난의 길
□ いやみを言う	비아냥거리다
□ 受けがいい/受けが悪い	평판이 좋다 / 평판이 나쁘다
□ 後ろ指をさされる	뒤에서 비난 받거나 욕을 먹다
□ 有頂天になる	기뻐 어쩔 줄 모르다
□ うの目たかの目	무엇을 찾아내려고 번득이는 눈초리
□ 馬が合う	마음이 맞다, 죽이 맞다 = (気が合う)
□ 裏目に出る	기대와 달리 반대의 결과가 되다
□ うんともすんとも	전혀 대꾸가 없는 모양

□ えりを正す　　　　　　　정신을 바짝 차리다, 자세를 바로 잡다

□ 縁がある　　　　　　　　연분이 있다, 인연이 있다

□ 縁起をかつぐ　　　　　　무슨 일에나 길흉을 따지다

□ 大きな顔をする　　　　　으스대다, 나쁜 일을 하고도 반성하지 않고 아무렇지도 않
　　　　　　　　　　　　　은 얼굴을 하다

□ 大ぶろしきを広げる　　　허풍을 떨다

□ おだてに乗る　　　　　　선동에 넘어가다

□ お茶をにごす　　　　　　적당히 얼버무리다

□ 鬼の首をとったよう　　　기고만장하다

□ 親の欲目　　　　　　　　부모 된 욕심으로 자식을 실제 이상으로 좋게 평가함

□ 折り紙をつける　　　　　(가치・인물・기량 등을) 보증하다

□ 恩にきる　　　　　　　　입은 은혜를 고맙게 생각하다

□ 会心の笑み　　　　　　　회심의 미소

□ かたずをのむ　　　　　　(긴장해서) 마른침을 삼키다, 숨을 죽이다

□ かちんとくる　　　　　　화가 울컥 치밀다

□ かぶとをぬぐ　　　　　　항복하다, 손을 들다

□ 間一髪　　　　　　　　　간발, 아슬아슬함, 절박함

□ 機が熟す　　　　　　　　기회가 찾아오다

□ 機嫌が直る　　　　　　　기분이 좋아지다

□ 機嫌を取る　　　　　　　비위를 맞추다

□ 決りが悪い　　　　　　　쑥스럽다, 겸연쩍다, 부끄럽다

□ 肝をつぶす　　　　　　　간이 떨어지다, 몹시 놀라다

□ 肝を冷やす　　　　　　　간담이 서늘해지다, 간이 철렁 내려앉다

□ 切り札を出す　　　　　　비장의 수단을 내밀다

□ 食ってかかる　　　　　　대들다, 덤벼들다

□ 愚痴をこぼす　　　　　　푸념을 늘어놓다

□ 言語に絶する　　　　　　(어처구니가 없어) 말로 표현할 수가 없다

□ 見当がつく　　　　　　　짐작이 가다

□ 見当違い　　　　　　　　짐작이나 판단이 빗나감, 엉뚱함

□ 声をかける	말을 걸다, 말을 붙이다
□ 甲乙をつけがたい	우열을 가리기 어렵다
□ 心にかける	마음에 담아두다, 걱정하다
□ 心掛ける	마음을 쓰다, 유의하다
□ 三拍子をそろう	삼박자를 갖추다, 중요 조건이 구비되다
□ しっぽをつかむ	꼬리를 잡다, 증거를 잡다
□ 自腹を切る	비용을 본인이 부담하다
□ 始末に負えない	처치 곤란하다
□ 白羽の矢がたつ	여럿 중에서 특별히 뽑히다
□ しり馬に乗る	덮어놓고 남을 추종하다
□ 神経を使う	신경을 쓰다
□ 水泡に帰する	수포로 돌아가다, 허사가 되다
□ すねにきずを持つ	정강이에 상처가 있다, 켕기는 데가 있다
□ 隅に置けない	(뜻밖에 역량이나 재능이 있어) 얕볼 수 없다, 보통내기가 아니다
□ 世話が焼ける	돌보기가 성가시다(힘들다)
□ 底をつく	바닥이 나다
□ そっぽを向く	외면하다, 무시하다
□ そりが合わない	서로 마음이 맞지 않다
□ 高みの見物	강 건너 불구경
□ 高をくくる	대수롭지 않게 여기다, 우습게 보다, 깔보다
□ 竹を割ったよう	성미가 대쪽같이 곧음
□ 玉にきず	옥에 티
□ 駄目で元々	밑져봐야 본전
□ 地に落ちる	(성하던 것이) 완전히 쇠퇴하다
□ 血迷う	(공포·분노 때문에) 이성을 잃다, 눈이 뒤집히다
□ 血も涙もない	피도 눈물도 없다, 냉혹하다
□ 調子に乗る	순조롭게 진행되다 / 우쭐해지다
□ 調子を合わせる	장단을 맞추다, 맞장구를 치다
□ つかの間	잠깐 사이, 짧은 시간

□ 面の皮が厚い　　낯가죽이 두껍다, 뻔뻔스럽다

□ 頭角をあらわす　　두각을 나타내다

□ 時を移さず　　즉시, 곧

□ 突拍子もない　　엉뚱한, 당치도 않은, 빗나간

□ とらの子　　호랑이가 자기 새끼를 소중히 하는 데서 온 말. 소중히 간직하고 있는 것

□ 取りつく島もない　　발붙일 곳도 없다

□ 長い目で見る　　긴 안목으로 보다

□ 流れに棹さす　　대세에 따르다

□ 涙をのむ　　눈물을 참다, 눈물을 머금다, 억울함을 참다

□ 荷が重い　　책임이 무겁다, 부담이 크다

□ 二の足を踏む　　주저하다, 망설이다

□ 抜きんでる　　빼어나다, 뛰어나다, 출중하다

□ 抜けめがない　　빈틈이 없다

□ 濡れ衣を着せられる　　누명을 쓰다, 까닭 없는 구설수에 오르다

□ 濡れねずみ　　물에 빠진 생쥐, 옷을 입은 채 흠뻑 젖음

□ 猫の手も借りたい　　고양이의 손이라도 빌리고 싶다, 매우 바쁨

□ 寝耳に水　　아닌 밤중에 홍두깨

□ 根も葉もない　　근거도 실체도 아무것도 없는 것을 비유

□ 念をおす　　다짐하다, 확인하다

□ のどから手が出る　　몹시 탐이 나다

□ 場数をふむ　　경험을 쌓다

□ 旗色が悪い　　전세가 불리하다

□ 破竹の勢い　　파죽지세

□ 話の腰を折る　　남의 이야기를 중도에 가로막다

□ 話に花が咲く　　이야기에 꽃이 피다, 이야깃거리가 잇따라 나오다

□ 万事休す　　모든 일이 다 틀렸다, 이제 해 볼 도리가 없다

□ 額を集める　　이마를 맞대고 (의논하다)

□ 一息いれる　　한숨 돌리다

□ 一口に言えば	간단히 말하면 = (簡単に言うと)
□ 一人ぶたい	독무대
□ 冷や汗をかく	식은땀을 흘리다
□ ピンからキリまで	처음부터 끝까지, 최상급에서 최하급까지
□ ふいにする	(성과·노고 등을) 헛되게 하다
□ 筆を入れる	글을 고치다, 첨삭하다
□ ふところが暖かい	호주머니(경제) 사정이 좋다
□ 踏んだり蹴ったり	연달아 호된 곤욕을 당함을 비유
□ へそくり	비상금
□ 棒にふる	헛되게 하다, 다 된 밥에 재를 뿌리다
□ 骨が折れる	힘이 들다, 고생이 되다
□ 本音を言う	본심을 말하다, 속마음을 말하다
□ 間が悪い	운이 나쁘다, 타이밍이 맞지 않다
□ 眉をひそめる	눈살을 찌푸리다, 근심스러운(싫은) 얼굴을 하다
□ みえをはる	겉치레를 하다, 겉을 꾸미다, 허세를 부리다
□ 水のあわになる	물거품이 되다, 수포로 돌아가다
□ 水を打ったよう	쥐 죽은 듯이 조용한 모양
□ 虫がいい	뻔뻔스럽다, 염치없다, 제멋대로이다
□ 虫のいどころが悪い	기분이 안 좋아 공연히 화를 내다
□ 迷宮入り	미궁에 빠짐
□ めどがたつ	실현되거나 해결될 전망이 보이다 = (めどがつく)
□ もとのもくあみ	노력 등이 물거품이 되어 원래의 상태로 되돌아감, 도로아미타불
□ 物見高い	호기심이 강하다
□ やけを起こす	자포자기하다
□ 破れかぶれ	될 대로 되라는 심정임, 자포자기하는 마음
□ 矢もたてもたまらず	(어떤 일을 하고 싶어서) 애간장이 타다, 도저히 참을 수가 없다
□ 融通が利く	융통성이 있다
□ 湯水のように使う	(돈 등을) 물 쓰듯 하다, 돈을 아끼지 않고 흥청망청 쓰다
□ 世に出る	세상에 나가다, 출세하다

N1 문법(언어지식)

문법 공부 방법과 문제 유형

<table>
<tr><td>旧(1급) 일본어 능력시험</td><td></td><td>新(N1) 일본어 능력시험</td></tr>
<tr><td>전체의 18% (약35문항)
1. 기능어 찾기</td><td>→</td><td>전체의 14%로 비중이 줄어듦 (약20문항)
1. 단문의 문법 1 (10문항)
2. 단문의 문법 2 (5문항)
3. 텍스트 문법 (5문항)</td></tr>
</table>

기존의 시험 방식인 기능어의 용법만을 묻는 문법 문제는 새로운 시험에서 비중 및 배점이 크게 줄어든다.

1. 단문의 문법1 (기능어 찾기)

한 문장의 흐름을 판단하여 빈칸에 알맞은 기능어를 넣는 문법 문제 유형으로, 기존의 문법 문제와 동일하다. 단 이번에 개정된 시험은 커뮤니케이션 능력 측정이 목적이기 때문에, 문어체가 아닌 회화체에서 많이 쓰이는 문형을 중심으로 출제될 가능성이 높다.

2. 단문의 문법2 (단어 조합 문장 완성)

새롭게 출제되는 유형으로, 주어진 전체 문장의 의미가 자연스럽도록 선택지에 나온 4개의 단어 또는 표현을 순서대로 조합하는 문제이다.

우선 4개의 선택지를 조합하기 전에 첫 번째 밑줄 앞의 단어가 무엇인지 확인하고 그 단어를 토대로 첫 번째 밑줄에 들어갈 단어를 선택지 4개 중에서 고른 후, 나머지 3개의 단어를 조합하여 주어진 문장을 완성한다. 이렇게 해도 단어의 조합이 어려울 때는 마지막 밑줄 바로 뒤에 나오는 단어를 참고로 해서 마지막 네 번째 밑줄에 들어갈 단어를 찾아 문장을 조합하면 문제 풀이가 수월하다. 이 유형의 문제에도 4개의 선택지 중 하나가 기능어가 제시되는 문제도 상당수 나올 것이다.

3. 텍스트 문법 (텍스트 문맥 속 알맞은 단어 넣기)

이 유형 역시 새롭게 출제되는 형식으로, 하나의 문장이 아니라 여러 개의 문장이 모여서 이루어진 텍스트로 제시되고, 그 텍스트의 전체적인 흐름이나 문장과 문장의 흐름을 파악해서 빈칸에 알맞은 표현을 넣는 문제이다.

빈칸에 들어갈 수 있는 표현은 다양해서 모든 품사가 해당되며, 특히 '단문의 문법1'에서 다루어진 기능어나 문장과 문장을 잇는 접속사 또는 부사 등도 중요한 표현에 해당된다. 이외에도 앞뒤 문맥의 흐름 속에서 알맞은 어휘를 찾는 문제도 포함된다.

문제를 풀 때는 첫 문장부터 마지막 문장까지 세세하게 읽어가는 것이 바람직하다. 그러나 시간이 부족할 때에는 빈칸이 있는 문장의 앞의 문장과 뒤의 문장의 의미를 파악하면서 빈칸에 들어갈 알맞은 표현을 찾도록 한다.

〈2010년 7월 N1 문법 문제 경향 및 분석〉

問題5 단문의 문법(기능어 찾기)

- 一日24時間では足りないと思います。하루 24시간으로는 부족하다고 생각합니다.

  출제핵심 포인트 조사적 기능어 では : ～으로는

- 昔は店員に勧められるまま買ってしまって後悔したりした。
  예전에는 점원이 권해주는 대로 물건을 사버려서 후회하기도 했다.

  출제핵심 포인트 동사+られるまま, 동사+られるがまま : ～하라는 대로(바꾸지 않고 따르는 상황을 나타냄)

- 解雇された70名が、この解雇を不当として訴えを起こした。
  해고당한 70명이 이 해고는 부당하다고 하며 소송을 제기했다.

  출제핵심 포인트 ～として(と+して) : ～(하다)고 해서

- 皆様にはご迷惑をおかけしますが、何卒ご理解いただきたくよろしくお願い申し上げます。
  여러분께는 폐를 끼치게 됩니다만, 부디 이해해 주시길 부탁 드립니다.

  출제핵심 포인트 경어 표현 お[ご]～いただく : ～해 주시다

  　　　　　　　　お[ご]～いただきたい: ～해 주셨으면 한다

  　　　　　　　　例 また機会がありましたらお取引いただきたく、よろしくお願いします。

- 礼も言わないなんて、失礼極まりない。
  고맙다는 인사도 안 하다니, 무례하기 짝이 없다.

  출제핵심 포인트 極まりない(極まる) : ～하기 짝이 없다, 극히 ～하다

- 4月の中旬だというのに雪が降りました。どうりで寒いはずだぁ。
  4월 중순인데도 눈이 내렸습니다. 어쩐지 춥더라.

  출제핵심 포인트 どうりで～わけだ/はずだ : 그래서 ～하구나, 어쩐지 ～하더라

- そんな光景が、永遠に失われることはないにしても、必ず少なくなるというのは、残念でたまらない。

  그런 광경이 영원히 없어지는 것은 아니라 해도 필시 적어진다고 하는 것은 대단히 유감스럽다.

  출제핵심 포인트 기능어 중복 ～ことはないにしても : ～하는 일은 없다고 하더라도

  [ことはない(～하는 일은 없다)＋にしても(라고 해도)]

- Ａだ、と言う人がいるが、Ａでなくてはならないかというと、必ずしもそうではない。

  'A다'라고 하는 사람도 있지만, A가 아니면 안 되는가 하면 꼭 그렇지는 않다.

  출제핵심 포인트 기능어 중복 ～でなくてはならないかというと : ～가 아니면 안 되는가 하면

  [でなくては(でなければ)ならない(～이 아니면 안 된다)＋かというと(かといえば) (～인가 하면)]

- 「もう二度と恋などするものか」とあれだけ自分で繰り返し言っていたのに。

  '두 번 다시 사랑 따위 하나 봐라'라고 그렇게 스스로 되풀이해서 말했는데.

  출제핵심 포인트 동사＋ものか : ～하나 봐라, 절대로 ～(하)지 않는다

- それは、無用なトラブルを避けようとしたに過ぎず、他の意図はなかった。

  그것은 불필요한 트러블을 피하려고 했을 뿐, 다른 의도는 없었다.

  출제핵심 포인트 기능어 중복 しようとしたにすぎず : ～하려고 한 것뿐으로

  [う(よう)とする(～하려고 하다)＋にすぎない(～에 지나지 않는다)]

  예 ちょいとインパクトを強めようとしたに過ぎない。

　단문의 문법(기능어) 문제를 종합해 보면 N1, N2레벨의 기능어 문제도 출제되었지만 전체적으로 N2, N3레벨의 기능어를 합성한 '기능어 중복' 문제가 많이 출제되었다. 전반적으로 난이도는 높지 않은 편이었으나, 이후의 시험에서는 합격률 조정으로 인해 난이도가 높아질 것으로 예상된다.

우리말은 일본어와 어순이 같아서 제시된 단어들의 뜻만 알고 있으면 쉬운 문제이다. 2010년 7월에 출제된 문제의 특징은 기능어가 많이 포함되어 있다는 점이다. 이는 이후의 시험에도 이러한 경향이 이어질 것으로 예상된다. 따라서 기능어의 앞뒤에 올 수 있는 표현이나 기능어와 그 앞에 오는 말과의 접속관계를 정확히 알고 있으면 문제를 풀기 수월하다.

- 主人がもともと肉屋さんを経営しているだけあって、お肉自体がとても美味しいのです。
  주인이 원래 정육점을 경영하고 있는 만큼 고기 자체가 굉장히 맛있습니다.

  출제핵심 포인트 だけあって: ~인만큼, ~에 걸맞게

  접속 동사・い형용사의 보통형(る/た/ている), な형용사(-な)+だけ

  → 이와 같은 경우에는 접속면에서 생각해보면「だけあって」앞에 동사(経営している)가 온다는 것을 알 수 있다.

- 私がミスをしたばかりに、店は大きい損害を受ける結果になってしまった。
  내가 실수한 탓으로 가게는 큰 손해를 입게 되는 결과가 되어버렸다.

  출제핵심 포인트 ばかりに: ~한 탓에, ~한 탓으로

  접속 동사・い형용사의 보통형(る/た/ている), な형용사(-な)+ばかりに

  → 이와 같은 경우에는 접속면에서 생각해보면「ばかりに」앞에 동사의 과거형(ミスをした)가 온다는 것을 알 수 있다.

- 事実関係が相手に伝わっていないことからして、信じられない。
  사실관계가 상대방에게 전달되지 않았다는 것부터가 믿을 수 없다.

  출제핵심 포인트 からして: ~부터가 (접속:명사)

  → 이와 같은 경우에는 からして 앞에 명사(こと)가 온다는 것을 알 수 있다.

- 本フォーラムは、同世代ならではの共通の話題などを中心とした交流を目的としている。

  본 포럼은 동세대만의 공통 화제를 중심으로 한 교류를 목적으로 하고 있다.

  `출제핵심 포인트` ならでは(の): ~만의, ~만이 ~할 수 있는, ~이 아니고서는 ~할 수 없는

  `접속` 「명사+ならではの+명사」 의 형태가 많다

  → 이와 같은 경우에는 ならではの 앞에 명사가 와야 한다는 것을 알 수 있다.

問題7 텍스트의 문법

'텍스트의 문법' 문제를 출제하는 목적은 긴 내용의 글을 읽어가면서 글의 흐름에 맞는 문장을 완성할 수 있는지를 측정하기 위해서이다. 따라서 문장의 완성을 위해 문법 관련 문제와 의미 관련 문제가 적당히 섞여서 출제된다. 단, 문법 문제라 하더라도 글의 내용을 이해해야 하므로 독해 능력도 갖추어야 한다.

시험에 어떤 형식으로 출제되었는지 구체적으로 분석해 보면 다음과 같다.

- 부사
  → 앞 문장이 원인이 되어 뒷문장의 결과가 초래되는 앞 뒤 문장의 의미적인 관계를 파악해 뒷문장의 첫 부분에 올 수 있는 부사를 고르는 문제가 출제되었다.

- 기능어 + 의미
  → 문제가 포함되어 있는 문장과 그 앞의 문장과의 글의 흐름을 파악해 빈칸에 들어갈 단어 + 기능어를 고르는 문제가 출제되었다.

- 의미, 문맥에 맞는 어휘의 형태
  → 빈칸을 만들어 놓고 의미적으로 올바른 내용을 찾는 문제로, 앞의 문장(또는 단락)의 의미를 파악하여 빈칸에 알맞은 내용을 넣는 유형의 문제가 주로 출제되었다.

이상의 분석을 정리해 보면 의미 부분이 상당히 강조되어 어찌 보면 독해 문제에 가깝다고도 할 수 있다. 그러나 앞으로는 문장의 완성을 위한 문법 관련 문제가 중심을 이룰 것으로 예상된다.

또한 앞으로도 전반적으로 문장의 시작 부분과 문장의 끝 부분의 내용을 중심으로 문제가 제시될 경향이 높다.

문제별 풀이 요령

1. 단문의 문법1(기능어 찾기)

1) 전체 개요

(1) 특징

기존 능력시험에서와 같이 문제문의 내용에 맞는 기능어(문형)의 어구나 표현을 찾는 문제가 출제된다. 다만 기존 시험에 비해 문항수는 줄어들며 회화체에서 많이 쓰이는 기능어가 출제의 중심이 되나, 논문이나 서류 작성과 같이 공적인 문장에 쓰이는 문어체 문형도 출제될 수 있다. 또한 하나의 문제에 두 개의 기능어의 쓰임새를 복합적으로 묻는 문제도 출제될 수 있다.

선택지에 제시되는 4개의 기능어는 크게 다음과 같은 형태로 제시되는 경우가 많다.

① 표면적인 형태가 비슷한 4개의 기능어 (예제13 참조)
② 의미 또는 기능이 비슷한 4개의 기능어 (예제22 참조)
③ 의미는 유사하나 뉘앙스나 쓰임새에 미묘한 차이가 있는 4개의 기능어 (5 의미적
　으로 유사한 기능어 및 표현 – 예제2 참조)

(2) 전반적 풀이 요령

① 문제문을 빠르게 읽고 문제문의 대강의 내용을 먼저 이해한다.
② 출제자가 의도하는 밑줄의 표현이 어떠한 의미의 기능어를 묻는 문제인지 파악한
　다.
③ 표현별 기능어 일람의 대 분류 그룹을 떠올린 후 선택지에서 출제 의도에 맞는 기
　능어를 찾는다.

2) '단문의 문법1' 의 유형별 문제

(1) 문법적 어울림(호응)

예제 1　親が反対＿＿＿＿＿＿＿＿＿＿がしまいが、私たちは結婚します。　　[119쪽]
　　　1 しない　　　　2 しよう　　　　3 する　　　　4 している

예제 2　こんな難しいことが、子供に分かり＿＿＿＿＿＿＿＿＿。　　[120쪽]
　　　1 かねない　　　2 わけがない　　3 はずがない　　4 っこない

예제 3　午前10時30分から約2時間＿＿＿＿＿＿＿＿Webメールにアクセスできない
障害が発生した。　　[121쪽]
　　　1 にかけて　　　2 において　　　3 につれて　　　4 にわたって

예제 4　田中さんは親類は＿＿＿＿＿、友人からも多額の借金をしている。[122쪽]
　　　1 問わず　　　　2 ともかく　　　3 ばかりか　　　4 おろか

예제 5　外国人だ＿＿＿＿＿、日本のいい面も悪い面もよく分かるのだ。[123쪽]
　　　1 からして　　　2 からといって　　3 からには　　　4 からこそ

예제 6　慎重なあの人＿＿＿＿＿、そんな間違いをするはずがない。[124쪽]
　　　1 において　　　2 に限って　　　3 について　　　4 にそって

예제 7　彼はさすがに料理にくわしい。専門家＿＿＿＿＿＿＿。　　[125쪽]
　　　1 だけのことはある　　　　　　2 はずのことはある
　　　3 ばかりのことはある　　　　　4 ほどのことはある

예제 8　天窓から降り注ぐ太陽の光はさぞ気持ちがいい＿＿＿＿＿＿。[126쪽]
　　　1 わけだ　　　　　　　　　　　2 かもしれない
　　　3 に決っている　　　　　　　　4 ことだろう

例제 9　いざ海外にいく______________、事前の準備が大変だ。　　　　　　[127쪽]

　　1 からには　　　　　2 あまり　　　　　　3 となると　　　　　4 より

예제 10　危険に対して準備が十分なら、______________たりない。　　　[128쪽]

　　1 恐れ　　　　　　　2 恐れるに　　　　　3 恐れて　　　　　4 恐れるにも

예제 11　どうも足下が凸凹で不安定だし、小石や砂利が多くて__________。[129쪽]

　　1 かなわない　　　2 たえない　　　　　3 およばない　　　4 余儀なくされる

예제 12　この事件を______________、次々不思議な事件が起こった。　　[130쪽]

　　1 基づいて　　　　　2 そって　　　　　　3 かわきりに　　　4 相まって

예제 13　今日は何をする______________、一日中ぼんやり過ごした。　　[131쪽]

　　1 ともない　　　　　2 ともなく　　　　　3 ともかく　　　　4 ともなれば

예제 14　誰が何と______________、私の考えは変えません。　　　　　　[132쪽]

　　1 言うもので　　　　2 言おうと　　　　　3 言うにも　　　　4 言うから

예제 15　外国人であるためにアパートの契約が難しい。これが差別でなくて________。

　　　　　　　　　　　　　　　　　　　　　　　　　　　　　　　　　　[133쪽]

　　1 どうだろう　　　　2 なんだろう　　　　3 どうしよう　　　4 どれだろう

예제 16　僕が結婚したいと思う女性はあなた______________ほかにはない。[134쪽]

　　1 ときたら　　　　　2 さえ　　　　　　　3 をおいて　　　　4 にそくして

예제 17　この会社は職員だけでも10000人______________大企業である。[136쪽]

　　1 からある　　　　　2 しかない　　　　　3 まである　　　　4 でもない

예제 18 児童たちは、自分たちで育てた大切なお米を一粒＿＿＿＿＿無駄にしない。

[137쪽]

1 をもって　　　　2 にあたり　　　　3 にひきかえ　　　　4 たりとも

예제 19 この大学は九つの学部＿＿＿＿＿いて、学生数は日本一である。[138쪽]

1 と分かれて　　　　　　　　2 に分かれて
3 を分けて　　　　　　　　　4 に分けて

예제 20 底が少し汚れてますが、荷物をこちらに＿＿＿＿＿いいですか。[139쪽]

1 お置きくださっても　　　　2 お置きになっても
3 置かせてくださっても　　　4 置かせていただいて

예제 21 あんなおもしろくない話を何度も＿＿＿＿＿。　　　　[140쪽]

1 聞かせてほしい　　　　　　2 聞かせてください
3 聞かされたらいいだろう　　4 聞かされちゃかなわない

예제 22 お問い合わせ、ご質問はこちらに届き＿＿＿＿＿、ご連絡させていただきます。

[141쪽]

1 ついでに　　　2 やいなや　　　3 次第　　　　4 とたん

예제 23 その支配人はつい1カ月ほど前に大阪から転勤して来た＿＿＿＿＿の人です。

[142쪽]

1 ぐらい　　　2 ところ　　　3 ほど　　　　4 ばかり

정답 1② 2④ 3① 4④ 5④ 6② 7① 8④ 9③ 10② 11① 12③ 13② 14②
15② 16③ 17① 18④ 19② 20④ 21④ 22③ 23④

예제 1 駅の遺失物係に問い合わせた＿＿＿＿＿＿、届いているとのことだ。 [143쪽]

 1 ところ   2 といっても 3 とはいえ 4 ものの

예제 2 高校の時ドイツ語を習った＿＿＿＿＿＿、もうすっかり忘れてしまった。 [144쪽]

 1 ところから 2 からといって 3 ばかりに 4 とはいうものの

예제 3 親が放任していた＿＿＿＿＿＿、非行に走る若者もいる。 [145쪽]

 1 かと思うと 2 だけに   3 すえに   4 ことから

예제 4 社長に言うことに少しでも反対しよう＿＿＿＿＿＿、直ちに首にされる。

                     [146쪽]

 1 ものだから 2 だけで   3 ものなら   4 ところから

예제 5 結論だけ聞かされても「ああそうなんですか」としか＿＿＿＿＿＿。

                      [147쪽]

 1 答えてよかった   2 答えようがなかった
 3 答えるだけだった   4 答えるわけだった

예제 6 いくら話した＿＿＿＿＿＿、どうせ結論など出ないことは分かっている。   [148쪽]

 1 ところが 2 ところを 3 ところに 4 ところで

예제 7 先生の話＿＿＿＿＿＿、入学試験では面接も大切なようだ。 [149쪽]

 1 からこそ 2 からには 3 からすると 4 次第で

정답 1① 2④ 3④ 4③ 5② 6④ 7③

(3) 제시된 기능어를 중심으로 앞뒤 문장 완성시키기

예제 1 　ある宗教を、ほかの人にも進めてまわるくらいに熱心に信仰する人がいる。

一方で、________________。　　　　　　　　　　　　　　　　[150쪽]

1 自分も同様に宗教に熱心な人もいる

2 宗教には全く関心を持たない人もいる

3 やはり他人を宗教に誘う人もいる

4 宗教に身をささげる人もいる

예제 2 　この辺は昼間はにぎやかだが、早朝のこととて、________________。[151쪽]

1 たくさんの人が通る

2 人がほとんど来なくなった

3 ほとんど人が通らない

4 見物する人が多かった

(4)「ない」로 끝나는 긍정 표현의 기능어

예제 1 　この地域の地下鉄は、汚くて危険________________ものとしての印象が強い。

[152쪽]

1 きわまりない　　2 のきわみ　　　3 きわめた　　　4 きわめられる

예제 2 　貴国の発展を希望して________________。　　　　　　　　[153쪽]

1 やむをえません　2 やみます　　　3 やむをえます　　4 やみません

정답 1② 2③ / 1① 2④

(5) 의미적으로 유사한 기능어 및 표현

예제 1 家内は、お風呂場で滑って転んで足を痛め、歩くのが不自由になって
しまった。＿＿＿＿＿＿＿＿＿、全く歩けないことではない。　　　[154쪽]
1 それゆえに　　　2 それにしては　　3 とはいえ　　　　4 それから

예제 2 今年は息子の一流大学への進学、娘の大企業への入社と、めでたいこと
＿＿＿＿＿＿＿＿＿一年だった。　　　　　　　　　　　　[155쪽]
1 まみれの　　　　2 めいた　　　　　3 どの　　　　　　4 ずくめの

(6) 「べき」 관련 문제

예제 1 田中さんはいつも忙しいのだから、電話しないで突然＿＿＿＿＿＿＿。
[156쪽]

1 行くべきだ　　　　　　　　2 行くべきではない
3 行かずにおくものか　　　　4 行かずにはおかない

예제 2　相手は元オリンピック選手だから、私なんかが勝つ＿＿＿＿＿＿＿。
[157쪽]

1 べくもない　　　　　　　　2 べからざるものだ
3 べし　　　　　　　　　　　4 べきではない

정답 1③ 2④ / 1② 2①

3) 예제를 통한 유형별 풀이 요령

(1) 문법적 어울림(호응)을 파악해라.

'기능어 찾기' 문제는 기능어와 문장 내의 다른 표현과의 다양한 어울림(호응)을 파악하는 것이 중요하다.

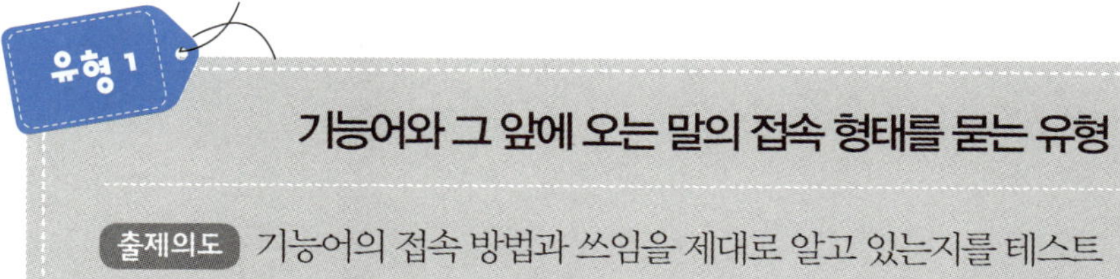

단문의 문법 1 (1) 문법적 어울림(호응) 파악 – 유형 1 기능어의 접속 형태

예제 1　親が反対＿＿＿＿＿＿がしまいが、私たちは結婚します。

　　　1　しない　　　2　しよう　　　3　する　　　4　している

기능어 [うが 〜まいが]

 이렇게 풀어라!

Check Point

① 해석 부모가 반대 ＿＿＿하지않든, 우리들은 결혼합니다

② 선택의 기능어 [〜うが 〜まいが]의 접속 형태 (〜하든 〜하지 않든)
「동사 의지형+うが 동사 ない형+まいが」

③ 反対する+がしまいが → 反対しようがしまいが (반대하든 반대하지 않든)

④ 유사문형 「〜うか 〜まいか (〜할까 〜하지 말까)」 동일한 말을 대비시켜 어느 쪽을 선택 할지 고민할 때 쓰이는 기능어

예 行こうか行くまいか悩んでいる (갈까 말까 고민 중이다.)

결과

밑줄 뒤에 「〜がしまいが」 가나와 있으므로, 앞에 오는 동사는 의지형의 접속 형태를 취한다. 따라서 정답은 선택지 2번 「しよう」 이다.

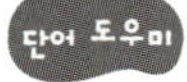 まい ~하지 않을 것이다

예제 2　こんな難しいことが、子供に分かり＿＿＿＿＿＿。

1　かねない　　2　わけがない　　3　はずがない　　4　っこない

기능어 [동사ます형+っこない]

 **이렇게 풀어라!**

Check Point

① 해석　이렇게 어려운 것을 아이가 알 ＿＿＿＿.

② 접속

　• 동사 기본형+わけがない, はずがない(~할 리가 없다)

　→ 의미적으로는 올바르나 접속이 맞지 않아 오답

　• 동사의 ます형+かねない(~지도 모른다)

　→ 접속은 옳지만 문맥상 '불가능'을 나타내는 표현이 와야 하므로 오답

③ 동사의 ます형+「っこない」(~일리가 없다, ~할 턱이 없다)

　: 어떤 일이 일어날 가능성을 단정적으로 강하게 부정할 때 쓰는 말

 결과

앞에 오는 동사와의 접속이나 의미적인 면을 종합해 보면 「(分かり)っこない(알 리가 없다, 알 턱이 없다)」가 정답이 된다.

단어 도우미　かねない ~할지도 모른다

조사와 기능어의 호응 관계 테스트 유형

출제의도 문장에 나오는 조사와 어울리는 기능어를 찾을 수 있는지를 테스트

단문의 문법 1 (1) 문법적 어울림(호응) 파악 – **유형 1** 조사와 기능어의 호응 관계

예제 3 午前10時30分から約2時間____________Webメールにアクセスできない障害が発生した。

1　にかけて　　　2　において　　　3　につれて　　　4　にわたって

기능어 [~から ~にかけて]

  이렇게 풀어라!

Check Point

① **해석** 오전 10시 반부터 약 2시간 ______ web 메일에 액세스 할 수 없는 장해가 발생했다.

② 의미적으로 「~において(~에 있어서)」, 「~につれて(~함에 따라)」 는 정답에서 제외

③ 「AからBにわたって」 (A: 행위의 시작 기준 시점, B: 행위가 이루어지는 기간 전체)

→ 행위가 이루어지는 전체 기간은 B만 봐도 알 수 있다.

→ 「~にわたって」 의 앞에는 기간 전체를 나타내는 間이 오며, から가 생략되어도 문법적으로는 올바른 문장이다.

④ 「AからBにかけて」 (A: 행위의 시작점, B: 행위의 종료점)

→ A와 B 양쪽을 모두 살펴봐야 행위가 이루어지는 전체 기간을 알 수 있다.

→ 반드시 から가 필요한 문형이다. 즉, 「から」 가 없으면 문법적으로 틀린 문장이 된다.

예 4日から6日にかけて車で旅行に行きます。 (4일부터 6일에 걸쳐서 차로 여행을 갑니다.)

→ 이 문장에서 から(4日から)가 생략되면 문장이 성립하지 않는다.

⑤ から를 생략해도 문법적으로 올바르면 「~にわたって」, 문법적으로 틀리면 「~にかけて」

결과

이 문장은 문맥상 시작점과 종료점 모두를 필요로 하는 문장이므로 から가 없으면 시작점을 알 수 없다. 따라서 정답은 2번 「にかけて」 이다.

 **アクセス** 액세스, 공문서나 공공 정보를 입수하거나 이용하는 일

예제 4   田中さんは親類は__________、友人からも多額の借金をしている。

1 問わず   2 ともかく   3 ばかりか   4 おろか

기능어 [～はおろか ～も/まで/さえ]

 이렇게 풀어라!

Check Point

① 해석 다나카 씨는 친척은 _______ 친구로부터도 많은 돈을 빌렸다.

→ 선택지와 앞뒤 문맥으로 보아 밑줄에 들어갈 말은 '물론', '뿐만 아니라' 의 의미 표현이
온다는 것을 짐작할 수 있다.

② 「おろか」 와 조사의 호응

• A(명사)はおろか、B(명사)も/まで/さえ (～A는 물론, ～B도/까지/조차) : B를 강조, 부각

③ 유사문형 조사 「も」 등과 호응을 이루는 기능어

• ～はもとより ～も(～은 물론 ～도)

• ～のみならず ～も(～뿐만 아니라 ～도)

📄 결과

「親類は_______」 뒤에 「(友人から)も」 라는 부각을 나타내는 조사가 와 있으므로 정답
은 4번 「おろか」 이다.

단어 도우미 借金(しゃっきん) 빚, 돈을 꿈

조동사와 기능어의 호응 관계를 묻는 유형

출제의도 뒤에 오는 조동사와 호응하는 기능어를 찾을 수 있는지를 테스트

단문의 문법 1 **(1) 문법적 어울림(호응) 파악 –** 유형 3 조동사와 기능어의 호응 관계

예제 5 　外国人だ＿＿＿＿＿＿、日本のいい面も悪い面もよく分かるのだ。

　　1　からして　　2　からといって　3　からには　　4　からこそ

기능어 [からこそ ～のだ]

 이렇게 풀어라!

Check Point

① 해석 (다름 아닌) 외국인 ＿＿＿＿ , 일본의 좋은 면과 나쁜 면 모두를 알 수 있는 것이다.

② 「からこそ」 와 조동사의 「のだ(んだ)」 의 호응

　→ 「からこそ」 는 이유나 원인을 부각시켜 강조할 때 쓰이는 기능어로, 앞에서 언급한 사항에 대한 이유나 원인 등을 설명할 때 사용되는 조동사 「のだ(んだ)」 와 호응하여 많이 쓰인다.

③ 나머지 선택지(からして, からといって, からには)는 「のだ(んだ)」 와 호응을 이루어 쓰이는 기능어가 아니다.

결과

'외국인'이라는 이유를 강조하는 내용에 대한 언급이므로 기능어 「からこそ」 를 써야 하며, 또한 화자가 이에 대한 설명을 하고 있는 문장이므로 기능어 뒤에는 「のだ」 가 와야만 제대로 된 문장이 완성된다. 따라서 정답은 4번 「からこそ」 이다.

예제 6　慎重なあの人___________、そんな間違いをするはずがない。

　　　　1　において　　　2　に限って　　　3　について　　　4　にそって

기능어 [に限って～ない]

 **이렇게 풀어라!**

Check Point

① 해석　(다른 사람과는 달리 매사에) 신중한 그 사람 ______ 그런 실수를 할 리가 없다.

② 부정의 조동사 ない 와 쓰일 수 있는 기능어

　→ 선택지 중 「ない」 와 호응을 이루어 쓸 수 있는 기능어는 「に限って」 뿐이다.

　→ 「に限って」 는 '다른 것(사람)과는 달리 ～만은'이라는 의미를 갖는 기능어이다.

③ 유사문형　부정의 조동사 「ない」 등과 호응을 이루는 기능어

　• たりとも ～ない (～라도 ～할 수 없다)

　• こそあれ, こそすれ ～ない (～할지언정 ～은 없다)

결과

정답은 뒤에 부정의 조동사 「ない」 와 같이 쓰이며, '다른 것(사람)과는 달리 ～만은'의 의
미로 사용되는 선택지 2번 「に限って」 이다.

 慎重(しんちょう) 신중함 ┃ 間違(まちが)い 실수, 과실

부사어와 기능어의 호응 관계를 묻는 유형

출제의도 「さすがに, さぞ, いざ」 등의 부사어와 짝을 이루는 '부사+기능어' 표현을 찾을 수 있는지를 테스트

단문의 문법 1 **(1) 문법적 어울림(호응) 파악 –** 유형 4 부사와 기능어의 호응 관계

예제 7 彼はさすがに料理にくわしい。専門家__________。

1 だけのことはある 　　　2 はずのことはある
3 ばかりのことはある 　　4 ほどのことはある

기능어 [さすがに ～だけのことはある]

 **이렇게 풀어라!**

 **Check** Point

① 해석 그는 역시 요리를 잘 안다. 전문가 _______.

② 부사 「さすがに(역시, 과연)」 와 호응을 이루는 기능어를 찾는다.
　　→ だけのことはある(～라 할 만하다): 어떤 결과나 상태에 대한 감동이나 놀라움을 나타냄

③ 부사 「さすがに」 뒤에는 「～だけのことはある」 , 또는 이와 비슷한 「～だけあって(～이니만큼)」 라는 기능어가 올 확률이 높다.

 결과

따라서 정답은 1번 「だけのことはある」 이다.

단어 도우미 専門家(せんもんか) 전문가

예제 8 天窓から降り注ぐ太陽の光はさぞ気持ちがいい＿＿＿＿＿＿。

1 わけだ　　　　　　　　　2 かもしれない
3 に決っている　　　　　　4 ことだろう

기능어 [さぞ ～ ことだろう]

 이렇게 풀어라!

Check Point

① 해석 천장에 난 창으로부터 쏟아지는 햇빛은 필시 기분이 좋을 ＿＿＿＿.

② 부사 「さぞ(필시)」와 호응을 이루는 기능어를 찾는다.
　→ ～ことだろう(～일 것이다): 화자의 확신이 높은 추측을 나타내는 표현으로, 어느 정도
　확신이 높을 때 쓰이는 기능어 さぞ와 어울려 쓸 수 있다.

③ 나머지 선택지는 부사 さぞ와 어울려 쓰일 수 있는 기능어가 아니다.
　• わけだ(～것이다): 결론, 사태의 이유, 사실의 주장 등을 나타냄
　• に決まっている(～임에 틀림없다): 당연함, 확신에 가까운 판단을 나타냄
　• かもしれない(～지도 모른다): 확신도가 아주 낮은 추측 표현

결과

따라서 정답은 선택지 4번 「ことだろう」이다.

단어 도우미　**天窓(てんまど)** 천장에 낸 창

 (1) 문법적 어울림(호응) 파악 – 유형 4 **부사와 기능어의 호응 관계**

예제 9 いざ海外にいく＿＿＿＿＿＿、事前の準備が大変だ。

1 からには　　2 あまり　　　3 となると　　4 より

기능어 [いざ ～となると]

 이렇게 풀어라!

Check Point

① 해석 막상 해외에 가려 ＿＿＿＿＿, 사전 준비가 큰일이다.

② 부사 「いざ(막상)」는 일반적으로 가정 표현과 호응을 이룬다.

　→가정 표현으로는 「～となると(～하려고 하면, ～하는 경우에는)」가 있다. 앞에는 「いざ(막상)」뿐만 아니라 「もし, かりに(만일)」 등의 부사도 올 수 있다.

③ 참고 이러한 '부사+기능어' 표현으로는 다음과 같은 것도 있다.

- どんなに/たとえ ～とも(아무리/설령 ～라 해도)
- 何と ～のだろう(이 얼마나 ～인가)

결과

따라서 정답은 3번 「となると」이다.

단어 도우미 準備(じゅんび) 준비 | 事前(じぜん) 사전

기능어 내부의 조사와의 호응 관계를 묻는 유형

출제의도 기능어의 내부에 쓰이는 조사(に, て, を, と 등)를 정확히 파악하고 있는지를 테스트

단문의 문법 1 **(1) 문법적 어울림(호응) 파악 –** 유형 5 기능어 내부의 조사와의 호응 관계

예제 10 危険に対して準備が十分なら、＿＿＿＿＿＿たりない。

　　　1　恐れ　　　　　2　恐れるに　　　3　恐れて　　　　4　恐れるにも

기능어 [～に＋たりない]

 이렇게 풀어라!

Check Point

① **해석** 위험에 대한 준비가 충분하다면, ＿＿＿＿＿＿ 필요 없다.
② 문장 끝의 「たりない」는 '부족하다'라는 의미지만, 기능어로 쓰일 때는 조사 「に」가 붙어 「にたりない」의 형태로 '～할 필요가 없다(가치가 없다)'의 의미로 쓰인다.
③ 기능어의 의미를 정확히 몰라도 어떤 조사로 시작하는 기능어인지 파악하면 정답을 찾을 수 있다.

결과
따라서 정답은 2번 「恐れるに」이다.

 恐(おそ)れる 겁내다, 두려워하다

예제 11　どうも足下が凸凹で不安定だし、小石や砂利が多くて____________。

1　かなわない　　　2　たえない　　　　3　およばない　　　4　余儀なくされる

기능어 [て＋かなわない]

 **이렇게 풀어라!**

Check Point

① 해석　아무래도 발밑이 울퉁불퉁해서 불안정하고, 작은 돌이나 자갈이 많아서 ______.

② 밑줄 앞에 「て」가 와 있으므로, 「て」로 시작할 수 있는 기능어를 찾는다.

　　→ ～てかなわない (대단히 ～하다, 참을 수 없을 정도로 싫다)

③ 나머지 선택지의 조사와의 호응 관계

　• に＋たえない (～하지 않을 수 없다, 견딜 수가 없다)

　• に＋およばない (～할 필요가 없다)

　• を＋余儀なくされる (어쩔 수 없이 ～하다)

 결과

조사 「て」로 시작하는 기능어는 「～てかなわない」뿐이다. 따라서 정답은 선택지 1번 「かなわない」이다.

단어 도우미　砂利(じゃり) 자갈 ｜ 小石(こいし) 작은 돌

예제 12   この事件を____________、次々不思議な事件が起こった。

1 基づいて   2 そって   3 かわきりに   4 相まって

기능어 [〜を+かわきりに]

 이렇게 풀어라!

Check Point

① 해석 이 사건을 _______, 잇달아 이상한 사건이 일어났다.

② 밑줄 앞에 「を」가 와 있으므로, 「を」와 호응을 이루는 기능어를 찾는다.
   → 「〜をかわきりに」 는 '〜을 시작으로(필두로)'라는 의미

③ 나머지 선택지의 조사와의 호응 관계
   • に+基づいて (〜에 의거하여)
   • に+そって (〜을 따라)
   • と+相まって (〜과 서로 어우러져)

 결과

조사 を와 호응을 이루는 기능어는 「かわきりに」 밖에 없다. 따라서 정답은 3번 「かわき
りに」 이다.

단어 도우미 不思議(ふしぎ) 이상함, 괴이함

의문사와 기능어의 호응 관계를 묻는 유형

출제의도 기능어와 의문사 「どこ, いつ, 誰, どちら, 何」 와의 호응 관계를 파악하고 있는지를 테스트

단문의 문법 1 (1) 문법적 어울림(호응) 파악 – **유형 6** 의문사와 기능어의 호응 관계

예제 13 今日は何をする＿＿＿＿＿＿、一日中ぼんやり過ごした。

　　1　ともない　　2　ともなく　　3　ともかく　　4　ともなれば

기능어 [의문사 ～ともなく]

 이렇게 풀어라!

Check Point

① **해석** 오늘은 무엇을 하는 ＿＿＿＿ 온종일 맥없이 보냈다.

② 불특정함을 나타내는 의문사 何와 호응을 이루는 기능어를 찾는다.

- 「ともなく」 는 '특별히 정해진 목적 없이'라는 의미이며, 앞에는 의문사를 필요로 한다.
- 「何+ともなく」 → 何をするともなく (딱히 하는 일 없이)

③ ともなく의 다른 용법

'확실한 의도나 목적 없이 보거나 듣는 모습'을 의미

　예 公園で遊んでいる子供たちを見るともなく見ていると、急にけんかを始めた。

　　(공원에서 놀고 있는 아이를 무심코 보고 있자, 갑자기 싸움을 시작했다)

　→ 이 경우의 「ともなく」 앞뒤에는 주로 「聞く, 見る, 言う, 読む, 考える」 등의 동사가 온다.

결과

의문사 「何」 와 어울려 쓰일 수 있는 기능어로는 「ともなく」 뿐이다. 따라서 정답은 2번 「ともなく」 이다.

 **단어 도우미** ぼんやり 우두커니, 맥없이

예제 14　　誰が何と＿＿＿＿＿＿、私の考えは変えません。

　　　1　言うもので　2　言おうと　　3　言うにも　　4　言うから

기능어 [의문사 ～うと]

 이렇게 풀어라!

Check Point

① 해석　누가 뭐라 ＿＿＿＿＿, 내 생각은 변함이 없습니다.

② 기능어 앞에 「誰」, 「何」 라는 2개의 의문사와 호응하는 기능어를 찾는다.

　• (言お)うと : 하더라도, 하든

　　뒤에 오는 사항을 한정하는 역할을 하는 기능어로 앞에는 주로 「どんなに, 何, 誰, 何年, いくら」 등의 의문사가 온다. → 誰が何と言おうと(누가 뭐라 하든)

③ 참고　의문사 + 기능어

　～とも限らない(～라고 한정할 수 없다) : 모두 가능성이 있음을 나타낸다.

　예　この大会で誰が優勝するとも限らない。(이 대회에서 누구라도 우승할 수 있다.)

결과

의문사와 어울려 쓰일 수 있는 기능어는 「(言お)うと」 밖에 없다. 따라서 정답은 2번 「言おうと」 이다.

분리된 기능어를 하나의 기능어로 조합시키는 유형

출제의도 하나의 기능어를 분리시키고 분리된 부분을 합쳐서 완성된 기능어를 만들 수 있는지를 테스트

단문의 문법 1 **(1) 문법적 어울림(호응) 파악 –** **유형 7** 분리된 기능어를 하나의 기능어로 조합

예제 15 外国人であるためにアパートの契約が難しい。これが差別でなくて＿＿＿＿＿＿。

　　1　どうだろう　　2　なんだろう　　3　どうしよう　　4　どれだろう

기능어 [〜でなくて+なんだろう]

 **이렇게 풀어라!**

Check Point

① **해석** 외국인이기 때문에 아파트 계약이 어렵다. 이것이 차별이 아니고 ＿＿＿＿＿＿ 。
② 「でなくて」와 분리되어 있는 기능어의 일부분을 찾는다.
　• でなくて+なんだろう ((이것이야말로) 바로 〜이다, 〜이 아니고 무엇이겠는가?)
　　→ '〜이다'를 강조하는 기능을 갖는 표현

결과
따라서 정답은 2번 「なんだろう」 이다.

 契約(けいやく) 계약

예제 16　僕が結婚したいと思う女性はあなた＿＿＿＿＿＿ほかにはない。

1　ときたら　　2　さえ　　　　3　をおいて　　4　にそくして

기능어 [～をおいて+ほかにはない]

 이렇게 풀어라!

Check Point

① 직역　내가 결혼하고 싶은 여성은 당신 ＿＿＿＿ 그 외에는 없다.

　　의역　내가 결혼하고 싶은 여성은 당신뿐이다.

② 「ほかにはない」 와 분리된 기능어의 일부분을 찾는다.

　　→ ～をおいて+ほかにはない(～뿐이다)

③ 참고　「をおいて」 와 관련된 기능어로 '어떠한 경우라도'라는 의미를 갖는 「何をおい
　　ても」 도 「何+をおいても」 의 연어적 조합이다.

 결과

「ほかにはない」 와 조합을 이루어 또 다른 하나의 기능어를 만들 수 있는 것은 「をおい
て」 밖에 없다. 따라서 정답은 3번 「をおいて」 이다.

- ばこそ(ば+こそ)　다름 아닌 ～의 이유로

- たが最後(た+が最後)　～을 끝으로, 일단 ～하면 끝까지 ～없다

- が早いか(が+早いか)　～하자마자

- や否や(や+否や)　～하자마자

- か否か(か+否か)　～인지 아닌지

- といったらない(といったら+ない)　대단히·최고로 ～하다·이다

- ときたら(と+きたら)　～은, ～은 말이지

- かと思うと(か+と思うと)　～하는가 했는데

  → 위의 기능어는 분리되지 않고 그대로 하나의 기능어 문제로 출제되기도 한다.

수사와 기능어의 호응 관계

출제의도 수사 뒤에 올 수 있는 기능어를 파악하고 있는지를 테스트

단문의 문법 1 ⑴ 문법적 어울림(호응) 파악 – 유형 8 수사와 기능어의 호응 관계

예제 17 この会社は職員だけでも10000人＿＿＿＿＿大企業である。

　　1　からある　　2　しかない　　3　まである　　4　でもない

기능어 [수사+からある]

❓ 이렇게 풀어라!

Check Point

① **해석** 이 회사는 직원만 해도 10000명 ＿＿＿＿ 대기업이다.

② 수사(10000人)와 쓰이면서 '수량이 많음'을 나타내는 기능어를 찾는다.

　→ からある(~이나 되는) : 수량을 나타내는 말에 붙어 화자가 주관적으로 그 수량이 많거나, 실제로 제시한 수량보다 더 많음을 나타낼 때 쓰이는 기능어이다.

③ **유사문형** 「からの(~이나 되는)」, 「가격+からする(~이나 하는)」 등도 からある와 비슷하게 쓰일 수 있는 문형이다.

결과

수사와 함께 쓰이며 수량이 많음을 나타내는 두 가지 조건을 충족시키는 기능어는 「からある」밖에 없다. 따라서 정답은 1번 「からある」이다.

 大企業(だいきぎょう) 대기업

예제 18　児童たちは、自分たちで育てた大切なお米を一粒____________
無駄にしない。

1　をもって　　2　にあたり　　3　にひきかえ　4　たりとも

기능어 [수사+たりとも]

 이렇게 풀어라!

Check Point

① 해석　아이들은 자신들이 키운 소중한 쌀을 한 톨 _______ 헛되이 하지 않는다.
② 밑줄 앞에 오는 수사(一粒: 한 톨)와 호응하며 의미적으로 「〜も(〜도)」에 해당하는 기능어를 찾는다.
　　→ たりとも(비록 〜도 (〜할 수 없다)): 수사 뒤에 오며 뒤에는 부정표현(〜ない)이 온다.
　　하찮게 생각하기 쉬운 수량을 제시하고, '그것도 소홀히 할 수 없음'을 강조할 때 쓰이는
　　표현이다.

 결과

수사와 호응하며 も(〜도)의 의미로 쓰이는 기능어는 「たりとも」 밖에 없다. 따라서 정답은 4번 「たりとも」 이다.

단어 도우미　**無駄(むだ)** 쓸데없음, 헛됨

문법 관련 표현의 알맞은 쓰임새를 파악

출제의도　자·타동사, 수동, 사역, 수수 표현 또는 복합 표현, 복합 표현+경어 표현 즉, 「させられる, させていただく, させてやっていただく」 등 문법 관련 표현의 문장 내에서의 쓰임새를 제대로 파악하고 있는지를 테스트

단문의 문법 1　**(1) 문법적 어울림(호응) 파악 –**  유형 9 문법 관련 표현의 알맞은 쓰임새 파악

예제 19　この大学は九つの学部＿＿＿＿＿＿＿いて、学生数は日本一である。

　　1　と分かれて　2　に分かれて　　3　を分けて　　4　に分けて

자동사 VS 타동사 문장

 **이렇게 풀어라!**

 **Check** Point

① 해석 이 대학은 9개의 학부로 ＿＿＿＿＿ 있고, 학생 수는 일본에서 제일 많다.

② 자동사와 타동사의 쓰임새를 정확히 파악한다.

③ 위의 문장은 동작의 대상인 '대학교'가 문장의 초점인 동시에 주어로 쓰이고 있으므로 자동사 문장이 되어야 한다.

④ 정답이 가능한 기능어는 「と分かれて」 와 「に分かれて」 인데, 「別れる(헤어지다)」 라면 앞에 조사 「と」 가 오지만 「分かれる(나누어지다)」 는 앞에 조사 「に」 가 온다.

결과

위의 분석을 종합하면 조사는 「に」 를 써야 하고 자동사가 와야 하므로, 정답은 2번 「に分かれて」 이다.

예제 20　底が少し汚れてますが、荷物をこちらに__________いいですか。

1　置きくださっても　　　　　2　お置きになっても
3　置かせてくださっても　　　4　置かせていただいても

사역+수수+경어의 복합 표현

이렇게 풀어라!

Check Point

① 해석 　바닥이 좀 더러워져 있는데, 짐을 이쪽에 ______ 괜찮겠습니까?

② '사역+수수+경어'의 복합 표현은 하나의 경어 표현(겸양 표현)에 해당한다.
　→「する」의 겸양 표현인 「させていただく」: ~하도록 시켜주면 받겠다'라고 직역이 되지만, 이 표현은 화자 본인이 하는 행위를 겸손하게 표현할 때 쓰는 표현이다.

③ 나머지 선택지 분석
　• お置きくださっても :「お〜くださる」는 존경 표현이므로 제외
　• お置きになっても :「お〜になる」도 존경 표현이므로 제외
　• 置かせてくださっても :「させてくださる」는 '~하게 시켜 주시다'라는 뜻이다. 만일 허용을 요구하는 「させてください」라는 형태로 쓰였다면 정답이 될 수 있지만, 이 경우는 본인의 행위를 나타내는 「させてくださってもいいですか」가 되므로 이 또한 정답에서 제외된다.

※「させてくださる」는 제3자의 행위에 대한 존경 표현으로 쓰인다.

결과

따라서 정답은 '놓아도 괜찮을까요?'라는 화자의 행위에 대한 허락을 의뢰하는 겸양 표현인 4번 「置かせていただいても」이다.

예제 21　あんなおもしろくない話を何度も＿＿＿＿＿＿＿。

1　聞かせてほしい　　　　　　　2　聞かせてください
3　聞かされたらいいだろう　　　4　聞かされちゃかなわない

사역수동(させられる)+기능어 복합 표현

 이렇게 풀어라!

Check Point

① 해석 　그런 재미없는 이야기를 몇 번이나 ＿＿＿＿＿.

② '사역수동(させられる)+기능어'의 복합 표현의 쓰임새를 정확히 파악한다. 내용상으로 보아 밑줄에는 '듣다'와 관련된 마이너스적인 표현이 와야 한다.

→ 「聞かされちゃかなわない」＝聞かされ+ちゃかなわない

- 聞かされ : 사역 수동 표현으로 마이너스적인 표현

- ～ちゃかなわない : '～(해)서는 곤란하다'라는 의미로 마이너스적인 표현

③ 나머지 선택지 분석

- 聞かせてほしい(들려주었으면 한다) : 플러스적인 표현이므로 제외

- 聞かせてください(들려주세요) : 플러스적인 표현이므로 제외

- 聞かされたらいいだろう : 「聞かされたら+いいだろう」의 복합 표현이다. 「聞かされたら」는 마이너스적, 「いいだろう」는 플러스적인 표현으로 의미적으로 모순되므로 제외

 결과

「聞かされ」와 「ちゃかなわない」 양쪽 모두 마이너스적인 표현으로 두 표현의 조합은 적절하다고 할 수 있다. 따라서 정답은 4번 「聞かされちゃかなわない」이다.

같은 의미의 기능어가 선택지에 나와 있을 때의 풀이 순서

출제의도 비슷한 의미를 갖는 기능어의 접속의 차이나 뉘앙스의 차이를 구별할 수 있는지를 테스트

❶ 접속을 먼저 비교한다.

단문의 문법 1 | (1) 문법적 어울림(호응) 파악 – **TIP** 비슷한 의미의 기능어의 차이 구별

예제 22 　お問い合わせ、ご質問はこちらに届き__________、ご連絡させていただきます。

　　　　1　ついでに　　　2　やいなや　　　3　次第　　　　4　とたん

〈접속 비교〉

 **이렇게 풀어라!**

Check Point

① **해석** 문의 사항이나 질의사항은 저희 쪽에 도착하는 _______ 연락드리겠습니다.

② 의미적으로 비슷한 기능어 중에서 앞에 오는 동사와 기능어의 접속 형태의 차이에 근거해 정답을 찾아야 한다.

　→「やいなや(하자마자)」, 「次第(하는 대로)」, 「とたん(하자마자)」은 모두 '동시(同時)'의 의미를 갖는다. 그러므로 앞에 오는 동사(届き)와의 접속의 차이를 살펴본다.

• やいなや: 동사의 기본형에 접속　　　예 届くやいなや(도착하자마자)

• とたん: 동사 과거형(た)에 접속　　　예 届いたとたん(도착하자마자)

• 次第: 동사의 ます형에 접속　　　　예 届き次第(도착하는대로)

　→「ついでに(하는 김에)」는 '병행'의 의미 용법을 가지므로 정답에서 제외된다.

 **결과**

따라서 정답은 '동시(同時)'라는 의미를 갖고 동사의 ます형에 접속하는 3번 「次第」이다.

❷ 접속이 동일할 때는 의미적인 뉘앙스를 파악한다.

(1) 문법적 어울림(호응) 파악 –  **TIP** 비슷한 의미의 기능어의 차이 구별

예제 23 その支配人はつい１カ月ほど前に大阪から転勤して来た＿＿＿＿＿＿の人です。

　　　1　ぐらい　　　　2　ところ　　　　3　ほど　　　　4　ばかり

〈뉘앙스 파악〉

 이렇게 풀어라!

Check Point

- ⊖ 해석 그 지배인은 바로 한 달 정도 전에 오사카로부터 전근해 온 ＿＿＿＿＿사람입니다.
- ② 「ぐらい」, 「ほど」 는 의미적이나 접속 형태로도 정답에서 제외된다.
- ③ 「(た)ところ」 VS 「(た)ばかり」
  - 부사 つい(바로, 조금)는 시간적, 심리적으로 동작의 완료 후 얼마 지나지 않았음을 나타낸다.
  - つい가 앞에 있으므로 '직후, 이후'라는 기본적인 의미 용법과 과거형(た) 접속이라는 동일한 특징을 갖는 「(た)ところ」 와 「(た)ばかり」 중 하나가 정답이 되는데, 이들 표현은 뉘앙스의 차이를 보인다.
    - ㉠ (た)ところ: 동작이 완료된 직후(시간적)
    - ㉡ (た)ばかり: 동작이 완료된 직후(시간적), 동작 완료 후 얼마 지나지 않았다고 느낄 때(심리적)
- ④ 「来る(오다)」 라는 동작이 완료되고 1개월이라는 시간이 경과되었다는 것은 시간적으로 '직후'라고 할 수 없기 때문에, 시간적인 직후의 의미를 나타내는 「たところだ」 를 쓸 수 없다.

 결과

이 문장은 화자가 '지배인이 한 달 전에 전근 온 것'을 심리적으로 온 지 얼마 안 되었다고 느끼고 있는 문맥 상황이다. 따라서 정답은 4번 「ばかり」 이다.

(2) 문맥상 쓰임새를 파악하는 문제

기능어가 순접 표현 또는 역접 표현으로 쓰여야 하는지, 부정 표현 또는 긍정 표현으로 쓰여야 하는지 등 문맥상 어떤 표현으로 쓰여야 하는지를 파악한다.

순접 표현과 역접 표현의 구분

출제의도 문맥상 기능어의 순접 표현과 역접 표현을 구분할 수 있는지를 테스트

단문의 문법 1 (2) 문맥상 쓰임새 파악 – **유형 1** 순접 표현과 역접 표현의 구분

예제 1 駅の遺失物係に問い合わせた＿＿＿＿＿＿、届いているとのことだ。

　　1　ところ　　　2　といっても　3　とはいえ　　4　ものの

 **이렇게 풀어라!**

Check Point

① **해석** 역의 분실물 담당자에게 문의 ______, (이미 분실물 센터에) 분실물이 도착해 있다고 한다.

② 순접 표현 VS 역접 표현

- 하나의 문장이 밑줄 부분에서 중지되고, 다른 문장으로 연결된다.
- 두 문장을 순접 표현, 혹은 역접 표현으로 연결해야 할지 파악한다.
  → 밑줄에는 문맥의 흐름상 순접 표현이 와야 하며, 또한 뒷 문장의 성립 계기를 표현하는 역할을 하는 기능어여야 한다.
- 「たところ(~했더니)」: 순접 표현임과 동시에 '뒤에 오는 사항의 성립이나 발견의 계기'를 나타내는 기능어

③ 나머지 선택지 「といっても」, 「とはいえ」, 「ものの」 는 '~라고 해도'라는 의미의 역접 표현으로 쓰이는 기능어이므로 정답에서 제외된다.

결과

위의 분석을 종합하면 정답은 순접 표현인 1번 「ところ」 이다.

 遺失物(いしつぶつ) 유실물

(2) 문맥상 쓰임새 파악 – 유형 1 순접 표현과 역접 표현의 구분

예제 2　高校の時ドイツ語を習った＿＿＿＿＿、もうすっかり忘れてしまった。

　　　　1　ところから　　2　からといって　　3　ばかりに　　4　とはいうものの

이렇게 풀어라!

Check Point

① 해석　고등학교 시절 독일어를 배웠다 ＿＿＿＿, 이미 완전히 잊어버리고 말았다.

② 순접 표현 VS 역접 표현

　문맥상 흐름으로 볼 때 밑줄에 들어갈 기능어는 역접 표현이며, 「とはいうものの(～라고는
　해도)」가 역접 표현에 속한다.

ⓒ 나머지 선택지 「ところから(～(라는) 점으로부터)」, 「からといって(～라고 해서)」,
　「ばかりに(～한 탓에)」는 모두 역접 표현이 아니므로 정답에서 제외된다.

결과

위의 분석을 종합하면 정답은 역접 표현인 선택지 4번 「とはいうものの(～라고는 해도)」
이다.

다양한 역할을 하는 기능어(원인·이유, 가정·조건 등)의 판단

출제의도 밑줄의 앞뒤에 오는 내용을 바탕으로 그에 맞는 의미, 용법이 올바른 기능어
를 찾을 수 있는지를 테스트

단문의 문법 1　　(2) 문맥상 쓰임새 파악 – **유형 2** 다양한 역할을 하는 기능어

예제 3　　親が放任していた__________、非行に走る若者もいる。

　　　　1　かと思うと　　2　だけに　　　　3　すえに　　　　4　ことから

？ 이렇게 풀어라!

Check Point

① **해석** 부모가 방임했기 ________ , 비행으로 치닫는 젊은이도 있다.

② 앞 문장의 내용이 '원인·이유'가 되어 뒷 문장의 결과가 초래되었다는 내용

- 앞 문장 (원인: 부보가 방치했다) ⇒ 뒷 문장 (결과: 비행으로 치닫는 젊은이도 있다)

　→ ～ことから(～한 바람에, ～때문에): 원인이나 이유를 나타냄

③ 나머지 선택지 「だけに(～인 만큼)」는 '당연함'을, 「すえに(～한 끝에)」는 '결과'를,
　「かと思うと(～가 했더니)」는 '대비'를 나타내는 기능어이므로 모두 정답에서 제외

④ **참고** すえに(～한 끝에): よく考えた末に決めたことです。

　　　　　　　　　　(신중하게 생각한 끝에 정한 것입니다.)

결과

따라서 정답은 '원인·이유'를 나타내는 4번 「ことから」이다.

 放任(ほうにん) 방임

예제 4　社長の言うことに少しでも反対しよう＿＿＿＿＿、直ちに首にされる。

　　　1　ものだから　2　だけで　　　3　ものなら　　4　ところから

 **이렇게 풀어라!**

Check Point

① 해석 (만일) 사장이 하는 말에 조금이라도 반대 ＿＿＿＿ , (반드시) 곧바로 해고당한다.

② 문맥의 흐름상 앞 문장의 내용이 '가정 · 조건'의 표현이 되어야 하며, 이러한 조건 하에 뒷 문장의 결과가 초래되었다는 내용의 문장

   • 앞 문장 (가정: 사장이 하는 말에 조금이라도 반대하다) ⇒ 뒷 문장 (성립: 곧바로 해고당한다)

   • **ものなら**(만일 ~하면, 반드시~): 가정 · 조건을 나타낼 수 있는 기능어

③ 나머지 선택지인 「ものだから(~때문에)」 와 「ところから(~점으로부터)」 는 원인 · 이유를, 「だけで(~만으로)」 는 '한정'을 나타내는 기능어이므로 모두 정답에서 제외

 **결과**

따라서 정답은 가정 · 조건의 의미 용법을 갖는 3번 「ものなら」 이다.

단어 도우미　**直(ただ)ちに** 곧, 즉시, 당장

부정 표현을 나타내는 기능어

출제의도 부정 표현과 호응하는 기능어를 찾을 수 있는지를 테스트

단문의 문법 1 (2) 문맥상 쓰임새 파악 – **유형 3** 부정 표현을 나타내는 기능어

예제 5 結論だけ聞かされても「ああ、そうなんですか」としか__________。

1 答えてよかった
2 答えようがなかった
3 答えるだけだった
4 答えるわけだった

 **이렇게 풀어라!**

Check Point

① **해석** 결론만 들어봤자, "아아, 그래요?"라고 밖에(는) ______ .

② 「しか」 나 「他に」, 「以外に」 등과 같은 표현이 앞에 올 때는 그 뒤에 대부분 부정 표현이나 불가능 표현이 온다.

→ 선택지 중 부정 표현인 것은 '가능성 희박, 불가능'의 의미를 갖는 기능어 「ようがない(~할 방도(도리)가 없다)」 밖에 없다.

③ 나머지 선택지 「(答え)てよかった」, 「(答える)だけだった」, 「(答える)わけだった」는 기본적으로 뒤에 부정 표현을 요구하는 표현이 아니므로 제외

④ **참고** 「~ようがない」는 동사의 의지형에 접속한다고 잘못 생각하는 경우가 많은데, 「~ようがない」는 'しようがない(어찌할 방법이 없다)'처럼 동사의 ます형에 접속한다.

 **결과**

조사 「しか」가 밑줄 앞에 나와 있으므로, 정답은 부정 표현인 2번 「答えようがななかった」이다.

예제 6　いくら話した＿＿＿＿＿、どうせ結論など出ないことは分かっている。

　　　　1　ところが　　2　ところを　　　3　ところに　　　4　ところで

기능어 [たりとも ～ない]

 이렇게 풀어라!

Check Point

① **해석** 아무리 이야기 해 ＿＿＿, 어차피 결론이 나지 않는다는 것은 알고 있다.

② 문제문이 「いくら(아무리)」 라는 부사로 시작하기 때문에, 문맥상 밑줄에는 의미적으로는 '～해 봤자, ～하더라도'라는 의미의 기능어가 들어가야 한다. 또한 문법적으로는 밑줄 뒤로는 부정 표현(「出ない」)가 나와 있음을 알 수 있다.

　→이러한 조건을 충족시킬 수 있는 기능어는 「ところで～ない(해봤자 ～않다)」 이다.

③ 나머지 선택지 「ところが(～한 것이 (오히려))」, 「ところを(～한 장면을)」, 「ところに(～했을 때)」 는 의미적으로도 알맞은 표현이 아니며, 또한 반드시 부정 표현을 요구하는 기능어가 아니므로 정답에서 제외.

결과

따라서 정답은 4번 「ところで」 이다.

추측 표현을 나타내는 기능어

출제의도 기능어와 추측 표현(ようだ、そうだ、らしい)의 호응을 파악하고 있는지를 테스트

단문의 문법 1 (2) 문맥상 쓰임새 파악 – **유형 4** 추측 표현을 나타내는 기능어

예제 7 先生の話__________、入学試験では面接も大切なようだ。

    1 からこそ   2 からには   3 からすると   4 次第で

기능어 [からすると/からいうと ～추측 표현(ようだ、そうだ、らしい)]

❓ 이렇게 풀어라!

Check Point

① **해석** 선생님의 이야기 ______ , 입학 시험에서는 면접도 중요한 것 같다.

② 문장 끝에 「ようだ」 라는 추측 표현이 나오므로, 추측 표현과 짝을 이룰 수 있는 기능어를 찾는다.

  • からすると(～로 봐서는): 앞의 사항을 근거로 뒤의 사항을 추측할 때 쓰이며, 뒤에는 추측 표현이 온다.

  → 앞 문장 (판단 근거: 先生の話からすると) ⇒ 뒷 문장 (판단: 入学試験では面接も大切なようだ)

③ 나머지 선택지 분석

  • からこそ(단지 ～라는 이유로): 뒤에 원인이나 이유의 설명을 나타내는 「のだ」 가 온다.

  • からには(～한 이상, ～한 바에는): 주로 뒤에 '끝까지 관철하다'의 의미의 내용이 온다.

  → 명사 + 次第で(～여하에 따라): 앞에 오는 명사의 여하에 따라 결과가 좌우됨을 나타낸다.

  → 따라서 이들 기능어는 문법적, 의미적으로도 정답이 될 수 없다.

결과

문장 끝에 추측 표현이 와 있으므로 이와 호응하는 기능어는 3번 「からすると」 이다.

  面接(めんせつ) 면접

(3) 제시된 기능어를 중심으로 앞뒤 문장 완성시키기

기능어 관련 문제 중에는 문제에 기능어를 미리 제시하고, 그 기능어가 갖는 의미 용법을 토대로 알맞은 문장 또는 표현을 찾는 문제들이 종종 나온다.

출제의도 제시된 기능어를 토대로 밑줄 앞 뒤에 올 문장을 찾아낼 수 있는지를 테스트

단문의 문법 1   (3) 기능어를 중심으로 앞뒤 문장 완성시키기

예제 1   ある宗教を、ほかの人にも進めてまわるくらいに熱心に信仰する人がいる。一方で、__________。

  1 自分も同様に宗教に熱心な人もいる
  2 宗教には全く関心を持たない人もいる
  3 やはり他人を宗教に誘う人もいる
  4 宗教に身をささげる人もいる

？ 이렇게 풀어라!

Check Point

① **해석** 어떤 종교를 다른 사람들에게 전도하고 다닐 정도로 신앙에 열심인 사람들이 있다. 한편으로, _______________ .

② 앞뒤 문장이 역접의 의미로 쓰이는 접속사 「一方で(한편)」로 연결되어 있다.
  → 따라서 밑줄에는 앞 문장과 반대되는 내용이 와야 한다. 역접의 내용을 가진 문장은 「宗教には全く関心を持たない人もいる(종교에 전혀 관심을 갖고 있지 않은 사람도 있다)」 가 있다.

③ 나머지 선택지는 앞 내용과 역접으로 연결되는 내용이 아니므로 정답에서 제외

결과

따라서 정답은 앞 문장과 역접적인 내용인 2번 「宗教には全く関心を持たない人もいる」 이다.

 宗教(しゅうきょう) 종교 ｜ ささげる 바치다

예제 2   この辺は昼間はにぎやかだが、早朝のこととて、＿＿＿＿＿＿＿。

1 たくさんの人が通る   2 人がほとんど来なくなった
3 ほとんど人が通らない   4 見物する人が多かった

 이렇게 풀어라!

Check Point

① 해석 이 주변은 낮 동안은 북적거리지만, 이른 아침이기 때문에 ＿＿＿＿＿ .

② 밑줄 앞의 내용과 뒤의 내용이 「こととて」라는 '원인·이유'를 나타내는 기능어로
   연결되어 있다.
   → 따라서 앞에는 원인·이유를 언급하는 내용이 오고 뒤에는 그에 따른 결과와 관련된
      내용이 온다. 위의 선택지에서 적합한 문장은 「ほとんど人が通らない(거의 사람들
      의 왕래가 없다)」가 있다.

③ 나머지 선택지는 원인에 따른 결과가 초래되는 내용이 아니므로 정답에서 제외

결과
따라서 정답은 3번 「ほとんど人が通らない」 이다.

단어 도우미   早朝(そうちょう) 이른 아침

(4) 「ない」로 끝나는 기능어

기능어 중에는 표현 끝에 「～ない」가 붙는 기능어가 있다. 이러한 기능어는 「～な
い」가 붙어서 '부정'의 의미라고 생각할 수 있으나, 긍정의 의미를 나타내는 표현이므로
헷갈리지 않도록 주의해야 한다.

> **출제의도** 「～ない」로 끝나는 기능어의 정확한 의미를 구별할 수 있는지를 테스트

단문의 문법 1　(4) ない로 끝나는 기능어

> **예제 1**　この地域の地下鉄は、汚くて危険＿＿＿＿＿＿ものとしての印象が
> 強い。
>
> 　　　1　きわまりない　　2　のきわみ　　3　きわめた　　　4　きわめられる

 이렇게 풀어라!

 **Check** Point

ⓒ　**해석**　이 지역의 지하철은 더럽고 위험 ＿＿＿＿＿ 지하철이라는 인상이 강하다.

② 문맥상 밑줄에는 긍정 표현이 와야 한다.

- きわまりない (대단히(최고로) ～하다, ～하기 짝이 없다): 앞에 오는 말을 강조
  → 「きわまりない」는 「きわまる」의 강조 표현으로 끝에 「～ない」가 붙는다고
  해서 부정 표현이라고 생각해서는 안 된다. 즉, 「危険きわまりない」는 '대단히
  위험하다, 위험하기 짝이 없다'라는 의미이다.

③ 나머지 선택지 분석

- きわみ : 주로 「명사 + の + きわみだ」의 형태로 쓰여 '더할 나위 없이(극도로) ～
  하다'의 의미이며, 앞에는 '감격', '통한', '비탄' 등의 한정된 명사가 온다.
- きわめた(극도로 ～했다) : 주로 「～をきわめる(극도로 ～하다)」의 형태로 쓰인다.
- きわめられる : 동사 「きわめる」의 수동이나 가능형

 결과

따라서 정답은 앞에 오는 な형용사 「危険だ」의 상황을 강조하는 연어적 기능어인 1번
「きわまりない」이다.

 　地域(ちいき) 지역

예제 2　貴国の発展を希望して__________。

1　やむをえません　　　　　2　やみます
3　やむをえます　　　　　　4　やみません

 이렇게 풀어라!

Check Point

① [해석] 귀국의 발전을 바라 ______ .

② 문맥상 밑줄에는 긍정을 강조하는 표현이 와야 한다.

- てやまない(やみません) : (언제까지나 ~하다(합니다), 대단히(진심으로) ~하다(합니다)
  → 긍정을 강조하는 표현

③ [참고] 「~ない」로 끝나지만 부정의 의미를 갖지 않는 기능어

- といったらない・ったらない : 대단히(최고로) ~하다

- てかなわない : 대단히 ~하다, 참을 수 없을 정도로 싫다

- に越したことはない : ~하는 것이 최상이다, ~하는 것이 제일이다

- かねない : ~할 우려가 있다, ~하기 십상이다

  ※ 위에 제시한 「~ない」 표현은 대부분 강조의 의미를 나타낸다.

 결과

따라서 정답은 앞에 오는 동사의 의미를 강조하는 역할을 하는 4번 「やみません」이다.

단어 도우미　**貴国(きこく)** 귀국(상대의 나라를 높인 말)

(5) 의미가 유사한 기능어 표현의 쓰임새 구별

단문의 문법 1 **(5) 의미가 유사한 기능어 표현의 쓰임새 구별**

예제 1   家内は、お風呂場で滑って転んで足を痛め、歩くのが不自由になってしまった。__________、全く歩けないことではない。

1 それゆえに   2 それにしては   3 とはいえ   4 それから

이렇게 풀어라!

Check Point

① 해석 아내는 욕실에서 미끄러져 발을 다쳐서 걷는 게 불편해졌다. _______ , 전혀 걸을 수 없는 것은 아니다.

② 문맥상 '그렇다고 해서, 그렇지만'과 같은 의미의 역접 접속사가 들어가야 한다.

• それにしては(그런 것치고는)

앞에서 언급한 사실에서 예상한 것과 완전히 상반된 경우에 쓰이는 접속사로, 이 문장의 문맥 상황과는 맞지 않으므로 정답에서 제외

• とはいえ(그렇다고 해서, 그건 그렇지만)

앞에서 언급한 사실에서 생각할 수 있는 예상·기대와 다를 때 쓰이는 접속사이며, 이와 같은 의미로 쓰이는 말은 「とはいいながら」, 「とはいうものの」, 「とはいっても」 등이 있다.

③ 나머지 선택지 「それゆえに(그 때문에)」는 '원인·이유'를, 「それから(그리고)」는 '순차성'을 나타내는 순접 접속사이므로 정답에서 제외

 결과

따라서 정답은 3번 「とはいえ」 이다.

예제 2　　今年は息子の一流大学への進学、娘の大企業への入社と、めでたい
こと＿＿＿＿＿＿一年だった。

　　　1　まみれの　　　2　めいた　　　　3　ほどの　　　　4　ずくめの

이렇게 풀어라!

Check Point

① 해석 　올해는 아들의 일류대학 입학, 딸의 대기업 입사 등 경사스러운 일 ______ 한 해
였다.

② 문맥과 선택지의 내용을 참고로 하면, 밑줄에는 '~만 있었던' 정도의 내용이 들어가
'(온통) 그것뿐임'을 나타내는 기능어(접사)가 들어가야 한다는 것을 알 수 있다.

- まみれの(온통 ~투성이의) : 먼지, 땀, 피, 진흙 등 한정된 구체적인 명사에만 접속

- ずくめの(온통 ~뿐인) : 주로 추상적인 명사에 접속

③ 접속의 차이

- 「まみれ」 는 명사에만 접속하지만, 「ずくめ」 는 명사와 동사의 ます형에 접속한다.

④ 「めく(~다워지다, ~처럼보이다)」 와 「ほどの(~정도의)」 는 문맥의 의미상 알맞지
않으므로 제외.

- 弁解めいた言い方をして恥ずかしいのですが……。

  (변명처럼 들리는 말을 해서 창피합니다만…….)

결과

밑줄 앞에 「めでたいこと」 라는 추상적인 명사가 와 있으므로 정답은 4번 「ずくめ
の」 이다.

(6) 「べき」 관련 문제

「べし(해야 한다)」 는 고어에서 쓰이는 조동사로, 현대어에서는 べき, べく 정도가 구어적으로 쓰이나, 시험에는 「べし」 의 활용 형태라고 할 수 있는 관련 표현이 문제로 출제된다.

> **출제의도** 고어(古語)인 「べし」 와 관련된 여러 가지 관용적인 표현의 의미 차이를 제대로 파악하고 있는 지를 테스트

단문의 문법 1 (6) べき 관련 문제

田中さんはいつも忙しいのだから、電話しないで突然__________。

1　行くべきだ	2　行くべきではない
3　行かずにおくものか	4　行かずにはおかない

? 이렇게 풀어라!

Check Point

① **해석** 다나카 씨는 항상 바쁘니까, 전화하지 않고 갑자기 ______ .
② 내용과 선택지를 토대로 미루어 짐작해 볼 때, 밑줄에 들어가야 할 말은 '가서는 안 된다' 정도의 내용이다.
③ べきではない (~해서는 안 된다) : 금지를 나타내는 기능어
④ ずに(は)おかない (~하지 않을 수 없다, 반드시 ~하다) 는 '자발적 작용'을 나타내는 표현이므로 정답에서 제외.
　• この映画は見る人の胸を打たずにおかない。
　　(이 영화는 (반드시) 보는 이의 심금을 울린다.)

 **결과**

따라서 정답은 금지의 의미를 나타내는 2번 「行くべきではない」 이다.

예제 2　相手は元オリンピック選手だから、私なんかが勝つ__________。

1　べくもない　　　　　　　　2　べからざるものだ
3　べし　　　　　　　　　　　4　べきではない

 **이렇게 풀어라!**

Check Point

① 해석　상대는 전 올림픽 선수이기 때문에, 나 따위가 이길 ______ .
② 해석 내용을 토대로 미루어 짐작해 볼 때, 밑줄에 들어가야 하는 말은 '~할 수가 없다, ~할 리가 없다' 정도의 내용이다.
③ べくもない(도저히 ~할 수가 없다, 할 방도가 없다) : 불가능을 나타내는 기능어
③ べき와 관련된 표현은 다음 page 참조.

결과

따라서 정답은 불가능의 의미를 나타내는 1번 「べくもない」 이다.

「べき」 관련 표현

• **べきだ**　　　해야 한다

人の悪口をしたら、謝るべきだ。　다른 사람의 욕을 하면 사과해야 한다.

• **べきではない**　해서는 안 된다

他人のことは簡単に判断するべきではない。　다른 사람의 일을 쉽게 판단해서는 안 된다.

• **べきだった**　　했어야 했다

今度の問題は二人で話し合うべきだった。　이번 문제는 두 사람이 서로 이야기 했어야 했다.

• **べく**　　　　　～을 위해, 그럴 작정으로

大学に進むべく上京した。　대학에 진학할 작정으로 상경했다.

• **べくもない**　　도저히 ～할 수가 없다, 할 방도가 없다

優勝は望むべくもない。　도저히 우승은 바랄 수가 없다.

• **べからざる**　　할 수 없다

許すべからざる行為。　용서할 수 없는 행위.

• **べからず**　　　하지 말 것

芝生に入るべからず。　잔디밭에 들어가지 말 것.

• **しかるべき**　　당연한, 마땅한, 적당한

しかるべき人を選ぶ。　적당한 사람을 선정하다.

1)　海外に遊びに______、お金が無いから遊びに行けない。

1　行くかたわら　　　　　　　2　行こうにも
3　行くがはやいか　　　　　　4　行きつつも

2)　彼女とカラオケに____ものなら、一人で何曲でも歌ってマイクを放さない。

1　行く　　　　　　　　　　　2　行こう
3　行った　　　　　　　　　　4　行ける

3)　生物は地球______、他の惑星にも存在すると思われる。

1　どころを　　　　　　　　　2　のみならず
3　ばかりに　　　　　　　　　4　なり

4)　うちの子は人に迷惑をかけ______、人のものを取ったりしない。

1　た末に　　　　　　　　　　2　てこそ
3　こそすれ　　　　　　　　　4　ながらも

5)　多くの方からの募金なので、100円______無駄に使えない。

1　たりとも　　　　　　　　　2　といえども
3　とはいえ　　　　　　　　　4　としても

6)　一度やると決めたことはどんなに______、絶対に放棄しない。

1　辛そうで　　　　　　　　　2　辛くとも
3　辛いのに　　　　　　　　　4　辛くて

7)　誰が何と______、二人の絆は結ばれるはずだ。

1　言うなら　　　　　　　　　2　言おうと
3　言うおかげで　　　　　　　4　言うので

8)　彼女の働きがあれば＿＿＿、計画が順調に進んでいるのだ。

　　1　しか　　　　　　　　　　2　こそ
　　3　すら　　　　　　　　　　4　だけ

9)　警官を見るが＿＿＿、犯人は車のスピードをあげて逃げた。

　　1　まいが　　　　　　　　　2　早いか
　　3　否か　　　　　　　　　　4　ゆえに

10)　この町に大手会社が入るので、来年には人口も大幅に変化＿＿＿と思われる。

　　1　する　　　　　　　　　　2　される
　　3　させる　　　　　　　　　4　させられる

※「変化する」는 자동사이므로 우리말의 '변화되다'도 「変化する」로 번역한다.

11)　壁のカレンダーが斜めになっていたので＿＿＿＿＿＿、かえって曲がってしまった。

　　1　かけなおしつつ　　　　　2　かけなおしたかと思うと
　　3　かけなおしたら　　　　　4　かけなおすとなると

12)　地球温暖化は、二酸化炭素が原因だと＿＿＿。

　　1　見させられる　　　　　　2　見られている
　　3　見えている　　　　　　　4　見させる

13)　それは東京は＿＿＿日本中探しても見つけるわけがない。

　　1　ばかりか　　　　　　　　2　ともあれ
　　3　おろか　　　　　　　　　4　さておき

14)　特殊な事情が＿＿＿、良いと思った物件は、誰が見ても良い物件なのです。

　　1　ない反面　　　　　　　　2　ないおかげで
　　3　ないからこそ　　　　　　4　ないかぎり

15) 私は去年まで仕事に夢中で毎日始発から終電まで働き＿＿＿＿＿でした。

  1　ずくめ　　　　2　まみれ　　　　3　次第　　　　4　だらけ

16) 昔は、かばんから服、下着＿＿＿＿＿まですべて手作りだった。

  1　による　　　　2　にしたがう　　3　にそう　　　4　にいたる

17) 信用をなくした＿＿＿＿＿、回復するには時間がかかる。

  1　かと思うと　　2　ものの　　　　3　が最後　　　4　末に

18) 次こそはあなたに私の料理を食べさせて、絶対においしいと＿＿＿＿＿。

  1　言わせてみせる　　　　　　　　2　言ったとおりだ
  3　言うわけがない　　　　　　　　4　言いようもない

19) 親切のつもりで言った＿＿＿＿＿、かえって恨まれてしまった。

  1　ばかりか　　　　　　　　　　　2　ところが
  3　が早いか　　　　　　　　　　　4　からこそ

20) ここまであつかましくて失礼＿＿＿＿＿態度を取る加藤は許されなくて当然だ。

  1　きわまりない　　　　　　　　　2　きわめた
  3　きわまった　　　　　　　　　　4　きわめない

21) 現代は物質的に豊かになっている。だから物の大切さが分からない若者が＿＿＿＿＿。

  1　増えてもやむを得ない　　　　　2　増えてはかなわない
  3　増えるべきだ　　　　　　　　　4　増えるものか

22) 「初心忘れる＿＿＿＿＿」という言葉は、私の「座右の銘」のひとつです。

  1　べく　　　　　2　べき　　　　3　べからず　　4　べし

정답은 434p에 있습니다.

2. 단문의 문법2 〔단어 조합 문장 완성〕

1) 전체 개요

(1) 특징

　'단어 조합 문장 완성' 문제란 단어와 단어를 연결해 올바른 하나의 문장을 만드는 문제로 이번에 새롭게 출제되는 유형이다. 즉 문제문에 주어진 단어를 토대로 하여 어순과 상관없이 주어진 4개의 단어를 문법적으로, 의미적으로 올바르게 순서대로 나열해 하나의 자연스러운 문장을 완성시키는 문제이다.

【문제문】日本語学校の　__(A)__　__(B)__　__(C)★__　__(D)__　人です。
　　　　　　　　　　ⓐ　　　　　　　　　　　　　　　　　　　　ⓑ

【선택지】 1　やさしくて　　　2　とても　　　3　ユニークな　　　4　先生は

① 4개의 밑줄이 포함된 문제가 제시되고, 그 밑에 4개의 선택지가 나온다.

② 총 문항수는 5문제이고, 문제문은 대부분 한 문장(또는 두 문장)으로 이루어진다.

③ 우리말과 일본어는 어순이나 문법 구조가 비슷하기 때문에, 제시되는 단어의 의미나 문법적 특징만 알고 있다면 비교적 쉽게 풀 수 있다.

④ 이 유형의 문제는 되도록 신속하게 풀어 다른 문제를 푸는데 시간을 할애할 필요가 있다.

(2) 전반적 풀이 요령

① 첫 번째 밑줄(A) 앞의 단어 ⓐ가 어떤 특징(품사, 접속 형태, 의미)을 가진 단어인지 확인한다.

② 단어 ⓐ와 첫 번째 밑줄의 단어(A)가 문법적 접속 및 의미적으로 올바르게 연결될 수 있도록 한다.

③ 단어 ⓐ의 품사 및 특징을 토대로 선택지에서 (A)에 올 단어를 고른다.

④ 나머지 선택지 3개의 단어 및 표현의 문법적인 접속을 고려하면서 의미가 통하도록 조합한다.

※ (A)에 올 단어를 잘 모르겠거나 나머지 선택지 3개의 단어의 조합이 어려울 때는 단어 ⓑ의 품사 및 특징을 토대로 (D)에 올 단어를 선택지에서 고른다.

⑤ 조합이 끝난 완성된 문장을 토대로 별표(★)가 있는 밑줄에 들어갈 단어를 선택지에서 고른다.

2) '단문의 문법2' 의 유형별 문제

예제 1 休みの______　______　__★__　______2月も下旬となった。

　　1　思いつつも　　　　　　　2　片付けようと
　　3　今日こそ　　　　　　　　4　たびに

예제 2 週刊誌を______　______　__★__　______目に飛び込んだ。

　　1　高校の同級生が　　　　　2　読むともなく
　　3　読んでいたら　　　　　　4　県知事になった記事が

예제 3 最近は台風で倒れた______　__★__　______　______進められています。

　　1　木工品として　　　　　　2　プロジェクトも
　　3　蘇らせるという　　　　　4　並木を

예제 4 街中がロマンチックな______　______　__★__　______満たされている。

　　1　溢れん　　　　　　　　　2　光に
　　3　イルミネーションで　　　4　ばかりの

정답 1② 2① 3① 4④

3) 풀이 요령의 핵심 포인트

(1) 풀이 순서

Step 1

@에 올 단어의 특징(품사, 접속 형태, 의미)을 파악한다.

올바른 문장 배열을 신속하게 파악하기 위해 무엇보다도 중요한 것은 첫 번째 밑줄 앞에 오는 단어 @의 특징을 파악하는 것이다. 이 단어의 품사가 무엇이며 뒤에 오는 말과 어떤 형태로 연결될 수 있는지 등을 체크한다.

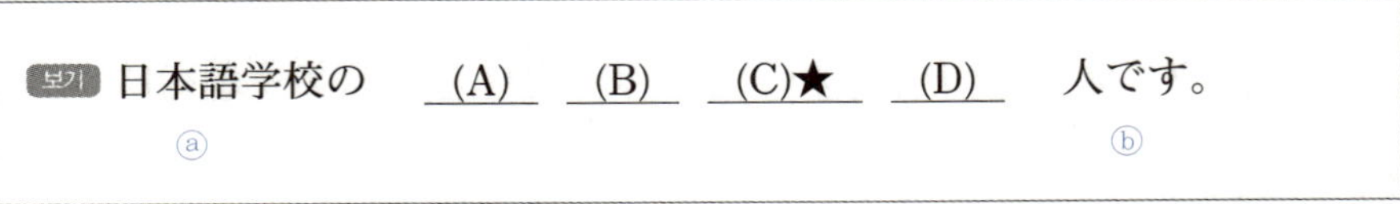

✎ **체크 포인트**

① @의 품사: 「명사＋の」

② @의 뒤 (A)에 올 수 있는 단어: 명사

Step 2

선택지에서 (A)에 들어갈 단어를 찾는다.

@의 대체적인 특징을 토대로 (A)에 어떤 종류의 말이 와야 하는지 파악했으면, 재빨리 선택지를 살펴보고 이에 해당하는 단어(명사)가 있는지 확인한다.

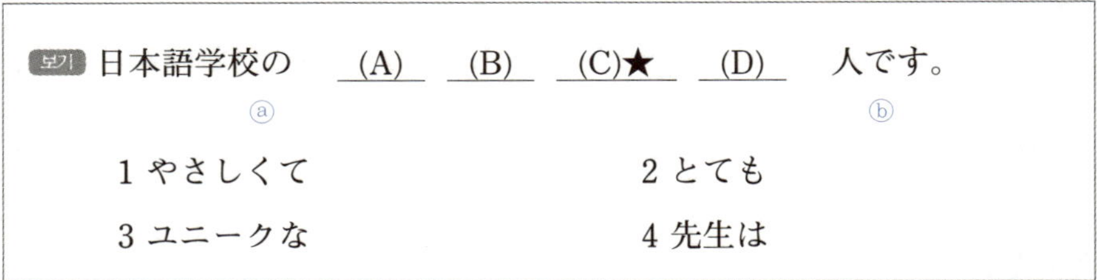

✎ **체크 포인트**

(A)에 들어갈 단어: 명사(先生は)

나머지 선택지 3개의 단어를 올바르게 배열한다.

선택지에서 (A)에 들어갈 말을 찾았다면 (B), (C), (D)에 들어갈 알맞은 단어를 문법적인 관계 및 접속 형태를 생각하면서 조합해 본다. 그리고 검토 차원에서 마지막 밑줄의 단어인 (D)와 마지막 밑줄 바로 다음에 오는 단어 ⓑ의 연결이 올바른지 확인한다.

1 やさしくて	2 とても
3 ユニークな	4 先生は

✎ 체크 포인트

나머지 3개의 선택지의 단어 「やさしくて」, 「とても」, 「ユニークな」 의 배열 순서를 생각한다.

① 「とても」 는 부사이므로, 부사의 수식을 받는 형용사인 「やさしくて」 나 「ユニークな」 보다 앞에 온다는 것을 알 수 있다.

② 따라서 (B)에는 부사 「とても」 가 들어간다.

③ (C)와 (D)에 들어갈 2개의 단어 「やさしくて」 와 「ユニークな」 의 올바른 배열 을 생각한다.

  · 「ユニークなやさしくて」 의 배열: な형용사의 명사수식형인 「ユニークな」 다음에 명사가 오지 않았으므로 올바른 배열이 아니다.

  · 「やさしくてユニークな」 의 배열: い형용사의 중지형 다음에 다시 な형용사 가 와 있기 때문에 올바른 배열이다.

④ (C)와 (D)의 배열이 올바른지 확인한다.

  (D)의 「ユニークな」 와 ⓑ의 「人」 를 연결하면 「ユニークな人」 가 되어, 올바른 배열임을 알 수 있다. (③의 단계에서 전체적인 단어 배열이 확실하다고 생각하면 ④의 단계는 생략해도 된다)

선택지 4개의 순서 배열이 수월하지 않거나 문장 첫 부분이 밑줄로 시작되는 경우

마지막 네 번째 밑줄 다음의 말 ⓑ가 어떤 특징을 갖는 말인지를 파악하고 (D)에 올 말을 찾 아 다시 한번 선택지 4개를 순서대로 배열해 본다.

> **보기** 日本語学校の　　(A)　　(B)　　(C)★　　(D)　　人です。
> ⓐ　　　　　　　　　　　　　　　　　　　　　　　　ⓑ
>
> 1 やさしくて　　　　　　　　2 とても
> 3 ユニークな　　　　　　　　4 先生は

✎ 체크 포인트

① ⓑ의 품사: 「명사」

② ⓑ의 앞(D)에 올 수 있는 단어의 활용 형태:

　동사·い형용사·な형용사의 「명사 수식형」 선택지에서 「명사 수식형」의

　활용형으로 되어 있는 단어는 「ユニークな」

③ 이러한 방법으로 (D)에 들어갈 단어를 찾으면 다른 단어의 배열이 훨씬

　쉬워진다.

Step 5

그래도 선택지의 배열이 어려우면 문제문 전체를 읽고 앞의 과정에서 해온 결과를 접목시켜 배열을 완성시킨다.

Step 6

가장 중요한 것은 문제문의 4개의 밑줄 중에 ★가 몇 번째 밑줄에 있는지 정확히 알아 놓고 정답을 마킹해야 한다는 점이다. 문제를 아무리 올바르게 풀어도 이 단계에서 실수하면 모든 것이 허사라는 점을 명심하자.

우리나라는 일본어와 어순이나 문법구조가 유사하기 때문에 큰 어려움 없이 신속하게 문제를 풀 수 있을 것이다. 그리고 선택지에 제시된 일부 단어의 뜻을 모르지 않는 한 대부분 Step3 정도에서 정답을 찾을 수 있을 것이다.

(2) 문제 풀이 시 유의사항

① 기능어도 선택지의 단어로 나올 수 있다.

이 유형의 특징은 제시되는 4개의 선택지 모두를 사용하는 문제이므로, 이들 4개의 선택지 중에 하나는 문법 기능어도 나올 수 있다는 점이다. 따라서 '기능어 판단' 문제에서뿐만 아니라 이 유형의 문제를 풀 때도 기능어 문제도 부분적으로 다루어질 수 있다는 점을 유의하자.

② ★는 두 번째 밑줄과 세 번째 밑줄에 오는 경우가 많다.

정답이 되는 ★가 첫 번째나 네 번째(마지막) 밑줄에 오는 경우는 드물다. 왜냐하면 첫 번째나 마지막 밑줄에 들어가는 표현을 찾으라는 문제를 냈을 경우, 본래의 출제 의도와는 달리 선택지의 4개의 표현 전부를 완성시키지 않아도 되기 때문이다.

4) ⓐ와 (A)에 올 수 있는 말의 유형 및 상관 관계

이 유형의 핵심 열쇠가 되는 ⓐ에 올 수 있는 말의 유형은 다양하기 때문에 모든 유형을 다 열거할 수는 없다. 또한 ⓐ에 오는 말이 정해진다고 해서 (A)에 올 수 있는 말을 정확히 예측하는 것은 어려운 일이므로, 아래의 표에서 (A)에 올 수 있는 말로 제시한 품사 등은 ⓐ와의 문법적인 상관 관계를 토대로 일반적인 경향만을 제시할 뿐이다. 그래도 새롭게 출제되는 이 유형의 문제에 대한 이해를 돕기 위해서 대표적인 유형을 몇 가지 들어보자.

ⓐ에 올 수 있는 말	(A)에 올 수 있는 말
조사 の	명사
조사 が, は	명사, 형용사
조사 で	동사, 명사
조사 に	명사, 동사
조사 を	동사, 명사, 부사
명사	조사, 기능어
조사 から(이유)	명사, 대명사
동사의 た형	명사, 기능어
부사	동사, 형용사

5) 술어 부분의 문법 요소간 어순

(忘年会で彼は部長にお酒を)　<u>飲ま</u>ー<u>せ</u>ー<u>られ</u>ー<u>てい</u>ー<u>た</u>ー<u>らしい</u>ー<u>よ</u>。
　　　　　　　　　　　　　　①　　②　　③　　　④　　⑤　　　⑥　　　⑦

(송년회에서 틀림없이 그는 마시기 싫은 술을) 부장이 마시게 시켜서 어쩔 수 없이 마심을 당하고 있었던 것 같다.

일본어는 술어인 동사 ①을 중심으로 그 뒤에 나오는 문법 요소는 ①에서 ⑦까지의 순서로 배열이 정해져 있다.

① 동사 다음에는 ② 사역 표현 「せる・させる」
　　　　　　　　↓
③ 「れる・られる」 또는 「てくれる, てあげる, てもらう」
　　　　　　　　↓
④ 「ている」 또는 「てある、てくる、てしまう」 등 시간 관련 표현
　　　　　　　　↓
⑤ 시제 표현 「た」
　　　　　　　　↓
⑥ 「らしい, そうだ, ようだ」 와 같이 화자의 주관적인 감정을 나타내는 표현(조동사적 기능어
　　가 여기에 해당함)
　　　　　　　　↓
⑦ 마지막으로 「か, よ, ね, よね, わ, ぞ, かしら, な, なあ, さ, もの, の」 등 일명 종조사가 온다.

때에 따라서는 술어와 관계된 문법 요소간의 어순도 출제될 수 있으므로, 일본어의 문법 요소가 어떠한 순서로 배열되는지 정확히 알아 놓아야 한다.

6) 예제를 통한 유형별 풀이 요령

ⓐ에 올 수 있는 말은 여러 가지 유형이 있을 수 있으나, 여기서는 몇 가지 유형만 예를 들어 설명하기로 한다.

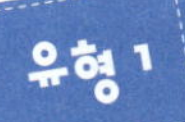

ⓐ의 끝에 「の」가 오는 경우

출제의도 │ 첫 번째 밑줄 앞에 소유격 조사 「の」가 올 때 그 뒤에 올 수 있는 품사를 찾아 전체 문맥 배열을 바르게 할 수 있는지를 테스트

예제 1   休みの ______ ______ ★______ ______ 2月も下旬となった。

1 思いつつも　　　2 片付けようと　　　3 今日こそ　　　4 たびに

이렇게 풀어라!

Check Point

해석 │ 쉴 때마다 오늘이야말로 정리해야지라고 생각하면서도 2월도 하순이 되었다.

① ⓐ의 끝에 「の」가 올 때 (A)에 올 수 있는 말은 명사일 가능성이 높다.

② 「休みの」의 다음에 「今日こそ」를 넣으면 「たびに」가 들어갈 곳이 없으므로, (A)에는 「~をするたびに」, 「~のたびに」의 형식으로 주로 쓰이는 「たびに」가 적당하다.

③ 나머지 선택지 「思いつつも」, 「片付けようと」, 「今日こそ」의 배열

→ 「片付けようと-思いつつも」와 같이 「~ようと思う(~하려고 생각하다)」라는 표현을 두 부분으로 나누었다. 따라서 「片付けようと」 - 「思いつつも」의 순서가 된다.

→ 「今日こそ」는 片付けようと의 앞에 오거나 「思いつつも」의 뒤에 와야 하는데, 문맥상 「思いつつも」 뒤에는 올 수 없기 때문에, 자연스럽게 「片付けようと」의 앞에 오게 된다.

결과

순서대로 배열해 보면 (休みの) – たびに – 今日こそ – ★片付けようと – 思いつつも – (2月も下旬となった)라는 문장이 된다. 따라서 ★에 들어갈 단어는 2번 「片付けようと」이다.

単語 도우미 │ 下旬(げじゅん) 하순 │ つつ ~하면서

ⓐ의 끝에 「を」가 오는 경우

 첫 번째 밑줄 앞에 소유격 조사 「を」가 올 때 그 뒤에 올 수 있는 품사를 찾아 전체 문맥 배열을 바르게 할 수 있는지를 테스트

단문의 문법 2　　**유형 2** ⓐ의 끝에 「を」가 오는 경우

예제 2　　週刊誌を ＿＿＿＿ ＿＿＿＿ ★＿＿＿＿ ＿＿＿＿ 目に飛び込んだ。

　　1 高校の同級生が　　　2 読むともなく
　　3 読んでいたら　　　　4 県知事になった記事が

이렇게 풀어라!

Check Point

해석 주간지를 <u>아무 생각 없이</u> 읽고 있자니, 고등학교 때의 동급생이 <u>현 지사가 되었다는</u> 기사가 눈에 들어왔다.

① ⓐ의 끝에 「を」가 와 있으므로 (A)에 들어갈 말은 동사로 시작하는 「読むともなく」나 「読んでいたら」 중의 하나일 것이다.

② 조사적 기능어 「ともなく」의 용법

　㉠ 문형 형태: 「동사 + ともなく + 동사 + ていたら(ていると)」

　㉡ 의미: 확실한 의도나 목적 없이 보거나 듣는 모습. 무심결에 ~하고 있자니

　㉢ 주로 이 문형에 쓰이는 동사는 「聞く, 見る, 言う, 読む, 考える」이다.

　　예 公園で遊んでいる子供たちを見るともなく見ていると、急にけんかを始めた。

　　（공원에서 놀고 있는 아이들을 무심코 보고 있었더니, 갑자기 싸움을 시작했다.）

　　→ 문장을 배열하면 「(週刊誌を) – 読むともなく – 読んでいたら」의 순서가 된다.

③ 나머지 선택지 「高校の同級生が」와 「県知事になった記事が」는 「高校の同級生が – 県知事になった記事が」가 올바른 배열임을 알 수 있다.

 결과

문장을 배열해 보면 「(週刊誌を) – <u>読むともなく</u> – <u>読んでいたら</u> – ★<u>高校の同級生が</u> – <u>県知事になった記事が</u> – (目に飛び込んだ)」가 된다. 따라서 ★에 들어갈 말은 1번 「高校の同級生が」이다.

ⓐ의 끝에 「た」가 오는 경우

출제의도 첫 번째 밑줄 앞에 과거·완료의 조동사 「た」가 올 때 과거를 나타내는 절이 수식하는 표현을 찾아 전체 문맥 배열을 바르게 할 수 있는지를 테스트

단문의 문법 2 · 유형 3 ⓐ의 끝에 「た」가 오는 경우

예제 2　最近は台風で倒れた ＿＿＿ ★ ＿＿＿ ＿＿＿ 進められています。

　　　1 木工品として　　　　　2 プロジェクトも

　　　3 蘇らせるという　　　　4 並木を

이렇게 풀어라!

Check Point

해석　최근 태풍으로 쓰러진 <u>가로수를</u> <u>목공품으로</u> <u>소생시키는</u> <u>프로젝트도</u> 진행되고 있습니다.

① ⓐ의 말끝에 「た」가 와있으므로, (A)에 올 수 있는 말은 명사로 시작하는 표현일 것이다.

　→ 그러나 「木工品として」, 「プロジェクトも」, 「並木を」의 3개 모두 명사로 시작

② 선택지 「木工品として」, 「蘇らせるという」, 「並木を」의 배열

- 「並木を」는 목적어이기 때문에 뒤에 동사나 명사가 올 수 있다.
- 사역 동사 '소생시키다(蘇らせる)'는 '~을 ~으로 소생시키다(~を ~として蘇らせる)라는 형태가 자연스럽다. 단어를 배열하면 「並木を 木工品として 蘇らせる」라는 문장이 된다.

③ 나머지 선택지 「プロジェクトも」는 「蘇らせる」뒤에 올 수밖에 없다.

결과

문장을 배열해 보면, 「(最近は台風で倒れた) – 並木を – ★木工品として – 蘇らせる – プロジェクトも – (進められています)」가 된다. 따라서 ★에 들어갈 말은 1번 「木工品として」이다.

 **단어 도우미**　プロジェクト 계획 ｜ 並木(なみき) 가로수 ｜ 木工品(もっこうひん) 목공품

蘇(よみがえ)る 되살아나다, 소생하다

하나의 기능어를 나누어 제시하는 경우

출제의도 하나의 기능어를 2개로 나누어 제시하고 제대로 조합할 수 있는지를 테스트

단문의 문법 2   기타 하나의 기능어를 나누어 제시하는 경우

예제 2   街中がロマンチックな ＿＿＿ ＿＿＿ ＿★＿ ＿＿＿ 満たされている。

1 溢れん   2 光に
3 イルミネーションで   4 ばかりの

 이렇게 풀어라!

Check Point

해석 거리가 온통 로맨틱한 <u>일루미네이션</u>으로 <u>흘러넘칠 듯한</u> 빛으로 가득 채워져 있다.

① ⓐ가 な형용사의 명사 수식형(~な)이므로, (A)에는 명사로 시작하는 표현이 온다.

→명사로 시작하는 표현은 「光に」와 「イルミネーションで」 두 개이다. 두 개의 문형 모두 ロマンチックな 다음에 연결될 수 있으므로 이 단계에서는 보류한다.

② 그 외의 선택지 「溢れん」,「ばかりの」의 배열

  • 「~んばかり」 ㉠ 접속 : 동사의 ない형 + んばかり

      ㉡ 의미 : (금방이라도) ~할 듯

  예 彼は今にも死なんばかりに苦しんでいる。(그는 금방이라도 죽을 듯이 고통스러워하고 있다.)

→따라서 기능어 표현을 제대로 배열하면 「溢れん – ばかりの」의 순서가 된다.

③ 「溢れる」의 앞에는 일반적으로 셀 수 없는 명사가 온다.

→따라서 「溢れる」 앞에는 셀 수 없는 명사 「光」가 포함된 「光に」가 오고, (A)에는 「イルミネーションで」가 온다.

결과

문장을 배열해 보면 「(街中がロマンチックな)－イルミネーションで－溢れん－★ばかりの－光に－(満たされている)」가 된다. 따라서 ★에 들어갈 말은 4번 「ばかりの」이다.

 街中(まちじゅう) 온 거리 | イルミネーション 일루미네이션, 전광 장식

1)　医者の ＿＿＿＿ ＿＿＿＿ ★ ＿＿＿＿ 実感がある。

1　心臓病が増えている　　　　2　いうと
3　という　　　　　　　　　　4　立場から

2)　他人の意見を ＿＿＿＿ ★ ＿＿＿＿ ＿＿＿＿ 事業を進めた。

1　ことなく　　　2　思うままに　　　3　一人　　　4　聞く

3)　いまさら走った ＿＿＿＿ ★ ＿＿＿＿ ＿＿＿＿ しまっている。

1　濡れて　　　2　だいぶ　　　3　ところで　　　4　すでに

4)　朝の満員電車の中で大きな音で ＿＿＿＿ ＿＿＿＿ ★ ＿＿＿＿ 若者がいる。

1　極まりない　　2　聴いている　　3　迷惑　　　4　音楽を

5)　押入れを片づけていたら ＿＿＿＿ ＿＿＿＿ ★ ＿＿＿＿ アルバムが見つかった。

1　なった　　　2　古い　　　3　まみれに　　　4　ほこり

6)　いくら報道の自由といっても ＿＿＿＿ ＿＿＿＿ ★ ＿＿＿＿ 黙っていられない。

1　記事を　　　　　　　　　2　会社の名誉に
3　書かれては　　　　　　　4　かかわる

7)　理由の ＿＿＿＿ ＿＿＿＿ ★ ＿＿＿＿ ので、あらかじめご了承願います。

1　お返しできません　　　　2　よらず
3　いかんに　　　　　　　　4　一度納めたお金は

8)　すぐこの場では ＿＿＿＿ ★ ＿＿＿＿ ＿＿＿＿ でしょうか。

1　もう少し当方で　　　　　2　即答いたし
3　検討させていただけない　4　兼ねますので

정답은 434p에 있습니다.

3. 텍스트의 문법(텍스트 문맥 속 알맞은 단어 넣기)

1) 전체 개요

(1) 특징

'텍스트 문법' 문제는 문법 관련 종합 선물 세트이다.

'텍스트 문법' 문제는 새롭게 출제되는 유형으로, 여러 개의 문장이 모여서 이루어진 한 덩어리의 텍스트(text)의 여기저기에 5개 정도의 빈칸을 만들고, 텍스트 전체의 흐름이나 문장과 문장의 흐름 속에서 또는 빈칸의 앞뒤 내용을 참조해서 문법적으로 또는 의미적으로 알맞은 표현을 골라 넣는 문제이다.
'텍스트 문법'의 특징은 다음과 같다.

① 문제 종류

문법에 관련된 문제이므로 의미 관련 사항보다 문법 관련 사항을 묻는 문제가 출제 비중이 높다.

② 풀이의 기본

빈칸 문제로 출제되는 문법은 빈칸 앞뒤의 문맥을 참조해서 문제를 풀어야 하는 경우가 많다.

③ 출제 대상

㉠ 문법 요소의 복합 형태

「られている」, 「させられる」, 「させていただく」 등과 같이 시간 관련(ている, てある 등), 수동(れる・られる), 사역(せる, させる), 수수 표현(てくれる, てあげる, てもらう 등), 조건 표현(ば, と, たら, なら), 경어 표현 등의 복합 표현

㉡ 주관적 표현의 조동사

わけだ, わけがない, ものだ, ことだ, のだ, そうだ, ようだ, らしい, はずだ, つもりだ 등과 같은 화자의 주관적인 표현

㉢ 기능어 관련 표현

㉣ 문장과 문장을 잇는 기능을 하는 접속사

㉤ 용언(주로 동사)을 꾸며주는 기능을 하는 부사

㉥ 문맥의 내용상 의미적으로 알맞은 어휘

㉦ 의미 + 문법요소

④ 풀이 순서 및 요령

원칙적으로는 첫 문장부터 마지막 문장까지 자세히 읽는 것이 바람직하나, 시간이 부족할 때에는 다음과 같은 요령과 순서로 문제를 풀어간다.

㉠ 지문 텍스트의 첫 번째 또는 두 번째 문장 정도까지 읽고 이야기 전체의 화제를 파악한다.

㉡ 곧바로 빈칸이 있는 문장을 읽고 정답을 맞히기 위해서 어떤 내용을 찾아야 할지 파악한다.

㉢ 빈칸의 앞 뒤 문장에 정답과 관련된 힌트가 오는 경우가 많으므로, 문장을 읽으면서 선택지에서 알맞은 표현을 찾는다.

(2) 전반적 풀이 요령

① 지문의 빈칸이 있는 문제문의 문장과 앞뒤의 문장을 읽는다.

② 선택지를 보고 정답을 찾는다.

③ 빈칸이 주어진 문제문의 문장과 그 앞뒤 문장의 내용에 대해 정확하게 이해하고 해석해야 문제를 풀 때 쉽다.

④ 때에 따라서는 빈칸이 제시된 문장만 보고도 문제를 풀 수 있는 경우도 있다.

⑤ 주어진 시간이 길지 않기 때문에(언어지식 · 독해 포함 총 110분) 되도록 신속하게 문제를 푼다. 만약 시간이 부족할 때는 일단 빈칸이 없는 단락은 읽지 않는다.

2) 예제를 통한 풀이 요령

 텍스트의 빈칸에 알맞은 표현이나 어휘를 넣거나, 또는 조동사 및 접속사를
찾는 등 일본어 문법 및 표현 관련 어휘를 얼마나 활용할 수 있는지를 테스트

次の文章を読んで、1から5の中に入る最もよいものを、1・2・3・4から一つ選びなさい。

　春分、秋分は天球上の太陽の動きで決まる。ここでいう太陽の動きというのは、朝に東に昇った太陽が夕方までに西空に移る動きではなく、星を背景にした動きのことである。

　星を背景にした動き＿＿＿1＿＿＿、どういうことかすぐにはわからないかもしれない。太陽が明るいので昼間は星が見えないけれど、太陽の後ろにはいつでも星座があるはずである。その見えない＿＿＿2－a＿＿＿の間を、＿＿＿2－b＿＿＿は毎日少しずつ動いていく。これが星を背景にした動きである。こういっても＿＿＿3＿＿＿かもしれないが、星占いの星座を考えればわかるだろう。「おとめ座」，「ふたご座」など、皆さん自分の星座があるはずだ。これは本来太陽が「おとめ座」の中にある期間に生まれた人が「おとめ座」であり、「しし座」の中にある期間に生まれた人が「しし座」だったのである。ここからわかるように、太陽は一年間に十二星座を一回りして元の星座に戻り、毎年この動きをしている。つまり、一年間に天球上を360度移動する＿＿＿4＿＿＿。

　太陽が星座の間を通っていく通り道はいつも一定であり、その経路を黄道という。黄道上には、180度離れた二つの点が決められている。一つは「うお座」にある点で、「春分点」と呼ばれ、太陽は三月下旬にこの点を通る。もう一つは「おとめ座」にある「秋分点」で、九月下旬に太陽がこの点に達する。日に日に移動する太陽の中心が春分点に到達した瞬間が「春分」であり、同様に秋分点に達したときが「秋分」である。＿＿＿5＿＿＿、春分も秋分も一瞬である。その他、夏至、冬至、立春、立秋などの二十四節気も、すべて太陽が黄道上の特定の位置にきた瞬間として決められている。季節の移り変わりは現実にも、暦の上でも、すべて太陽がつかさどっているのである。

예제 1

1 というものは　　　　2 というより
3 といっても　　　　　4 といえば

예제 2

1 a 星座　　b 天空　　　2 a 天空　　b 太陽
3 a 太陽　　b 星座　　　4 a 星座　　b 太陽

예제 3

1 まだよくわからない　　　2 もうよくわかっている
3 まだよく覚えている　　　4 もう覚えていない

예제 4

1 ものだ　　　　2 わけだ
3 ことだ　　　　4 はずだ

예제 5

1 なぜなら　　　　2 したがって
3 それにしても　　4 ところが

 **이렇게 풀어라!**

예제 1	1 というものは	2 というより
	3 といっても	4 といえば

Check Point

① 앞의 내용과 뒤의 내용을 연결 또는 접속시키기 위해 알맞은 연어(連語)적 표현을 찾는 문제로 연결 형태를 파악한다.

② 앞의 절과 뒤의 절의 접속 형태를 파악한다.

- 역접, 순접 연결 여부
- 앞의 절이 조건절인지, 또는 원인절인지 등
- 빈칸의 문장을 해석 : '별을 배경으로 한 움직임(   ), 어떠한 것인지 바로 이해가 안 될지도 모른다'

  → 빈칸의 앞뒤 내용은 역접 표현으로 연결되어야 함을 알 수 있다.

③ 선택지 살펴보기

- というものは(~라고 하는 것은) – 역접
- というより(~라고 하기보다) – 비교
- といっても(~라~고 해도) – 역접
- といえば(~라고 하면) – 조건

  → 역접으로 쓰이는 표현은 「というより」, 「といっても」 이다.

④ 위의 두 개의 표현을 빈칸에 넣어 해석해 보면 「といっても」 를 넣은 문장이 '별을 배경으로 한 움직임이라고 해도, 어떠한 것인지 바로 이해가 안 될지 모르겠다'로 자연스럽게 해석됨을 알 수있다.

 **결과**

따라서 정답은 3번 「といっても」 이다.

예제 2	1 a 星座 b 天空	2 a 天空 b 太陽
	3 a 太陽 b 星座	4 a 星座 b 太陽

Check Point

① 어휘 관련 문제이므로, 특히 빈칸 문장과 이를 중심으로 앞뒤 문장의 내용과 문맥의 흐름을 파악하는 것이 중요하다.

- 빈칸 앞 문장: 태양이 밝기 때문에 낮 동안에는 별(星)이 보이지 않지만, 분명히 태양 뒤에는 성좌(星座)가 있을 것이다.
- 빈칸 문장: 그 보이지 않는 (2-a)의 사이를 (2-b)는 매일 조금씩 움직여간다.
- 빈칸 뒤 문장: 이것이 별을 배경으로 한 움직임이다.

② (2-a)에 들어갈 말

- (2-a)는 보이지 않는 '그 무엇'이다. '그 무엇'에 대한 내용은 빈칸 앞 문장에 '태양이 밝기 때문에 낮 동안에는 별(星)이 보이지 않지만'이라는 내용이 있으므로, 빈칸에는 '별(星)' 또는 '성좌(星座)'가 들어간다는 것을 알 수 있다.

③ (2-b)에 들어갈 말

㉠ (2-b)는 움직임을 보이는 '그 무엇'이다. 빈칸 뒤 문장을 보면 '이것이 별을 배경으로 한 움직임이다'라는 내용이 나와 있다.

㉡ 무엇이 별을 배경으로 움직이는지는 두 번째 단락의 내용을 제대로 파악한다면 알 수 있다.

그러나 좀 더 정확한 언급은 첫 번째 단락의 두 번째 문장에 '태양의 움직임이란 별을 배경으로 한 움직임'이라는 설명을 통해 (2-b)에 들어갈 말은 '태양'이라는 것을 알 수 있다.

결과

위의 내용 분석을 종합해 보면, (2-a)에는 「星座」, (2-b)에는 「太陽」가 들어가야 함을 알 수 있다.

예제 3	1 まだよくわからない	2 もうよくわかっている
	3 まだよく覚えている	4 もう覚えていない

Check Point

① 빈칸이 있는 문장의 대체적인 내용을 파악한 후 선택지를 보고 어떠한 답을 요구하는지 파악한다.

> ⓐこういっても(＿３＿)かもしれないが、ⓑ星占いの星座を考えればわかるだろう。
> (이렇게 말해도______지도 모르지만, 별자리 점의 성좌를 생각하면 알 수 있을 것이다.)

② 문법적 풀이 방법

　㉠ ⓐ절과 ⓑ절이 역접으로 연결된 문장이다.

　㉡ ⓑ절의 끝부분에 「分かる」가 나와 있으므로, 역접으로 연결되는 ⓐ절에는 이에 반대되는 「分からない」라는 내용이 나올 것이라는 추론이 가능하다.

　㉢ 이와 같은 추론을 토대로 1번 「まだよく分からない」가 정답임을 알 수 있다.

③ 의미적 풀이 방법

　㉠ 이 문장은 내용상 예제 2 문제와 연결되어 있어서 앞의 내용을 파악하기 수월하다.

　㉡ 앞의 내용이 필자가 '별을 배경으로 한 태양의 움직임'에 대해 설명을 하는 내용이므로, 뒤에 어떠한 내용이 올 지 짐작할 수 있다.

　㉢ 선택지를 빈칸에 넣어 해석해보고 문장이 자연스러운지 체크한다.

- もうよくわかっている : 이렇게 말해도 (이미 잘 알고 있을)지도 모르지만

- まだよく覚えている : 이렇게 말해도 (아직 잘 기억하고 있을)지도 모르지만

- もう覚えていない : 이렇게 말해도 (이미 기억하고 있지 않을)지도 모르지만

　→ 세 문장 모두 부자연스럽다

- まだよくわからない : 이렇게 말해도 (아직 잘 모를)지도 모르지만

　→ 자연스럽다

 결과

따라서 정답은 문법적으로 빈칸 문장과 뒷 문장이 역접으로 연결되며, 의미적으로도 4개의 선택지 중에서 가장 자연스럽게 해석되는 1번 「まだよく分からない」이다.

예제 4　　1　ものだ　　　　　　　　2　わけだ
　　　　　　　3　ことだ　　　　　　　　4　はずだ

Check Point

① 문장의 마지막에 오며 화자의 주관적 표현을 나타내는 조동사의 쓰임새를 묻는 문제이다.
② 빈칸 문장과 그 앞의 문장의 내용을 파악한다.

> ⓐ 太陽は一年間に十二星座を一回りして元の星座に戻り、毎年この動きをしている。
>
> ⓑ つまり、一年間に天球上を360度移動する(　4　)。
>
> (태양은 1년 동안 12개의 성좌를 한 바퀴 돌아 원래 있던 성좌로 돌아오며, 매년 이런
> 같은 움직임을 하고 있다. 즉, 1년 동안 천구상을 360도 이동하는 것이다.)

　→ ⓑ는 「つまり(즉)」로 시작하는데, 이는 ⓐ의 내용과 ⓑ의 내용이 동일하다는 의미로
　　ⓐ를 ⓑ로 바꿔 말할 수 있다.
　• わけだ: ~것이다. 환원(바꿔 말함)의 용법을 갖는 조동사
　　용법: 환원의 용법 외에도 결론, 사태의 이유, 사실의 주장, 납득의 의미가 있다.
③ 참고 나머지 선택지의 의미 및 용법
　• ものだ: (~하)는 법이다. ~(하)기 마련이다
　　용법: 해당 사항에 대해 당연한 일, 일반적인 사항, 진리, 상식을 알려주거나 조언
　　예 年を取ると弱くなるものだ。(나이를 먹으면 약해지는 법이다.)
　• ことだ: ~해야 한다, ~할 필요가 있다
　　용법: 목적 달성을 위해 화자가 자신의 주장, 충고, 견해를 간접적으로 권함
　　예 健康のためには、毎日運動することだ。(건강을 위해서는 매일 운동해야 한다.)
　• はずだ: 틀림없이 ~일 것이다, 거의 ~임에 틀림없다
　　용법: 객관적, 논리적인 확신이 높은 추측을 나타냄
　　예 彼は20歳だから、大学生のはずだ。(그는 20살이니까, 틀림없이 대학생일거야.)
※ つまり 대신에 올 수 있는 부사로는 「いいかえれば(다시 말하면)」, 「すなわち(즉)」,
　「要するに(요컨대)」 등이 있다.

결과

따라서 정답은 2번 「わけだ」이다.

예제 5
1 なぜなら   2 したがって
3 それにしても   4 ところ

 **Check** Point

① 접속사 문제이므로 앞 문장과 빈칸의 문장이 어떻게 연결되어야 하는지 파악한다.

→ 순접이나 역접, 또는 원인이나 조건 등으로 이어지는지 파악

② 키워드: '순간(瞬間)'

• 빈칸 앞 문장

日に日に移動する太陽の中心が春分点に到達した瞬間が「春分」であり、同様に秋分点に達したときが「秋分」である。

(하루하루 이동하는 태양의 중심이 춘분점에 도달한 순간이「춘분」이고, 마찬가지로 추분점에 도달했을 때가「추분」이다.)

• 빈칸 문장

→ ___5___ 、春分も秋分も一瞬である。(___5___ , 춘분도 추분도 한 순간이다.)

→ 두 문장은 '순접'으로 연결된다.

③ 선택지 확인

• なぜなら(왜냐하면): 원인   • したがって(따라서): 순접

• それにしても(그렇다고는 해도): 역접   • ところが(그런데): 역접

결과

따라서 정답은 순접으로 쓰이는 접속사 2번「したがって」이다.

TIP

형식 단락이 5개 이상인 경우에는 앞에 나오는 문제와 마지막 단락이 관련이 없는 한 마지막 단락에서 문제가 나오지 않는 경우는 거의 없다.

→ 왜냐하면 문제가 나오지 않으면 읽지 않을 것이고, 그렇게 되면 마지막 단락 지문을 제시한 의미가 없기 때문이다.

그리고 마지막 단락에는 전체 내용의 결론이나 글쓴이의 생각이 나오는 경우가 많다. 따라서 앞에서 풀지 못한 문제에 대한 실마리를 마지막 단락에서 찾을 수도 있으므로, 앞에 나오는 문제를 풀지 못했다고 당황하거나 너무 많은 시간을 소비하지 않도록 한다.

마지막 단락과 관련된 문제를 풀고 나서 앞에서 풀지 못한 문제를 다시 한 번 풀어보는 것도 좋은 풀이 요령이 될 것이다.

춘분, 추분은 천구상의 태양의 움직임으로 정해진다. 여기서 말하는 태양의 움직임이라는 것은, 아침에 동쪽에서 떠오른 태양이 저녁까지 서쪽 하늘로 이동하는 움직임이 아니라 별을 배경으로 한 움직임을 말한다.

별을 배경으로 한 움직임이라고 해도, 어떠한 것인지 바로 이해가 안 될지도 모른다. 태양이 밝기 때문에 낮 동안은 별이 보이지 않아도, 태양의 뒤에는 항상 별자리가 있기 마련이다. 그 보이지 않는 성좌의 사이를 태양은 매일 조금씩 움직여간다. 이것이 별을 배경으로 한 움직임이다. 이렇게 말해도 아직 잘 모를지도 모르지만, 별자리 점의 성좌를 생각하면 알 수 있을 것이다. '처녀자리', '쌍둥이자리' 등, 모두가 자신의 별자리가 있을 것이다. 이것은 본래 태양이 '처녀자리'의 기간 안에 태어난 사람이 '처녀자리'이며, '사자자리'의 기간 안에 태어난 사람이 '사자자리'였다. 여기에서 알 수 있듯이, 태양은 1년 동안 열두 개의 성좌를 한 바퀴 돌아 원래 있던 성좌로 돌아오며, 매년 이런 움직임을 하고 있다. 즉, 1년 동안 천구상을 360도 이동하는 것이다.

태양이 성좌의 사이를 통과해 가는 통로는 항상 일정하며, 그 경로를 황도라고 한다. 황도 상에는 180도 떨어진 두 개의 점이 정해져 있다. 하나는 '물고기자리'에 있는 점으로, '춘분점'이라고 불리며, 태양은 3월 하순에 이 점을 통과한다. 다른 하나는 '처녀자리'에 있는 '추분점'으로, 9월 하순에 태양이 이 점에 도달한다. 하루하루 이동하는 태양의 중심이 춘분점에 도달한 순간이 '춘분'이고, 마찬가지로 추분점에 도달한 때가 '추분'이다. 따라서, 춘분도 추분도 한 순간이다. 그 밖에 하지, 동지, 입춘, 입추 등의 24절기도, 모두 태양이 황도상의 특정한 위치에 있는 순간으로 결정된다. 계절의 변화는 현실에서도 달력 상에서도 모두 태양이 지배하고 있는 것이다.

　社会の中でさまざまな個性をもった人たちと、いきいきと交渉していくことは、人間にとって最も大切な営みです。長年つき合った友人ほど、その人格をありありと思い浮かべることができるものでしょう。会って話したり、行動を共にしたりといった体験が記憶として＿＿＿＿１＿＿＿＿、自分の心の中で、その人のパーソナリティが鮮やかでくっきりとしたかたちをとっていくのです。このようなかけがえのない友人のイメージは、その友人に関する体験が脳の中で整理されていくことによって生み出されます。私たちの中にある親友の印象は、単一のエピソードには帰着できない、複雑で豊かなニュアンスを＿＿＿＿２＿＿＿＿。

　もう一つ例をあげてみます。＿＿＿＿３－ａ＿＿＿＿が脳の中で整理されていくことによって＿＿＿＿３－ｂ＿＿＿＿が立ち上がり、磨き上げられていくのが私たちの「言葉」です。母国語を学ぶとき、辞書を引いたり、意味を他人に直接聞いたりするのは例外的なことでしょう。私たちは、日々接する言葉のエピソードを脳の中で整理することによって、最初はぼんやりと、そして、しだいにくっきりと、一つ一つの言葉の意味を脳の中で立ち上げていくのです。＿＿＿＿４＿＿＿＿、脳の中の整理を通して獲得されていく知は、最初は私たちの生にぴったりと寄り添った「生活知」として立ち現れます。「生活知」とは、私たちがこの世界の中＿＿＿＿５＿＿＿＿投げ出され、生き延びていく際に獲得する一人称の知だということができます。

（茂木健一郎の文章より）

1　積み重なるまで	2　積み重なるにせよ
3　積み重なるほど	4　積み重なるぐらい

1　もつわけではありません	2　もっているはずです
3　もたずにはいられません	4　もとうとしています

1　a 体験　b 記憶	2　a 体験　b 意味
3　a 記憶　b 体験	4　a 意味　b 体験

1　これに対して	2　このように
3　にもかかわらず	4　とはいえ

1　個に関して	2　個にとって
3　個として	4　個に対して

정답 및 해석은 434, 436p에 있습니다.

1. N1 기능어 및 경어 표현

다음은 출제 가능성이 높은 기능어 및 경어 표현에 대해 살펴본다.

기능어는 표현의도별 기능어와 접속별 기능어로 나뉜다.

1) 표현 의도별 기능어

기능어는 출제 빈도수에 따라 암기하거나 순서대로 외우는 것보다 표현 의도별로 구분해서 암기하는 것이 시험 대비에 훨씬 효과적이다. 길이가 짧은 한 문장이라도 출제자가 의도하는 표현이 있기 때문이다.

대체적으로 N1 수준의 핵심 기능어를 다루었으나, 비교적 쉬운 기능어는 N2 수준의 기능어로도 쓰인다. 또한 N2 수준의 기능어가 N1 시험에 출제되는 경우도 많으므로, N2 기능어도 반드시 암기해 둘 필요가 있다.

N2에서는 '문자 · 어휘'에서 복합어와 파생어 문제가 출제되지만, N1에서는 '문법'에서 「－きる」, 「－ぬく」와 같은 복합 동사의 뒤에 붙어서 쓰이는 말이나 「－げ」, 「－がち」와 같은 파생어를 구성하는 접미사 등의 일부 '합성어' 문제가 다루어진다.

각각의 기능어마다 제시한 예문은 가능하면 통째로 외우는 것이 문제 풀이에 도움이 될 것이다.

(1) 관련성

명사(の)＋いかんだ／〜いかんでは　　〜여하에 달려 있다 / 〜여하에 따라서는

成績は努力のいかんだ。 성적은 노력 여하에 달려 있다.

学業成績のいかんでは、奨学金の支給を停止することもある。

학업 성적의 여하에 따라서는 장학금의 지급을 정지하는 일도 있다.

명사(の)＋いかんによっては／〜いかんによらず／〜いかんにかかわらず

〜여하에 따라서는 / 〜여하에 상관없이 / 〜여하를 불문하고

国の情勢いかんによっては訪問を中止することもある。

국가의 정세 여하에 따라서는 방문을 중지하는 일도 있다.

出身国のいかんによらず応募することができます。

출신국의 여하에 상관없이 응모할 수 있습니다.

一度使用した商品は、理由のいかんにかかわらず返品、交換には一切応じることができません。

한 번 사용한 상품은 이유 여하를 불문하고 반품, 교환에는 일절 응할 수 없습니다.

(2) 가치 판단

명사
동사기본형　＋　にたえる　　〜할 만하다
　　　　　　　にたえない　〜할 가치가 없다 / (차마) 〜할 수 없다

これは鑑賞にたえる絵だ。 이것은 감상할 만한 가치가 있는 그림이다.

うそばかりの彼の話はもう聞くにたえない。

거짓말만 하는 그의 이야기는 이제 들을 가치가 없다.

<table>
<tr><td>명사
동사 기본형 +</td><td>に足る
に足りない</td><td>~할 만한, ~할 가치가 있다
~할 가치가 없다, ~할 필요가 없다</td></tr>
</table>

この作品の芸術的価値は高く、十分、今回の展覧会に出品するに足る。

이 작품의 예술적 가치는 높아서, 충분히 이번 전람회에 출품할 만한 가치가 있다.

(3) 감정

<table>
<tr><td>동사 て형 + てやまない</td><td>매우 ~하다 / ~해 마지않는다</td></tr>
</table>

二人の幸せを願ってやまない。

두 사람의 행복을 매우 바란다. (바라 마지 않는다)

<table>
<tr><td>명사 + を禁じ得（え）ない</td><td>~을 금치 못하다 / ~하지 않을 수 없다</td></tr>
</table>

事故で家族を失った人のはなしを聞いて、涙を禁じ得なかった。

사고로 가족을 잃은 사람의 이야기를 듣고 눈물을 금치 못했다.

(4) 강제

<table>
<tr><td>명사 + を余儀なくされる</td><td>어쩔 수 없이 ~하게 되다</td></tr>
</table>

国の母が病気になって帰国をよぎなくされた。

고국의 어머니가 병이 들어서 어쩔 수 없이 귀국을 하게 되었다.

<table>
<tr><td>명사 + を余儀なくさせる</td><td>어쩔 수 없이 ~하게 시키다</td></tr>
</table>

地震による被害で住民に避難をよぎなくさせた。

지진에 의한 피해로 주민을 어쩔 수 없이 피난시켰다.

(5) 강조

<table><tr><td>명사 ＋ ずくめ</td><td>(전체적으로) 그러한 일색 투성이</td></tr></table>

今年は、息子の結婚、孫の誕生と、めでたいことずくめの一年だった。

올해는 아들의 결혼, 손자가 태어나는 등 축하할 일 일색인 일 년이었다.

<table><tr><td>명사 ＋ まみれ</td><td>투성이</td></tr></table>

泥まみれになって働いても、もらえる金はわずかだ。

진흙투성이가 되서 일해도 받을 수 있는 돈은 얼마 되지 않는다.

<table><tr><td>명사 ＋ すら ／ ですら</td><td>~조차</td></tr></table>

スイッチの入れ方すら知らない人もいる。

스위치 켜는 법조차 모르는 사람도 있다.

<table><tr><td>동사기본형
명사　＋　だに</td><td>~조차</td></tr></table>

地震のことなど想像するだに恐ろしい。

지진 같은것은 상상하기 조차 두렵다.

<table><tr><td>명사 ＋ でなくてなんだろう</td><td>~가 아니면 뭐란 말인가</td></tr></table>

これが愛でなくてなんだろう。

이것이 사랑이 아니면 뭐란 말인가.

<table><tr><td>명사 ＋ ならでは（の）</td><td>이 아니고는 할 수 없는/~가 아니면 없을</td></tr></table>

この間の会議で田中さんは独創的な企画を出した。ベテラン教師ならではの素晴らしいアイディアだった。

요 전의 회의에서 다나카 씨는 독창적인 기획을 내놓았다. 베테랑 교사가 아니고는 할 수 없는 멋진 아이디어였다.

(6) 경향

<table>
<tr><td>동사 기본형
명사の</td><td>+ きらいがある</td><td>(좋지 않은) 경향이 있다</td></tr>
</table>

あの人は物事(ものごと)を大げさにいうきらいがある。 그 사람은 일을 과장해서 말하는 경향이 있다.

(7) 관계/무관계

<table>
<tr><td>명사 +</td><td>にかかわる
にかかわらず</td><td>~에 관련된
~와 상관없이</td></tr>
</table>

これは私の自尊心(じそんしん)にかかわる問題だ。 이것은 나의 자존심과 관련된 문제이다.

天候(てんこう)にかかわらず明日は遠足に行きます。 날씨에 상관없이 내일은 소풍을 갑니다.

(8) 극한의 정도

<table>
<tr><td>い형용사 기본형
な형용사 명사 수식형</td><td>+ かぎりだ</td><td>매우 ~하다, ~하기 그지없다</td></tr>
</table>

元気で研究を続けているそうで嬉しいかぎりだ。

왕성하게 연구를 계속하고 있는 것 같아서 기쁘기 그지없다.

<table>
<tr><td>い형용사 기본형
명사</td><td>+ ~といったらない
といったらありはしない(ありゃしない)</td><td>매우 ~하다,
~하기 짝이 없다</td></tr>
</table>

日本に来たばかりの頃の寂しいといったらなかった。

일본에 온 지 채 얼마 안됐을 때는 매우 쓸쓸했다.

<table>
<tr><td>한자な형용사 어간 +</td><td>~極(きわ)まる
~極(きわ)まりない</td><td>대단히 ~하다
~하기 짝이 없다</td></tr>
</table>

そんなことも知らないとは不勉強(ふべんきょう)極まる。 그런 것도 모르다니, 어지간히 공부를 안 했구나.

こんな平凡(へいぼん)極まりない記事は、だれも読みたくないだろう。

이런 평범하기 짝이 없는 기사는 어느 누구도 읽고 싶지 않을 것이다.

(9) 극한의 상태

명사 ＋	の極み	～의극치 / 둘도 없는～

世界的に有名な俳優と握手できたなんて、感激のきわみだ。

세계적으로 유명한 배우와 악수하다니 감격의 극치이다.

명사 ＋	の至り	다시 없는～, ～하기 그지없다(공식적 자리)

恐縮の至りです。 죄송하기 그지없습니다.

光栄の至りです。 영광입니다.

(10) 금지/비난

동사 기본형 ＋	べからず べからざる ＋ 명사	～해서는 안 된다(～하지 말 것) ～할수 없다

男性は入るべからず。 남성은 들어가서는 안 된다. (들어가지 말 것)

彼は学生として許すべからざる行為を行った。 그는 학생으로서 용서할 수 없는 행위를 했다.

(11) 납득

どうりで～わけだ/はずだ	그래서 ～하구나, 어쩐지 ～하더라

４月の中旬だというのに雪が降りました！ どうりで寒いはずだぁ～。

4월 중순인데도 눈이 내렸습니다. 어쩐지 춥더라.

(12) 단정

동사 부정형 +**ないものでもない**　　　　　　　~할 수도 있다, ~못하는 것도 아니다

君がどうしても行ってくれと言うなら行かないものでもない。

네가 아무래도 가달라고 한다면 갈 수도 있다.

(13) 대비

명사
それ　+　**にひきかえ**　　　　　　　~와는 반대로

優等生の兄にひきかえ、弟は劣等生だそうだ。

우등생인 형과는 반대로 동생은 열등생이라고 한다.

(14) 도달, 상황, 역접

명사　+　**にして**　　　　　　　~이 되어, ~이기에
　　　　　　　　　　　　　　　　　~로서, ~치고, ~면서

彼は40才にしてようやく自分の生きる道を見つけた。

그는 40살이 되어 겨우 자신의 살아갈 길을 찾았다.

この子は小学生にしてはずいぶんしっかりしている。

이 아이는 초등학생 치고는 꽤 착실하다.

観客は彼女の優美にして大胆な演技に感動した。

관객은 그녀의 아름답고도 대담한 연기에 감동했다.

(15) 도달, 범위

명사 동사기본형	+	に至る / に至るまで に至っては / に至っても	〜에 이르다/〜에 이르기까지 〜에 이르러서는/〜에 이르러서도

結婚をひかえ皿やスプーンに至るまで新しいのをそろえた。

결혼을 앞두고 접시나 숟가락에 이르기까지 새 것으로 준비했다.

(16) 동시

동사기본형 동사과거형	+	〜そばから	〜하자마자, 〜하기가 무섭게

言葉を習うそばから忘れてしまう。 말을 배우기가 무섭게 잊어버린다.

동사기본형	+	や否や や	〜하자마자

試験開始のベルが鳴るや否や、学生たちはいっせいに書き始めた。

시험을 알리는 벨이 울리자마자 학생들은 일제히 쓰기 시작했다.

동사기본형 동사과거형	+	が早いか	〜하자마자

食事をとるが早いか飛び出しだ。 식사를 하자마자 뛰쳐나갔다.

동사기본형	+	なり	〜하자마자

あっ、だれかおぼれてると言うなり、彼は川に飛び込んだ。

앗, 누군가 물에 빠졌다고 말하자마자 그는 강으로 뛰어들었다.

명사 +	かたがた	〜겸하여, 〜하는 김에

お礼かたがた部長のお宅にお寄りしました。 답례 인사도 할 겸 부장님 댁에 들렀습니다.

<table>
<tr><td>명사
동사 ます형 + がてら</td><td>~하는 김에
~를 겸하여</td></tr>
</table>

散歩がてら買い物をした。 산책하는 김에 쇼핑을 했다.

散歩しがてら買い物をした。 산책을 겸하여 쇼핑을 했다.

<table>
<tr><td>명사の
동사기본형 + かたわら</td><td>~함과 동시에
~하는 한편으로</td></tr>
</table>

歌手としての活動のかたわら絵小説家としても活躍している。

가수로서 활동함과 동시에 그림 소설가로서도 활약하고 있다.

(17) 동작의 나열

<table>
<tr><td>동사ます형 + つ + 동사ます형 + つ</td><td>~하기도 하고, ~하기도 하면서</td></tr>
</table>

事実を言おうか言うまいか迷いながら、廊下を行きつ戻りつした。

사실을 말할까 말까 망설이면서 복도를 갈팡질팡했다.

(18) 목적

<table>
<tr><td>동사기본형 + べく</td><td>~하고자, ~하기 위해</td></tr>
</table>

試験に落ちた息子を慰めるべく、お小遣いをやった。

시험에 떨어진 아들을 위로하기 위해 용돈을 주었다.

<table>
<tr><td>동사부정형 + んがため（に）
んがための</td><td>~하기 위해서
~하기 위한</td></tr>
</table>

夢をかなえんがため、日々努力している。 꿈을 이루기 위해서 매일매일 노력하고 있다.

(19) 무관계

동사 의지형 ＋　うと(が)
　　　　　　うと(が) ＋기본형 or ます형 ＋ まいと(が)

　　　　　　　　　　　　　　　　　　　　　　　〜에(을)개의치 않고
　　　　　　　　　　　　　　　　　　　　　　　아랑곳하지 않고

誰が何と言おうと謝る気は全くない。 누가 뭐라 해도 사과할 생각은 전혀 없다.

全員集まろうが集まるまいが、予定どおりに審議を始めなくてはならない。

전원이 모이든 모이지 않든 예정대로 심의를 시작해야만 한다.

명사　＋　　をものともせずに　　　　　　　　〜에(을)개의치 않고, 아랑곳하지 않고

周囲の反対をものともせずに自分の意思を通してきた。

주위의 반대를 아랑곳하지 않고 자신의 의사를 관철시켜 왔다.

명사　＋　　をよそに　　　　　　　　　　　〜을 개의치 않고
　　　　　　　　　　　　　　　　　　　　〜을 생각지 않고

周囲の心配をよそにヨットで長い航海に出た。

주위의 걱정을 개의치 않고 요트로 기나긴 항해에 나섰다.

명사　＋　　〜であれ
　　　　　　〜であれ　〜であれ

　　　　　　　　　　　　　　　　　〜이든 간에 〜라 해도
　　　　　　　　　　　　　　　　　〜이든〜이든

たとえ子供であれ自分のしたことは自分で責任をとらなければならない。

설령(가령) 아이라도 해도 자기가 한 일은 자기가 책임을 져야만 한다.

男であれ女であれ関係ありません。

남자든 여자든 관계 없습니다.

(20) 무의미

동사과거형 ＋ ところで ～ない	～해 봤자 ～한다 해도

いくら急いだところで間に合わない。 아무리 서두른다 해도 제시간에 맞출 수 없다.

(21) 방법의 한정

동사기본형 ＋ までだ までのことだ	～할 뿐이다 ～할 따름이다

車がなければ歩いて行くまでのことだ。 차가 없다면 걸어갈 뿐이다.

(22) 한정 · 부가

ただ ～のみ ただ ～のみならず	단지～뿐 단지～뿐만아니라

試験は終わった。 あとはただ結果を待つのみだ。

시험은 끝났다. 이제는 단지 결과를 기다릴 뿐이다.

ただ東京都民のみならず日本人全体の問題だ。

단지 도쿄 도민뿐만 아니라 일본인 전체의 문제이다.

ひとり ～だけでなく ひとり ～のみならず	단지～뿐만아니라

風邪はひとり子供のみならず、大人もかかりやすいそうです。

감기는 단지 아이뿐만 아니라 어른도 걸리기 쉽다고 합니다.

명사 ＋ はおろか ～も/まて	～은 말할 것도 없고 ～은 커녕

漢字はおろかひらがなも書けない。 한자는 말할 것도 없고 히라가나도 못 쓴다.

명사　＋　　もさることながら　　　　　　　　물론

彼は英語の能力もさることながらスポーツも万能だ。

그는 영어 능력은 물론 스포츠도 만능이다.

(23) 한정적 가정

명사　＋　なくして(は)
　　　　　　なしに(は)　　　　　　　　　　～없이(는)

友達の励ましなくしては作品の完成はなかったであろう。

친구의 격려 없이는 작품은 완성되지 않을 것이다.

(24) 불가능

동사의지형　＋　うにも　＋　동사의 기능 부정　　　～하려고 해도 ～할 수 없다

食べようにも食べられない。　먹으려고 해도 먹을 수 없다.

(25) 불특정 상황

동사기본형　＋　ともなく
　　　　　　　　　ともなしに　　　　　　특별히 ～할 생각 없이,
　　　　　　　　　　　　　　　　　　　　무심코

見るともなく窓の外を見たら雪が降り始めていた。

볼 생각 없이 무심코 창문 밖을 봤더니 눈이 내리기 시작했다.

(26) 불허용(한정)

수사　＋　たりとも　　　　　　　　　비록 ～라도

米は一粒たりとも輸入させない。　쌀은 한 톨이라도 수입하도록 하지 않겠다.

どんな相手でも、試合が終わるまでは一瞬たりとも油断ができない。

어떤 상대라도 시합이 끝날 때까지는 한 순간이라도 방심할 수 없다.

(27) 비난

あるまじき　　　　　　　　　　　　　　　　　　～로서 해서는 안될

カンニングするなど学生にあるまじき行為だ。

커닝하는 등 학생으로서 해서는 안 될 행위이다.

동사기본형
동사과거형　＋　～始末だ　　　　　　　　　～형편이다, ～꼴이다(안 좋은 의미의 상태)
　명사の

大騒ぎしたあげく、この始末だ。큰 소동을 일으킨 결과 이 꼴이다.

(28) 비유

동사부정형　＋　んばかりだ
　　　　　　　　んばかり(に)　　　　마치～하는 것 같다
　　　　　　　　んばかりの　　　　　～할듯이, ～할듯한

それを聞いて友達は、今にも泣きださんばかりだ。

그걸 듣고 친구는, 금방이라도 울음을 터트릴 듯하다.

명사の　＋　ごとき　＋　명사수식　　　～와 같은
　　　　　　ごとく　　　　　　　　　～와 같이

私のごとき未熟者にこんな重要な役が果たせるでしょうか。

나같이 미숙한 사람이 이런 중요한 역할을 해낼 수 있을까요?

彼は、事件には関係していないかのごとく、知らぬふりをしていた。

그는 사건과는 관계 없다는 듯이 모르는 척을 하고 있었다.

<table><tr><td>동사, 명사
형용사</td><td>+ ～とばかりに</td><td>～라는 듯이</td></tr></table>

父親が帰ると、待っていたとばかりに、娘はお土産をねだった。

아버지가 돌아오자 기다렸다는 듯이 딸은 선물을 달라고 졸랐다.

(29) 상황

<table><tr><td>명사 + なりに（なりの）</td><td>나름대로(나름대로의)</td></tr></table>

私も自分なりの考えがあります。 나도 내 나름대로의 생각이 있습니다.

<table><tr><td>동사ます형 + っぱなし</td><td>～한 채로 내버려두다</td></tr></table>

水をだしっぱなしにして、歯を磨くのはもったいないですよ。

물을 틀어둔 채로 이를 닦는 것은 아까워요.

<table><tr><td>명사 + にあって</td><td>～에서, ～상황에서는</td></tr></table>

不景気にあって就職は難しい。 불경기 상황에서 취직은 어렵다.

<table><tr><td>명사 +</td><td>～ともなると
～ともなれば</td><td>～이라도 되면
～쯤 되면</td></tr></table>

プロ選手ともなるとさすがに実力が違うようだ。

프로 선수쯤 되면 과연 실력이 다른 것 같다.

<table><tr><td>형용사, 동사 + ところを</td><td>～인중에, ～인데도</td></tr></table>

お忙しいところをお邪魔いたしまして申し訳ございません。

바쁘신 중에 방해해서 죄송합니다.

| 명사
동사 기본형 + にかたくない | 가히 ~하고도 남음이 있다 |

子供が生まれた時の親のうれしさは想像にかたくない。

아이가 태어났을 때의 부모의 기쁨은 가히 상상하고도 남음이 있다.

| 명사 + ～に(と)したって
～に(と)したところで | ~이라 해도, ~라고 한들 |

薬はもちろんだが、ビタミン剤にしたところで、副作用はあると思う。

약은 물론이려니와, 비타민제라 하더라도 부작용은 있을 것이다.

| ～とあって
～とあれば | ~(이)라서, ~(이)기 때문에
(만일) ~(이)라면 |

人前で演技をするのは初めての経験とあって彼はひどく緊張していた。

남 앞에서 연기를 하는 것은 처음 겪는 경험이라서 그는 굉장히 긴장했다.

彼は、お金のためとあれば、どんな仕事でも引き受ける。

그는 돈을 위해서라면 어떤 일이라도 맡는다.

| 동사 부정형 + られる(が)まま | ~하라는 대로 |

何の準備も無く今まで会社の言われるがままに働かされてきた。

아무런 준비도 없이 회사가 하라는 대로 (어쩔 수 없이) 일해 왔다.

昔は店員に勧められるまま買ってしまって後悔したりした。

예전에는 점원이 권해주는 대로 물건을 사버려서 후회하기도 했다.

(30) 유사성

| い형용사 어간
명사 + めく | ~처럼 ~하다, ~다워지다 |

日ざしも春めいてきた。　햇볕도 봄다워졌다.

(31) 역접

~といえども	비록 ~라도, ~라고 해도

専門家といえども日々変化する世界情勢を分析するのは難しい。

전문가라고 해도 매일매일 변화하는 세계 정세를 분석하는 것은 어렵다.

漫画といえども立派な文化の産物である。

만화라고 해도 훌륭한 문화적 산물이다.

~とはいえ	~라고는 해도

仕事が山のようにあって、日曜日とはいえ、出社しなければならない。

일이 산처럼 쌓여 있어서 일요일이라고 해도 출근해야만 한다.

~ながらも	~면서도, ~이지만

苦難に直面しながらもあきらめないで最後までやりぬいた。

어려움에 직면하면서도 포기하지 않고 끝까지 해냈다.

명사 동사ます형 + ながらに	~면서(도), ~이지만

子供ながらに、なかなかしっかりとした挨拶であった。

아이이지만 상당히 절도있는 인사였다.

※いつもながらに	평소대로	うまれながらに	선천적으로
涙ながらに	울면서	昔ながらに	옛날 그대로의

(32) 예상에 반한 결과

~と思いきや	~라고 생각했는데 (사실은 ~하지 않았다)

ちゃんとけったと思いきやボールはどこにもなかった。

제대로 찼다고 생각했는데 공은 어디에도 없었다.

もうとても追いつけないだろう**と思いきや**、驚くほどの速さで彼は一気に
先頭（せんとう）に走り出た。

더 이상 쫓아가지 못할 것이라고 생각했는데, 놀랄 정도의 빠르기로 그는 단숨에 선두로 달려갔다.

(33) 예시

명사 ＋	**～といい ～といい**	～도 그렇고 ～도 그렇고

品質（ひんしつ）**といい**デザイン**といい**申（もう）し分（ぶん）ない。

품질도 그렇고 디자인도 그렇고 나무랄 데 없다.

동사기본형 명사 ＋	**～なり ～なり** **～なり**	～든지～든지 ～든지

休日には映画を見る**なり**音楽会に行く**なり**している。

휴일에는 영화를 보든지 음악회에 가든지 한다.

(34) 극단적 예시

동사부정형＋	**ないまでも**	～까지는 ～하지 않더라도

デパートに行か**ないまでも**インターネットで買い物ができる。

백화점까지 가지 않더라도 인터넷으로 쇼핑할 수 있다.

(35) 원인, 이유

동사가정형 ＋	**ばこそ**	(진정으로) ～하기 때문에 (진정으로) ～이기에

子供のためを思え**ばこそ**、留学の費用は子ども自身に用意させたのです。

아이를 진정으로 위한다고 생각하기에 유학 비용은 아이 자신에게 준비시킨 것입니다.

日本は、島国のゆえに海運業がさかんになったと言われている。

일본은 섬나라이기 때문에 해운업이 활발하다고 한다.

新しい家を買うため見に行ったが、夜のこととて日当たりのことはわからなかった。

새 집을 사기 위해 보러 갔으나, 밤이라서 햇볕이 잘 드는지는 알 수 없었다.

(36) 유감, 후회, 불만

電話をくだされば車で迎えに行ったものを。

전화를 주시면 차로 마중 나갔을 텐데.

(37) 설명

大金持ちの彼女にとっては株の取引は単なる遊びといったところだ。

부자인 그녀에게 있어서는 주식 거래는 기껏해야 단순한 놀이 정도이다.

(38) 의무

本当のことを言わずにはすまない。 사실을 말하지 않을 수 없다.

<table><tr><td>동사부정형 + ないではすまない</td><td>～하지 않으면 안된다, ～하지 않을 수 없다</td></tr></table>

<ruby>担当者<rt>たんとうしゃ</rt></ruby>の私がやらないではすまない。 담당자인 내가 하지 않으면 안 된다.

(39) 자격

<table><tr><td>명사 + たるもの</td><td>～인이상, ～인자(者)</td></tr></table>

学生たるもの、勉強すべきだ。 학생인 이상 공부해야 한다.

<ruby>警官<rt>けいかん</rt></ruby>たるもの、そのような<ruby>犯罪<rt>はんざい</rt></ruby>にかかわってはいけない。

경찰관인 사람이 그러한 범죄에 관련되어서는 안 된다.

(40) 자발적 작용

<table><tr><td>동사부정형 + ずにはおかない</td><td>～하지않을수없다
반드시～하다</td></tr></table>

今日は会社に行かずにはおかない。 오늘은 회사에 가지 않을 수 없다.

<table><tr><td>동사부정형 + ないではおかない</td><td>～하지않을수없다
반드시～하다</td></tr></table>

今度また悪いことをしたら、<ruby>罰<rt>ばつ</rt></ruby>を与えないではおかない。

이번에 또 나쁜 짓을 하면 반드시 벌을 줄 것이다.

(41) 작용

<table><tr><td>명사 +</td><td>と <ruby>相<rt>あい</rt></ruby>まって
と ～(と)が<ruby>相<rt>あい</rt></ruby>まって</td><td>～와 더불어
와～이어우러져</td></tr></table>

ふるさとを歌ったこの歌は、子どものころの思い出と相まって、私の心に深く<ruby>響<rt>ひび</rt></ruby>く。

고향을 노래한 이 노래는 어렸을 때의 추억과 더불어 나의 마음을 깊게 흔든다.

彼の努力が才能と相まって、ノーベル賞を受賞した。

그의 노력과 재능이 어우러져, 노벨상을 수상했다.

(42) 적절성 · 당연, 부적절성

| 동사 기본형(감정) + に(は)あたらない | ~할 필요가 없다
~할 것까지는 없다 |

彼は天才なのだから、わずか三日で傑作を書いたからといって、驚くにはあたらない。

그는 천재니까 불과 3일만에 걸작을 썼다고 해서 놀랄 필요가 없다.

| 동사 기본형 + までもない
までもなく | ~필요도 없다
~필요도 없이 |

そんな簡単なこと、わざわざあなたに説明してもらうまでもない。

이런 간단한 것은 일부러 당신에게 설명 들을 필요도 없다.

(43) 적절성, 충고, 권고

| 명사 + では(じゃ)あるまいし | ~가 아닌데 어찌
~도 아닌데 |

役者でもあるまいし、こんなに腹を立てているのにニコニコなんかしていられるものですか。

연기자도 아니고, 이렇게 화를 내는데도 웃고 있을 수 있겠습니까?

お客さんにきちんとあいさつするくらい、子どもじゃあるまいし、言われなくてもやりなさい。

손님에게 똑바로 인사하는 것쯤은 어린 애도 아닌데 말하지 않아도 하세요.

(44) 전후 관계

동사て형　＋てからというもの　　　　　　　～하고 나서부터는

将棋のおもしろさを知ってからというもの、彼は暇さえあれば将棋の本ばかり読んでいる。

장기의 즐거움을 알고 나서부터는 그는 틈만 나면 장기 책만 읽고 있다.

Eメールを使うようになってからというもの、ほとんど手紙を書かなくなった。

이메일을 쓸 수 있게 되고 나서부터는 거의 편지를 쓰지 않게 됐다.

(45) 제외

명사　＋　　をおいて　　　　　　　　　～을 제외하고

彼をおいて他にこの計画を実行できる人はいない。

그를 제외하고 그밖에 이 계획을 실행할 수 있는 사람은 없다.

(46) 조건 제시

명사　＋　　に即して　　　　　　～에 입각해서(맞춰)
　　　　　　に即した　　　　　　～에 입각한(맞춘)

校則に即して生徒を退学させた。

교칙에 입각하여 학생을 퇴학시켰다.

(47) 초과

명사　＋にもまして　　　　　　　　～보다 더, ～이상으로

彼にもまして気になるのは彼の子供のことだ。

그보다 더 신경 쓰이는 것은 그의 아이의 일이다.

大学生の就職は、今年は去年にもましてさらに厳しい状況になることが予想
される。

대학생의 취직은 올해는 작년보다 더 심각한 상황이 될 것으로 예상된다.

수사　＋	からある (인원수, 거리, 중량, 높이) からする (금액) からの　(인원수)	〜이나 되는, 〜이상인

100キロからある荷物　/　1000円からする　/　100人からの人

100킬로나 되는 짐 / 1000엔이나 하는 / 100명이나 되는 사람

身長2メートルからある大男が、突然、目の前に現われた。

신장이 2미터나 되는 거대한 남자가 갑자기 눈 앞에 나타났다.

(48) 출발 기점

수사　＋	を皮切りにして を皮切りとして	〜을 시작으로, 〜을 서두로

この展覧会は東京を皮切りにして日本全国を回る予定だ。

이 전람회는 도쿄를 시작으로 일본 전국을 돌 예정이다.

(49) 최후 기점

명사　＋　を限りに	〜을 끝으로

今日を限りに引退します。 오늘을 끝으로 은퇴합니다.

(50) 마이너스적 평가

<table>
<tr><td>명사 ＋ ときたら</td><td>〜로 말할 것 같으면
〜은 〜는</td></tr>
</table>

うちの会社の部長ときたら、口で言うばかりで全然、実行しようとしない。

우리 회사는 말이지, 말로만 얘기하고 전혀 실행하려고 하지 않아.

うちの犬ときたら！ 泥棒が入ってきても、寝ていたんですよ。

우리 집 강아지는 말이야, 도둑이 들어와도 자고 있었어요.

(51) 필연적 상황

<table>
<tr><td>동사과거형 ＋ たが最後</td><td>일단 〜했다 하면</td></tr>
</table>

信用というものは、いったん失ったが最後、取り戻すのは難しい。

신용이라는 것은 한 번 잃었다 하면 되돌리는 것은 어렵다.

(52) 필요 조건

<table>
<tr><td>동사기본형 ＋ ことなしに，ことなく</td><td>〜하지 않고, 〜하는 일 없이</td></tr>
</table>

今までたばこを吸うことなしに一日もいられなかった。

지금까지 담배를 피우지 않고(는) 하루도 견디지를 못했다.

<table>
<tr><td>명사 ＋ あっての</td><td>〜이 있음으로 해서 〜도 존재한다</td></tr>
</table>

どんな小さな成功も努力あってのことだ。

어떤 작은 성공도 노력이 있음으로 존재한다.

(53) 한계

동사 가정형(ば, たら) ＋ それまでだ   ~면(그것으로) 끝이다

鍵があっても、かけ忘れればそれまでだ。

열쇠가 있어도 잠그는 걸 잊으면 그걸로 끝이다.

(54) 한계점, 종료

명사 ＋ ～をもって   ~으로, ~로써

今夜のコンサートはこれをもって終了させていただきます。

오늘 밤 콘서트는 이것으로 마치겠습니다.

(55) 부각

～とは ／ ～なんて   ~라니, ~다니, ~라고는 (놀람, 감탄)

20歳にもなりながら、そんな簡単なこともできないとは、実に情けないことだ。

스무 살이나 됐으면서 그런 간단한 것도 못하다니, 정말로 한심하다.

韓国に地震があるなんて、だれも思っていなかった。

한국에 지진이 있을 거라고는 누구도 생각치 못했다.

2) 접속별 기능어

(1) 명사형

명사 +	なくして(は) なしに(は)	~없이(는)

友達の励ましなくしては作品の完成はなかったであろう。

친구가 격려 없이는 작품은 완성하지 못했을 것이다.

명사 +	にあって	~에서, ~상황에서는

多忙な現代にあって本当の仲間はなかなか作りにくい。

다망한 현대(사회)에서 진정한 동료를 좀처럼 만들기 어렵다.

명사 +	かたがた	~겸하여, ~하는 김에

そのうちお見舞いかたがた顔を見に行きます。　근간 병문안차 뵈러 가겠습니다.

명사 동사ます형 +	がてら	~하는 김에, ~를 겸하여

本日はドライブがてらおすすめなスポットをご紹介いたします。

오늘은 드라이브 하는 겸 추천할 만한 스포트를 소개하겠습니다.

명사 + のごとき + 명사	~와 같은

彼のごとき優秀な人でも失敗することはある。

그와 같이 우수한 사람이라도 실패하는 일은 있다.

まるで一幅の山水画のごとき美しさである。

마치 한폭의 산수화와 같은 아름다움이다.

수사 ＋　たりとも

毎日運動したのに１グラムたりともやせていませんでした。

매일 운동했는데, 1g도 (살이) 빠지지 않았습니다.

(2) 현재형(기본형)

동사 현재형 ＋　なり　　　　　　　　～하자마자

息子は私の実家に到着するなりすぐ、「カニを取りに行く」と言って、夫と出かけた。

아들은 친정집에 도착하자마자 곧 "게 잡으러 갈 거야."라고 말하고 남편과 나갔다.

동사 현재형 ＋　や否や
や　　　　　　　　～하자마자

私の部屋に一歩入るや否や、彼は眉をひそめた。

내 방에 한 걸음 들여놓자마자 그는 눈살을 찌푸렸다.

동사 현재형 ＋　ことなしに, ことなく　　～하지않고, ～하는 일 없이

雨は弱まることなく降り続けていた。

비는 약해지지 않고 계속 내리고 있었다.

동사 현재형 ＋ べく　　　　　　　　～하고자, ～하기 위해

どなたでも手軽に楽しめるべく、作られたモデルです。

어떤 분이라도 간단하게 즐길 수 있게 하고자 만들어진 모델입니다.

| 동사 현재형　＋　べからず
　　　　　べからざる　＋　명사 | ~해서는 안 된다, ~하지 말 것
~할 수 없는 |

働かざるもの食^くうべからず。

일하지 않는 자 먹지도 말라.

テロは決して許すべからざる悪質^{あくしつ}な犯罪^{はんざい}だ。

테러는 결코 용서할 수 없는 악질적인 범죄다.

(3) 과거형

| 동사 과거형　＋　たところで | ~해 봤자 |

何度も暑いと言ったところで涼しくなるわけではない。

수없이 덥다고 말해봤자 시원해지는 것은 아니다.

| 동사 과거형　＋　たが最後 | 일단 ~했다 하면 |

うちの家内は寝たが最後、何があってもおきやしません。

우리집 부인은 일단 잤다 하면 무슨 일이 있어도 일어나지 않습니다.

(4) 부정형

| 동사 부정형　＋　んばかりだ
　　　　　んばかり（に）
　　　　　んばかりの | 마치 ~하는 것 같다
~할듯이
~할듯한 |

溢^{あふ}れんばかりの才能^{さいのう}と体力^{たいりょく}を持^もて余^{あま}している。

넘칠 듯한 재능과 체력을 주체하지 못하고 있다.

동사 부정형 ＋ んがため (に) / んがための   ~하기 위해서 / ~하기 위한

それはおそらく発音の大切さを教え**んがための**作り話（ばなし）だと思います。

그것은 아마도 발음의 중요성을 가르치기 위해 지어낸 이야기라고 생각합니다.

(5) ます형

동사 ます형 ＋ っぱなし   ~한 채로 내버려두다

トイレの水を流すと流れ**っぱなし**で水がとまりません。

화장실 물을 내리면 계속 (물이) 흘러서 물이 멈추지 않습니다.

(6) 동사 て형

~てやまない   매우 ~하다, ~해 마지않는다

ここは私が愛し**てやまない**店だ。

여기는 내가 매우 애정을 갖는 샵이다.

(7) 의지형

동사 의지형 ＋ うと (が)   설령 ~하더라도

동사 의지형 ＋ うと (が) ＋ 기본형·ます형 ＋ まいと (が)   ~하든지 말든지

雨が降ろ**うが (と)** 降る**まいが (と)** 祭は続けます。

비가 오든 오지 않든 축제는 계속합니다.

동사 의지형 ＋ うにも ＋ 가능동사의 부정   ~하려고 해도 ~할 수 없다

対策を立て**ようにも**、どうすればいいか全然分からない。

대책을 세우려고 해도 어떻게 하면 좋을지 전혀 모르겠다.

(8) 가정형

가정형 ＋ ばこそ   ~라는 이유 때문에 ~이기에

君がいれ**ばこそ**、私は安心できるのだ。

네가 있기에 내가 안심할 수 있는 거야.

3) 출제 기준 외 기능어 49개

「★」는 출제 횟수

★

> **〜とまでは言わないが**   〜라고까지는 할수 없지만

日照(ひで)りとまでは言わないが、うっとしい暑さが続いた。

가뭄이라고까지는 할 수 없지만 짜증나는 더위가 계속됐다.

★

> **〜さしつかえない**   〜해도 괜찮다, 지장이 없다

もう帰ってもさしつかえないですか。 이제 돌아가도 괜찮겠습니까?

★★★

> **〜ないともかぎらない**   〜지도 모른다, 할수도 있다

しっかりかぎをかけないと、泥棒に入らないともかぎらない。

확실히 열쇠를 잠그지 않으면 도둑이 들어올 수도 있다.

★★

> **〜に越したことはない**   〜보다 나은 것이 없다

かぎを２つつけるなど用心するに越したことはない。

열쇠를 두 개 채우는 등 주의하는 것이 가장 중요하다.

★

> **〜に心を打たれた**   감명을 받았다

彼の知恵(ちえ)や熱意(ねつい)に心を打たれた。 그의 지혜와 열의에 감명을 받았다.

★

> **동사 부정형(ず) ＋ もがな**   〜해서는 안될

腹がたって、言わずもがなのことを言ってしまった。

화가 나서 해서는 안 될 말을 해 버렸다.

★

> **〜におかれましては**   〜께서는

先生におかれましては、お元気です。 선생님께서는 건강하십니다.

★

| どこ 〜やら | (대체) 어디에 〜인지 |

いったい**どこ**へ行った**やら**。 대체 어디에 간 거야.

★

| 〜なくはない
〜なくもない | 〜않는 것은 아니다 |

あの人の性格を考えると、理解でき**なくはない**。

그 사람의 성격을 생각하면 이해 가지 않는 것도 아니다.

★

| 〜てはばからない | 거리낌 없이 〜하다 |

新人候補は必ず当選して見せると、断言**してはばからない**。

신인 후보는 반드시 당선해 보이겠다고 거리낌 없이 단언했다.

★★

| 〜てかなわない | 〜해서(는) 견딜 수 없다 |

毎日こう寒く**てはかなわない**。 매일 이렇게 추워서는 견딜 수 없다.

★★★★

| 〜までして / 〜してまで | 〜까지 하면서 〜하면서까지 |

仕事を休ん**でまでして**行く必要はない。 일을 쉬면서까지 갈 필요는 없다.
借金**までして**、絵を手にいれました。 빚까지 져가며 그림을 손에 넣었습니다.

★★

| 〜をふまえて | 〜에 입각하여 |

国民の要望**をふまえて**政策を立てました。

국민의 바람에 입각하여 정책을 세웠습니다.

★

| 〜にとどまらず | 〜에 그치지 않고 |

火山噴火の影響は、ふもと**にとどまらず**、地域全体に及んだ。

화산 분화의 영향은 산기슭에 그치지 않고 지역 전체에 미쳤다.

★

| 〜のなんのと | 〜하네, 어쩌네, 너무 〜라서 |

足が痛い**のなんのと**理由をつけて、さぼった。

다리가 아프다 어쩌다 이유를 대며 게으름을 피웠다.

★★

| どんなに 〜とも | 아무리 〜하더라도 |

母は**どんなに**辛く**とも**、愚痴(くち)を言わなかった。

어머니는 아무리 괴로워도 푸념하지 않았다.

どんなに反対されよう**とも**、自分の道を進みたい。

아무리 반대한다 해도 내 길을 가고 싶다.

★

| 〜にかこつけて | 〜을 구실로 |

父の病気**にかこつけて**、飲み会に行かなかった。

아버지의 병을 구실로 술 모임에 가지 않았다.

★★★

| 〜だけましだ | 〜나마 다행이다 |

命をとられなかった**だけましだ**。

목숨을 건진 것이나마 다행이다.

★★

| 〜ずじまい | 〜할수 없음, 〜하지 않고 끝남 |

有名な観光地に行ったのに、忙しくて、どこへも寄ら**ずじまい**だった。

유명한 관광지에 갔었는데 바빠서 아무데도 못 들르고 끝났다.

★★

| 〜かいもなく | 〜한 보람도 없이 |

練習の**かいもなく**、失敗してしまった。

연습한 보람도 없이 실패하고 말았다.

〜というもの　　　　　　　　　　　　(최근)〜동안

彼は一週間というもの、仕事どころではないようだ。

그는 최근 일주일 동안 일할 상황이 아닌 것 같다.

〜ては，〜ては　　　　　　　　　　　〜(하)고〜(하)고

休み中に食べては眠り、食べては眠りの連続。

휴식 중에 먹고 자고, 먹고 자고의 연속.

もうすこしで(＝あわや)　〜ところだった　　(하마터면)〜할 뻔했다

もうすこしで原稿の締め切りに間に合わなくなるところだった。

하마터면 원고의 마감일에 시간이 맞지 않을 뻔했다.

〜におよばず　　　　　　　　　　　　〜할 필요도 없이

国民の生命は言うにおよばず経済をも危うくする。

국민의 생명은 말할 필요도 없이 경제도 위태롭게한다.

〜ならいざしらず　　　　　　　　　　〜라면 모르겠지만

小学生ならいざしらず大人が面白がるには物足りない。

초등학생이라면 모르겠지만 어른이 재미있어 하기에는 뭔가 부족하다.

〜をおして　　　　　　　　　　　　　무릅쓰고

反対をおして彼女と結婚した。 반대를 무릅쓰고 그녀와 결혼했다.

★

| 동사과거형 + てまえ | ~때문에 / ~한 이상 |

私がやると言ってしまった**てまえ**やめたいとは言い出せなかった。

내가 하겠다고 말해버려서, 그만두고 싶다고는 말할 수 없었다.

★

| ～といわず　～といわず | ~이고 ~이고 할것없이 전부 |

洪水で、家の中**といわず**外**といわず**泥だらけだ。

홍수로 집안이고 밖이고 할것없이 진흙 투성이다.

★

| ～を経て | ~을 거쳐서 |

承認**を経て**実施する。　승인을 거쳐서 실시한다.

★

| ～てでも | ~(해)서라도 |

どんな手段を使っ**てでも**勝つと宣言する。　어떤 수단을 써서라도 이길거라 선언했다.

★

| ～べくもない | ~할방도가 없다, ~할수 없다 |

そう簡単に手に入れる**べくもない**。　그렇게 간단히 손에 들어올 수 없다.

★

| ～かえりみず | 돌보지 않고
개의치 않고 |

身の危険を**かえりみず**人命救助にあたる。

자신에게 닥칠 위험을 돌보지 않고(개의치 않고) 인명 구조에 나선다.

★

| ～きりがない | 끝이 없다 |

彼の話しは**きりがない**。　그의 이야기는 끝이 없다.

★

| ～ならまだしも | ～라면 모르지만 |

小学生ならまだしも二十歳手前の人間がすることではない。

초등학생이라면 모르지만 스무 살을 앞둔 사람이 할 일이 아니다.

★★

| ～だろうが　～だろうが | ～이 됐든 ～이 됐든 |

ウシガエルは口に入るものならヘビだろうがねずみだろうが何でも食べてしまう。

황소개구리는 입에 들어가는 것이라면 뱀이 됐든 쥐가 됐든 뭐든지 먹어버린다.

★★

| ～が欠かせない | ～를 빼놓을 수 없다 |

理解しようとする姿勢が欠かせない。 이해하려고 하는 자세를 빼놓을 수 없다.

| ～は否めない | 은 부정할 수 없다 |

彼が犯人だどいう事実は否めない。 그가 범인이라는 사실은 부정할 수 없다.

★

| やるだけはやった | 할만큼은 했다 |

やるだけはやったが、自信がない。 할만큼은 했지만, 자신이 없다.

★

| ～もともとだから | 밑져야 본전이니까 |

だめでもともとだから、履歴書を出してみよう。

밑져야 본전이니까 이력서를 내 보자.

★

| ～というか　～というか | ～라 해야 될지 ～라 해야 될지 |

無茶というか、無知というか。 터무니 없다고 해야 될지, 무지하다고 해야 될지.

～もってのほかだ	(라니) 당치도 않다

無断欠勤とはもってのほかだ。 무단결근이라니 당치도 않다.

いざ ～となると	막상 ～하려 하면

いざ買うとなると何を買っていいのか悩んでしまう。

막상 사려고 하면 무엇을 사면 좋을지 고민하게 되어버린다.

～との	～라는 ～라고 하는

スケジュールを調整したいとの連絡を受けた。

스케줄을 조절하고 싶다고 하는 연락을 받았다.

～とて	～라 하더라도

開発者とて、すべての機能を知らない。 개발한 사람이라 하더라도 모든 기능을 알지는 못한다.

(～)やむを得ない	어쩔 수 없다 부득이하다

やむを得ない理由で、止めた。 어쩔 수 없다는 이유로 관뒀다.

～ないでもない	～하지 않은 것은 아니다

あなたの気持を分からないでもない。 당신의 기분을 모르는 건 아니다.

～てしかるべきだ	～해야 마땅하다

所得が低い人には、税金の負担を軽くするなどの措置がとられてしかるべきだ。

소득이 낮은 사람에게는 세금의 부담을 가볍게 하는 등 조치가 이뤄져야 마땅하다.

★

～もっともだ　　　　　　　　　　　　　～당연하다

親友に裏切られたんだから、彼が落ち込むのも もっともだ。

친구에게 배신 당했기 때문에 그가 우울해하는 것도 당연하다.

★★

동사 ます형 ＋　よう　　　　　　　　　　～할방법
　　　　　　　　ようによっては　　　　　～하기에 따라서는

タイトルさえ分かれば、探しようもある。

제목만 안다면 찾을 방법도 있다.

やりようによっては、もっと簡単に済ませる。

하기에 따라서는 더욱 간단히 끝낼 수 있다.

4) 경어 표현

경어란 자신보다 윗사람 또는 자신이 속해 있는 집단 외의 외부 집단의 사람을 존중해 표현하거나 자신을 낮추어 표현할 때, 또는 자신의 말을 정중하게 표현할 때 쓰이는 말이다. 일본어의 경어 표현은 존경 표현, 겸양 표현, 정중 표현의 3가지 종류가 있다.

> 존경 표현 − 상대방을 높여 표현(상대방에게 사용)
> 겸양 표현 − 자신을 낮추어 표현(자신에게 사용)
> 정중 표현 − 자신의 말을 정중하게 표현(상대방, 자신에게 모두 사용)

(1) 존경 표현

존경 표현이란 화자가 듣는 이나 제3자의 행위, 상태, 소유물을 높임으로 해서 직접적으로 경의를 나타내는 표현이다.

① 존경의 조동사 れる・られる

「お(ご)～になる」나 특별동사 등을 사용한 경어 표현보다 경의의 정도는 떨어지나 널리 사용되는 존경 표현이다.

- 会社にはもうレポートを出されましたか。[←出しましたか]

  회사에는 이미 보고서를 제출하셨습니까?
- 社長もパーティーに出席されます。[←出席します]

  사장님도 파티에 참석하십니다.

② 「お＋ます형＋になる」: 가장 일반적인 존경 표현
- どのくらいお待ちになりましたか。[← 待ちましたか]

  얼마나 기다리셨습니까?
- 社長はもうお帰りになりましたか。[← 帰りましたか]

  사장님은 벌써 돌아가셨습니까?

③ 「お(ご)＋ます형(동작성 명사)＋くださる(ください)」: 부탁・의뢰의 존경 표현
- ご連絡(お電話)くださるよう、お願いします。 연락 주시도록 부탁 드립니다.
- 冷めないうちに、どうぞお召し上がりください。 식기 전에 어서 드세요

④ 「お(ご)＋ます형＋です」

  ・あちらでお待ちです。 저쪽에서 기다리고 계십니다.

⑤ 접두어, 접미어를 사용하는 표현
  a. 접두어(お/ご)가 붙는 예

    「お」 는 일반적으로 고유 일본어, 즉 和語에 붙고, 「ご」 는 漢語에 붙는다.

명사	お国, お話, ご家族
い형용사	お忙しい, お美しい
な형용사	お元気だ, お上手だ
수사	お二人
부사	ごゆっくり

  b. 접미어가 붙는 예
    山田さん, ヨン様

(2) 겸양 표현

　　겸양 표현이란 화자가 듣는 이나 제3자에 대하여 경의를 나타내기 위해 자신의 행위를 낮추어 표현함으로써 간접적으로 경의를 표현하는 말이다. 행위를 낮추는 쪽은 일반적으로 화자나 자신이 속한 회사, 가족, 기타 소속 집단의 사람이다.

　① 「お(ご)＋ます형(동작성 명사)＋する(いたす)」 : 가장 대표적인 겸양 표현

・私の辞書をお貸しします。(←貸します)
　제 사전을 빌려드리겠습니다.
・またあとで、 ご連絡(お電話)します。
　또 다음에 연락(전화) 드리겠습니다.
・この機械の使い方についてご説明いたします。
　이 기계의 사용법을 설명해 드리겠습니다.

　② 「お(ご)＋ます형(동작성 명사)＋いただく」 ～해주시다
　　「お(ご)＋ます형(동작성 명사)＋いただきたい」 ～해 주셨으면 하다

상대방의 행위를 받아서 화자에게 이익이 된다는 의미로 쓰이는 겸양 표현이다. 상당히 격식을 차려 말할 때 쓰인다.

• ご来店いただきまして、ありがとうございます。

  저희 가게를 찾아주셔서 감사합니다.

• お書きいただいたものは、明日までにお送りくださいませんか。
  써주신 것은 내일까지 보내주실 수 있습니까?

• 皆様にはご迷惑をおかけしますが、何卒（なにとぞ）ご理解いただきたくよろしくお願
  い申し上げます。

  여러분께는 폐를 끼치게 됩니다만, 부디 이해해 주시길 부탁 드립니다.

• また機会がありましたらお取引いただきたく、よろしくお願いします。

  또 기회가 되시면 거래해 주시길 부탁 드립니다.

> ○ご協力いただいてありがとうございます。 협조해주셔서 감사합니다.
>
> ×ご協力していただいてありがとうございます。 (して를 쓰면 틀린 표현)

③ （さ）せて ＋ いただく　～하겠습니다 : する의 겸양 표현

• これから読ませていただきます。

  지금부터 읽겠습니다.

• これで授業を終わらせていただきます。

  이것으로 수업을 마치겠습니다.

(3) 정중 표현

　　정중 표현이란 상대방을 높이는 존경 표현이나 자신을 낮추는 겸양어와는 달리 자신이
사용하는 말을 정중하게 표현함으로써 직접 상대에 대해 경의를 나타내는 말이다.
　　기본적으로 말끝을 「です(입니다)」, 「ます(합니다)」, 「ございます(있습니다)」,
「でございます(입니다)」로 끝내면 되는 표현이다.

① ～です
• ここは社長室です。 여기는 사장실입니다.

② ～ます
• 私は9時から5時まで働きます。 나는 9시부터 5시까지 일합니다.

③ ～ございます

- 銀行は会社の隣にございます。은행은 회사 옆에 있습니다.

④ ～でございます

- ここは社長室でございます。여기는 사장실입니다.

⑤ ～てございます

- 様々なメーカの商品を取り揃えてございます。
  다양한 메이커의 상품을 갖추고 있습니다.

⑥ ～よろしいでしょうか

- お尋ねしてもよろしいでしょうか。여쭤봐도 괜찮겠습니까?

존경 · 겸양의 의미를 가진 특별동사 및 표현

예삿말		존경어	겸양어
行く	가다	いらっしゃる, おいでになる	参る, 伺う, 上がる
来る	오다	いらっしゃる, おいでになる, 見える, お見えになる	参る, 伺う, 上がる
いる	있다	いらっしゃる, おいでになる	おる
飲む・食べる	마시다·먹다	召し上がる, あがる	いただく
もらう	받다	(お受け取りになる)	いただく, ちょうだいする
する	하다	なさる	いたす, (させていただく)
くれる	주다	くださる	
あげる	주다		さしあげる
言う	말하다	おっしゃる	申す, 申し上げる
見る	보다	ご覧になる	拝見する
知っている	알고 있다	ご存じだ	存じておる, 存じあげる
聞く	묻다, 듣다	(お聞きになる)	伺う, 承る(듣다의 경우)
訪ねる	방문하다	(お訪ねになる)	伺う, お邪魔する, 上がる
会う	만나다	(お会いになる, 会われる)	お目にかかる
寝る	자다	お休みになる	(休ませていただく)
わかる	알다	(おわかりになる)	承知する, かしこまる
買う	사다	(お求めになる)	
着る・はく	입다, 신다	(お召しになる)	(着させていただく)
思う	생각하다	(お思いになる, お考えになる)	存じる, 存じあげる
見せる	보여주다	(お示しになる, お見せになる)	お目にかける, ご覧に入れる
です	입니다	でいらっしゃいます	でございます
ている	~고 있다	ていらっしゃる	ておる

( )의 경어 표현은 특별 동사는 아니지만 해당 동사의 존경 표현 또는 겸양 표현이다.

1급 경어 관련 기출문제

1. 社長 ：あ、君。食事の用意はできてるの。

　　社員 ：はい、あちらのお部屋にすでに準備して________________。

　　1　いたします　　　　2　まいります　　　　3　なさいます　　　　4　ございます

2. 下記に転居しました。お近くに____________の際はぜひお立ちよりください。

　　1　おじゃま　　　　2　おこし　　　　3　おあり　　　　4　おいき

3. 「この仕事、だれかやってくれないかな。」「だれもやる人がないなら、私が
________________。」

　　1　やらせていただきます　　　　　　2　やっていただきます

　　3　やってくださいます　　　　　　　4　やらせてくださいます

4. 田中先生、最近先生が______________ご本のことで、お伺いしたいんですが。

　　1　お書きした　　　　　　　　　　2　お書きになった

　　3　お書かれなった　　　　　　　　4　お書かれした

5. 「先生の奥様はどの方かご存じですか。」

　　「あそこの________________を召していらっしゃるご婦人です。」

　　1　年　　　　　2　お年　　　　　3　年齢　　　　　4　お年齢

6. いかがですか。こちらのお着物はお気に________________でしょうか。

　　1　なされた　　　　2　なられた　　　　3　召された　　　　4　存じた

7. 「ご注文の品物ができあがりましたので、今度の日曜日にお届けに________よ
ろしいでしょうか。」

　　「ええ、お願いします。」

　　1　あがっても　　　　　　　　　　2　おいでになっても

　　3　みえても　　　　　　　　　　　4　うけたまわっても

8. このたび代表として国際会議に＿＿＿＿＿＿＿＿いただくことになりました。

   1 いかれて　　　　2 いかせて　　　　3 いかされて　　　4 いかせられて

9. みなさん、わざわざお出迎え＿＿＿＿＿＿＿＿、ありがとうございます。

   1 られて　　　　　2 されて　　　　　3 いたされ　　　　4 くださり

10. 今日の午後はちょっと早めに＿＿＿＿＿＿＿＿いただきたいのですが。

   1 帰られて　　　　2 帰らせて　　　　3 帰されて　　　　4 帰らされて

11. 先生に＿＿＿＿＿＿＿＿、ますますお元気でご活躍のことと存じます。

   1 おかれましては　　　　　　　　2 なさいましては

   3 なられましては　　　　　　　　4 つかれましては

12. ドアのところに私のかさを＿＿＿＿＿＿＿＿いいですか。

   1 置かせてくださっても　　　　　2 お置きくださっても

   3 置かせていただいても　　　　　4 お置きになっても

13. 先生、最近あまりお会いしていませんが、お元気でお過ごしのこと＿＿＿＿＿＿＿＿。

   1 としか存じません　　　　　　　2 と存じません

   3 と存じます　　　　　　　　　　4 とじか存じません

14. 本日はこのような素晴らしいパーティーに＿＿＿＿＿、ありがとうございます。

   1 お招きいたし　　　　　　　　　2 お招きなさり

   3 お招きになり　　　　　　　　　4 お招きいただき

11① 12③ 13③ 14④

정답: 1④ 2② 3① 4② 5② 6③ 7① 8② 9④ 10②

2. 접속사

1) 병렬의 접속사

- 앞뒤의 단어나 문장이 대등한 관계에 있다.

および	및

自転車および自動車の通行を禁止する。

자전거 및 자동차의 통행을 금지한다.

ならびに	및

日本語ならびに英語を勉強する。

일본어 및 영어를 공부한다.

かつ	동시에, 또한

必要かつ十分な条件。

필요한 동시에 충분한 조건: 필요충분조건

彼は私の親友であり、かつライバルでもある。

그는 내 친구인 동시에 라이벌이기도 하다.

2) 첨가의 접속사

- 앞 단어나 문장에 뒤 단어나 문장을 첨가, 보충하는 경우에 사용된다.

それに	게다가

雨が降った。それに風まで吹いた。

비가 내렸다. 게다가 바람까지 불었다.

そのうえ	게다가

雨が降った。そのうえ風まで吹いた。

비가 내렸다. 게다가 바람까지 불었다.

しかも	게다가

彼は頭がいい。しかも心も優しい。

그는 머리가 좋다. 게다가 마음씨도 곱다.

さらに	その위에, 더욱더, 게다가

コンピューターは今後さらに普及するだろう。

컴퓨터는 앞으로도 더욱 보급될 것이다.

おまけに	게다가

ソウルは住宅事情が悪い。おまけに、物価も高い。

서울은 주택사정이 나쁘다. 게다가 물가도 높다.

それどころか	그러기는커녕

A: お金貸してくれない？ 돈 좀 빌려줄래?

B: 僕のところに金はないよ。それどころか借金まであるんだ。

내 수중에 돈이 없어. 돈은커녕 빚까지 있는걸.

そればかりか	그뿐만아니라

現地には水道もなく、そればかりか電気すら来ていない。

현지에는 수도도 없고, 그 뿐만 아니라 전기조차 들어와 있지 않다

それにもまして	그 이상으로

恋を得たことのない人は不幸である。　それにもまして、恋を失ったことのない人はもっと不幸である。

사랑을 얻은 적이 없는 사람은 불행하다. 그 이상으로, 사랑을 잃은 적이 없는 사람은 더 더욱 불행하다.

3) 선택의 접속사

- 두 가지 중에서 어느 쪽을 선택하는 경우에 사용한다.

あるいは	혹은

私はアメリカへ行って、文学あるいは歴史を勉強するつもりです。

나는 미국에 가서 문학 혹은 역사를 공부할 생각입니다.

それとも	그렇지않으면, 아니면

夏休みには山へ行こうか、それとも海へ行こうか。

여름방학에는 산에 갈까, 아니면 바다에 갈까?

もしくは	또는, 혹은

お問い合わせは、電話もしくは葉書でお願いします。

문의는 전화 또는 엽서로 부탁드립니다.

<table><tr><td>ないし</td><td>내지</td></tr></table>

- **2万円ないし3万円は要ります。**

2만 엔 내지 3만 엔은 필요합니다.

- **北風ないし北東風が吹くでしょう。**

북풍 내지는 북동풍이 불겠죠.

4) 화제 전환의 접속사

– 다른 화제로 말을 바꾼다.

<table><tr><td>さて</td><td>그런데, 그러면</td></tr></table>

旅行についての話はこのへんで終わります。さて、次に学校の生活について話したいと思います。

여행에 대한 이야기는 이것으로 끝내겠습니다. 그러면 다음으로 학교 생활에 대해 이야기하겠습니다.

<table><tr><td>ところで</td><td>그런데</td></tr></table>

ところで、その後はどうなりましたか。

그런데 그 후에는 어떻게 되었습니까?

<table><tr><td>それはそうと</td><td>그건 그렇고</td></tr></table>

それはそうと、田中さんに電話してあげたの。

그건 그렇고, 다나카 씨에게 전화해 줬어?

<table><tr><td>そういえば</td><td>그러고 보니</td></tr></table>

そういえば、田中君、今どうしているんだろう。

그러고 보니, 다나카 군 지금 어떻게 지내고 있을까?

<table><tr><td>それはさておき</td><td>그건 나중에 이야기하고</td></tr></table>

いろいろ話したいこともあるが、それはさておき、本題に入ろう。

여러 가지 하고 싶은 이야기도 있지만, 그건 나중에 이야기하고 본론으로 들어가자.

5) 설명의 접속사

(1) 보충 설명

<table>
<tr><td>すなわち</td><td>즉, 곧, 바꾸어 말하면</td></tr>
</table>

日本の首都、すなわち東京。

일본의 수도, 즉 동경.

<table>
<tr><td>つまり</td><td>결국, 요컨대, 다시 말하면</td></tr>
</table>

ここは物価は高いし、交通便も不便だ。つまり住みにくいところなのだ。

여기는 물가도 비싸고 교통편도 불편하다. 다시 말하면 살기 어려운 곳이다.

<table>
<tr><td>たとえば</td><td>예를 들면</td></tr>
</table>

日本の代表的な食べ物、たとえば、刺身やうどんなど。

일본의 대표적인 음식, 예를 들면 생선회, 우동 등.

<table>
<tr><td>だだし</td><td>단, 단지, 다만</td></tr>
</table>

今晩のパーティーの会費は5000円です。ただし、子供は無料です。

오늘 밤 파티 회비는 5,000엔입니다. 단, 아이는 무료입니다.

<table>
<tr><td>なお</td><td>또한, 더욱, 더구나</td></tr>
</table>

明日またおうかがいします。なお、詳しいことはその時、お話し申し上げます。

내일 또 방문하겠습니다. 또한, 자세한 것은 그때 말씀 드리겠습니다.

<table>
<tr><td>もっとも</td><td>다만</td></tr>
</table>

明日の見学にはみんな参加してください。もっとも病気などの時は別ですが。

내일 가는 견학에는 모두 참가해 주세요. 다만, 아플 때는 예외입니다만.

<table>
<tr><td>ちなみに</td><td>덧붙여 말하면, 이와 관련해</td></tr>
</table>

燃えるゴミは月曜日と木曜日に出してください。ちなみに、燃えないゴミは水曜日です。

가연성 쓰레기는 월요일과 목요일에 내놓아주세요. 덧붙여, 불연성 쓰레기는 수요일입니다.

(2) 이유를 뒤에 설명

<table>
<tr><td>なぜなら</td><td>왜냐하면</td></tr>
</table>

私は日本に行きたいです。なぜなら日本語を習いたいからです。

나는 일본에 가고 싶습니다. 왜냐하면, 일본어를 배우고 싶어서입니다.

彼は犯人じゃないと思う。 なぜなら彼にはアリバイがあるからね。

그는 범인이 아닐 거야. 왜냐하면, 그에게는 알리바이가 있으니까.

というのは	왜냐하면

今度の旅行には行けないんだ。 というのはその日が息子の受験日なんだ。

이번 여행은 못 가. 왜냐하면, 그 날이 아들 입시 날이기 때문이야.

だって	하지만, 그런데, 그래도, 글쎄

A: あら、テレビ消しちゃったの。

　　어! 텔레비전 껐니?

B: だって、つまらないんだもの。

　　글쎄, 재미없단 말이야.

6) 순접의 접속사

- 앞 문장의 내용의 원인이나 이유 등으로 인해 뒤 문장이 일어나는 경우에 사용한다.

(1) 원인·이유

それで	그래서

今日は暇だった。 それで遊びに行った。

오늘은 한가했다. 그래서 놀러 갔다.

そのため（に）	그 때문에, 그래서

あしたは受験日です。 そのため、今日は早く寝ます。

내일은 입시날입니다. 그래서 오늘은 빨리 잡니다.

その結果	그 결과

毎日練習した。 その結果歌が上手になった。

매일 연습했다. 그 결과 노래 실력이 늘었다.

したがって	따라서

この品はあまり高い。 したがってよく売れない。

이 물건은 너무 비싸다. 따라서 잘 팔리지 않는다.

<table><tr><td>それゆえに</td><td>그러므로, 그 때문에</td></tr></table>

彼は自分の能力を過信していた。それゆえに人の忠告を聞かず失敗した。

그는 자신의 능력을 과신하고 있었다. 그 때문에 다른 사람들의 충고를 듣지 않아서 실패했다.

(2) 때, 조건, 장면

<table><tr><td>すると</td><td>그러자</td></tr></table>

私は勉強し始めました。すると弟も勉強をしました。

나는 공부하기 시작했습니다. 그러자 동생도 공부했습니다.

<table><tr><td>それで</td><td>그래서</td></tr></table>

彼女に会いたかった。それで彼女の家へ行った。

그녀를 보고 싶었다. 그래서 그녀의 집으로 갔다.

<table><tr><td>それなら</td><td>그러면, 그렇다면</td></tr></table>

A: これは高いですね。

이것은 비싸군요.

B: それなら、こちらはいかがですか。

그렇다면, 이쪽은 어떻습니까?

<table><tr><td>だったら</td><td>그러면</td></tr></table>

食べないの。だったら、僕がもらうよ。

안 먹니? 그러면 내가 먹는다.

(3) 이야기 요구

<table><tr><td>それで</td><td>그래서</td></tr></table>

A: 昨日が合格発表の日だったんだ。

어제가 합격 발표 날이었어.

B: それで、どうだった？

그래서 어떻게 됐는데?

<table><tr><td>それから</td><td>그리고, 그리고 나서</td></tr></table>

ね、それから、どうしたの？

야, 그리고 어떻게 됐는데?

7) 역접의 접속사

– 앞 문장의 내용과 반대되는 내용이 온다.

(1) 예상외 결과

ところが	그런데

<ruby>遠足<rt>えんそく</rt></ruby>に行った。ところが雨が降り出した。

소풍을 갔다. 그런데 비가 내리기 시작했다.

それが	그런데 말이지

午前中は晴れていた。それが午後から急に雨が降り出した。

오전 내내 날씨가 좋았다. 그런데 말이지, 오후부터 갑자기 비가 내리기 시작했다.

それにひきかえ	그에 반해, 그와 반대로

毎年花は同じように咲くが、それにひきかえ、人は年々変わっていく。

꽃은 매년 변함없이 피지만, 그에 반해 사람은 해마다 변해간다.

それをよそに	그와는 무관하게

親は心配しているが、それをよそに子供は全然勉強しようとしない。

부모는 걱정하고 있지만, 그와는 무관하게 아이는 전혀 공부하려고 하지 않는다.

(2) 원인 · 이유의 역접

それなのに	그런데(도)

1年間一生懸命に勉強した。それなのに<ruby>希望<rt>きぼう</rt></ruby>の大学に入れなかった。

1년간 열심히 공부했다. 그런데 희망하는 대학에 들어가지 못했다.

それにしては	그것에 비해서는

あの店の料理は普通においしいけど、それにしては値段が高いです。

그 식당의 음식 맛은 그냥 보통 수준인데, 맛에 비해서는 음식 값이 비쌉니다.

それにもかかわらず	그럼에도 불구하고

彼は<ruby>肝臓<rt>かんぞう</rt></ruby>が悪い。それにもかかわらず、毎日酒を飲んでいる。

그는 간이 좋지 않다. 그럼에도 불구하고 매일 술을 마신다.

(3) 조건의 역접

<table>
<tr><td>とはいえ</td><td>그렇다고는 해도</td></tr>
</table>

病状は回復に向かっている。とはいえ、安心するわけにはいかない。

병은 쾌차를 보이고 있다. 그렇다고는 해도 안심할 수만은 없다.

<table>
<tr><td>それにしても</td><td>그렇다고는 해도</td></tr>
</table>

A: 彼、遅れると言っていたけど。

그는 늦는다고는 했는데.

B: それにしても、遅すぎるよ。

그렇다고는 해도, 너무 늦네.

3. 부사

1) 습관, 빈도를 나타내는 부사

ときどき	때때로	しばしば	자주, 여러 번, 종종
たびたび	자주, 여러 번	しきりに	끊임없이, 계속
たえず	끊임없이, 줄곧	つねに	항상, 평소에
ときおり	때때로, 이따금	まれに	드물게
よく	자주	しょっちゅう	항상, 언제나, 끊임없이

2) 시간의 길이를 나타내는 부사

しばらく	잠시, 한동안, 오래간만	やや	약간, 조금
ずっと	훨씬	ちょっと	좀
かれこれ	이럭저럭(이러쿵저러쿵)	しゅうし	시종일관, 항상

3) 일이 일어나는 시기에 대한 부사
(1) 짧은 시간 후에 일어나는 일

やがて	이윽고, 곧	さっそく	즉시
そのうち	일간, 머지않아	ただちに	곧, 즉시
たちまち	곧, 금방, 갑자기	まもなく	이윽고, 머지않아
急^{きゅう}に	갑자기	すぐ	곧, 즉시, 금방

(2) 과거에 일어난 일

すでに	이미	かつて	일찍이, 이전에
さきほど	아까, 조금 전	もともと	원래, 본디
もとより	원래부터, 처음부터	かねて	미리, 전부터, 진작부터
さっき	아까, 조금 전		

(3) 사전에 일어나는 일

あらかじめ	사전에, 미리	**前もって**	미리, 사전에

(4) 기타

また	또	**そろそろ**	슬슬
いまさら	새삼스럽게, 이제 와서	**突然** (とつぜん)	돌연, 갑자기
再び (ふたた)	재차, 다시	**いったん**	우선, 잠시, 당장
ぐうぜん	우연히, 뜻밖에, 때마침	**たまたま**	마침, 우연히
ふいと	갑자기, 문득	**ふと**	문득

4) 정도를 표현하는 부사
(1) 정도를 강조

とても	매우	**たいへん**	대단히
極めて (きわ)	지극히, 대단히	**ごく**	극히, 매우
ことに	특히	**すごく**	아주, 몹시
はるかに	훨씬, 매우	**ものすごく**	아주, 몹시
やたらに	함부로, 멋대로, 마구	**何より** (なに)	무엇보다도
むやみに	무턱대고, 마구	**ずっと**	훨씬
ずいぶん	꽤, 상당히	**しみじみ**	절실히, 곰곰이
つくづく	곰곰이, 절실히	**さんざん**	심하게, 몹시, 실컷
じつに	실로, 매우, 아주	**はなはだ**	매우, 대단히, 몹시
ひじょうに	매우, 심히, 대단히		

(2) 정도를 부드럽게 표현

かなり	꽤	**だいぶ**	꽤, 상당히
とりわけ	유달리, 유난히	**なかなか**	상당히, 꽤, 좀처럼
ひたすら	오로지, 일편단심으로	**まあまあ**	그럭저럭
ちょっと	좀, 조금, 약간	**少々**(しょうしょう)	잠깐, 조금

(3) 진행되는 모양

ますます	점점 더, 더욱 더	**もっと**	더, 더욱
いっそう	한층, 더욱 더	**なおさら**	더 한층, 더욱 더
よけいに	더욱, 더한층	**さらに**	더 한층, 더욱 더, 거듭
いかに	어떻게, 어떤 방법으로	**あんなに**	그토록, 저만큼, 그렇게까지
こんなに	이렇게, 이처럼		

5) 수량의 많음, 적음, 한정, 애매함을 나타내는 부사

すっかり	완전히, 전부, 죄다	**すべて**	모두
ほとんど	거의, 대부분, 하마터면	**すこし**	조금
ただ	다만, 단지, 단	**およそ**	대체, 대강
少なくとも	적어도	**せいぜい**	기껏해야, 힘껏
そっくり	전부, 모조리	**たいてい**	대개
ほぼ	거의, 대개	**わずか**	불과, 조금
おおかた	대개, 아마	**おおむね**	대개, 대체로
おおよそ	대략, 약	**ことごとく**	모두, 모조리
うんと	매우, 크게, 훨씬	**だいたい**	대개, 대충, 거의
たった	다만, 겨우, 오직	**みっちり**	철저히, 충분히

6) 사람의 성질이나 태도, 특징을 나타내는 부사

しっかり	단단히, 꽉, 똑바로	はっきり	분명히, 똑똑히, 확실히
あっさり	깨끗이, 간단히, 선선히	からっと	싹, 활짝, 바싹, 확
きちんと	깔끔히, 말쑥이, 말끔히	ねちねち	끈적끈적, 끈질긴 모양
がっしり	튼튼히, 다부지게	ほっそり	홀쭉한 모양, 호리호리
ぺらぺら	(외국어) 술술, 유창하게		

7) 사람의 기분을 나타내는 부사

いそいそ	신명이 나서, 부랴부랴, 서둘러서		
いらいら	안절부절 못하는 모양, 초조해하는 모양		
うかうか	마음이 들뜨다, 무심코, 깜박	うっとり	황홀히, 멍하니, 넋을 잃고
おずおず	머뭇머뭇, 조심조심	おどおど	벌벌, 주저주저, 주뼛주뼛
どきどき	두근두근, 조마조마	のびのび	구김살 없이, 무럭무럭, 쭉쭉
はらはら	조바심 나는 모양, 조마조마	ぴりぴり	신경이 과민해진 상태·모양
ほっと	한숨 놓다, 안심하다	むかむか	메슥메슥, 울컥
むっと	불끈, 화가 치밀지만 꾹 참는 모양	わくわく	두근두근, 울렁울렁

8) 사람의 행동을 나타내는 부사

こっそり	몰래, 살짝	うとうと	조는 모양, 꾸벅꾸벅, 깜박깜박
ぐっすり	깊은 잠을 자는 모양, 푹	さっさと	냉큼냉큼, 척척, 빨랑빨랑
じっと	꼼짝하지 않고, 가만히, 지긋이	すやすや	새근새근
そっと	살그머니, 살짝, 가만히	ぱくぱく	뻐끔뻐끔, 덥석덥석
ひそひそ	소곤소곤, 남몰래	ぶつぶつ	중얼중얼, 투덜투덜
むずむず	좀이 쑤심, 근질근질	はきはきと	시원시원하게
ぶるぶる	(추워서) 덜덜, (무서워서) 벌벌		

9) 소리를 나타내는 부사

くすくす	킥킥, 킬킬	げらげら	큰 소리로 웃는 모양, 껄껄
こそこそ	살금살금, 소곤소곤	しくしく	훌쩍훌쩍
わいわい	와와, 와글와글, 왁자지껄	ブーブー	(돼지) 꿀꿀
わんわん	(개) 멍멍	にゃーお	(고양이) 야옹
ざあざあ	(비가) 좍좍	ぽたぽた	(물이) 뚝뚝

10) 동작에 붙어 기분을 나타내는 부사

あくまで	어디까지나, 끝까지	とにかく	하여간, 어쨌든
ともかく	하여간, 어쨌든	なるべく	되도록, 가능한 한
せっかく	일부러, 모처럼	わざと	일부러, 고의로, 짐짓
いっそ	차라리, 오히려	かえって	오히려, 도리어
むしろ	오히려, 차라리	よほど	상당히, 어지간히

11) 무의식적인 동작을 나타내는 부사

うっかり	깜박, 무심코	思わず	무심코, 엉겁결에

12) 걷는 모습을 나타내는 부사

うろうろ	어슬렁어슬렁, 허둥지둥	ぶらぶら	대롱대롱, 어슬렁어슬렁
のこのこ	태연스레, 뻔뻔스레, 어슬렁어슬렁		

13) 동작이나 일의 진행되는 모습을 나타내는 부사

しっかり	착실히, 열심히	てきぱき	척척
いっしょけんめい	열심히	こつこつ	꾸준히 노력함, 부지런히 함
せっせと	부지런히, 열심히	ゆっくり	천천히, 느긋하게
次第に	점차, 차츰	徐々に	차차, 차츰
だんだん	점점, 차차	どんどん	척척, 일사천리로
みるみる	순식간에	すんなり	술술, 척척, 수월하게
ちゃくちゃくと	착착, 척척	次々	잇달아, 차례로
ぞくぞく	속속, 연이어, 끊임없이	おのずから	저절로, 자연히
ひとりでに	저절로, 자연히	ゆったり	느긋이, 넉넉히

14) 딱 좋거나 여유가 있는 모양을 나타내는 부사

ちょうど	꼭, 정확히, 마침	ぴったり	딱, 꼭, 빈틈없이
きっかり	두드러지게, 꼭, 딱	きっちり	빈틈이 없는, 꽉 들어맞는

15) 부정 표현을 동반하는 부사

とても	도저히, 아무래도	決して	결코
必ずしも	반드시	まるで	전혀, 전연
全然	전혀	敢えて	감히, 굳이, 억지로
強いて	굳이, 억지로	ぜったいに	절대로
そもそも	애당초	たいして	그다지, 별로
どうも	아무래도, 어쩐지	なかなか	상당히, 꽤, 좀처럼
二度と	두 번 다시	別に	별로
まさか	설마	まだ	아직, 이제껏
まるきり	전연, 아주	めったに	좀처럼, 거의
いっさい	일체	とうてい	도저히
いまだに	아직껏, 아직까지도	まんざら	반드시는, 그다지

あまり	오로지, 조금도, 전혀	**なかなか**	좀처럼
ちっとも	조금도, 전연	**ゆめにも**	꿈에도, 전혀, 조금도
ろくに	제대로, 변변히		

16) 의문사가 붙어 반대의 결론을 내는 부사

どうして	어째서, 왜	**なぜ**	어째서, 왜
なんで	어째서, 왜	**はたして**	과연
いったい	도대체, 대관절		

17) 가정형을 동반하는 부사

もし	만약	**かりに**	만일, 가령
たとえ	비록, 가령	**ひょっとすると**	어쩌면
もしかすると	어쩌면	**もしも**	만약, 만일의 경우

18) 「～らしい」, 「～よう」, 「そう」 등의 말을 동반하는 부사

まるで	마치	**いかにも**	정말로, 자못
いまにも	이내, 금방이라도		

19) 희망, 기원 등을 나타내는 부사

どうぞ	부디, 제발, 어서	**ぜひ**	꼭
どうか	제발, 부디, 아무쪼록	**ぜひとも**	꼭, 제발
せめて	최소한, 하다못해	**なにとぞ**	제발, 아무쪼록

20) 완료를 동반하는 부사

もう	이미, 이제, 벌써, 더	とっくに	훨씬 전에

21) 상태를 나타내는 부사

しとしと	(비가) 부슬부슬	ぽたぽた	(물, 땀, 눈물) 똑똑
ころころ	대굴대굴	でこぼこ	울퉁불퉁
ぺこぺこ	배가 몹시 고픔, 굽실굽실	かちかちに	몹시 딱딱함
ぴかぴか	번쩍번쩍, 반짝반짝	びしょびしょ	흠뻑
きらきら	반짝반짝		

22) 보통과 다른 상태를 강조하는 부사

まったく	완전히, 전적으로, 전혀	いちばん	가장, 제일
まさに	바로, 확실히	もっとも	제일, 가장
もっぱら	오로지, 전혀	どうしても	아무리 해도, 꼭
とくに	특히, 특별히	とくべつ	특별히
まことに	참으로, 매우		

23) 추측이나 확신을 나타내는 부사

もちろん	물론	必ず	반드시, 틀림없이
さぞ	아마, 필시	ぜったいに	절대로
たぶん	아마, 대개	おそらく	아마
きっと	꼭, 반드시, 틀림없이	確かに	확실히
どうやら	어쩐지, 간신히		

24) 결과를 예측할 수 있거나 결과가 나온 경우의 부사

とうとう	드디어, 마침내	いよいよ	드디어, 결국
いずれ	어쨌든, 머지않아, 근간	ついに	마침내, 드디어
どうせ	어차피	なにしろ	하여간, 어쨌든
むろん	물론	やっと	겨우, 간신히, 고작
やっぱり	역시	ようやく	겨우, 간신히, 차차
かろうじて	가까스로, 겨우, 간신히	どうにか	겨우, 그런대로, 그럭저럭
結局(けっきょく)	마침내, 끝내, 결국	どっちみち	어쨌든, 결국은

25) 순서를 나타내는 부사

とりあえず	우선, 즉각	ひとまず	우선, 일단
だいいちに	우선, 무엇보다도		

26) 「바꾸어 말하면」의 의미를 가지는 부사

いわば	말하자면, 예컨대	つまり	결국, 즉, 요컨대
ようするに	요컨대, 결국		

27) 관용적인 부사 표현

いかが	어떻게, 어떻습니까, 어떤가	おかげさまで	덕분에
くれぐれも	부디, 아무쪼록, 제발		

28) 그 밖의 부사

一応 (いちおう)	일단, 우선	おもに	주로, 대부분
とかく	하여튼, 이럭저럭	あれこれ	여러 가지로
互いに (たがいに)	서로	ためしに	시험 삼아
どことなく	어딘지 모르게	わりあいに	비교적, 생각보다도
わりに	비교적, 생각보다도	まっすぐ	쭉, 똑바로
ふだん	항상, 평상시	すっと	쑥, 불쑥
いちいち	하나하나	めいめい	각각, 제각기
ついでに	하는 김에	あいにく	공교롭게, 마침
さすが	과연, 듣던 대로	なるほど	정말, 과연
まして	더구나, 하물며		

N1 독해

독해 공부 방법과 문제 유형

1. 독해 고득점을 위한 문제 풀이 필수 전략

① 독해의 모든 해답은 지문 텍스트 안에 있다.

② 모든 지문 텍스트의 후반부에 집중하라.

③ 느낌이나 감을 버리고 근거로 풀어라.

④ 평소 독해 문제를 풀 때 사전을 찾거나 해답을 보지 말고 인내심을 가지고 풀어라.

N1 독해는 대부분 이러한 내용이 출제된다.

① 필자의 주장 및 생각

② 사건의 전개 과정

③ 이야기의 주제 및 화제(소재)

④ 이야기 안에서 제시하는 정보에 대한 이해 및 활용 관련 문제

'독해 문제'란 단어의 뜻을 알고 단어의 조합인 문장을 해석하고 문장의 복합체인 텍스트의 내용을 정확히 파악한 후 질문에서 주어지는 출제자의 의도, 지문 텍스트에 나타나는 필자의 의도 등을 정확히 파악해야만 풀 수 있기 때문에 일본어의 종합적인 능력과 사고가 요구된다.

어떠한 유형의 독해 문제든 공통적으로 가장 중요한 점은 다음과 같다.

> 출제자의 출제 의도 + 지문 텍스트를 쓴 필자의 서술 의도

텍스트는 길이에 따라 단문 텍스트, 중문 텍스트, 장문 텍스트로 나뉘는데, 이 중에서 가장 기본이 되는 것은 단문 텍스트이다. 단문 텍스트가 모여서 중·장문 텍스트가 만들어지기 때문에, 단문 독해를 잘하면 중·장문 독해도 잘할 수 있다. 따라서 독해 문제의 고득점을 원한다면 가장 기본적으로 짧고 알기 쉬운 단문을 신속하게 읽는 습관이 필요하다.

또한 독해 문제는 문제 출제자가 필자의 입장에서 이야기를 전개해 가는 경우가 많다. 출제자의 의도와 필자의 의도가 같은 경우에는 한쪽의 의도만 파악하면 되지

만, 때에 따라서는 출제자의 의도와 필자의 의도가 다를 경우도 있으므로 양쪽의 의도를 모두 파악해야 한다.

능력시험에서는 어떠한 지문 텍스트에서 어떻게 정보를 얻을 수 있을까? 라는 2가지 관점에서 출제된다. 텍스트의 종류로는 설명문 · 해설문, 논설문, 수필, 보도문, 평론, 생활문, 편지문, 사설 외에 실생활에서 흔히 볼 수 있는 연락문, 안내문, 실제 업무에 쓰이는 비즈니스 문서 등의 실용문 등이 있다. 내용은 학습적인 것, 실생활에서 접할 수 있는 실용적인 것, 비즈니스 등 다양하며 특히 실용성이 강조되는 텍스트가 부각되었다.

2. 중 · 장문 독해 문제의 풀이 요령 및 순서

1) 짧은 시간에 집중해서 지문 텍스트 전체를 처음부터 끝까지 속독한다.

지문 텍스트를 처음부터 꼼꼼하게 읽으면 오히려 전체가 제대로 파악이 되지 않는 법이다. 세세한 부분은 문제를 풀 때 해당 부분을 읽으면 된다.

→ 속독을 통해 무엇에 대해 쓰여 있는지 '글의 화제'와 '글의 구성'을 파악해라.

2) 속독을 하면서 연필로 밑줄, 괄호 등의 표시를 한다.

지문 텍스트가 길면 처음에 읽고 이해했던 부분을 잊어버리게 된다. 따라서 밑줄이나 괄호 등으로 중요하거나 모르는 부분에 표시를 해둔다.

3) 설명적 텍스트의 '화제'를 파악한다.

화제란 '필자가 말하고 싶은 것'이기 때문에, 지문 텍스트에 가장 많이 나오는 단어나 표현을 찾으면 된다. 설명적 텍스트의 화제는 지문 텍스트의 첫 문장 또는 초반부에 많이 나온다.

4) 설명적 텍스트의 '구성'을 파악한다.

속독을 하면서 화제와 함께 파악해야 할 것이 텍스트의 구성이다. 세세한 부분은 문제에서 필요할 때 생각하면 되므로, 대강의 구성을 알아두면 된다. 이야기의 흐름이 바뀌는 곳에는 사선(/) 등으로 단락 표시를 해둔다.

5) 다시 한 번 마지막 단락을 간략히 훑어본다.

텍스트의 처음부터 끝까지 표시해가면서 집중해서 읽고 나면 본격적으로 문제로 들어가게 되는데, 바로 그 이전에 마지막 단락을 다시 한번 훑어본다. 그렇게 하면 머릿속에서 '마무리(결론)'를 다시 한번 낼 수 있기 때문에 문제를 풀 때 실마리가 되는 등 많은 도움이 된다.

3. 독해 문제 풀이의 핵심 공략법

新 능력시험의 문제에는 「내용적인 면」에서 6가지 유형의 문제 형태와 「형식적인 면」에서 2가지 유형의 문제 형태, 모두 8가지 유형의 문제 형태가 자주 출제되는데, 각각의 유형에 대한 공략법(풀이 요령)과 독해 문제에 있어서의 올바른 선택지 선택 요령은 다음과 같다. (자세한 설명은 03기타(315P) 참고)

1) 내용적인 측면의 문제

(1) 주제를 묻는 문제

(2) 화제(소재, 글감)를 묻는 문제

(3) 지시어가 가리키고 있는 말을 묻는 문제

(4) 접속어의 쓰임새를 묻는 문제

(5) 단락의 구성을 묻는 문제

(6) 필자의 주장이나 의견을 묻는 문제

2) 형식적인 측면의 문제

(1) 밑줄 관련 문제

(2) 괄호 관련 문제

〈2010년 7월 N1 독해 문제 경향 및 분석〉

問題8 내용 이해 (단문)

단문은 텍스트가 짧은 만큼 적은 표현 안에서 요지나 표현의 의미를 찾아야 하기 때문에 자세하게 봐야만 문제를 풀 수 있다. 그러므로 문장에 있는 접속사나 부사에 주목하여 문제를 풀어나가는 것이 좋을 것이다. 접속사나 부사는 문제를 푸는데 가장 큰 포인트가 될 수 있으므로, 평소에 많이 공부해 둘 필요가 있다.

단문의 내용 이해에는 단어를 주고 그것이 의미하는 바를 묻거나, 글의 요지, 필자의 의도를 묻는 문제가 주로 출제되었다.

(1) 밑줄 친 부분의 내용과 가장 비슷한 내용을 선택지에서 고르는 문제

(2) 중심적인 소재가 되는 표현을 필자가 어떤 의도로 쓰고 있는지를 묻는 문제

(3) 편지문의 관용적인 인사말과 비즈니스 상의 경어 표현을 토대로 내용의 파악과 필자가 이야기하려는 점을 찾아내는 문제

(4) 여러 가지 정보를 주고 그 중에서 무엇이 가장 중요한 부분인지 찾아내는 문제

질문 내용

・〜に最も近いものはどれか。

・筆者が考える〜とは、どのようなものなのか。

・この文書の件名として、(　　　)に入るのはどれか。

・（筆者は）〜と述べているか。

출제된 단어 및 표현

双方	쌍방
疎通させる	소통시킨다
意味合い	동기나 이유로서 배후에 있는 사정
全体像をとらえる	전체상을 파악한다
仕草	표정이나 동작

254

匿名性	익명성
摘発されます	적발됩니다
拝啓/敬具	편지의 첫인사와 마무리 인사, 대응해서 씀

師走の候、ますますご盛栄のこととお喜び申し上げます
12월을 맞아, 더욱 번영하시기를 기원합니다(12월의 편지의 인사말)

日頃より格別のごひいきを賜りありがとうございます
평소부터 각별히 생각해 주셔서 감사합니다

誠に	참으로, 정말로
休業とさせていただきます	휴업하겠습니다
休業明け	휴업이 끝남
あらかじめ	사전에
ご了承くださいますようお願い申し上げます	양해를 부탁 드립니다
ふざけている	장난치고 있다
バランスを測り	밸런스를 가늠해서
試行錯誤を続ける	시행착오를 계속하다
場当たり	즉흥적, 그 장소에서 생각해낸 임시변통
勝ち抜けません	이겨나갈 수 없습니다
感性を磨く	감성을 갈고 닦는다
何はさておき	우선적으로, 먼저
敏感	민감

問題9 내용 이해(중문)

　내용 이해가 목적이므로 논설문과 설명문이 중심이고 주로 필자가 말하고자 하는 것, 본문과 일치하는 것, 밑줄의 말은 어떤 의미인가 하는 전반적인 내용을 이해하고 있는지에 초점을 둔 문제가 많았다. 전체적인 내용을 읽고 이해하는 것이 중요한 문제로, 질문을 읽은 후 다시 텍스트의 세부적인 내용을 살펴보아야 한다.

질문 내용

・〜とあるが、なぜそうなるのか。

・〜筆者は何を述べているか。

・筆者の考えと合っているのはどれか。

・〜のはなぜか／〜のは何のためか。

・正しいものはどれか。

・筆者は〜をどのように説明しているか。

・筆者が〜と考えているのはなぜか。

すりかえてしまう	슬쩍 바꿔 치기 해버리다
聞き上手／話上手	잘 듣는 사람 / 이야기를 잘 하는 사람
寛容な気持ち	관용적인 기분
帳消しになる	상쇄되다
話ぶり	이야기하는 모양
惹かれる	끌리다
投影されるはずだ	투영될 것이다
真似	흉내
堂々としていて	당당해서
渡り鳥	철새
繁殖期	번식기
いのちがけで	목숨을 걸고
おしはかる	추측하다, 헤아리다
気象庁	기상청
報告をもとに、記録をとっているのです	보고를 바탕으로 기록을 하고 있는 것입니다
日照時間にかかわりがある	일조 시간에 관계가 있다
ずれる	빗나가다
長年蓄積された記録	장기간 축적된 기록
つきとめる	밝혀내다, 규명하다
くるいが出る	차질이 생긴다, 착오가 생긴다
短縮	단축

前向き	적극적, 긍정적인 태도
なるほど	과연, 정말
よみがえる	소생하다, 되살아나다
従事	종사

問題10 내용 이해(장문)

장문의 내용 이해 역시 문제의 내용은 중문의 내용 이해와 크게 다르지 않다. '심리학'이나 '감정', '뇌과학' 등의 말이 나와 어렵게 느껴질 수 있는 종류의 설명문이지만, 어려운 표현은 텍스트 아래에 주(注)가 달려 있으므로 겁먹지 말고 차근차근 읽어 내려가면 된다. 모르는 단어가 나오는 경우는 앞뒤의 문맥을 생각하여 유추해 내고, 도저히 유추가 어려울 때는 그곳에 표시를 해놓고 넘어가는 것이 좋다(이는 문제와 관련이 없는 내용인 경우도 있기 때문이다).

장문도 중문과 같이 필자의 의도나 글의 요지를 묻는 문제가 많았다. 따라서 전체적인 흐름에 유의하면서 읽는 것이 좋을 것이다.

질문 내용

· 筆者の言う〜とは何か。

· この文章では、〜を取り上げて何を説明しているか。

· 筆者の述べている〜を以下のようにまとめる場合、（　　　）として適切なのはどれか。

출제된 단어 및 표현

精鋭	정예
取り組んでいます	몰두하고 있습니다
至っていない	도달하지 않았다
しっぽを振る仕草	꼬리를 흔드는 동작
理屈	이치, 논리, 핑계
何気なく	별 생각 없이, 태연하게

　하나의 화제에 대한 상반된 입장의 두 개의 지문을 제시하고, 그들의 공통점과 주장하는 바를 찾는 문제가 출제되었다. 하나의 주제에 대해 반대되는 의견을 내세우고 있으나, 반대되는 의견만 가지고 있는 것은 아니다. 각 주장의 공통점은 자주 나올 수 있는 문제이므로, 그 부분은 항상 체크하는 것이 좋다. 통합 이해에는 세 문제 모두 화자의 주장에 대해 묻는 문제가 출제되었다. 주장을 파악하는 내용에서 상식적으로 옳은 선택지는 항상 함정으로 나오므로, 반드시 선택지의 내용이 본문에 언급된 것인지를 확인하는 작업이 필요하다.

질문 내용

・AとBの認識で共通しているのは何か。

・〜について、Bが批判しているのはどのようなことか。

・AとBの二つの文章を以下のようにまとめる場合、①と②には入るものの組み合わせとして適切なのはどれか。

출제된 단어 및 표현

眉をひそめる	(불쾌해서) 눈살을 찌푸리다
きれいごと	실속 없는 겉치레
過当競争のさなかにある	지나친 경쟁의 한가운데 있다
まだ解る	그나마 이해할 수 있다
奇妙	기묘
いつとはなしに	어느 사이에, 언제인지 모르게
なんとなく	어쩐지, 무심코

　주장 이해는 필자가 주장하는 것을 제대로 파악할 수 있는지를 보기 위한 문제이다. 텍스트가 길어서 세밀히 한 부분만 보고 풀 수 있는 문제가 아닌 경우가 많으므로, 문제를 먼저 읽고 주의 깊게 보아야 할 부분을 체크해 놓고 텍스트를 읽는 것이 좋다.

질문 내용

・〜の説明として本文の内容と合っているものはどれか。

・〜とあるが、〜とは何を指しているか。

・〜とあるが、どういうことか。

・この文章で筆者が最も言いたいことはどれか。

출제된 단어 및 표현

心がけてる	유의하고 있다
愕然（がくぜん）とした	깜짝 놀랐다
脅かされるほどの	위협받을 정도의
割り切る	단순 명쾌하게 결론을 내다, 깨끗하게 받아들이다
なし遂げる	성취하다, 완수하다
得策	상책
身につかない	익혀지지 않는다, 몸에 배지 않는다
化ける	둔갑하다, 변장하다
人脈を培い	인맥을 키워
釣り合わない	어울리지 않는다
結びつく	맺어지다, 결합하다

정보 검색 문제는 지문형 문제로 여러가지 항목이 조목별로 쓰여 있는 것 (箇条書き)
이 특징이다. 따라서 시험 문제의 지문 텍스트로는 익숙하지 않을 수도 있으나, 필요한
정보만 제대로 읽어내면 되므로 당황하지 않아도 된다. 지문 텍스트를 훑어보고 나서
문제를 읽고 질문에서 요구하는 제보내용 부분을 침착하게 읽어나가면 답이 보일 것이
다. 문제와 직접적으로 상관 없는 부분도 상당수 있으나, 마지막 문제이니만큼 시간이
남는다면 모두 푼 후에 전체를 다시 한 번 살펴보는 것도 좋을 것이다.

질문 내용

・制作した以下の作品のうち、応募できるのはどれか。

・〜を知るには、どうしたらよいか。

출제된 단어 및 표현

〜可	〜가능
1人1点に限ります	한 사람 1점으로 한정합니다
および	및
下旬	하순

02 문제별 풀이 요령

1. 단문 내용 이해

1) 개요

일상 생활이나 업무 등 다양한 분야의 화제를 토대로 한 글 또는 설명문, 지시문 등으로 출제되는 지문 텍스트(글)를 읽고 내용을 이해할 수 있는지를 묻는 문제이다.

(1) 텍스트의 길이: 150자~200자(5줄~7줄)정도

(2) 지문 텍스트 수: 4개

(3) 출제 문항 수: 4문항(텍스트 1개당 1문제)

(4) 질문 내용의 종류

① 필자의 주장 및 심정 추론

② 글의 소재에 대한 화자의 생각

③ 글의 내용과 일치하는 선택지 고르기

④ 지시 내용에 대한 의미나 이유

⑤ 괄호 안에 적당한 말 넣기

(5) 풀이 요령

① 질문 내용이 무엇인지를 파악하고 지문 텍스트에서 정답을 찾는다는 생각으로 신중하게 읽는다.

② 첫 문장 또는 텍스트의 초반부에 글의 내용의 화제가 오고, 내용의 중간쯤부터 화자가 말하려는 핵심 내용이 나온다.

③ 핵심 내용이 시작될 때는 화제 전환을 나타내는 접속사 등을 사용하는 경우가 많으며, 화자의 주장 등을 나타내는 문장은 주로 주관적인 표현을 나타내는 문말 표현(のだ 등)이 문장의 끝에 온다.

④ 지문이 짧기 때문에 되도록 문제 풀이하는데 시간을 절약해야 하며, 반드시 한 번 읽고 정답을 고를 수 있도록 질문 내용에 따른 텍스트의 내용을 확실히 파악한다.

2) 세부 유형

(1) 필자의 주장 및 심정 추론 문제

次の文章を読んで、後の問いに対する答えとして最もよいものを、1・2・3・4から
一つ選びなさい。

　2005年4月1日から「個人情報の保護に関する法律」等が全面的に施行さ
れ、個人情報保護への関心が急速に高まり、一種のフィーバー状態となった。
おかげで企業の管理意識が徹底すると同時に、個人にも権利意識が高まり、好
結果をもたらしている。
　ところが一方では、この法律に対する誤解や過剰反応ともいった事態が発生
している。自治体が保有する要援護者名簿や、小中学校の学級緊急連絡網リス
トまでが、拡大解釈で作成できなくなるといった事態も起きているのである。

예제 1　筆者がこの文章で一番言いたいことは何か。

　1 企業や自治体レベルでの個人情報の保護を更に徹底しよう。
　2「個人情報の保護に関する法律」の趣旨を正しく理解しよう。
　3 誤解が生じないような「個人情報の保護に関する法律」を改正しよう。
　4 個人情報の保護への関心を高め、市民の権利意識を育てよう。

Check Point

① 첫 문장: 글의 화제 제시(「個人情報の保護に関する法律」 等が全面的に施行され〜)
　 중반부: 화제의 전환(ところが一方では、〜)

② '개인 정보의 보호에 관한 법률' 전면 시행을 화제로 꺼내고, 중반부 이후부터 법률 시행의 문제점을 제시하고 있다. 즉, 글을 통해 독자에게 '법률 시행의 취지에 대한 올바른 이해'를 바라는 화자의 주장이 나타나 있다.

③ 참고 　화자의 주장을 찾기 위해 텍스트 중 · 후반부에서 주목해야 할 표현
- 문말 표현: と思う、のだ(のである、のであった)、ようだ
- 접속사류: ところが、したがって、それに対して
- 부사류: つまり、要するに、こうして

결과

따라서 정답은 화자의 의도 및 주장을 나타낸 2번 「個人情報の保護に関する法律」の趣旨を正しく理解しよう이다.

본문 해석

　　2005년 4월 1일부터 '개인정보의 보호에 관한 법률' 등이 전면적으로 실행되어, 개인정보 보호에 대한 관심이 급속히 높아져, 일종의 광분 상태가 되었다. 덕분에 기업의 관리 의식이 철저해지는 것과 동시에 개인의 권리 의식도 고조되어 좋은 결과를 가져오고 있다.

　　하지만 한편으로는 이 법률에 대한 오해나 과잉반응이라고도 할 수 있는 사태가 발생하고 있다. 자치체가 보유하고 있는 원조가 필요한 사람의 명부나, 초 · 중학교 학급의 긴급 연락망에까지 확대 해석되어 그것을 작성할 수 없게 되는 등의 사태도 벌어지고 있는 것이다.

예제1　필자가 이 문장에서 가장 강조하고 있는 바는 무엇인가?

　　　　1　기업 및 자치체 레벨에서의 개인정보 보호를 철저히 하자.

　　　　2　'개인정보 보호에 관한 법률'의 취지를 올바르게 이해하자.

　　　　3　오해가 생기지 않도록 '개인정보 보호에 관한 법률'을 개정하자.

　　　　4　개인정보 보호에의 관심을 고조시켜, 시민의 권리 의식을 키우자.

 **보호(ほご)** 보호 ｜ **施行(しこう)** 시행

次の文章を読んで、後の問いに対する答えとして最もよいものを、1・2・3・4から一つ選びなさい。

　親と子の心を通い合わせ、子どもの成長を助けるのには、コミュニケーションが大事である。そのひとつが能動的な聞き方である。能動的な聞き方は、子どもに自分の気持ちを言わせ、親が黙って聞いている受動的な聞き方とは違い、親が自分が子どもから聞いたことを子どもに返すことによって、自分がほんとうに子どもの言ったことを理解したということを能動的に表現する。親は自分の言葉で、子どものメッセージの意味を実際にフィードバックして、子どもにこれをわからせる。

예제 2　筆者のいう「能動的な聞き方」というのは、次のどれか。
1 子どもに自分の気持ちを十分に言わせ、親がよく聞いてやること。
2 子どもの言ったことの意味を、親として常に理解しようと努力すること。
3 子どもから聞いたことの意味を、親が自分の言葉で子どもに返してやること。
4 子どもが言ったことを理解したということを、親が動作で表現すること。

이렇게 풀어라!

① 키워드인 「能動的な聞き方」에 대한 화자의 생각을 묻는 질문이므로, 반대 개념인 「受動的な聞き方」의 설명 이후의 내용에 주목한다.

② 내용을 살펴보면 '부모가 자식으로부터 들은 것을 자식에게 다시 이야기 해주는 것'이라는 내용이 정답과 연결된다.

결과

따라서 정답은 3번 「子どもから聞いたことの意味を、親が自分の言葉で子どもに返してやること」이다.

본문 해석

　　부모와 아이가 서로 마음을 교감하고, 아이의 성장을 돕는데는 커뮤니케이션이 중요하다. 그 중 하나가 능동적인 청취 방법이다. 능동적인 청취 방법이란, 아이에게 자신의 기분을 말하게 하고 부모가 조용히 듣기만 하는 수동적인 청취 방법과는 달리, 부모가 아이에게 들은 것을 아이에게 다시 되물음으로 인해, 자신이 정말로 아이의 말을 이해했다는 것을 능동적으로 표현한다. 부모는 자신의 말로 아이가 말하는 메시지의 의미를 실제로 피드백해서 아이에게 그것(아이의 말을 이해했다고 하는 것)을 알 수 있게 한다.

　　예제2　필자가 말하는 '능동적인 듣기'는 다음 중 어느 것인가?

　　　　1　아이에게 자신의 기분을 충분히 말하게 하고, 부모가 잘 들어주는 것

　　　　2　아이가 말한 의미를 부모로서 항상 이해하려고 노력하는 것

　　　　3　아이로부터 들은 말의 의미를 부모가 자신의 말로 아이에게 되묻는 것

　　　　4　아이가 말한 것을 이해했다는 것을 부모가 동작으로 표현하는 것

次の文章を読んで、後の問いに対する答えとして最もよいものを、1・2・3・4から一つ選びなさい。

> 古来日本人の自然観として最も特徴的なことは、人間と自然とを対立した立場におくのではなく、人間自身がその中にいて、またその中で生きている世界そのものであると考えることです。絵画を例にすると、西洋の絵画では肖像画が主流として描かれ、自然の風景なども人物の背景とされることがほとんどでした。一方、日本画は古くから自然がそのままテーマとして描かれることが多く、人物を描きこむにしても、やや遠巻きで、周囲の景色に溶け込ませた形で描くことがほとんどです。

예제 3　この文章の内容と合っているのはどれか。
1 日本人は、人間を自然の一部と考えている。
2 日本人は、人間を中心にして自然を考えている。
3 日本人は、人間と自然は対立するものと考えている。
4 日本人は、自然あっての人間と考えている。

Check Point

① 이 텍스트는 '고대 일본인의 자연관'에 대한 필자의 생각을 말하고 있다. 이는 초반부에 서 설명하고 있는 '인간은 자연 안에 있고, 자연 속에서 살아가고 있다'라는 내용으로 이 내용이 정답과 연결된다.

② 마지막 문장인 '일본인은 사람을 그린다 해도 주위(자연)의 경치에 동화시킨 형태로 그림 을 그린다'라는 내용에서도 자연과 사람을 동등하게 생각하며 사람이 자연 속에 융화되 어 산다는 것을 주장하고 있음을 알 수 있다.

③ 4번 「日本人は、自然あっての人間と考えている」도 헷갈릴 수 있으나, 이는 바꾸어 말하면 '인간은 자연에 종속되어 있다'는 뜻이므로 화자의 생각보다 훨씬 과장된 내용이 기 때문에 정답이 될 수 없다.

④ 참고 답이 되는 선택지의 내용은 일반적으로 글의 요약이나 필자의 생각일 경우가 많다. 따라서 지문 텍스트를 읽어 내려가면서 필자의 의견, 생각, 강조하는 내용이라고 생각되 는 부분을 체크해 놓는다.

📝 결과

화자의 주장이기도 하면서 텍스트의 내용과 일치하는 문장은 1번 「日本人は、人間を自然 の一部と考えている」임을 알 수 있다.

본문 해석

고대 일본인의 자연관으로 가장 특징적인 것은 인간과 자연을 대립적인 입장으로 보지 않고, 인 간 스스로가 그 안에 있고 또 그 안에서 살고 있는 세계 그 자체라고 생각하는 것입니다. 그림을 예 로 들면, 서양의 그림은 초상화가 주류를 이루어 자연의 풍경 등도 인물의 배경으로 취급되는 일이 대부분이었습니다. 한편, 일본의 그림은 옛날부터 자연 그 자체를 테마로 해서 그려지는 일이 많고, 인물을 그려 넣는다고 해도 조금 멀찍이, 주위의 풍경에 녹아 들게 하는 형태로 그리는 것이 대부분 입니다.

예제3 이 문장의 내용과 일치하는 것은 어느 것인가?

　1　일본인은 인간을 자연의 일부라고 생각하고 있다.

　2　일본인은 인간을 중심으로 자연을 생각하고 있다.

　3　일본인은 인간과 자연은 대립하는 것으로 생각하고 있다.

　4　일본인은 자연이 있으므로 비로소 인간이 있다고 생각하고 있다.

　食育上の問題点の一つとして上げられるのが、現在の<u>日本人の食への意識の低下</u>である。食糧自給率が40％足らずであり、海外からの輸入量は毎年5800万トンなのに対し、食糧廃棄量は毎年に1940万トンに達している。実に三分の一以上の食料がむげに捨てられているということである。しかも、廃棄される主な理由が、市場での「食品の売れ残り」、家庭では「古くなって食べたくない」や「製造年月日が古い」、「少しあまった」である。

예제 4　筆者が言う「日本人の食への意識の低下」とは、具体的には何を表しているか。
1 食べ物を粗末にしていること
2 海外から大量の食料を輸入していること
3 古くなった食べ物を棄てていること
4 食糧自給率を上げる取り組みが不十分なこと

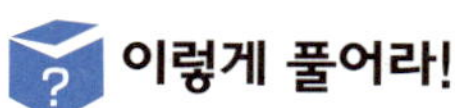 **이렇게 풀어라!**

① 「日本人の食への意識の低下」란 구체적으로 무엇인가를 묻는 문제로, 음식물에 대한 의식 저하를 아우를 수 있는 내용을 찾는다.

② 후반부에 음식물이 버려지는 구체적인 예가 나와 있는데, 식료를 아끼지 않고 소홀히 취급한다는 내용이므로 이에 해당하는 선택지를 찾는다.

③ 3번은 '오래된 음식물 버리는 것'이라는 내용으로, '음식물에 대한 의식 저하'의 하나의 예시에 해당되지만 전체를 아우를 수 있는 내용은 아니므로 정답에서 제외된다.

 결과

따라서 전체를 아우를 수 있는 내용은 1번 「食べ物を粗末にしていること」 임을 알 수 있다.

본문 해석

음식 교육 상의 문제점의 하나로 이야기되는 것이 현재 일본인의 음식에 대한 의식저하이다. 식량 자급률이 40%가 되지 않고 해외로부터의 수입량은 매년 5800만 톤인데 반해, 식량 폐기율은 매년 1940만 톤에 달하고 있다. 의심할 여지없이 3분의 1이상의 식량이 쓸데없이 버려지고 있는 것이다. 게다가 폐기되는 주된 이유가 시장에서는 '팔고 남아서', 가정에서는 '오래되어서 먹고 싶지 않다'거나 '제조일자가 오래되었다', '조금 남았다' 이다.

예제 4 필자가 말하는 '일본인의 음식에 대한 의식 저하'란, 구체적으로 어떤 것을 말하는가?

　　　1 먹을 것을 소홀히 취급하고 있는 것

　　　2 해외에서 대량의 식량을 수입하고 있는 것

　　　3 오래된 음식을 버리고 있는 것

　　　4 식량 자급률을 올리기 위한 대처가 충분치 않은 것

단어 도우미 **粗末(そまつ)** 허술함, 변변치 못함 ┃ **食育(しょくいく)** 음식 및 식량에 대한 교육

人間は、本能的に何らかの (注1)刺激を求めるのではないだろうか。その刺激のひとつは味であり、また、味以外のものもある。今、この刺激ということばを、人間の嗜好(しこう)といったものにいいかえてみると興味ある事実がいくつも出てくる。

さて、嗜好品というものを考えてみよう。嗜好品はかならず刺激というものをもっているのが発見できるだろう。味では、塩味や甘味はつねにないとどうにもならない味であるが、苦味や酸味は、ときどきそれを味わうことで、刺激として感じる。香辛料のピリリとした辛さなども刺激のひとつだ。アルコール飲料も同じである。

また、こういった嗜好品をたしなむ (注2)場合、その刺激が強いほど満足感がえられる。そしてその刺激が、生きることのひとつの大きな刺激となってはね返ってくる。酒がなくて何が人生ぞなどということばは、あきらかに酒という嗜好品が、生きることへの（　　　　）を与えているひとつの証拠とみてもよいだろう。

（河野友美『味と文化』による）

（注1）何らかの：何かの

（注2）～をたしなむ：～が好きで親しむ

예제 5　（　　　　）に入る最も適当な言葉はどれか。
　　　　1 興味　　　　　2 嗜好（しこう）　　　　3 刺激　　　　4 満足感

Check Point

① 첫 번째 문장 「人間は、本能的に何らかの刺激を求めるのではないだろうか」 를 보면 「刺激」가 이 글의 화제임을 알 수 있다.

② 괄호를 중심으로 앞뒤를 해석하면 '분명히 술이라는 기호품이 살아가는데 있어서의 (　)을 주는 하나의 증거로 보아도 좋을 것이다.' 라는 내용이다. 또한 괄호 문장의 앞 문장을 보면 '(기호품이 주는) 그 자극이 살아가는데 있어서의 하나의 큰 자극으로 되돌아온다'라는 내용이다.

③ 위의 내용을 종합해보면 괄호에 들어갈 말이 「刺激」임을 알 수 있다.

④ 참고 (　)에 들어갈 알맞은 하나의 단어나 표현(대부분 명사)을 고르는 문제는 선택지에 제시된 단어 중 지문 텍스트 내용에 가장 많이 나오는 단어를 선택하면 정답일 경우가 많다.

결과

따라서 정답은 3번 「刺激」 이다.

본문 해석

　　인간은 본능적으로 무언가의 자극을 원하는 것이 아닐까? 그 자극의 하나는 맛이며, 또 맛 이외의 것도 있다. 지금 이 자극이라는 말을 인간의 기호라는 말로 바꾸어보면 여러 가지 흥미로운 사실이 나온다.

　　그러면 기호품이라는 것을 생각해 보자. 기호품은 반드시 자극을 가지고 있다는 것을 발견할 수 있을 것이다. 맛으로 말하자면, 짠맛이나 단맛은 늘 있어야 하는 맛이지만, 쓴맛이나 신맛은 가끔씩 먹는 것으로 자극으로 느낀다. 향신료의 얼얼하게 매운 맛 같은 것도 자극의 일종이다. 알코올 음료도 마찬가지이다.

　　또 이러한 기호품을 즐길 경우, 그 자극이 강하면 강할수록 만족감을 느낄 수 있다. 그리고 그 자극이 살아가는 것의 하나의 커다란 자극이 되어 돌아온다. 술이 없어서 '무엇이 인생이란 말인가' 라는 말은, 분명히 술이라는 기호품이 삶의 (　)을 주고 있는 하나의 증거로 보아도 좋을 것이다.

　　예제5 (　　)에 들어갈 가장 적당한 말은 어느 것인가?

　　1 흥미　　　2 기호　　　3 자극　　　4 만족감

2. 중문 내용 이해

1) 개요

평론, 수필, 해설 등으로 출제되는 지문 텍스트를 읽고 내용의 인과 관계나 이유를 이해할 수 있는지를 묻는 문제이다.

(1) 텍스트의 길이: 500자(10줄~14줄)정도

(2) 지문 텍스트 수: 3개(또는 2개)

(3) 출제 문항 수: 9문항(텍스트 1개당 3문제)

(4) 질문 내용의 종류

① 필자의 생각 및 주장

② 내용간의 인과 관계나 이유

③ 글의 요약

④ 글의 세부적인 포인트

⑤ 해당 내용의 문맥에서의 의미

(5) 풀이 요령

① 먼저 텍스트를 빠른 속도로 읽고 전체의 내용을 대충 파악한다.

② 그리고 문제문을 보고 필요한 부분을 좀 더 자세하게 읽고 이해한다.

③ 필요한 부분을 읽을 때는 전체 내용과 비교하면서 읽는다.

④ 몇 개의 단락으로 나누어져 있으므로 단락별 요약과 초점을 파악해야 하는 경우도 있다.

2) 세부 유형

(1) 필자의 생각 및 주장 또는 글의 개요를 묻는 문제

 화자의 생각 또는 의견, 텍스트 전체의 요약 및 요점을 묻는 등 텍스트 전체의
내용이나 줄거리를 얼마나 정확하게 파악하고 있는지를 묻는 유형

次の文章を読んで、後の問いに対する答えとして最もよいものを、1・2・3・4から
一つ選びなさい。

クローン (注1)家畜は食糧難の解決という目的があるが、クローン人間は
食糧目的で作られるわけではない。今、最大の焦点となっているのは、「
臓器移植のためのクローン人間開発」である。

現在のクローン技術では臓器だけを作ることはできないために、クロー
ン人間を作って、その人体から臓器を取り出すということになる。だが、
ここで問題が起こる。なぜなら、クローン人間であっても、生まれた人間
から臓器を取れば殺人になるからである。そこで考えられているのが、（
ア　）という計画なのである。脳のない人間は「死体」であるという解釈を
とれば、その「死体」から臓器の摘出しても、普通の行われている臓器摘
出と変わらず、殺人ではないことになる。

しかし、人間の細胞をもとに、人間とは呼べない不完全な人間を作ると
いうことは、家畜の品種改良やクローン家畜とは次元の異なる問題であ
る。クローン人間はクローン技術によって生まれたという点以外は、普通
の人間である。クローン人間だと知られなければ、家庭を持ち、普通の市
民生活を送ることもできる。その人間を、臓器だけを利用するために、敢
えて問題が生じないように、あらかじめ脳を奪って製造しようというので
あり、倫理上の問題を避けて通れない。（　　　　イ　　　　　）。

（注1）クローン：遺伝的に同一である個体や細胞の集合

例題1 （　ア　）に入るものとして、最も適当なのはどれか。
1 クローン技術で臓器だけを作る
2 脳のないクローン人間をつくる
3 人体から臓器を取り出す
4 「死体」から臓器の摘出する

例題2 （　イ　）に入るものとして、最も適当なのはどれか。
1 このように、歴史の浅い遺伝子組み替え技術に関しては、まだ未知の
　領域が残っている。
2 7割以上の人は、クローン人間はそうでない人間と同等に扱われない
　と予想している。
3 クローン技術は特別なものではなく、遺伝子組み替えや体外受精と同
　じ、自然のメカニズムを利用した一つの技術である。
4 しかもここには、クローン人間をそうでない人間のための道具として
　利用しようという意図が潜んでいるのである。

例題3 この文章は何について論じているものか。
1 現代のクローン技術はどこまできたか
2 クローン人間に対する差別の構造
3 クローン家畜とクローン人間の違い
4 クローン人間を作ることは許されるか

예제 1　（　ア　）に入るものとして、最も適当なのはどれか。

1　クローン技術で臓器だけを作る

2　脳のないクローン人間をつくる

3　人体から臓器を取り出す

4　「死体」から臓器の摘出する

Check Point

① 괄호 문제는 빈칸의 앞이나 뒤 문장에 정답에 연관되는 힌트가 나오는 경우가 많다.

② 이 경우는 괄호의 뒤 문장을 보면, '뇌가 없는 인간은 시체와 같다'라는 내용이 나오는데, '뇌가 없다'라는 내용이 힌트가 된다.

③ 또한 빈칸에 들어갈 내용은 마지막 문장인 「あらかじめ脳を奪って製造しようというのであり」에서도 '脳を奪って製造'가 정답과 관련된 내용임을 확인할 수 있다.

 결과

위의 내용을 종합하면 정답은 2번 「脳のないクローン人間をつくる」임을 알 수 있다.

 （　イ　）に入るものとして、最も適当なのはどれか。

1 このように、歴史の浅い遺伝子組み替え技術に関しては、まだ未
　知の領域が残っている。

2 7割以上の人は、クローン人間はそうでない人間と同等に扱われな
　いと予想している。

3 クローン技術は特別なものではなく、遺伝子組み替えや体外受精
　と同じ、自然のメカニズムを利用した一つの技術である。

4 しかもここには、クローン人間をそうでない人間のための道具と
　して利用しようという意図が潜んでいるのである。

Check Point

① 이 문제는 괄호 문제이지만 글의 마지막 부분에 오는데다가 하나의 문장이 들어가야 하
므로, 전반적인 내용을 알지 못하면 풀기 어렵다.

② 셋째 단락의 내용, 특히 괄호 앞 문장을 보면 필자는 '클론(clone) 인간' 개발에 부정적인
생각을 가지고 있으므로 괄호에도 부정적인 내용이 와야 한다.

③ 선택지 1, 2, 3번은 직접적으로 '클론 인간' 개발에 부정적인 생각을 나타내는 내용이 아
니므로 정답에서 제외된다.

④ 「しかも(게다가)」로 시작하는 선택지 4번은 '클론 인간을 그렇지 않은 보통 인간을 위
한 도구로 이용하려고 하는 의도가 숨어 있다'는 내용으로, '클론 인간' 개발에 부정적인
생각을 나타낸다.

결과

따라서 정답은 4번 「しかもここには、クローン人間をそうでない人間のための道具と
して利用しようという意図が潜んでいるのである。」이다.

단어 도우미 | 領域（りょういき）영역 | 潜（ひそ）む 숨다, 잠재하다

예제 3 この文章は何について論じているものか。

1 現代のクローン技術はどこまできたか

2 クローン人間に対する差別の構造

3 クローン家畜とクローン人間の違い

4 クローン人間を作ることは許されるか

Check Point

① 첫 번째 단락 마지막 부분에 이 글의 화제에 해당하는 「臓器移植のためのクローン人間開発」가 나와 있다.

② 두 번째 단락에는 「クローン人間開発」에 대한 문제점이 나와 있다.

③ 위의 내용을 종합하면 필자는 '클론 인간' 개발에는 문제점이 많으므로 '과연 개발이 가능할지?'를 논하고 있다는 것을 알 수 있다.

결과

이 글을 통해 필자는 '클론 인간' 개발이 불투명하다는 것을 논하고 있으므로, 정답은 4번 「クローン人間を作ることは許されるか」이다.

복제 가축은 식량난 해결이라는 목적이 있지만, 복제 인간은 식량을 목적으로 만들어지는 것이 아니다. 지금 최대의 초점이 되고 있는 것은 '장기이식을 위한 복제 인간 개발'이다.

현재의 복제 기술로는 장기만을 만드는 것을 불가능하기 때문에 복제 인간을 만들어 그 몸으로 부터 장기를 꺼내게 된다. 하지만 여기서 문제가 생긴다. 왜냐하면 복제 인간이라도 생명이 있는 인간으로부터 장기를 적출하면 살인이 되기 때문이다. 그래서 생각하게 된 것이, (ㄱ)라는 계획이다. 뇌가 없는 인간은 '시체'라는 해석을 하면, 그 '시체'로부터 장기를 적출하더라도 보통의 장기 적출 수술과 다르지 않아, 살인이 아니게 된다.

하지만 인간의 세포를 근원으로 인간이라고는 부를 수 없는 불완전한 인간을 만든다는 것은 가축의 품종 개량이나 복제 가축과는 차원이 다른 문제이다. 복제 인간은 복제 기술에 의해 태어난다는 점 이외에는 보통의 인간이다. 복제 인간이라는 것이 알려지지 않는다면, 가정을 꾸리고 보통의 시민 생활을 할 수도 있다. 그러한 인간을 장기만을 이용하기 위해 일부러 문제가 생기지 않도록 처음부터 뇌가 없는 상태로 제조하려고 하는 것이며, 윤리상의 문제를 피할 수는 없을 것이다.

(　　　　　ㄴ　　　　　).

예제1 (ㄱ)에 들어갈 말로 가장 적당한 것은 무엇인가?

    1　복제 기술로 장기만을 만든다.

    2　뇌가 없는 복제 인간을 만든다.

    3　인체에서 장기를 꺼낸다.

    4　'시체'에서 장기를 적출한다.

예제 2   (イ)에 들어갈 말로 가장 적당한 것은 무엇인가?

1   이렇게 역사가 짧은 유전자 조작 기술에 관해서는 아직 미지의 영역이 남아있다.

2   7할 이상의 사람은 복제 인간은 그렇지 않은 인간과 동등하게 취급되지 않을 것이라고 예상하고 있다.

3   복제 기술은 특별한 것이 아니라 유전자 조작이나 체외수정과 같이 자연의 메커니즘을 이용한 하나의 기술이다.

4   게다가 여기에는 복제 인간을 그렇지 않은 인간을 위한 도구로 이용하려고 하는 의도가 숨겨져 있는 것이다.

예제 3   이 문장은 무엇에 대해 논하고 있는가?

1   현대의 복제기술은 어디까지 왔는가

2   복제 인간에 재한 차별의 구조

3   복제 가축과 복제인간의 차이

4   복제 인간을 만드는 것은 용서받을 일인가

(2) 글의 세부적인 포인트를 묻는 문제가 중심이 되는 유형

출제의도 텍스트 전체의 내용이나 줄거리 등 개괄적인 내용의 파악보다 세부적인 내용을 얼마나 정확하게 파악하고 있는지를 묻는 문제 유형

次の文章を読んで、後の問いに対する答えとして、最もよいものを1、2、3、4から一つ選びなさい。

　最近クラゲが増え始めています。海一面がクラゲで覆われている映像を、テレビなどで見たことはありませんか。クラゲは主に海水温の高い夏から秋に出現しますが、最近は夏ばかりでなく、どの季節でもクラゲが見られるようになってきました。その原因の一つに温暖化の影響があると言われています。例えば 1)ミズクラゲですが、通常は春から秋に見られ、瀬戸内海では越冬できないと言われていました。広島大学の上真一先生の話では、広島湾では海水温11度以上が越冬可能な水温のようです。しかし、最近は真冬でも11度を下回ることが少なく、ミズクラゲは真冬でも見られるようになってきました。日本海側でも同じような現象が起こっています。

　昔から、「クラゲがたくさん捕れる年は（　ア　）あり」と言うことわざがあります。「クラゲがたくさん捕れる」のは「海水温が高い」とも言えます。海水温が高いと、海面上の水蒸気の量が増えることになります。その海面上へ寒気が流れ込んでくると、多量の水蒸気により雪雲が発達し、雪の量がいつもよりも多くなるのです。これはかなり確率の高いことわざです。

（南利幸「ことわざから読み解く天気予報」＜日本放送出版協会＞より）

1)「ミズクラゲですが、通常は春から秋に見られ、瀬戸内海では越冬で
きないと言われていました」とあるが、ミズクラゲが瀬戸内海で越冬
できないと言われていたのはなぜか。
1 地球が温暖化して、瀬戸内海の海水温が年々高くなっているから。
2 冬の瀬戸内海の海水温は、長い間11度以下になっていたから。
3 瀬戸内海の海水温が、真冬でも11度を下回ることが少なくなったから。
4 最近、冬の瀬戸内海の海水温が11度を上回ることが多いから。

(　ア　)に入るものとして、最も適当なのはどれか。
1 大雨　　　　2 地震　　　　　3 猛暑　　　　　4 大雪

예제 4　1) 「ミズクラゲですが、通常は春から秋に見られ、瀬戸内海では越冬できないと言われていました」とあるが、ミズクラゲが瀬戸内海で越冬できないと言われていたのはなぜか。
　1 地球が温暖化して、瀬戸内海の海水温が年々高くなっているから。
　2 冬の瀬戸内海の海水温は、長い間11度以下になっていたから。
　3 瀬戸内海の海水温が、真冬でも11度を下回ることが少なくなったから。
　4 最近、冬の瀬戸内海の海水温が11度を上回ることが多いから。

Check Point

① 지시어(これ, その 등)가 없는 밑줄 문제는 대부분 밑줄 문장의 뒤에 오는 문장에서 정답 관련 힌트를 찾는다.
② 이 문제는 보름달 물해파리는 보통 봄에서 가을까지 볼 수 있고, 세토나이카이에서는 월동할 수 없다고 하는데 그 이유가 무엇인지를 묻고 있다.
③ 밑줄 뒤 문장을 보면 해파리가 월동 가능한 해수 온도는 11도 이상이라는 내용이 나오므로, 그 내용을 토대로 정답을 알 수 있다.

📝 결과

따라서 정답은 2번 「冬の瀬戸内海の海水温は、長い間11度以下になっていたから」이다.

단어 도우미　**通常(つうじょう)** 통상, 보통 ｜ **越冬(えっとう)** 월동(겨울을 넘김)

Check Point

① 괄호 문제도 밑줄 문제와 비슷해서 뒤에 오는 내용에서 정답과 관련된 힌트를 찾는다.

② 이 문제는 '해파리가 많이 잡히는 해는 (　　　) 있다'라는 일본 속담의 빈칸에 올 수 있는 말을 찾는 문장이다.

③ 괄호 뒤에 오는 내용의 연관 관계를 정리하면 다음과 같다.

해파리가 많이 잡힌다 = 해수 온도가 높다 = 수증기 양이 증가한다 = 다량의 수증기에 의해 눈구름이 발달한다 = 눈의 양이 평소보다 많아진다

결과

결국 '해파리가 많이 잡힌다'는 것은 '눈의 양이 많아진다'는 내용과 연결되므로, 정답은 4번 「大雪」 이다.

단어 도우미　**猛暑(もうしょ)** 맹서, 혹서(몹시 심한 더위)

최근 해파리가 늘어나고 있습니다. 바다 한 가득 해파리로 뒤덮여 있는 영상을 TV 등에서 본 적은 없습니까? 해파리는 주로 해수온이 높은 여름부터 가을에 걸쳐 출현하지만, 최근에는 여름뿐만 아니라 어느 계절에도 해파리를 볼 수 있게 되었습니다. 그 원인의 하나가 온난화의 영향이라고들 합니다. 예를 들면, 1)보름달 물해파리는 보통은 봄부터 가을에 걸쳐 발견되며, 세토나이카이 해에서는 월동할 수 없다고들 합니다. 히로시마 대학의 우에 신이치 선생님의 이야기로는, 히로시마 만에서는 해수온 11도 이상이 월동 가능한 수온인 듯 합니다. 하지만, 최근에는 한겨울에도 11도를 밑도는 일이 적어, 보름달 물해파리는 한겨울에도 볼 수 있게 되었습니다. 동해 쪽에서도 같은 현상이 일어나고 있습니다.

옛날부터, '해파리가 많이 잡히는 해에는 (ア)있다'라는 속담이 있습니다. '해파리가 많이 잡히는' 것은, '해수온이 높다'고도 말할 수 있습니다. 해수온이 높으면 해수면의 수증기의 양이 늘어나게 됩니다. 그 해수면에 차가운 공기가 유입되면, 다량의 수증기에 의해 눈구름이 발달하고, 눈의 양이 평소보다 많아지는 것입니다. 이것은 굉장히 확률이 높은 속담입니다.

예제 4　'보름달 물해파리는, 보통은 봄부터 가을에 걸쳐 발견되며, 세토나이카이 해에서는 월동할 수 없다고들 합니다.'라고 되어 있는데, 보름달 물해파리가 세토나이카이 해에서 월동할 수 없다고 하는 이유는 어째서인가?

　　1　지구온난화로 세토나이카이의 해수온이 매년 상승하고 있어서

　　2　겨울의 세토나이카이 해의 해수온은 오랫동안 11도 이하였기 때문에

　　3　세토나이카이 해의 해수온은 한겨울이라도 11도를 밑도는 적이 적었기 때문에

　　4　최근 겨울의 세토나이카이 해의 해수온이 11도를 넘는 일이 많았기 때문에

예제 5　(ア)에 들어갈 말로 가장 적당한 것은 무엇인가?

　　1　큰 비　　　　2 지진　　　　　3 혹서　　　　　4 큰 눈

3. 장문 내용 이해

1) 개요

소설, 논설문, 수필문 등으로 출제되는 지문 텍스트(글)를 읽고 전체 개요나 글 전체를 통한 필자의 생각 등을 이해할 수 있는지를 묻는 문제가 중심이다.

(1) 텍스트의 길이: 1000자(약 24줄~30줄) 정도

(2) 장문 독해의 특징: 어휘력과 문법 능력뿐 아니라 내용을 분석 · 종합하는 능력이 필요하다.

(3) 지문 텍스트 수: 1개

(4) 출제 문항 수: 4문항

(5) 질문 내용의 종류

① 필자의 생각 및 주장

② 글의 요약

③ 글의 세부적인 포인트

④ 해당 내용의 문맥에서의 의미

(6) 풀이 방법

① 먼저 글의 화제가 나오는 텍스트의 초반부(앞의 세 문장 정도)와 글의 결론이나 필자의 생각이 나오는 후반부(끝의 세 문장 정도)를 읽고, 전체적인 분위기나 목적을 파악한다.

② 다음으로 4개의 문제를 읽고 난 후 텍스트를 읽으면서 어떠한 내용에 중점을 두면서 읽어야 할지 파악한다. (각각의 문제의 선택지는 다음 단계에서 읽는다.)

③ 텍스트의 길이가 길기 때문에 빠른 속도로 대체적인 전체 내용을 파악하며 읽어내려가면서 각 단락의 중심 문장의 내용을 밑줄 등으로 표시하고, 특히 문제와 관련된 부분은 좀더 자세하게 읽고 필요한 부분을 체크해 둔다.

④ 밑줄이나 빈칸이 있을 때는 그에 해당하는 질문을 다시 한 번 읽고 질문과 밑줄이나 빈칸의 앞뒤 내용과의 관련성을 생각한다.

⑤ 텍스트를 끝까지 읽고 나면 각각의 문제와 선택지를 읽고 미리 체크해둔 내용과 비교하면서 정답을 찾는다.

⑥ 모르는 단어나 한자가 나오면 당황하지 말고 나름대로 어휘를 추측하면서 전체 내용을 파악한다.

2) 세부 유형

次の文章を読んで、後の問いに対する答えとして、最もよいものを1、2、3、4から一つ選びなさい。

　現代思想の中心的なテーマの一つに、「人間」中心主義批判というのがある。言うまでもなく、これはかなり一般常識に反した発想である。どんな自明の理でも疑うことを特性とする哲学の世界でも、「人間」の価値を疑うことは長い間タブーであった。

　そのタブーを破るきっかけになったのは、第二次世界大戦による 1)「人間性の限界」の体験がある。ナチス・ドイツが、六百万人のユダヤ人を虐殺したことは、周知のように世界に衝撃を与えた。しかし、哲学・思想史的に重要なのは、大量虐殺という「客観的事実」そのものよりも、それが単なる「動物的な野蛮」のなせる業ではなく、特定の「人間」観から体系的に導かれる帰結だったということである。

　ナチスの「人間」観というのは、アーリア人（ゲルマン民族）を最も優秀で「人間らしい」人間と規定し、それから最も遠いとされるユダヤ人は劣等人種であり、人類に害をなす害虫と見なすものだった。従ってユダヤ人を絶滅＝排除することは、「人類＝人間性」の健全な発展を図るためにアーリア人に与えられた世界史的使命ということになる。ナチスは、そうした自らの人間観・世界観に極めて忠実に行動したわけである。自らが信ずる人類の未来のために積極的にかかわることを「人間中心主義＝ヒューマニズム」と呼ぶとすれば、ナチズムは間違いなく「ヒューマニズム」である。

　無論、このような言い方をすれば、「人類」の中に「人種」的優劣を持ち込んだりするのは、本来の「ヒューマニズム」ではない、という反論が当然出てくるだろう。いわゆる「ヒューマニスト＝人道主義者」を自称する人たちのほとんどは、「ヒューマニズム」とは、特定の人々ではなく「全ての人間」を大事にする思想だと主張する。しかし、2)その場合の「全て」というのは、通常思われているほど単純なことではない。

　最近、国際政治でよく話題になるように、ある地域で、国家と国家、あるいは民族と民族が戦争をしている場合、それに対してどのような態度を取る

のが最も「人道的」かというのは、常に難しい問題である。戦争・武装対立
に際して、軍事的であれ非軍事的であれ、どちらかの味方をすれば、事実
上、守るべき「人類」の範疇から一方を切り捨てることになる。中立不介入
という手もあるが、それは見方によっては、自分があずかり知らぬところで
人が戦争で死んでいくのも止むなし、と諦めてしまうことを意味する。

　そうした日本的で曖昧な態度ではダメだということで、「人道的介入」を
めぐる議論が徐々に盛んになりつつある。倫理的・法的に正当化可能な普遍
的「正義」の基準を掲げ、それを実現すべく、敢えて紛争の中に入っていく
ことは、一見、極めてヒューマニスティックな行為であるように見える。し
かしそれは、裏を返せば、「正義」に適っていない側、つまり「悪」の側を
人類全体のために除去するのもやむを得ないと決断することを意味する。そ
うした「決断」は別にブッシュ大統領の専売特許ではない。どのような「人
道的介入」も、人類の善なる部分と悪なる部分を区別して、（　　ア　　）
、という判断を必然的に伴っているのである。

（仲正昌樹「不自由論」より）

（注１）　タブー：社会的に厳しく禁止される特定の行為
（注２）　ナチス：ナチ党（国家社会主義ドイツ労働者党）の通称
（注３）　ユダヤ人：ユダヤ教徒を、キリスト教の側から別人種と見なして呼ぶ称

예제 1　1)「『人間性の限界』の体験」とあるが、その説明として適当なも
　　　　　　のはどれか。
　　　　　１ナチス・ドイツが、六百万人のユダヤ人を虐殺したこと
　　　　　２双方が人間主義の旗を掲げて第二次世界大戦を起こしたこと
　　　　　３特定の「人間」観から、それに適合しない人間を排除する行為が
　　　　　　起こったこと
　　　　　４地球上から、人種差別や民族差別がいつまでもなくならないこと

2)「その場合の『全て』というのは、通常思われているほど単純なことで
　はない」とあるが、それはなぜか。
1 ヒューマニズムそのものが、もともと特定の価値観に基づく善悪の区別
　を前提にしたものだから。
2 人間の心に欲望がある限り、人に優劣をつける行為はなくならな
　いし、戦争もなくならないから。
3 戦争・武装対立に際して、どちらかの味方をすれば、守るべき「
　人類」の範疇から一方を切り捨てることになるから。
4 民主主義は多数決の原理であり、多数意見を尊重することは、少
　数意見を切り捨てることになるから。

（　ア　）に入るものとして、最も適当なのはどれか。
1 前者のために、後者を排除することはしかたがない
2 後者のために、前者を排除することはしかたがない
3 前者のためにも、後者との共存を図るべきである
4 前者と後者は厳格に区別されるべきである

筆者の考えと合っているのはどれか。
1「ヒューマニズム」とは、特定の人々を排除するものであっては
　ならない。
2「全ての人間」を大事にするということは、実際には困難なこと
　である。
3 ユダヤ人を絶滅、排除しようとしたナチスの行為はヒューマニ
　ズムではない。
4 戦争・武装対立に際しては、中立不介入の立場を取るべきであ
　る。

예제 1

1) 「『人間性の限界』の体験」とあるが、その説明として適当なものはどれか。

1　ナチス・ドイツが、六百万人のユダヤ人を虐殺したこと
2　双方が人間主義の旗を掲げて第二次世界大戦を起こしたこと
3　特定の「人間」観から、それに適合しない人間を排除する行為が起こったこと
4　地球上から、人種差別や民族差別がいつまでもなくならないこと

Check Point

① '인간성 한계의 체험'이라는 말이 이 글의 어떠한 내용을 근거로 제시되었는지 찾는다.

② 2차 세계대전에 의한 나치 독일이 행한 유대인의 대량 학살, 즉 유대인의 배제는 '인류 = 인간성'의 건전한 발전이라고 하는 '특정한 인간관'을 필자는 '인간성 한계의 체험'으로 표현하고 있다.

③ 다시 말하면, '유대인의 대량 학살(배제) = 인간성의 발전 → 특정한 인간관'이 '인간성 한계의 체험'으로 이어진다.

 결과

따라서 정답은 3번 「特定の「人間」観から、それに適合しない人間を排除する行為が起こったこと」 이다.

2)「その場合の『全て』というのは、通常思われているほど単純なこと
　　ではない」とあるが、それはなぜか。

1 ヒューマニズムそのものが、もともと特定の価値観に基づく善悪の区
　　別を前提にしたものだから。

2 人間の心に欲望がある限り、人に優劣をつける行為はなくなら
　　ないし、戦争もなくならないから。

3 戦争・武装対立に際して、どちらかの味方をすれば、守るべき
　　「人類」の範疇から一方を切り捨てることになるから。

4 民主主義は多数決の原理であり、多数意見を尊重することは、
　　少数意見を切り捨てることになるから。

:Check Point

① 휴머니스트들이 말하는 휴머니즘에서의 「全て(전부)」라는 것은, 통상적으로 생각하는 것처럼 간단한 것이 아닌 이유가 무엇인지를 묻고 있다. 여기서 말하는 「全て」는 바로 윗줄에 나와 있는 「全ての人間を大事にすること」이다.

② 밑줄 아래 문장에서 모든 사람을 소중히 여기는 것이 간단하지 않음을 예를 들어 설명하고 있는데, 「戦争・武装対立に際して、軍事的であれ非軍事的であれ、どちらかの味方をすれば、事実上、守るべき「人類」の範疇から一方を切り捨てることになる」라는 내용이 이에 해당한다.

결과

따라서 정답은 3번 「戦争・武装対立に際して、どちらかの味方をすれば、守るべき「人類」の範疇から一方を切り捨てることになるから」이다.

Check Point

① 빈칸 문장 전체를 해석해 보면 '어떠한 인도적 개입도 인류에게 선이 되는 부분과 악이 되는 부분을 구별해서 (　)라는 판단을 필연적으로 수반하고 있는 것이다'라는 내용이 된다.

② 빈칸 문장 전체를 일단 해석해 놓고, 괄호에 4개의 선택지의 내용을 집어넣어 자연스러운 문장이 되는 선택지를 고른다.

③ 인도적 개입을 하면서 선과 악을 구별하는 이유는 선의 입장에 서서 악을 제거하기 위함일 것이라는 추측이 가능하다. 이와 유사한 선택지를 찾는다.

결과

빈칸 문장은 '인도적 개입에 있어서 사람들은 선과 악을 구별해놓고 선을 위해 악을 배제시킬 수밖에 없다는 필연적인 판단을 한다'는 내용이므로, 정답은 1번 「前者のために、後者を排除することはしかたがない」가 된다.

예제 4   筆者の考えと合っているのはどれか。
1 「ヒューマニズム」とは、特定の人々を排除するものであってはならない。
2 「全ての人間」を大事にするということは、実際には困難なことである。
3 ユダヤ人を絶滅、排除しようとしたナチスの行為はヒューマニズムではない。
4 戦争・武装対立に際しては、中立不介入の立場を取るべきである。

Check Point

① 필자의 주장이나 생각의 종합은 대체적으로 결론부분에 해당하는 텍스트의 후반부에 나와 있는 경우가 많다.

② 결국 이 문제는 바로 앞 문제와도 연관이 있다. 다시 말하면, 앞의 빈칸 문장이 이 문제의 정답을 맞힐 수 있는 중요한 문장이 된다.

③ 필자는 글의 마지막 부분(빈칸 문장)에서 「どのような「人道的介入」も〜判断を必然的に伴っているのでる」라고 말하고 있다. 이는 모든 인도적 개입은 어떠한 경우라도 선과 악 양쪽 모두의 편에 선다는 것은 불가능하다는 말이다. 이 부분이 필자의 생각이다.

결과

분석 ③과 비슷한 내용을 선택지에서 찾아보면, 2번 「「全ての人間」を大事にするということは、実際には困難なことである」가 비슷한 내용이며, 이것이 정답이 된다.

현대 사상의 중심적인 테마의 하나로, '인간' 중심주의 비판이라는 것이 있다. 두 말할 필요 없이 이것은 일반 상식에서 상당히 벗어난 발상이다. 어떤 자명한 이치라도 의심하는 것을 특성으로 하는 철학의 세계에서도, '인간'의 가치를 의심하는 것은 오랫동안 금기 사항이었다.

그 금기 사항을 깨는 계기가 된 것은 제2차 세계대전에 의한 1)<u>인간성의 한계</u>의 체험이다. 나치 독일이 6백 만 명의 유태인을 학살한 것은, 모두 아는 바와 같이 전세계에 충격을 주었다. 하지만 철학·사상사적으로 중요한 것은, 대량 학살이라고 하는 '객관적 사실' 그 자체라기보다는, 그것이 단순한 '동물적인 야만'에서 행해진 것이 아니라, 특정의 '인간'관으로부터 체계적으로 야기된 귀결이었다는 것이다.

나치의 '인간'관이라는 것은, 아리아인(게르만 민족)을 가장 우수하며 '인간다운' 인간으로 규정하고, 그로부터 가장 멀다고 여겨지는 유태인은 열등한 인종이며, 인류에 해를 끼치는 해충으로 간주하는 것이었다. 따라서 유태인을 절멸=배제하는 것은, '인류=인간성'의 건전한 발전을 도모하기 위해서 아리아인에게 주어진 세계사적 사명이라는 것이 된다. 나치는 그러한 자신들의 인간관·세계관에 지극히 충실하게 행동한 것이다. 스스로가 믿는 인류의 미래를 위해 적극적으로 관여하는 것을 '인간 중심주의=휴머니즘'이라고 한다면, 나치즘은 틀림없이 '휴머니즘'이다.

물론 이러한 표현을 하면, '인류' 안에 '인종'적 우열을 운운하는 것은 본래의 '휴머니즘'이 아니라고 하는 반론이 당연히 나올 것이다. 소위 '휴머니즘=인도주의자'를 자칭하는 사람들의 대부분은, '휴머니즘'이란 특정의 사람들이 아니라 '모든 인간'을 소중히 여기는 사상이라고 주장한다. 하지만 2)<u>그 경우의 '모든'이라는 것은, 통상적으로 생각하는 것만큼 단순한 것이 아니다.</u>

최근, 국제 정치에서 자주 화제가 되는 것처럼, 어느 지역에서 국가간, 혹은 민족간에 전쟁을 하는 경우, 그것에 대해 어떠한 태도를 취하는 것이 가장 '인도적'인가 하는 것은 항상 어려운 문제이다. 전쟁·무장 대립의 경우, 군사적이든 비군사적이든 어느 쪽의 편을 든다는 것은 사실상 지켜야 할 '인류'의 범위에서 한 쪽을 제외시키는 것이 된다. 중립 불개입이라는 방법도 있지만 그것은 보는 관점에 따라서는 자신과 관계없는 곳에서 타인이 전쟁으로 죽어가는 것은 어쩔 수 없다고 포기해 버리는 것을 의미한다.

그러한 일본적이고 애매한 태도로는 안 된다는 점에서, '인도적 개입'을 둘러싼 논의가 점점 활발해지고 있다. 윤리적·법적으로 정당화 가능한 보편적 '정의'의 기준을 내걸고, 그것을 실현하도록 굳이 분쟁에 끼어드는 것은 언뜻 보기에 매우 인도주의적인 행위인 듯 보인다. 하지만 그것은 뒤집어 말하면, '정의'에 반한 측, 즉 '악한' 쪽을 인류 전체를 위해 제거하는 것은 어쩔 수 없다고 결단하는 것을 의미한다. 그러한 '결단'은 딱히 부시 대통령만의 전매특허는 아니다. 어떠한 '인도적 개입'도 인류의 선이 되는 부분과 악이 되는 부분을 구별해서, (ㄱ)라는 판단을 필연적으로 수반하고 있는 것이다.

예제 1 '인간성 한계'의 체험'이라고 되어 있는데, 그 설명으로 적당한 것은 무엇인가?

    1   나치 독일이 6백 만 명의 유태인을 학살한 것

    2   쌍방이 인간주의의 깃발을 내걸고 제2차 세계대전을 일으킨 것

    3   특정의 '인간관'에서, 그에 적합하지 않은 인간을 배제하는 행위가 일어난 것

    4   지구상에서 인종 차별이나 민족 차별이 언제까지나 없어지지 않는 것

예제 2 "그 경우의 '모든'이라는 것은 통상적으로 생각하는 것만큼 단순한 것이 아니다'라고 되어 있는데, 그것은 어째서인가?

    1 휴머니즘 자체가 원래 특정의 가치관에 근거해 선악의 구별을 전제한 것이기 때문에

    2 인간의 마음에 욕망이 있는 한, 사람에게 우열을 매기는 행위는 없어지지 않고 전쟁도 없어지지 않기 때문에

    3 전쟁·무장대립에 있어서 어느 한쪽의 편을 들면, 지켜야 할 '인류'의 범주에서 다른 한 편을 제외하는 것이 되므로

    4 민주주의는 다수결의 원리이며, 다수의 의견을 존중하는 것은 소수의 의견을 배제하는 것이 되므로

예제 3 (ア   )에 들어갈 말로 가장 적당한 것은 어느 것인가?

    1   전자를 위해 후자를 배제하는 것은 어쩔 수 없다.

    2   후자를 위해 전자를 배제하는 것은 어쩔 수 없다.

    3   전자를 위해서도 후자와의 공존을 도모해야 한다.

    4   전자와 후자는 엄격하게 구별되어야 한다.

예제 4 필자의 생각과 일치하는 것은 무엇인가?

    1   '휴머니즘'이란, 특정의 사람들을 배제하는 것이 되어서는 안 된다.

    2   '모든 인간'을 소중히 한다는 것은 실제로는 어려운 일이다.

    3   유태인을 절멸, 배제하려고 한 나치의 행위는 휴머니즘이 아니다.

    4   전쟁·무장대립에 있어서는 중립 불개입의 입장을 취해야 한다.

4. 통합 이해

1) 개요

이번에 새롭게 출제되는 유형이다. 2개 또는 3개의 텍스트를 비교해 가며 읽고 2개의 지문 텍스트의 공통점이나 차이점을 비교 · 통합하고 포인트를 파악해서 질문에 답해야 하는 문제이다.

(1) 지문 텍스트가 2개일 때

① 텍스트의 길이: 600자(17줄~20줄) 정도

② 텍스트의 특징: 가로 형식의 텍스트뿐만 아니라 세로 형식의 텍스트도 있다.

③ 지문 텍스트 수: 1개의 지문에 2개의 텍스트가 주어진다.

④ 출제 문항 수: 3문항(텍스트 2개에 문제 3개)

⑤ 질문 내용의 종류

- 2개의 텍스트 내용의 공통점 및 차이점
- 2개의 텍스트에서 하나의 주제에 대한 각각의 필자의 생각이나 입장의 차이
- 2개의 텍스트의 공통된 화제에 대한 비교 또는 통합
- 글의 세부적인 포인트의 공통점 및 차이점의 비교 또는 통합

⑥ 풀이 방법

- 문제를 먼저 읽고 질문의 내용이 무엇인지 파악한 후 지문 텍스트를 읽는다.
- 질문에 필요한 내용을 염두에 두고 텍스트를 읽으면서 질문에서 요구하는 내용을 밑줄 등으로 표시하면서 비교하거나 통합한다.
- 3개의 문항이 각각 2개의 텍스트를 비교 · 통합하는 문제인지, 아니면 2개의 텍스트 중 어느 텍스트에서 정답을 찾아야 하는지 등을 파악한다.

(2) 지문 텍스트가 3개일 때

① 텍스트의 길이: 700자~800자(19줄~22줄) 정도

② 텍스트의 특징: 가로 형식의 텍스트뿐만 아니라 세로 형식의 텍스트도 있다.

③ 지문 텍스트 수: 1개의 지문에 3개의 텍스트가 주어진다.

④ 출제 문항 수: 3문항(텍스트 3개에 문제 3개)

⑤ 질문 내용의 종류

- 첫 번째 텍스트에서 문제 제기를 하고, 나머지 2개의 텍스트에서 각기 다른 해결책을 제시하거나, 제시한 2개의 해결책의 공통점 및 차이점
- 첫 번째 텍스트에서의 필자의 문제점 파악
- 나머지 2개의 텍스트에서 제시한 해결책의 이유

⑥ 풀이 방법

- 출제 문항 수 1개

  첫 번째 지문 텍스트를 읽고 어떠한 문제 제기를 하는지 파악한 후 문제를 읽고 질문이 무엇인지 파악한다.

- 출제 문항 수 2개

a. 질문에 필요한 내용을 염두에 두고 나머지 2개의 텍스트를 읽으면서 필요한 내용을 비교하거나 통합한다.

b. 때에 따라서는 서로 대립되는 내용이 제시되어 있는 나머지 2개의 텍스트를 읽고, 각각의 텍스트에서 대립되는 내용이 무엇인지 파악한다.

2) 세부 유형

(1) 텍스트가 2개일 때

출제의도 하나의 주제에 대한 2개의 텍스트의 공통점 또는 차이점을 묻는 문제

次のAとBはそれぞれ別の新聞のコラムである。AとBの両方を読んで、後の問いに対する答えとして、最もよいものを1・2・3・4から一つ選びなさい。

〈A 新聞〉

『新日本国大辞典』第五版が発売された。この10年間の社会や生活の移り変わりが映し出した言葉約1万項目が新たに加えられたという。収録された総項目数は24万になり、このクラスの国語辞典としては最大級の語数となる。

出版社によると、新たに盛り込まれたのは「逆切れ」など世相を反映した語の他、「いけ面」、「癒し系」といった若者言葉など。

「逆切れ」については「迷惑を与えた加害者が迷惑を被った被害者に怒りの感情を表すこと」と書かれている。また「イケ面」は「格好いい男性」と説明。「癒し系」については「安らぎを感じさせる人や物」と説明されている。

今回採用された新語のうちカタカナ語・外来語が実に五割近くを占めた。長年改訂に携わっている担当者の一人は「選定の過程では、私自身もわからない言葉がいくつもあり判断に困った。若者には常識なんでしょうけど」と話していた。

〈B新聞〉

　今回、大幅改訂された『新日本国大辞典』第五版では、第四版刊行後に収集した10万の候補項目の中から、いっときの流行にとどまらない、私たちの言語生活に定着した言葉。「いけ面」、「癒し系」など現代生活に必須の１万語を厳選して新たに収録したそうだ。

　時代の流れに即した新感覚の辞書と言えば響きはいいが、宣伝のための話題作り以上のものがあるだろうか。流行とは所詮一時のもの。いずれ消え行くものは自然に忘れ去られるまで放っておけばよい。

　それゆえ、「イナバウアー(フィギュアスケートの技で、足を前後に開き、つま先を180度開いて真横に滑る技)」、「クールビズ（夏用ビジネス服装）」などは、「一時的な流行や狭い範囲だけで使われている」として採用が見送られたのは賢明であろう。

　　例題1　AとBとどちらの記事にも触られている内容はどれか。
　　　　１　新たに盛り込まれた語の意味
　　　　２　選定する時検討された語の数
　　　　３　今回新たに収録された語の数
　　　　４　今回不採用だった語の具体例

　　例題2　『新日本国大辞典』が多くの新語を取り入れたことについて、Aの筆者とBの筆者はどのような立場をとっているか。
　　　　１　AもBも、ともに明確していない。
　　　　２　AもBも、ともに批判的である。
　　　　３　Aは批判的であるが、Bは明確にしていない。
　　　　４　Aは明確にしていないが、Bは批判的である。

　　例題3　『新日本国大辞典』に新しく入らなかった語の不採用の理由は何か。
　　　　１　１０年間の社会や生活の変化を反映した言葉だから。
　　　　２　一時的なもので幅広く使われている語ではないから。
　　　　３　選定の過程で担当者自身も知らない言葉だったから。
　　　　４　新しい辞書の宣伝用の話題作りのためだったから。

 **이렇게 풀어라!**

> 예제 1 　AとBとどちらの記事にも触られている内容はどれか。
>
> 　1　新たに盛り込まれた語の意味
>
> 　2　選定する時検討された語の数
>
> 　3　今回新たに収録された語の数
>
> 　4　今回不採用だった語の具体例

Check Point

① 양쪽 기사 모두에서 언급한 내용을 묻는 문제이므로 A와 B의 내용의 비교를 통해서 정답을 고른다.

② 선택지의 내용을 보고 A와 B 양쪽의 내용을 비교해본다.

	A	B
1번 새롭게 포함된 단어의 의미	있음	없음
2번 선정할 때 검토한 단어의 수	없음	있음
3번 이번에 새롭게 수록된 단어의 수	있음	있음
4번 이번에 미수록된 단어의 구체적인 예	없음	있음

③ A, B 양쪽 텍스트에 이번에 새롭게 실린 단어가 10,000어 정도 된다는 내용이 있다.

 **결과**

따라서 양쪽 기사 모두에서 언급한 내용인 3번 「今回新たに収録された語の数」이 정답이다.

 　　　『新日本国大辞典』が多くの新語を取り入れたことについて、A
の筆者とBの筆者はどのような立場をとっているか。
1　AもBも、ともに明確していない。
2　AもBも、ともに批判的である。
3　Aは批判的であるが、Bは明確にしていない。
4　Aは明確にしていないが、Bは批判的である。

Check Point

① A와 B의 기사를 쓴 필자들의 입장을 묻는 문제이므로, 여기에서 말하는 입장이란 무엇
인지를 선택지에서 확인하고 A와 B의 내용의 비교를 통해서 정답을 고른다.
② 여기에서 '필자의 입장'이란 사전의 개정에 대해 필자들이 어떠한 태도를 나타내는지를 말
한다.
- A: A 기사를 쓴 필자는 전반적으로 금번 개정에 대해 비판적인 태도 없이 객관적으
  로 서술하고 있다.
- B: B 기사를 쓴 필자는 두 번째 단락인 「時代の流れに即した〜放っておけばよ
  い」 부분에서도 알 수 있듯이 금번 개정에 대해 비판적인 태도를 취하고 있다.

결과

A는 이번 개정에 명확한 태도를 취하지 않고 있으나, B는 비판적인 태도를 취하고 있으므
로, 정답은 4번 「Aは明確にしていないが、Bは批判的である」 이다.

예제 3 『新日本国大辞典』に新しく入らなかった語の不採用の理由は何か。

1　１０年間の社会や生活の変化を反映した言葉だから。

2　一時的なもので幅広く使われている語ではないから。

3　選定の過程で担当者自身も知らない言葉だったから。

4　新しい辞書の宣伝用の話題作りのためだったから。

Check Point

① 단어가 수록되지 않은(**不採用**) 이유를 묻는 문제로, 이에 대한 언급은 B밖에 없으므로 B의 내용에서 정답을 찾아낸다.

② 마지막 단락에 수록되지 않은 단어의 구체적인 예와 그 이유가 나와 있다.

③ 미수록한 이유는 '일시적인 유행이나 좁은 범위에서 밖에 쓰이지 않는다'는 내용이 언급되어 있다.

 결과

따라서 정답은 2번 「一時的なもので幅広く使われている語ではないから」 이다.

〈A신문〉

『신 일본국 대사전』 제5판이 발매되었다. 요 10년간의 사회나 생활의 변화를 반영한 단어 약 만 개 항목이 새롭게 추가되었다고 한다. 수록된 총 항목 수는 24만 개가 되어, 동급의 국어사전으로는 최대급의 단어 수가 된다.

출판사에 의하면, 새롭게 추가된 것은 '逆切れ' 등 세태를 반영한 언어나, 'イケ面' '癒し系' 등의 젊은이들이 쓰는 말 등이다.

'逆切れ'는 '피해를 준 가해자가 피해를 입은 피해자에게 화를 내는 것'이라고 적혀있다. 또 'イケ面'은 '잘생긴 남성'이라고 설명. '癒し系'는 '평온함을 느끼게 하는 사람이나 물건'이라고 설명되어 있다.

이번에 채택된 새로운 단어 중 가타카나어ㆍ외래어가 실로 5할 가까이를 차지하고 있다. 오랜 기간 개정에 관여해 온 담당자 중 한 명은 '선정 과정에서는 나 자신도 모르는 말이 상당수 있어서 판단하기 곤란했다. 젊은이에게는 상식이겠지만.'이라고 이야기했다.

〈B신문〉

이번에 대폭 개정된 『신 일본국 대사전』 제 5판에서는, 제 4판 간행 후에 수집한 10만 개의 후보 항목 중에서, 한때의 유행에 그치지 않고 우리들의 언어 생활에 정착한 단어, 'いけ面', '癒し系' 등 현대 생활에 꼭 필요한 1만 단어를 엄선해서 새롭게 수록했다고 한다.

시대의 흐름에 따른 신 감각의 사전이라고 하면 듣기는 좋지만, 선전을 위한 화제 만들기 이상의 의미가 있는 것일까? 유행이란 어차피 한 순간이다. 언젠가 사라질 것은 자연히 잊혀질 때까지 그대로 놔두면 된다.

그러므로 '이너바우어(피겨 스케이트의 기술로, 다리를 앞뒤로 펼치고 발 끝을 180도 펴고 옆으로 타는 기술)', '쿨비즈(여름용 비즈니스 복장)' 등은 '일시적인 유행이나 좁은 범위에서만 사용되고 있다'는 이유로 채택이 보류된 것은 현명한 선택일 것이다.

예제1　A와 B, 두 기사 모두에 언급되어 있는 내용은 무엇인가?
　　　　1　새롭게 포함된 단어의 의미　　　　2　선정할 때 검토한 단어의 수
　　　　3　이번에 새롭게 수록된 단어의 수　　4　이번에 미수록된 단어의 구체적인 예

예제2　『신 일본국 대사전』이 많은 신조어를 채택한 것에 대한 A의 필자와 B의 필자는 어떤 입장을 취하고 있는가?
　　　　1　A도 B도 모두 명확하게 표현하지 않았다.
　　　　2　A도 B도 모두 비판적이다.
　　　　3　A는 비판적이지만, B는 명확히 표현하지 않았다.
　　　　4　A는 명확히 표현하지 않았지만, B는 비판적이다.

예제3　『신 일본국 대사전』에 새롭게 수록되지 않은 단어의 미수록 이유는 무엇인가?
　　　　1　10년간의 사뢰나 생활의 변화를 반영한 단어이므로
　　　　2　일시적이고 폭넓게 사용되는 단어가 아니므로
　　　　3　선정 과정에서 담당자 자신도 모르는 단어라서
　　　　4　새로운 사전의 선전을 위한 화제를 만들기 위한 것이어서

(2) 텍스트가 3개일 때

 3개의 텍스트의 내용을 통합해 문제 해결이 가능한지를 묻는 문제

次の文章を読んで、後の問いに対する答えとして、最もよいものを1、2、3、4から一つ選びなさい。

相談者：学校では「勉強しろ」と言われるのみで、どうやったらしっかり生きて行けるかという教育はほとんどなかった気がします。親からもほとんど教わらなかったと思います。

今思えば、学校で学んだことは働く上で必要なことでしょうが、「働くことの意義」は最後までわかりませんでした。それはきっと、いろいろ原因があるのだとは思いますが、いったい「働くことの意義」ってどこにあるんでしょうか。私たちは、ただ食べていくだけのために働くのでしょうか。

回答者Ａ：生きていくためには衣食住を確保する必要があります。通常は働くことによって金を稼ぎ、これで衣食住の用を賄うことになりますから、働くことは貴方が生きていくために必要欠くべからざる行為です。これが大切でないなら、生きていくことが大切ではないと言っているのと同じですね。でも、貴方が「働くことの意義」が分からないという気持ちは分かります。現代社会では「働く喜び」を実感できる機会が非常に少なくなって来ているからでしょう。100％自分が望んだ仕事には就けないかもしれませんが、その中で自分なりの「やりがい」を見つけるしかないでしょうね。

回答者Ｂ：働くこと自体が大切なのではないと思います。かなり利己的に聞こえるかもしれませんが、働いた結果、得られるお金で自分の人生を豊かにできることが大事なのではないでしょうか？世の中には宝くじで巨万の富を得る人や、株や為替などで外で働かなくても稼いでる人は大勢います。通常、働かないと生活できないので、みんな仕事してますが、みんな心の中で、働かずに遊んで暮らせたらどんなにいいかって思っているはずですよ。「働く喜び」とか、「労働の楽しさ」なんて、ごく例外的な人々に当てはまるだけで、多くの人にとっては、働くことは、昔も今も、やはり「苦役」なんじゃないでしょうか。

 相談者は学校に対してどのように考えているか。

1 今後は学校でも、生き方や「働くことの意味」を教えてほしい。

2 学校での勉強を怠けていると、社会に出てから困ることになる。

3 学校で学ぶことは、社会に出たら何一つ役に立たないことばかりだ。

4 生きることや働くことの意味は、学校では何も教えてくれなかった。

例題 5 回答者Aの意見と合っているのはどれか。

1 「生きていくために働く」こと、それ自体が十分意味のあることである。

2 生きていくための衣食住を確保すること、それが「働くことの意義」である。

3 「働く喜び」を感じられるような職業に就くことが大切である。

4 どんな仕事でも、そこには「やりがい」があり、「働くことの意義」がある。

例題 6 回答者Bの意見と合っているのはどれか。

1 お金さえあれば、人は自分の人生を豊かにすることができる。

2 「働くこと」によってはじめて、人は生き甲斐を得ることができる。

3 労働は苦役であり、働かずに済むなら、それに越したことはない。

4 誰もが「働く喜び」や「労働の楽しさ」を感じられる社会であってほしい。

> 예제 4　相談者は学校に対してどのように考えているか。
>
> 1　今後は学校でも、生き方や「働くことの意味」を教えてほしい。
>
> 2　学校での勉強を怠けていると、社会に出てから困ることになる。
>
> 3　学校で学ぶことは、社会に出たら何一つ役に立たないことばかりだ。
>
> 4　生きることや働くことの意味は、学校では何も教えてくれなかった。

Check Point

① 이 문제는 [텍스트1]에서 상담자가 학교에 대해 어떤 생각을 하는지를 묻고 있다.

② 「どうやったらしっかり**生きて行ける**かという**教育はほとんどなかった**」 의 내용으로부터 '어떻게 해야 제대로 살아갈 수 있는지', 즉 '삶의 의미'에 대한 학교 교육이 없었음을 알 수 있다.

③ 「**学校で学んだことは働く上で必要な**ことでしょうが、 「**働くことの意義**」 は**最後まで**わかりませんでした」 의 내용으로부터 학교 교육은 일을 하는데 있어서는 필요하겠지만, 왜 일을 해야 하는지, 즉 '일(노동)의 의의'는 배우지 못했음을 알 수 있다.

④ 오답지 분석

- 1번: 상담자가 '삶의 방법'이나 '노동의 의미'를 가르쳐줬으면 한다는 말은 직접적으로 하지 않았으므로 정답에서 제외
- 2번: 상담자가 직접적으로 이와 같은 내용을 언급하지 않았으므로 정답에서 제외
- 3번: 학교에서 배우는 것이 (사회에 나가서) 일을 하는데 있어서 필요할 것이라고 언급하고 있기 때문에, 이에 상반되는 내용이므로 정답에서 제외

결과

②, ③의 분석을 종합하면, 정답은 4번 「**生きることや働くことの意味は、学校では何も教えてくれなかった**」 이다.

예제 5 回答者Ａの意見と合っているのはどれか。
1「生きていくために働く」こと、それ自体が十分意味のある
　ことである。
2　生きていくための衣食住を確保すること、それが「働くこと
　の意義」である。
3「働く喜び」を感じられるような職業に就くことが大切である。
4　どんな仕事でも、そこには「やりがい」があり、「働くこと
　の意義」がある。

Check Point

① 이 문제는 회답자 A의 의견을 묻는 문제이므로 [텍스트2]와 선택지의 내용을 비교해가면서 회답자 A의 의견과 일치하는 선택지를 고른다.

② 「**働くことは貴方が生きていくために必要欠くべからざる行為です。これが大切でないなら、生きていくことが大切ではない**」 라는 내용은 '살아가기 위해 노동은 필수 불가결한 행위이므로 중요하다'는 것을 나타낸다.

③ 오답지 분석
- 2번: 살아가기 위해서는 의식주를 확보할 필요는 있지만, 이것이 곧 '노동의 의의'를 뜻하는 것은 아니므로 정답에서 제외 (회답자: **働くことの意義＝働く喜び＝やりがい**)
- 3번: '노동의 기쁨(즐거움)'을 느낄 수 있는 직업을 갖는 일이 중요한 것이 아니고, 현재의 자기 직업에서 자기 나름대로 '노동의 보람'을 찾는 것이 중요하다고 말하고 있으므로 정답에서 제외
- 4번: '어떠한 일이라도 거기에는 보람이 있고, 노동의 의의가 있다'는 내용은 직접적으로 언급하고 있지 않으므로 정답에서 제외

결과

분석 ②의 내용을 바꾸어 말하면 '살아가기 위해 일을 한다는 것은 그 나름대로 의미가 있다'는 말이므로, 정답은 1번 「「生きていくために働く」こと、それ自体が十分意味のあることである」 이다.

예제 6 回答者Bの意見と合っているのはどれか。

1 お金さえあれば、人は自分の人生を豊かにすることができる。

2 「働くこと」によってはじめて、人は生き甲斐を得ることが
　できる。

3 労働は苦役であり、働かずに済むなら、それに越したことは
　ない。

4 誰もが「働く喜び」や「労働の楽しさ」を感じられる社会で
　あってほしい。

Check Point

① 이 문제는 회답자B의 의견을 묻는 문제이므로, [텍스트3]과 선택지의 내용을 비교해가
　면서 회답자B의 의견과 일치하는 선택지를 고른다.

② 「みんな心の中で、働かずに遊んで暮らせたらどんなにいいかって思っているはず
　です」의 내용과 「多くの人にとっては、働くことは、昔も今も、やはり「苦役」
　なんじゃないでしょうか」라는 내용을 통해 원하는 답을 얻을 수 있다.

　종합해 보면 '노동은 고역이기 때문에 일하지 않고 놀고 살 수 있다면 얼마나 좋을까'라는
　말이 된다.

③ 오답지 분석

  • 1번: '돈만 있으면'이라는 말이 회답자의 의견보다 과장된 표현이므로 정답에서 제외

  • 2번: 회답자가 '삶의 보람은 노동 그 자체가 아니라 노동의 결과로 얻어지는 돈'이라고
　　　주장하고 있으므로 정답에서 제외

  • 4번: 회답자가 '노동의 즐거움'은 극히 예외적인 사람들에게만 해당하는 말이라고 주
　　　장하고 있으므로 정답에서 제외

 **결과**

분석 ②로부터 정답은 3번 「労働は苦役であり、働かずに済むなら、それに越したこと
はない」임을 알 수 있다.

상담자: 학교에서는 '공부해라'라고만 할 뿐, 어떻게 하면 제대로 살아갈 수 있는지에 대한 교육은 거의 없었던 것 같습니다. 부모님에게도 거의 배우지 않은 것 같습니다.

지금 생각하면, 학교에서 배운 것은 일을 하는 데는 필요한 것이겠지만, '노동(일하는 것)의 의의'는 끝까지 알 수 없었습니다. 그것은 분명히 여러 원인이 있을 것이라고 생각하지만, 대체 '노동의 의의'는 어디에 있는 것일까요? 우리들은 단지 먹고 살기 위해서 일하는 것일까요?

회답자A: 살아가기 위해서는 의식주를 확보할 필요가 있습니다. 통상적으로는 노동으로 돈을 벌어 그것으로 필요한 의식주를 조달하게 되므로, 노동은 당신이 살아가기 위해 필수 불가결한 행위입니다. 이것이 중요하지 않다고 한다면 살아가는 것이 중요하지 않다고 하는 것이나 다름없습니다. 하지만, 당신이 '노동의 의의'를 모르겠다고 하는 그 기분은 알겠습니다. 현대 사회에서는 '일하는 즐거움'을 실감할 수 있는 기회가 매우 적어지고 있기 때문이겠지요. 100% 자신이 희망한 직종에는 취업할 수 없을지도 모르지만, 그 안에서 자신 나름의 '보람'을 찾을 수밖에 없겠지요.

회답자B: 일하는 것 자체가 중요한 것이 아닐까 하고 생각합니다. 굉장히 이기적으로 들릴지도 모르지만, 일한 결과 얻어지는 돈으로 자신의 인생을 풍요롭게 할 수 있다는 것이 중요한 것이 아닐까요? 세상에는 복권으로 막대한 부를 얻은 사람이나, 주식이나 외환 거래 등으로 밖에서 일하지 않고도 돈을 벌고 있는 사람은 많습니다. 통상적으로, 일을 하지 않으면 생활이 불가능하기 때문에 모두 일을 하고 있지만, 모두 마음 속으로는 일하지 않고 놀면서 살 수 있다면 얼마나 좋을까 하고 생각하고 있을 것입니다. '일하는 기쁨'이라든지 '노동의 즐거움' 따위는 극히 예외적인 사람들에게만 해당되는 것이며, 많은 사람에게 있어서는 일하는 것은 예나 지금이나 역시 '고역'인 것이 아닐까요?

예제 4 상담자는 학교에 대해 어떻게 생각하고 있는가?
1 앞으로는 학교에서도 살아가는 방법이나 '일하는 것의 의미'를 가르쳐 주었으면 한다.
2 학교에서 공부를 게을리하면 사회에 나와서 곤란하게 된다.
3 학교에서 배우는 것은 모두 사회에 나오면 무엇 하나 도움이 되지 않는 것뿐이다.
4 살아가는 것이나 일하는 것의 의미는 학교에서는 전혀 가르쳐 주지 않았다.

예제 5 회답자A의 의견이 일치하는 것은 무엇인가?
1 '살아가기 위해 일하는' 것, 그 자체가 충분히 의미가 있는 것이다.
2 살아가기 위한 의식주를 확보하는 것, 그것이 '일하는 것의 의의'이다.
3 '일하는 기쁨'을 느낄 수 있는 직장에 취직하는 것이 중요하다.
4 어떤 일이라도 거기에는 '보람'이 있고, '일하는 것의 의의'가 있다.

예제 6 회답자B의 의견과 일치하는 것은 무엇인가?
1 돈만 있으면 사람은 자신의 인생을 풍요롭게 할 수 있다.
2 '일하는 것'으로 비로소 사람은 사는 보람을 느낄 수 있다.
3 노동은 고역이며, 일하지 않고 지낼 수 있다면 그보다 좋은 것은 없다.
4 누구나가 '일하는 기쁨'이나 '일하는 즐거움'을 느낄 수 있는 사회였으면 한다.

5. 주장 이해(장문)

1) 개요

논설문, 신문사설, 평론 등 추상성, 논리성이 강한 텍스트를 읽고 필자의 주장이나 의견 또는 필자가 독자에게 전달하려고 하는 핵심 내용을 파악하는 문제이다.

(1) 텍스트의 길이: 900~1000자(24줄~30줄)정도

(2) 지문 텍스트 수: 1개

(3) 출제 문항 수: 4문항

(4) 질문 내용의 종류

① **전체 이해** 텍스트 전체를 통한 필자의 생각 및 주장

② **부분 이해** 밑줄이나 빈칸의 내용을 앞뒤 문맥에서 파악

③ **기타** 　　텍스트의 요약

(5) 풀이 방법

① 먼저 4개의 질문문을 대충 훑어본다. 이는 길이가 긴 지문 텍스트를 읽으면서 어떠한 점에 집중해서 읽어야 할지 파악하기 위해서이다. 즉 질문에서 요구하는 부분에 주목한다.

② 필자의 주장이나 의견이 텍스트의 어느 부분(초반부 또는 후반부)에 나오는지 파악한다. 필자의 주장이나 의견은 요약을 나타내는 접속사(つまり, 要するに, このように 등)나, 판단이나 단정을 나타내는 문말 표현(と思う, と考える, である 등)이 있는 곳에 주목한다.

③ 필자의 주장을 뒷받침하는 근거가 어디에 있으며, 또한 그 내용이 무엇인지 정확히 파악한다. 이러한 근거는 순서를 나타내는 접속사(まず, 次に 등), 또는 이유 · 원인을 나타내는 접속사(なぜなら, それゆえに, というのは, だって 등) 표현이 있는 문장에 주목한다.

④ 텍스트의 길이가 길기 때문에 단락 별로 나누어 끊어 읽고, 필자의 주장을 나타내는지, 주장에 대한 예시를 들고 있는지, 근거를 제시하고 있는지 등 전체 글에 있어서 해당 단락의 역할을 파악하고 단락별로 요점을 정리한다.

⑤ 밑줄이나 빈칸에 들어갈 표현을 묻는 문제는 앞뒤 문맥에 주목한다.

2) 세부 유형

次の文章を読んで、後の問いに対する答えとして、最もよいものを1、2、3、4から一つ選びなさい。

　人間の死の医療にまつわる一つの大きな問題は、延命治療と尊厳死問題である。医療の手を加えなければ既に死んでいる人に、人工呼吸器や点滴で栄養補給するなどの濃厚な医療手段を使って命を長らえさせる。それが患者の苦しみを長引かせ、経済的な負担を増加させることがあっても、少しでも長く心臓を動かしておくことに全力が注がれる。これは医学が病気を治し、命を救うための学問であると同時に、死を敗北ととらえて、それをできるだけ避けようとすることに起因する問題であろう。

　1）医師の目指すものと患者の希望がかみ合わないのである。これはどちらがよいとかいう問題ではなく、延命治療か尊厳死かという問題は、医師と患者・家族がよく話し合い、お互いの考えを示し合って適切な折衷点を探りださなければならないということではなかろうか。医療者側には患者の意思を尊重するという態度が要求されるし、患者側には自分の意思をきちんと伝えるという責任が要求される。このような医師と患者間の話し合いが日常に行われるようになれば、2）ほんとうの意味でのインフォームド・コンセント(注1)が確立するであろう。

　国民の生活水準が上がり、健康管理がきちんと行われ、医学知識が行き渡ったことによって、私たちの平均寿命が著しく延びた。人々が長寿になること自体は喜ばしいことであるが、老年期は青年期や壮年期に比べると、苦しみの多い時期でもある。老化により、体に色々な故障が出たり、自分の伴侶(注2)をはじめとして、近しい人の死に次々と出会うことも多い。また、自分の身の回りのことをするにも、他の人の手をわずらわせなければならないこともしだいに多くなれば、遠慮して我慢しなければならないことも増えてくる。物忘れをはじめとした精神的な衰えを感じる人も多いであろう。

　このような老いの寂しさをよくわきまえて（注3）、若いうちから心の準備をしておく必要があるのではなかろうか。そのためには、若いうちに老いとは何かということを知らなければならない。その最善の方法は若い人々が高齢者と接する機会を増やすことである。現在、高齢者の介護の人手不足が社会問題として浮かびあがっているが、それはすべてお金で解決しようとしているためであるように思われる。生産性という視点から目をそらして、精神的なものに目を向けると、3）これほど豊かな資源はないということに気づくであろう。どんな小さな子供でも、高齢者を喜ばせることができるし、自らを高齢者と思っている人も、まだ社会に参加できるという自信をもつであろう。誰もが障害者や高齢者の介護にかかわり、そこから得られる精神的な喜びを知るとき、はじめて高齢化社会の問題は解決すると私は考えている。

　医療の進歩に翻弄されてしまわないように、今、私たちがしなければならないことは命についての教育と思索であり、そのためにも介護の社会化が重要であると私は考えている。つまり、私たちが障害者や高齢者の介護に、年齢を問わずかかわることであり、介護を通して老いや病気について実地に学ぶことである。その経験はその人の死生観の確立にも重要な役割を担うはずなのだ。

（柳澤佳子「医学の進歩と生命」より）

（注1）インフォームド・コンセント：医学的処置や治療に先立って、それを承諾し
　　　　選択するのに必要な情報を医師から受ける権利
（注2）伴侶：つれあい。夫にとって妻、妻にとって夫
（注3）わきまえる：よく判断して行動する

1)「医師の目指すものと患者の希望がかみ合わないのである」とあるが、どこがかみ合わないのか。

1 医者は患者の苦しみや経済的負担を考え、延命治療をするかどうか迷うが、患者やその家族は、一日でも命を長らえることを望むこと。

2 患者は一日でも長く生きたいと思い、医師もそれに応えようとするが、患者の家族は経済的な負担が重く、耐え難い状態に陥ること。

3 医師は延命を第一に考えるが、患者は苦しみが長引くことや、経済的な負担の増加を望まない場合が多いこと。

4 医師や患者の家族は患者の延命を望むが、患者本人は植物状態で生きるよりも、尊厳死を望むこと。

2)「ほんとうの意味でのインフォームド・コンセントが確立するであろう」とあるが、筆者が考えるインフォームド・コンセントの内容はどれか。

1 医者は生きられる可能性がある限り、あらゆる手を尽くして延命を追求すること。

2 尊厳のうちに死ぬことは患者の権利であり、医者はその意思を尊重すること。

3 医師と患者側が十分話し合い、万一対立する場合は患者の意思を尊重すること。

4 医師と患者側の普段の意思疎通を大切にし、互いの合意の上で治療に当たること。

3)「これほど豊かな資源はない」とあるが、どのような点が豊かな
　資源なのか。
1 高齢者介護に関わることで、精神的な喜びを感じたり、老いへの
　備えができる。
2 子どもや若者が高齢者介護にかかわることで、介護の人手不足が
　解消する。
3 障害者や高齢者介護に関わることで、介護の技術を実地に学ぶこ
　とができる。
4 子どもや若者が高齢者介護にかかわることで、高齢化社会問題が
　解決できる。

この文章で筆者が言いたいことは何か。
1 国として高齢者のために充実した社会保障の制度を整備する責任
　がある。
2 医療者側には患者の意思を尊重するという態度が要求されている。
3 老若男女を問わず、誰もが高齢者介護にかかわることが大切だ。
4 医療の進歩に翻弄されないように、命についての教育と思索をし
　よう。

예제 1

1) 「医師の目指すものと患者の希望がかみ合わないのである」
とあるが、どこがかみ合わないのか。

1 医者は患者の苦しみや経済的負担を考え、延命治療をするか
どうか迷うが、患者やその家族は、一日でも命を長らえるこ
とを望むこと。

2 患者は一日でも長く生きたいと思い、医師もそれに応えよう
とするが、患者の家族は経済的な負担が重く、耐え難い状態
に陥ること。

3 医師は延命を第一に考えるが、患者は苦しみが長引くことや
、経済的な負担の増加を望まない場合が多いこと。

4 医師や患者の家族は患者の延命を望むが、患者本人は植物状
態で生きるよりも、尊厳死を望むこと。

Check Point

① 어떠한 점에서 의사가 지향하는 것과 환자의 희망이 일치하지 않는지를 묻는 문제이다.

② 밑줄 문제이므로 이 문제에 해당하는 내용을 찾기 위해 밑줄 앞쪽 단락을 확인해본다.

③ a. 의사가 지향하는 것: 医学が病気を治し、命を救うための学問であると同時に、
死を敗北ととらえて、それをできるだけ避けようとする。

　b. 환자가 희망하는 것: '患者の苦しみを長引かせ、経済的な負担を増加させること'
를 원치 않는다. (이 문장의 뒷부분이 あっても라는 역접으로 연
결되어 있는 점에서, 환자는 이를 원치 않음을 알 수 있다.)

④ a와 b의 내용을 보면 결국 의사는 병을 고쳐 생명을 구하는 것, 즉 생명 연장을 지향하
고, 환자 쪽은 고통이 길어지거나 경제적인 부담이 늘어나는 것을 희망하지 않는다는 점
에서 서로의 생각이 일치되지 않는다는 것을 알 수 있다.

결과

의사는 병을 생명 연장을 최우선으로 한다는 점과, 환자는 고통이 길어진다든가 경제적 부담
의 증가를 바라지 않는다는 점에서 서로의 생각이 일치되지 않으므로, 정답은 3번이 된다.

　2)「ほんとうの意味でのインフォームド・コンセントが確立す
　　　るであろう」とあるが、筆者が考えるインフォームド・コン
　　　セントの内容はどれか。
　1　医者は生きられる可能性がある限り、あらゆる手を尽くして
　　　延命を追求すること。
　2　尊厳のうちに死ぬことは患者の権利であり、医者はその意思
　　　を尊重すること。
　3　医師と患者側が十分話し合い、万一対立する場合は患者の意
　　　思を尊重すること。
　4　医師と患者側の普段の意思疎通を大切にし、互いの合意の上
　　　で治療に当たること。

Check Point

① 「インフォームド・コンセント」 는 사전적 의미로는 '의학적인 치료에 앞서 그 치료를
　　승인하고 선택하는 데 필요한 정보를 의사로부터 받는 권리'를 뜻하지만, 질문은 글에
　　나타난 이 용어의 의미를 필자는 어떻게 생각하고 있는지는 묻는 문제이다.
② 밑줄이 단락의 끝에 나와 있는 문제이므로, 이 문제에 해당하는 내용을 찾기 위해 밑줄 앞
　　의 문장들에서 해당 용어의 사전적 의미가 아닌 필자가 실제적으로 해당 용어를 어떻게
　　적용하고 있는지를 확인한다.
③ 이에 해당하는 내용은 「医師と患者・家族がよく話し合い、お互いの考えを示し合っ
　　て適切な折衷点を探りださなければならない」 라는 내용과 「医師と患者間の話し合
　　いが日常に行われる」 라는 내용이다. 이 2개의 내용을 종합하면 정답과 연결된다.

결과

분석 ③의 내용을 종합해보면 '평소에 의사와 환자・가족이 자주 대화를 나누어 서로의 생각
을 말해 절충점을 찾아야 한다'는 내용이 화자가 생각하는 「インフォームド・コンセン
ト」의 의미이다. 따라서 정답은 이와 유사한 내용인 4번이다.

예제 3 3)「これほど豊かな資源はない」とあるが、どのような点が豊
　　　　かな資源なのか。
　　　1 高齢者介護に関わることで、精神的な喜びを感じたり、老い
　　　　への備えができる。
　　　2 子どもや若者が高齢者介護にかかわることで、介護の人手不
　　　　足が解消する。
　　　3 障害者や高齢者介護に関わることで、介護の技術を実地に学
　　　　ぶことができる。
　　　4 子どもや若者が高齢者介護にかかわることで、高齢化社会問
　　　　題が解決できる。

Check Point

① 이 문제는 밑줄 내용인 '이것만큼 풍부한 자원은 없다'에서 지시어인 '이것'이 무엇인지를 찾는 문제이다.

② 지시어 문제는 일반적으로 지시어의 앞에 오는 문장에서 정답 관련 내용을 찾으면 된다. 하지만 위의 문제와 같이 지시어 뒤에 오는 문장도 지시어와 관련된 내용일 때는, 뒤에 오는 문장들도 정답과 관련되는 경우가 많다. 이 문제는 지시어가 단락의 중간 부분에 와 있으므로 단락 전체에서 정답 관련 내용을 찾아야 한다.

　　a. 지시어의 앞은 '젊은이들이 고령자와 접할 기회를 늘리는 것이 늙는다는 것을 알 수 있는 최선의 방법이다'라는 내용이다.

　　b. 지시어의 뒤는 '누구든 장애인과 고령자의 간병을 통해 얻어지는 정신적인 기쁨을 알 때 고령화 사회의 문제가 해결된다'는 내용이다.

③ 선택지 2, 4는 고령자 간병 문제나 고령화 사회문제의 해결에 관련된 내용이며, 선택지 3은 단순히 간병의 기술을 배운다는 내용이다. 문제에서 요구하는 '풍부한 자원'에 대한 언급이라고 볼 수 없으므로 정답에서 제외된다.

결과

분석 ②의 내용을 종합해보면, 필자가 말하는 '풍부한 자원'이란 젊은이들이 고령자와 접하게 되는 기회인 고령자의 간병을 통해 정신적인 기쁨을 느끼게 되며, 늙는다는 것이 무엇인지 알 수 있다는 점을 말하고 있다. 따라서 정답은 1번이다.

예제 4　この文章で筆者が言いたいことは何か。

1 国として高齢者のために充実した社会保障の制度を整備する
責任がある。

2 医療者側には患者の意思を尊重するという態度が要求されている。

3 老若男女を問わず、誰もが高齢者介護にかかわることが大切だ。

4 医療の進歩に翻弄されないように、命についての教育と思索
をしよう。

Check Point

① 이 문제는 글 전체의 요약을 묻는 문제가 아니고, 필자의 주장을 묻는 문제이다. 따라서 대부분 필자의 주장이나 생각을 묻는 문제는 글의 후반부에 주목한다.

② 이 글은 전체가 5개의 단락으로 이루어져 있으며, 후반부는 4번째, 5번째 단락이다. 따라서 후반부에서 화자의 주장이나 생각에 해당하는 부분을 찾는다.

③ 필자의 주장이나 생각이 표현되는 문장은 「と考える」, 「と思う」 등으로 문장이 끝난다.

④ 먼저 4번째 단락 마지막 문장이 「私は考えている」로 끝나 있다. 이 문장의 내용을 보면, '누구든 장애인과 고령자의 간병을 통해, 거기서 얻어지는 정신적 기쁨을 알게 될 때, 비로소 고령화 사회의 문제는 해결될 거라고 생각한다'라는 화자의 주장이 잘 나타나 있다. 이와 유사한 내용은 마지막 단락에도 나와 있으며, 이 문장이 화자의 주장임을 확인할 수 있다.

결과

분석 ④의 내용과 비슷한 내용을 선택지에서 찾아보면, 3번 「老若男女を問わず、誰もが高齢者介護にかかわることが大切だ」 가 정답임을 알 수 있다.

인간의 죽음에 대한 의학계의 하나의 큰 문제는 연명치료와 존엄사 문제이다. 의료의 힘을 빌리지 않으면 이미 죽은 사람에게 인공호흡기나 링거로 영양 보급 등을 해서 과도(농후)한 의료 수단을 써서 연명하게 한다. 그것이 환자의 고통을 연장시키고, 경제적인 부담을 증가시키는 일이 있더라도 조금이라도 오래 심장을 움직이게 하는 것에 전력을 쏟아붓는다. 그것은 의학이 병을 고치고 생명을 구하기 위한 학문임과 동시에, 죽음을 실패로 보고 죽음을 가능한 피하려고 하는 것에 기인하는 문제일 것이다.

1)의사가 목표로 하는 것과 환자가 희망하는 것이 서로 다른 것이다. 이것은 어느 쪽이 좋은 것이라고 하는 문제가 아니라, 연명치료인가 존엄사인가 하는 문제는, 의사와 환자·가족이 제대로 대화를 하고, 서로의 생각을 제시하여 적절한 절충점을 찾아야 하는 것이 아닐까? 의료자 측에는 환자의 의지를 존중하는 태도가 요구되고, 환자 측에는 자신의 의지를 확실히 전할 책임이 요구된다. 이러한 의사와 환자 간의 대화가 평소에 행해지게 되면, 2)진정한 의미의 인폼 컨센트(사전 고지에 의한 동의)가 확립될 것이다.

국민의 생활 수준이 향상되고 건강관리가 제대로 행해지며, 의학 지식이 널리 퍼져서 우리들의 평균 수명은 현저하게 늘어났다. 사람이 장수하는 것 자체는 기뻐할 만할 일이지만, 노년기는 청년기와 장년기에 비하면 괴로움이 많은 시기이기도 하다. 노화에 의해 몸에도 여러 이상이 생기기도 하고, 자신의 반려를 비롯해 가까운 사람의 죽음에 차례차례 조우하는 일도 많다. 또 신변의 일을 하는데도 다른 사람의 손을 빌려야 하는 일도 점차 많아지면 미안한 마음에 참아야 하는 일도 늘어난다. 건망증을 비롯한 정신적으로 쇠약을 느끼는 사람도 많을 것이다.

이러한 노년의 쓸쓸함을 잘 이해해서 젊었을 때 마음의 준비를 해 놓을 필요가 있는 것은 아닐까? 이를 위해서는 젊었을 때 늙는다는 것이 어떤 것인지를 알아야만 한다. 그 최선의 방법은 젊은 사람들이 고령자와 접할 기회를 늘리는 것이다. 현재, 고령자 간호의 인력부족이 사회문제로 부상하고 있으나, 그것은 모두 돈으로 해결하려고 하기 때문이라고 생각된다. 생산성이라는 시점에서 정신적인 면으로 시선을 돌리면, 3)이만큼 풍부한 자원은 없다는 것을 알 수 있을 것이다. 아무리 어린 아이라도 고령자를 기쁘게 할 수 있고, 스스로 고령자라고 생각하는 사람도 아직 사회에 참여할 수 있다는 자신감을 가질 것이다. 누구나가 장애인이나 고령자의 간호에 참여해서, 거기에서 얻어지는 정신적인 즐거움을 알 때 비로소 고령화 사회의 문제는 해결되는 것이라고 나는 생각하고 있다.

의료의 진보에 농락당하지 않도록 지금 우리들이 하지 않으면 안 되는 것은 생명에 대한 교육과 사색이며, 나는 이를 위해서도 간호의 사회화가 중요하다고 생각한다. 즉, 우리들이 연령에 관계없이 장애인이나 고령자의 간호에 참여하는 것이며, 간호를 통해 노화나 병에 대해 현장에서 배우는 것이다. 그 경험은 분명 그 사람의 생사관의 확립에도 중요한 역할을 담당할 것이다.

예제1 '의사가 목적하는 것과 환자가 희망하는 것이 서로 다른 것이다.'라고 되어 있는데, 어디가 일치하지 않는 것인가?

1　의사는 환자의 고통이나 경제부담을 생각해 연명치료를 할지 말지를 고민하지만, 환자나 그 가족은 하루라도 길게 사는 것을 바라는 것

2　환자는 하루라도 길게 살고 싶다고 생각하고, 의사도 그에 부응하려고 하지만 환자의 가족은 경제적 부담이 무거워 견딜 수 없는 상황이 되는 것

3　의사는 연명을 제일로 생각하고, 환자는 고통이 길어지는 것이나, 경제적인 부담의 늘어나는 것을 바라지 않는 경우가 많은 것

4　의사나 환자의 가족은 환자의 연명을 원하지만, 화자 본인은 식물인간상태로 살기보다는 존엄사를 원하는 것

예제2 '진정한 의미의 인폼드 컨센트가 확립될 것이다'라고 되어 있는데, 필자가 생각하는 인폼드 컨센트의 내용은 어느 것인가?

1　의사는 살 수 있는 가능성이 있는 한, 모든 수를 써서 연명을 추구하는 것

2　존엄을 잃지 않고 죽는 것은 화자의 권리이며, 의사는 그 의사를 존중하는 것

3　의사와 환자 측이 충분히 대화를 나누고, 만일 대립하는 경우에는 환자의 의사를 존중하는 것

4　의사와 환자 측이 평소에 의사소통을 소중히 생각하여, 서로 합의하에 치료를 하는 것

예제3 '이만큼 풍부한 자원은 없다'고 되어 있는데, 어떤 점에서 풍부한 자원인가?

1　고령자 간호에 참여하는 것으로, 정신적인 즐거움을 느끼거나 노화에의 준비가 가능하다.

2　어린이나 젊은이가 고령자간호에 참여하는 것으로, 간호의 인력부족이 해소된다.

3　장애인이나 고령자간호에 참여하는 것으로 간호의 기술을 현장에서 배울 수 있다.

4　어린이나 젊은이가 고령자간호에 참여하는 것으로, 고령화 사회문제가 해결된다.

예제4 이 문장에서 필자가 이야기하고자 하는 바는 무엇인가?

1　국가에서 고령자를 위한 충실한 사회보장의 제도를 정비할 책임이 있다.

2　의료자 측에는 환자의 의사를 존중하는 태도가 요구된다.

3　남녀노소를 가리지 않고 누구나가 고령자간호에 참여하는 것이 중요하다.

4　의료의 진보에 농락당하지 않도록 생명에 대한 교육과 사색을 하자.

6. 정보 검색

1) 개요

　　새롭게 출제되는 유형의 문제로, 광고, 팸플릿, 정보지, 비즈니스 문서 등의 정보 소재로부터 어떠한 목적이나 제시되는 과제에 대응하여 필요한 정보를 얼마나 빠르게 체크할 수 있는지를 묻는 문제이다.

(1) 텍스트의 길이: 700자(19줄~21줄)정도

(2) 지문 텍스트 수: 1개

(3) 출제 문항 수: 2문항

(4) 질문 내용의 종류

　① 텍스트 내의 세부적인 정보 파악

　② 하나의 정보와 또 다른 정보를 종합해서 나오는 결론 도출

(5) 풀이 방법

　① '문제 도입문(상황 설명문)'과 '지문 텍스트의 제목'을 보고 어떠한 정보가 필요할지 예상해 본다.

　② 문제를 읽고 질문에서 어떠한 정보를 요구하는지를 파악한다.

　③ 텍스트 전체를 한번 훑어보고 어떠한 정보가 어디에 제시되어 있는지 대충 파악한다.

　④ 텍스트 전부를 꼼꼼하게 읽을 필요는 없다. 질문에서 주어지는 조건이나 제시되는 과제 수행에 필요한 정보의 내용을 골라 읽는다.

　⑤ 정보와 정보의 통합을 요구하는 문제는 각기 다른 정보의 공통점과 차이점을 제대로 이해하고, 정보들을 종합해서 결론을 도출한다.

次は大学の「教育環境のコンピューター利用案内」である。下の問いに対する答えとして、最もよいものを1・2・3・4から一つ選びなさい。

예제 1　夏期一斉休暇期間を除いた夏期休暇中に、学生がコンピューターを利用できるルームはいくつあるか。
１　2つ
２　3つ
３　4つ
４　5つ

예제 2　この大学のコンピューターの使用に関して、正しい情報はどれか。
１前期、後期の試験期間も大学のコンピューターは使えるが、使用できる時間帯が異なる。
２夜間も大学のコンピューターが使えるのは、授業が行われている期間だけである。
３一斉休暇期間以外なら、休暇期間でも2号館でコンピューターが使える教室がある。
４ターミナル室は、休日や休暇を除き、いつでもコンピューターを使うことができる。

教育環境のコンピューター利用案内

【利用時間】

※ 全ての教室は土曜日、日曜日、祝祭日、夏期一斉休暇期間、冬休みは閉
　室です。

※ その他、ターミナル室は、上記の期間を除いて、授業の入っていない
　時間帯には自由使用することができます。

※ C＝教室

【年間の予定】

期間	2号館 (231C,232C,233C)	6号館 (611C,612C, 自由使用室)
4/10〜7/22 (授業期間)	9:00〜20:30	9:00〜20:50
7/23〜8/7 (前期試験期間)	9:00〜19:00	9:00〜20:50
8/8〜8/9 (夏期休暇期間)	閉室	9:00〜16:00
8/10〜8/20 (夏期一斉休暇期間)	閉室	閉室
8/21〜8/31 (夏期休暇期間)	閉室	9:00〜16:00
9/1〜9/13 (夏期休暇期間)	閉室	9:00〜16:00
9/17〜9/19 (前期予備期間)	閉室	9:00〜18:30
9/14〜12/24 (授業期間)	9:00〜20:30	9:00〜20:50
12/25〜1/7 (冬期休暇期間)	閉室	閉室
1/8〜1/18 (授業期間)	9:00〜20:30	9:00〜20:50
1/19〜2/1 (後期試験期間)	9:00〜20:50	9:00〜20:30
2/2〜 (春期休暇)	閉室	9:00〜16:00

이렇게 풀어라!

예제 1　夏期一斉休暇期間を除いた夏期休暇中に、学生がコンピューターを利用できるルームはいくつあるか。

１　２つ　　　　２　３つ　　　　３　４つ　　　　４　５つ

Check Point

① 이 문제는 하기 일제 휴가기간을 제외한 하기휴가(여름방학) 중에 학생들이 컴퓨터를 이용할 수 있는 룸의 숫자를 묻는 문제로, '안내문'을 보면 이에 해당하는 기간은 8/8~8/9일, 8/21~8/31일, 9/1~9/13일이다.

② 여름방학 기간 동안 2호관의 3개의 교실은 「閉室」이기 때문에 이용이 불가능하다. 그러나 6호관의 3개의 룸(교실 2개와 자유 사용실)은 이용이 가능하다. 그러나 이 정도로 필요한 정보를 다 찾았다고 생각하면 안 된다.

③ 안내문의 처음 부분의 이용 기간을 보면 '그 외, (컴퓨터)터미널 실은 상기의 기간, 즉 토·일요일·공휴일, 하기일제 휴가기간, 겨울방학 기간을 제외하고 수업이 들어 있지 않은 시간대에는 자유롭게 사용이 가능하다'는 내용이 나온다. 즉, 여름방학 기간 동안에는 터미널 실을 사용할 수 있다는 의미이므로 터미널 실도 이용 가능한 공간으로 추가해야 한다.

결과

분석 ②와 ③을 토대로 해당되는 룸(교실 2개 + 자유 사용실 + 터미널 실)을 모두 합치면 4개이므로 정답은 3번 「4つ」이다.

Check Point

① 이 문제는 컴퓨터 사용에 대한 알맞은 정보를 묻고 있다.

② 선택지 분석

- 1번: 전기(1학기), 후기(2학기) 시험 기간에도 대학의 컴퓨터는 사용할 수 있으나, 사용 가능한 시간대가 다르다.

  → 안내문을 보면 전기와 후기 시험기간 동안 2호관, 6호관 모두 컴퓨터를 사용할 수 있으며, 또한 전기 시험 기간과 후기 시험 기간의 컴퓨터 사용 시간이 다르므로 올바른 정보이다.

③ 오답 분석

- 2번: 야간에도 대학 컴퓨터를 사용할 수 있는 것은 수업이 행해지는 기간뿐이다.

  → 시험 기간에도 야간에 사용할 수 있으므로 오답

- 3번: 일제 휴가기간을 제외하면 휴가 기간(방학) 동안이라도 2호관에서 컴퓨터를 사용할 수 있는 교실이 있다.

  → 여름방학, 겨울방학, 봄 방학 기간에는 2호관이 모두 「閉室」이라서 사용할 수 없으므로 오답

- 4번: 터미널 실은 휴일이나 휴가(방학)를 제외하고 언제든지 컴퓨터를 사용할 수 있다.

  → 평일이라도 수업이 있을 때는 사용할 수 없으므로 오답

결과

따라서 정답은 1번 「前期、後期の試験期間も大学のコンピューターは使えるが、使用できる時間帯が異なる」 이다.

예제1   하계 일제 휴가 기간을 제외한 하계 휴가 중, 학생이 컴퓨터를 이용할 수 있는 룸은 몇 개인가?

　　　　1 2개　　　　2 3개　　　　　　3 4개　　　　　4 5개

예제2   이 대학의 컴퓨터 사용에 대해 바른 정보는 어느 것인가?

1 전기, 후기의 시험기간에도 대학의 컴퓨터는 사용할 수 있지만, 사용할 수 있는 시간대가 다르다.

2 야간에도 대학의 컴퓨터를 사용할 수 있는 것은 수업을 하지 않는 시간 뿐이다.

3 일제 휴가 기간을 제외하면, 휴가 기간에도 2호 관에 컴퓨터를 사용할 수 있는 교실이 있다.

4 터미널 실은 휴일이나 휴가(방학)을 제외하고, 언제나 컴퓨터 사용이 가능하다.

교육 환경의 컴퓨터 이용 안내

[이용 시간]

※ 모든 교실은 토요일, 일요일, 국경일, 하기 일제 휴가기간, 겨울 방학에는 폐실입니다.
※ 그 외의, 터미널 실은 상기의 기간을 빼고는 수업이 없는 시간대에는 자유롭게 사용할 수 있습니다.
※C = 교실

[연간 예정]

기간	2호관 (231C,232C,233C)	6호관 (611C,612C,자유사용실)
4/10~7/22 (수업 기간)	9:00~20:30	9:00~20:50
7/23~8/7 (전기 시험 기간)	9:00~19:00	9:00~20:50
8/8~8/9 (하계 휴가(방학)기간)	폐실	9:00~16:00
8/10~8/20 (하계 일제 휴가 기간)	폐실	폐실
8/21~8/31 (하계 휴가(방학) 기간)	폐실	9:00~16:00
9/1~9/13 (하계 휴가(방학) 기간)	폐실	9:00~16:00
9/17~9/19 (전기 예비 기간)	폐실	9:00~18:30
9/14~12/24 (수업 기간)	9:00~20:30	9:00~20:50
12/25~1/7 (동계 휴가(방학) 기간)	폐실	폐실
1/8~1/18 (수업 기간)	9:00~20:30	9:00~20:50
1/19~2/1 (후기 시험 기간)	9:00~20:50	9:00~20:30
2/2~ (봄 휴가(방학))	폐실	9:00~16:00

新 일본어 능력 시험에는 「내용적인 면」에서 6가지 유형과 「형식적인 면」에서 2가지 유형, 모두 8가지 유형의 문제 형태가 자주 출제된다.

1) 내용적인 측면의 문제

(1) 주제(요지)를 묻는 문제

(2) 화제(소재, 글감)를 묻는 문제

(3) 지시어가 가리키고 있는 말을 묻는 문제

(4) 접속어의 쓰임새를 묻는 문제

(5) 단락의 구성을 묻는 문제

(6) 필자의 주장이나 의견을 묻는 문제

2) 형식적인 측면의 문제

(1) 밑줄 관련 문제

(2) 괄호 관련 문제

3) 올바른 선택지 고르는 요령

4) 그 외의 문제 풀이 요령

1) 내용적인 측면의 문제 풀이 요령 및 공략법

(1) 주제(요지)를 묻는 문제

① 설명적 문장

지문 텍스트를 보면 필자의 생각이나 글을 쓰는 목적이 비교적 확실하게 나와 있는 경우가 많다. 다음의 내용을 토대로 생각하면 주제(요지)를 찾아낼 수 있다.

● 글의 제목을 찾아라.

'무엇은 ~무엇이다', '무엇은 ~어떻다'에 해당하는 것이 글의 제목인 경우가 많다. 따라서 제목에서 필자가 무엇에 대해 이야기하려고 하는지 알 수 있다.

● 마무리 단락을 찾아라.

설명적 문장은 단락이 확실히 구분되어 있기 때문에 '이유를 이야기하는 단락', '구체적인 예를 들어 이야기하는 단락', '마무리 단락'의 형식으로 지문 텍스트를 단락별로 나누어 본다. 그리고 필자가 자신의 생각이나 의견을 종합해서 언급하고 있는 단락을 찾는다. 바로 이 단락이 '무엇은 ~무엇이다', '무엇은 ~어떻다'의 '무엇이다', '어떻다'에 해당하는 곳이며, 주제(요지)가 언급되어 있는 곳이기도 하다.

② 소설, 수필

필자가 글을 통해 전달하고 싶은 내용을 '주제(테마)'라고 한다. 소설이나 수필의 경우, '주제'는 다음과 같은 순서로 파악해 나간다.

● 이야기의 대강의 줄거리를 파악한다.

'언제, 어디서, 누가, 어떻게 한다'로 잘 조합하여 줄거리를 파악한다.

● 등장 인물을 파악한다.

'등장 인물은 누구인지', '주인공이 누구인지', '주인공은 어떤 성격의 소유자인지', '주인공과 관련이 깊은 등장 인물은 누구인지' 등을 잘 조합하여 등장 인물을 자세하게 파악한다(단 주인공이 사람이 아닐 수도 있으나, 편의상 주인공이 사람이라는 가정하에 설명했다). 줄거리와 등장 인물을 파악해두면 클라이맥스를 찾기 쉽다.

● 클라이맥스를 찾는다.

클라이맥스는 글의 후반부에 많이 온다.

등장 인물의 심정이나 행동, 태도의 변화를 나타내는 말이나 표현 등을 중점으로 파악하면 클라이맥스를 찾기 쉽다.

(2) 화제(소재, 글감)를 묻는 문제

화제란 해당 텍스트가 무엇에 대해 쓴 글인가를 말하는 것이다. 독해 문제는 화제를 찾는 것 자체가 시험 문제가 되는 경우가 많고, 그렇지 않더라도 지문 텍스트를 읽을 때 처음 단계에서 화제를 찾아야 쉽게 문제를 풀어갈 수 있기 때문에 상당히 중요하다고 할 수 있다.

● **화제를 찾는 요령**

① 텍스트 전체의 첫 문장 또는 초반부를 주목한다.
② 반복해서 나오는 단어(Key Word)를 찾는다.
③ 의문문(~でしょうか), 권유문(~てみましょう)을 문장 속에서 찾는다.
④ '~에 대해서(~について)'라는 문장에서 찾는다.

위의 4가지 방법을 잘 조합하면 쉽게 찾을 수 있다.

(3) 지시어가 가리키고 있는 말을 묻는 문제

'지시어'란 일본어로 「こ・そ・あ・ど」로 시작하는 말로, 앞에서 말한 내용을 받아서 뒤에 연결하는 역할을 하는 말이다. 지시어는 같은 말의 반복을 피함으로써 문장을 깔끔하게 해주는 기능을 한다. 지시어와 관련된 문제는 다음과 같은 사항을 주목해서 문제를 풀도록 하자.

① **지시어가 가리키는 말의 위치와 내용을 찾는다.**

● 지시어가 가리키는 내용은 지시어의 앞부분(바로 앞의 문장 또는 지시어 위로 2줄 정도의 문장)을 먼저 살펴보고, 그래도 찾기 힘들면 앞 단락 전체를 살펴본다. 이를 참고로 지시어가 포함된 문장을 읽고 그 문장으로부터 지시어의 문장이 어떤 내용인지를 이해하고 지시어가 가리키는 단어나 표현이 어떠한 종류의 것인지 실마리를 찾는다.

- 실마리를 토대로 지시어를 의문사로 하는 질문을 만들어 본다.
- 지시어 앞에 오는 내용을 읽고, 전 단계에서 만들어 놓은 질문의 답에 해당하는 부분을 찾는다.
- 질문의 답에 해당하는 부분을 찾으면 지시어를 답에 해당하는 내용으로 바꾸어 그 문장의 내용이 자연스럽게 연결되는지 확인한다.

이와 같은 순서의 과정은 동시에 빠른 속도로 진행시킨다. 이 때 한 가지 알아두면 유용한 방법은 지시어 문장과 앞의 문장이 어떠한 접속사, 또는 접속조사로 연결되어 있는지 확인하면 지시어를 찾는데 도움이 된다. 즉, 순접 표현이면 앞의 문장과 지시어 문장이 같은 내용이며, 역접으로 연결되면 지시어 문장과 그 앞의 문장이 반대의 내용임을 알 수 있다.

② 지시어가 가리키는 내용의 범위를 파악하라.

- 단어나 2개 이상의 단어로 이루어진 표현을 가리킨다.
- 문장을 가리킨다. (보통 지시어 앞에 나오는 하나의 문장이지만, 그 이상의 문장을 가리키기도 한다.)
- 단락을 가리킨다. (보통 지시어가 나와 있는 하나의 단락이거나 지시어 앞에 나오는 하나의 단락이다.)

(4) 접속어의 쓰임새를 묻는 문제

접속어란 단어와 단어, 문장과 문장, 단락과 단락을 연결해주는 말이며, 문장 등의 연결 관계가 간결하고 분명해지므로 글의 내용을 이해하는데 도움이 된다.

접속어는 문법 파트 시험에서 중요한 출제 항목에 다뤄지며, 독해 시험의 설명적 텍스트가 지문으로 나오는 문제에서 자주 출제되는 항목이기도 하다. 특히 단락과 단락이 연결되는 경우에 앞의 단락과 뒤의 단락이 의미적으로 어떻게 연결되어야 하는지 테스트하는 문제가 출제된다. 그러면 의미에 따른 접속어의 종류를 간단히 알아보도록 하자.

● **의미(역할)에 따른 접속어의 종류**

순접	앞에 오는 일이 원인이 되어 뒤에 오는 일이 초래됨 そして, だから, それで, それだから, では, そこで, で, したがって, すると
역접	앞에서 언급한 내용과 뒤에서 언급한 내용이 반대의 의미 しかし, けれども, だが, ところが, でも, が
병렬	두 가지 이상의 일이 병립 また, および, ならびに
첨가	앞의 일에 뒤의 일을 추가함 そして, それから, そうして, そのうえ, さらに, しかも, おまけに, 次に
전환	이야기의 화제를 바꿈 では, それでは, ところで, さて, ときに
요약	이야기의 요점을 잡아서 간추림 つまり, すなわち, 要するに, このように
예시	앞의 내용에 대해 예를 들어 보임 たとえば, いわば
설명	앞의 일에 대한 설명이나 보충 なお, ただし, もっとも, ちなみに, なぜなら
선택	두 개 이상에서 하나만을 선택함 または, それとも, あるいは, もしくは

(5) 단락의 구성을 묻는 문제

> **문장** 단어가 모여 하나의 문장을 이룬 것
>
> **단락** 문장이 모여 하나의 정리된 내용을 이룬 것
>
> **텍스트** 단락이 모여 필자가 이야기하려고 하는 완전한 내용의 종합체(글, 담화)
>
> ※ 한 단락에서 다음 단락으로 넘어갈 때는 일반적으로 내용이나 의미가 달라진다.

① 단락의 종류

> **형식 단락** 지문 텍스트를 봤을 때 한 칸 들여쓰기 한 곳을 기준으로 구분
>
> **의미 단락** 내용이 통하는 몇 개의 형식 단락을 합쳐 의미적으로 하나로 종합한 단락

시험에 가장 많이 출제되는 설명적 텍스트는 글 전체를 의미 단락으로 나누면서 읽어 내려가는 것이 독해의 기본임과 동시에 가장 중요한 사항이다.

독해의 기본인 의미 단락에는 다음의 3가지 종류가 있다. 이러한 의미 단락만 제대로 파악한다면 문제의 반 이상은 해결됐다고 봐도 좋을 것이다.

② 독해의 기본 의미 단락

- 화제(소재)가 쓰여 있는 단락 (첫 번째 형식 단락을 주목)
- '마무리'가 쓰여 있는 단락 (텍스트의 처음과 마지막 형식 단락을 주목)
- '화제'에 대한 설명이 쓰여 있는 단락 (구체적인 예가 나오거나 이유·원인이 쓰인 곳에 주목)

이와 같은 의미 단락의 분류는 단락의 처음에 오는 접속어나 지시어가 실마리가 되는 경우도 있다.

③ 접속어나 지시어

화제의 전환	ところで, さて, では
역접 표현	ところが, しかし, けれども, それなのに
구체적인 예시	たとえば
결과 표현	だから, その結果, 従って
마무리	つまり, 要するに, このように, こうして

이와 같은 의미 단락의 구성은 그 자체로 시험에 출제되는 경우도 있지만, 다음에 나오는 '필자의 주장이나 의견'을 묻는 문제에서는 반드시 필요한 사항이므로 독해 시험에서 좋은 성적을 얻으려면 평소에 이러한 텍스트를 읽으면서 의미 단락을 나누는 연습을 많이 하는 것이 좋다.

(6) 필자의 주장이나 의견을 묻는 문제

'주장'이란 설명문 등에서 필자가 이야기하고 싶거나 독자에게 전달하고 싶은 이야기나 생각, 의견을 말한다. 화자의 주장이나 의견을 제대로 파악하려면 텍스트 전체의 구성을 파악하는 것이 중요하다. 설명적인 텍스트의 경우 필자가 글을 쓸 때 나름대로 이야기의 전개 순서를 밟아 설명을 해나간다.

① 지문 텍스트의 구성

시험에 자주 출제되는 설명적인 글(지문 텍스트)의 단락(의미 단락)은 다음과 같은 요소로 구성되어 있다.

> **처음**　텍스트 전체의 화제나 문제를 제시하는 단락
>
> 　　　　(그 외에 설명할 대상, 배경, 동기, 목적, 방법 등을 제시하는 단락)
>
> **중간**　예를 드는 등 다양한 설명 방법으로 화제나 문제를 이해하기 쉽게 풀이하는 단락
>
> **마무리**　필자가 하고 싶은 말이나 내용 전체를 요약, 정리, 마무리하는 단락

이와 같이 설명적 텍스트는 3개의 요소로 이루어지며, 마무리에 화자가 이야기하고 싶은 것, 즉 필자의 주장이나 의견이 쓰여 있는 경우가 많다. 이러한 텍스트의 단락 구성은 '마무리'가 어디에 있느냐에 따라 다음의 네 가지 유형으로 나누어진다. 이 네 가지 텍스트의 단락 구성의 유형을 미리 알아두면 화제나 필자의 주장 및 의견을 파악하는데 도움이 될 것이다.

a. 초반부 → 중반부 → 후반부 단락 구성

· 텍스트의 후반부에 '마무리'가 오는 가장 일반적인 경우

　처음(화제) → 중간 → 마무리

· 텍스트의 초반부와 후반부에 '마무리'가 오는 경우

　마무리(화제+마무리) → 중간 → 마무리

b. 전반부 → 후반부 단락 구성

· 텍스트의 전반부에 '마무리'가 오는 경우

마무리(화제+마무리) → 중간(설명)

※ 이 경우는 전반부가 짧고 후반부가 길며, 텍스트의 마지막 부분에 '필자의 주장'이 오지 않는 특징이 있다.

· 텍스트의 후반부(대부분 첫 부분)에 '마무리'가 오는 경우

처음(화제+문제 제기, 설명) → 중간(마무리)

특히 장문 독해는 이와 같은 텍스트의 구성이 두 번 반복되는 경우도 있다. 예를 들면 다음의 지문 텍스트는 텍스트의 전반부에 '마무리'가 오는 경우인데, 전체 텍스트의 화제가 되는 내용(까마귀의 능력)을 텍스트의 초반부에 제시해 놓고, 전체 텍스트를 텍스트1(지문 텍스트 첫 단락부터 세 번째 단락[こんなことは朝飯前なのかもしれない]까지)과 텍스트2(지문 텍스트 네 번째 단락[状況を的確に判断して行動する人も、賢いといわれる]부터 마지막까지)의 둘로 나누었다.

텍스트1의 전반부에 '마무리(화제+마무리)'[주1]가 오고 다음으로 후반부에 '중간(설명)'이 와서 독자가 화제에 대해 이해하기 쉽도록 예를 들어 설명하면서 일단 의미적인 단락 하나를 끝내고, 다시 텍스트2에 들어와서 전반부에 '마무리(화제+마무리)'[주2]를 제시하고, 후반부에 예를 들어 설명하면서 전체 텍스트의 이야기를 끝낸다. 결국 이 텍스트에는 마무리가 전반부에 있기 때문에 '화자의 주장 및 의견'이 전반부에 와 있다는 것을 알 수 있다.

주1) 텍스트1의 마무리 →   · 화제: 까마귀는 머리가 좋다

　　　　　　　　　　　　　· 마무리: 까마귀는 다른 새보다 기억력(머리)이 좋다

주2) 텍스트2의 마무리 →   · 화제: 까마귀의 능력

　　　　　　　　　　　　　· 마무리: 까마귀는 다른 새보다 상황을 판단하고 행동하는 능력이 뛰어나다

　カラスが頭がいいというのは、みんな知っている。もはや常識といってもいいかもしれない。ゴミにカラスが来ないように何かしかけても、すぐに見破られてしまい、「カラスって頭がいいんだなあ」と実感することも多いだろう。人の思惑がカラスに見抜かれているようで、感心してしまうのである。

　では、「頭がいい」というのは、どういう能力をいうのであろうか。

　人間界では、抜群の記憶力を持つ人を「頭がいいね」なんていう。この点でいえば、鳥は「三歩歩くと忘れる」というくらい記憶力が悪い動物とされる。ところがカラスには、それは当てはまらない。

　宇都宮大学の杉田研究室では、いろいろな実験をしてカラスの能力を調べている。たとえば、15人の顔写真を貼った容器の一つだけに、大好きのドックフードを入れて覚えさせると、100%近い正解率を出す。しかも三週間ほどブランクを開けても成績はほとんど変わらないというから驚きである。三歩どころか三週間たっても忘れないのだ。しかし、カラスの仲間のマツカケスは一万か所も貯食場所を覚えているのだから、こんなことは朝飯前なのかもしれない。

　状況を的確に判断して行動する人も、賢いといわれる。カラスはこの点でもすぐれた能力を見せる。

　鳥の子育てを観察するときには、ブラインドと呼ぶ小さなテントを巣の近くに張って身を隠す。そうすればこちらの姿が見えないため、おおかたの鳥は警戒することなく子育ての様子を見せてくれる。

　しかし、カラスにはそうはいかない。渋谷のハシブトガラスの子育てを観察したときは、ほんとうに苦労した。たいていの鳥は、留守中にブラインドに入れば、意外とすぐに巣に戻る。もし、なかなか戻らなければ、ブラインドにいったん二人入り、一人だけ出る。そうすれば中にはもう人がいないと思って巣に戻る。鳥は算数ができないためである。しかし、この方法でもカラスはだませない。もしかしたら、計算ができるのかもしれないと思ってしまう。このときは結局、無人カメラ以外では観察ができなかった。的確な状況判断をし、危険を回避する能力がカラスはほかの鳥よりもすぐれているという実列である。

　じつは、カラスのこの能力が研究の障害になっている。鳥の研究は、脚環などの目印をつけて個体識別をするのが第一歩である。それにはどうしても捕まえなければならないのだが、カラスの場合、これがままならない。たしかに捕獲することはできる。しかし、トラップに入るのはたいていが若鳥で、成鳥が捕まることはほとんどない。成鳥を捕まえて研究するのはまず無理である。日本有数の鳥の研究者で捕獲の名人といわれる人でも、カラスだけはあきらめたという。

따라서 화자의 주장 및 의견'을 제대로 찾으려면 '마무리'가 텍스트의 어느 부분에 와 있는지 정확히 파악해야 한다.

② 화자의 주장 및 의견 파악 요령

위의 텍스트의 구성의 네 가지 유형을 익혔다면 '화자의 주장 및 의견'은 다음과 같은 순서로 파악하자.

- 텍스트 전체의 '화제'를 찾아라. ('화제'는 대부분 텍스트의 초반부에 제시된다)
- '마무리'가 있는 단락을 찾아라. (텍스트의 초반부와 후반부에 주목한다)
- '마무리'의 요점을 파악하라.
- '화자의 주장 및 의견(화제+요점)'을 파악하라.

이러한 전개 과정이 반복될 때는 다시 한 번 위의 순서를 반복해서 또 다른 화자의 주장 및 의견을 파악한다. 이 때 가장 중요한 것은 마무리가 어느 부분에 있는지 찾아내는 것이다.

2) 형식적인 측면의 문제 풀이 요령 및 공략법

(1) 밑줄 관련 문제

독해 시험에서는 밑줄을 사용해 문제를 제시하는 경우가 많다. 그러면 밑줄을 사용한 문제는 어떻게 푸는 것이 효율적인지에 대해 알아보자.

① 짧은 밑줄의 독해 요령

짧은 밑줄, 즉 하나의 문장의 어느 한 부분에 밑줄이 있을 때는 밑줄이 포함되어 있는 한 문장 전체에 밑줄이 있다고 생각하고, 그 한 문장 전체를 읽어보면 힌트를 얻는 경우도 많다. 출제자가 의도적으로 키워드의 바로 앞 또는 뒤에 밑줄을 두고 키워드를 찾아낼 수 있는 능력이 있는가를 평가하기 위해서이다.

② 긴 밑줄의 독해 요령

밑줄이 길면 그 안에 힌트가 숨어있다. 특히 밑줄 안에 지시어가 있을 때는 주의해야 한다. 이는 출제자가 그 지시어를 다른 말로 바꾸어 쓸 수 있는지를 테스트하는 것이라 생각하면 된다. 만일 밑줄이 있는 문장만으로 문제를 풀기가 어려우면, 밑줄이 있는 문장의 앞 뒤 문장을 살펴보고 그래도 모를 때는 밑줄을 포함한 단락 전체를 다시 읽고 단락의 화제부터 생각해 본다. 이와 같이 밑줄이 있는 부분만 보지 말고 점점 관련 범위를 넓혀가다 보면 힌트가 보일 것이다.

③ 지시어에 밑줄이 있을 때의 독해 요령

지시어의 앞 문장을 본다. 지시어에 밑줄이 있을 때는 지시어 문장의 앞부분(바로 앞 문장 또는 지시어 위로 두 줄 정도의 문장)을 먼저 살펴보고, 그래도 찾기 힘들면 앞 단락 전체를 살펴본다. 이를 참고로 해서 밑줄이 포함된 문장을 읽고 지시어가 무엇을 가리키는지 알아낸다.

(2) 괄호 관련 문제

괄호 문제도 밑줄 문제라고 생각하자. 괄호를 포함한 한 문장 전체로 괄호의 범위를 넓혀 괄호가 있는 문장의 앞뒤 내용과의 연관성을 생각하며, 특히 앞뒤에 나오는 접속사의 용법을 참고로 괄호 안에 들어갈 말을 찾는다. 만약 그것만으로 정답을 찾기 어려우면 괄호가 있는 문맥까지 범위를 넓혀서 괄호 안에 들어갈 말을 찾는다.

3) 올바른 선택지를 고르는 요령

독해 시험에 제시되는 4개의 선택지 중 올바른 선택지를 고르는 것이 가장 중요하다. 질문의 의도에 따라 지문 텍스트에서 정답이라고 생각하는 부분을 찾아냈다 하더라도 4개의 선택지에서 정답을 찾아내기란 쉬운 일이 아니다. 특히 4개의 선택지 중 정답을 포함한 2개의 선택지는 항상 헷갈리는 경우가 많기 때문에 더욱 더 어렵다. 그러면, 올바른 선택지를 고르는 순서 및 요령 등에 대해 알아보자.

(1) 올바른 선택지를 고르는 순서

① 먼저 4개의 선택지에 해당하는 문제문에서 실마리를 찾는다.

② 문제문에서 실마리를 찾아 지문 텍스트의 어느 부분을 보면서 생각해야 할지 정한다.

③ 모든 선택지에 ○나 × 표시를 해간다. 이 때 정답에서 벗어난 선택지라고 생각되는 것은 과감하게 × 표시를 한다.

선택지에서 ×가 되는 조건은

a. 지문 텍스트와 반대의 내용이 적혀 있다.

b. 지문 텍스트에 나와 있지 않은 내용이 적혀 있다.

(단 지문 텍스트의 내용을 선택지에서는 다른 표현으로 바꾸어 써놓는 경우가 많으므로, 이러한 경우는 결국 표현만 다를 뿐 지문에 나와 있는 내용으로 간주해야 한다는 점에 유의하자)

특히 주의해야 할 점은,

c. 이론적으로 맞는 말인지만 지문 텍스트에는 전혀 나와 있지 않은 내용

c와 같은 경우는 수험생을 헷갈리게 하기 위해 선택지로 제시하는 경우가 많기 때문에, 아무리 객관적으로 맞는 말이라 하더라도 지문 텍스트에 언급되어 있는 내용인지 확실히 확인하는 습관을 길러야 한다. 즉 독해 문제는 느낌이나 감을 버리고 근거로 풀어야 한다.

그러면 이해를 돕기 위해 다음 지문을 예를 들어 설명하도록 하자.

　その名称からもわかるように、遊漁船には利用者が「遊ぶ」目的で「漁」を
するための船です。「仕事」として「漁」をする漁船とは区別されています。
　そして、釣りをするのが船の乗員である漁船と違い、遊漁船、乗員は一切釣
りをしません。釣り客に「釣り」を安全に楽しんでもらえるように釣り場に案
内するのが、遊漁船業者の仕事なのです。ひと口でいえば、「釣り」をテーマ
にした海上のサービス業といえます。
　そんな遊漁船業において、基本となる2つの重要なことがあります。
　まず、大前提であるお客の安全を守るということです。日常生活を送ってい
る陸地とは違い、不慣れな自然の海の上ではちょっとした軽はずみな行動によ
って危険にさらされることもあるからです。
　次に、楽しんでもらうということです。①せっかく釣りにきているのですか
ら、釣り客は少しでも多く魚を釣りたいと考えます。中には、②釣った魚を夕
食のおかずにしようと、真剣に釣りをする客もいます。

　（ヴィットインターナショナル企画室編『知りたい「なりたい」職業ガイド　釣りにかかわ
る仕事』による）

　筆者は遊漁船の釣り客にはどのような客がいると言っているか。
　1 安全を守ろうと思ってまじめに釣りをする客
　2 おかずにしようと思ってまじめに釣りをする客
　3 みんなを満足させたいと思って楽しく釣ろうとする客
　4 他の人に負けたくないと思ってたくさん釣ろうとする客

　문제문을 보면, '필자는 遊漁船(놀이 낚시 배)의 낚시 손님 중에는 어떠한 손님이 있다
고 말하고 있는가?'라고 묻고 있다. 정답은 2번 '반찬으로 하려고 신중하게 낚시를 하는
손님'이고, 이 내용은 지문 텍스트에 나와 있다. 그러나 4번 '다른 사람에게 지고 싶지 않
다는 생각에 많은 물고기를 잡으려는 손님'이라는 내용을 보면, 보통의 어선(漁船)과는
달리 遊漁船은 손님이 돈을 내고 낚시를 즐기는 배이므로 대부분의 손님은 다른 사람보
다 더 많은 물고기를 잡으려 하는 것이 일반적이다. 따라서 지문 텍스트의 내용과 상관이

없다면 4번이 가장 객관적인 내용이다. 게다가 지문 텍스트의 밑줄 ①을 보면, 「せっか
く釣にきているのですから、釣り客はすこしでも多く魚を釣りたいと考えます」 라
는 내용이 있어서 정답이 4번이라고 생각할 수 있다. 그러나 밑줄 ①은 일반적인 낚시 손
님에 대한 이야기이지 필자가 이야기하고 있는 특정한 손님에 대한 이야기는 아니다. 따
라서 객관적으로 옳은 내용이더라도 지문 선택지에 제시되어 있지 않으므로 정답이 될
수 없다.

반면, 2번의 내용은 객관성은 떨어지더라도 밑줄 ②를 보면, 「(釣り客の)中には、釣
った魚を夕食のおかずにしようと、真剣に釣りをするお客もいます」 라는 내용이 나
온다. 이는 약간 다른 표현을 쓰기는 했으나 밑줄 ②와 선택지 2번이 나타내는 내용의 의
미가 같으므로 정답은 2번이다.

(2) 문제문이 요구하는 가장 적당한 선택지를 고른다.

모든 영역의 문제 풀이의 제시 문구를 보면 「最も適当なものを選びなさい(가장 적
당한 것을 고르세요)」 라고 나온다. 위에서도 언급했지만, 특히 독해 문제에서 제시되는
선택지는 정답 이외의 나머지 다른 선택지도 정답에 가까운 내용인 경우가 많다. 특히 정
답을 제외한 나머지 선택지 중 정답 후보로 꼽히는 1개의 선택지는 정답을 고를 때 항상
고민을 하게 되는 것이 사실이다. 따라서 정답의 선택지를 고르고 나면 나머지 헷갈리는
선택지와 지문 텍스트의 내용을 비교하면서 정답에 적합하지 않다는 것을 확인한다. 또
한 반대로 지문 텍스트를 처음에 읽으면서 생각했던 내용이 선택지를 읽으면서 잘못 생
각하고 있었다는 것을 깨닫는 경우도 있다.

(3) 선택지를 바꿀 때는 반드시 지문 텍스트를 다시 한번 읽고 결정한다.

하나의 선택지를 정해 놓고 시간이 남아서 다른 선택지로 바꿨다가 오히려 틀리는 경
험을 많이 해봤을 것이다. 이러한 실수를 하지 않기 위해서는 반드시 지문 텍스트의 내용
과 비교해 보고 바꿔야 한다. 선택지의 문장만 보면 객관적으로 맞는 내용의 선택지에 신
경이 쓰인다. 이때 지문 선택지의 내용과 비교하지 않고 선택지만 보고 정답을 바꾸면,
결국에는 틀린 답을 고르는 일이 벌어질 수도 있으므로, 반드시 지문 텍스트와 비교 확인
한 후에 바꾸도록 하자.

(4) 선택지 문장을 나누어서 내용을 파악한다.

선택지의 문장이 길 경우에는 몇 개의 부분으로 나누어서 선택지의 내용을 파악하다

보면 선택지의 키포인트가 확실해진다. 지문 선택지의 내용 중 한 가지 내용만을 요구하는 문제라면 그다지 문제가 안 되겠지만, 문제문에서 요구하는 정답 내용이 지문 선택지의 내용 중 2개 이상이라면 선택지에서도 2개 이상의 내용을 제시해야 하기 때문에, 반드시 사선 (/) 등으로 표시해 문장을 나누어 읽도록 한다. 이렇게 하면 선택지 문장의 앞쪽 내용이 문제문에서 요구하는 내용과 다를 경우 뒤쪽 내용을 확인하지 않아도 해당 선택지를 정답 후보에서 제외시킬 수 있기 때문에 시간을 단축할 수 있다.

(5) 선택지 문장은 끝까지 꼼꼼하게 읽는다.

선택지 문장의 내용은 앞쪽보다 뒤쪽 내용이 더 중요할 때가 많다. 선택지 문장의 앞쪽 내용이 아무리 올바르게 제시되어 있어도 뒤쪽 내용이 맞지 않으면 정답이 될 수 없다. 문제를 풀다가 당황하게 되면 선택지 문장을 끝까지 읽지 않는 경우가 종종 있으므로, 반드시 뒤쪽 내용까지 확실하게 파악한 후에 정답을 고르도록 하자.

4) 그 외의 문제 풀이 요령

① 대부분 지문 텍스트의 가장 아래에 제시되는 지문 텍스트의 출전(제목)은 필자의 주장 및 생각이나 말하고자 하는 의도와 연결되는 경우가 많으므로, 필자의 주장이나 의도에 관한 문제일 경우에는 출전을 반드시 확인한다.

② 우선 지문 텍스트를 읽기 전에 문제문의 문장을 읽어보고 무엇을 요구하는 문제인지 파악한다.

③ 전반적으로 정답과 관련된 내용은 지문 텍스트의 후반부에 나와 있는 경우가 많으므로, 전반부는 신속하게 읽어 어떤 내용인지 대충 파악하고, 후반부는 세세하게 체크하며 꼼꼼히 읽는다. 전반부와 후반부의 구별은 일반적으로 しかし, でも, ところが 등의 역접 표현이나 형식 단락이 새롭게 바뀌는 부분으로 구별을 하며, 특히 세로로 지문이 나와 있는 경우에는 단락 구분이 명확한 경우가 많다.

④ 지문 텍스트의 마지막 부분에는 필자의 주장 또는 생각이나 의견이 종합 정리되어 있는 것이 보통이다.

⑤ 장문의 지문 텍스트는 집중할 수 있을 정도의 길이로 끊어서 읽어나간다.

⑥ 가타카나로 되어 있는 외래어 명사(이름이나 지명 등)를 읽는데 시간을 낭비하지 말자.

N1 청해

01 청해 공부 방법과 문제 유형

1. 고득점을 원한다면 청취를 잡아라.

- 개정 핵심 내용 = "과제 수행을 위한 언어 커뮤니케이션 능력 측정"

旧(1급) 일본어 능력시험		新(N1) 일본어 능력시험
전체의 1/4의 비중 전체 30문제 중 1. 그림 있는 문제 15문제 2. 그림 없는 문제 15문제	→	전체의 1/3로 비중이 대폭 늘어남 전체 37문제 중 1. 과제 이해　6문항 2. 포인트 이해 7문항 3. 개요 이해　6문항 4. 즉시 응답　14문항 5. 통합 이해　4문항

따라서 고득점을 원하는 수험생이라면 청해 시험을 반드시 잡아야 한다. 청취는 시험뿐 아니라 회화를 위해서라도 반드시 넘어야 할 산이다.

2. 청해 고득점을 위한 문제 풀이 필수 전략

1) 청취 시작 부분과 마지막 부분에 집중, 또 집중한다!

축구도 시작 후 5분과 종료 전 5분이 중요한 것처럼, 청해 문제 풀이에 있어서도 시작 부분과 끝부분의 내용에 집중해야 한다. 그 이유는

첫째, 청취 텍스트의 앞부분은 전체 내용의 서론에 해당하는 경우가 많으므로 앞부분을 제대로 듣지 못하면 전체 내용을 이해하는 데 치명타를 입을 수도 있기 때문이다.

둘째, 음성 텍스트의 뒷부분은 전체 내용의 결론에 해당하는 경우가 많으므로 전체 내용을 종합하고 정리하는 데 어려움을 겪을 수 있다.

셋째, 문제의 정답을 선택하는 데 있어서 중요한 힌트가 음성 텍스트의 앞부분과 뒷부분에 나오는 경우도 많으므로 우선 이 부분을 제대로 듣고 이해해야 한다.

2) 청취 내용을 신속하게 메모하라!

청취 내용 중 문제의 출제 의도 및 경향에 맞추어 중요하다고 생각되는 부분을 들으면서 메모한다.

메모는 우리말로 메모해도 좋고, 일본어 가나로 적어도 좋고, 속기가 가능한 사람은 속기를 사용해도 좋다. 어쨌든 어떤 방법을 쓰더라도 본인만 알아보면 되므로 본인이 생각하기에 가장 빨리 메모할 수 있는 방법을 선택해 되도록 많은 양의 정보를 정확하게 메모해 놓는 것이 중요하다.

3) 언어적인 센스를 키워라!

듣기 도중 모르는 단어가 나와도 당황하지 말고 모르는 단어의 앞과 뒷 내용을 듣고 모르는 단어를 유추해내는 연습을 많이 해라.

출 퇴근 시, 통학 시, 그 외에 이동하는 시간 등의 자투리 시간을 활용하여 mp3로 음악뿐 아니라 일본어도 반복해서 들도록 한다. 반복해서 듣다 보면 언어적인 센스가 키워진다.

문제 용지

問題 1

전체적인
문제풀이 방법 ←

問題１では、まず質問を聞いてください。それから話を聞いて、問題用紙の１から４の中から、正しい答えを一つ選んでください。

２番

지면 선택지
(문자) ←

1　海外旅行は他の時に行ってほしい

2　一週間も海外旅行に行くのは
　　いつであっても止めてほしい

3　旅行中は毎日メールしてほしい

4　男の人の仕事が終わるまでは絶対に
　　休まないでほしい

３番

지면 선택지
(그림) ←

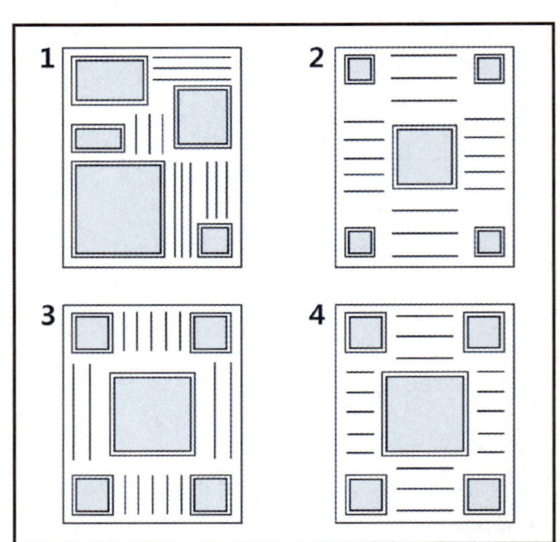

女の人と男の人が話しています。スーツケースに何を入れますか。

M：もうこれで忘れ物はないかなあ。
F：水着忘れたわ。それに美子の浮き輪が必要よ。
M：子供の物は全部島で買ったほうがいいよ。お土産になるし。
F：そうね。私たちのもあっちで買うことにする。
M：僕はサイズがないかもしれないし、嫌だよ。
F：そうね。気に入ったのがないかもしれないし…私もそうするわ。
M：パスポートは。
F：ショルダーバッグに入れたわ。あなた、飛行機のチケットは。
M：空港で受け取ることになっているから大丈夫。
F：明日が楽しみだわ。

スーツケースに何を入れますか。

→ 상황 설명 멘트・음성 질문
→ 음성 본문(대화문) 텍스트
→ 음성 질문

女の人が食料について話しています。

日本では1年間に500万トンから900万トンの食料品が捨てられているそうです。世界中で7人に1人が飢えているのにこんな状態でいいのでしょうか。また日本の食料自給率は41％にしかならず、安全だと言われている50％に達していません。なぜこんなにも多くの食品が捨てられているのでしょうか。品質には問題がないのに賞味期限が切れたとか、入れていた箱に傷がついたとか理由はいろいろですが、何とか活用する方法がないものか今考えるときにきているのではないでしょうか。

女の人の意見はどれですか。

① 飢えた人のために食料を送ろう
② 食料を捨てないで食料自給率を上げよう
③ まだ食べられる食料を捨てないで使おう
④ 捨てた食料を活用しよう

→ 상황 설명 멘트
→ 음성 본문 텍스트(서술문)
→ 음성 질문
→ 음성 선택지

問題1 과제 이해 (6문항)

과제 이해 문제에 출제된 지문은 주로 일상 생활에서 흔히 접할 수 있는 내용이나 회사의 비즈니스 업무 관련, 여행 또는 출장 관련 내용이 주축을 이루고 있다. 남녀의 대화 형식으로 이루어진 지문 내용으로 남자 또는 여자가 수행해야 할 과제가 문제로 출제되었다.

질문 내용

· (男の人 or 女の人が)　～(何を)しなければなりませんか。

· (男の人 or 女の人が)　～どうしますか。

출제된 단어 및 표현

製品の企画書	제품의 기획서
見ていたたける	봐 주시다
できあがる	완성되다
講演会	강연회
余裕がございます	여유가 있습니다
ご参加いただける	참가하실 수 있습니다
お振り込みください	납부해 주십시오
入場券を受け取りください	입장권을 받아주세요
展示販売も行っております	전시 판매도 하고 있습니다
恐れ入ります	송구스럽다, 죄송하다
効率化	효율화
指針	지침
遅くとも前日までにメールで参加者にしらせておくこと	늦어도 전 날까지는 메일로 참가자에게 알릴 것
クローゼット	클로젯, 벽장
係りの者を伺わせる	담당자가 찾아 뵙도록 하다
他のお部屋にお移りいただく	다른 방으로 옮기시다

手配いたします	준비하겠습니다
客室係	객실 담당(자)
代役(だいやく)が務まる	대역을 하다
大役(たいやく)	큰 역할, 대역
資料を読み込んで準備する	자료를 충분히 읽고 이해해서 준비하다
許可が下りる	허가가 떨어지다
繊維	섬유
取引先	거래처
触り心地	만졌을 때의 감각. 촉감
織り方	짜는 법
手間がかかる	품(시간)이 들다
淡い	엷다
仕上げる	일을 끝내다, 완성하다
人手が足りない	일손이 부족하다
所定	소정, 정해져 있음(~의 상품)
痛い	(괜한 돈이 나가서) 속이 쓰리다
当日扱いとさせていただいておる	당일로 취급하고 있다
明記しておる	명기되어 있다

問題2 포인트 이해(7문항)

포인트 이해 문제에 출제된 지문은 주로 과제 이해 문제의 지문의 경우와 유사하며, 동네 슈퍼의 파산을 내용으로 하는 일상 생활 관련 지문, 거래처와의 업무 상담, 취업 후 회사 생활, 판매 증진을 위한 디자인 변경이나 판매 촉진 방안을 위한 회의 등을 내용으로 하는 비즈니스 관련 지문 등이 주축을 이루고 있으며, 지문은 남녀 두 사람이 서로 이야기를 주고 받는 대화문 형식과, 남자가 혼자 한 주제를 가지고 이야기를 전개해 나가는 서술문 형식의 지문이 출제되었다. 질문 내용은 지문 내용 중 하나의 내용을 질문 포인트로 삼아 문제로 출제되었다.

질문 내용

· (男の人 or 女の人は) ～と言っていますか。

・どの案を採用することになりましたか。

・〜点は何ですか。(서술문 형식 지문)

・どんなアドバイスをしていますか。(서술문 형식 지문)

ひたすら	오로지, 한결같이
やり取り	주고 받음
潰れる	도산(파산)하다
品揃えがいい	상품이 잘 갖추어져 있다
いまいちだ	그저 그렇다
葉っぱが枯れる	잎이 시들다
土が乾く	흙이 마르다
肥料	비료
販売量の増加につながります	판매량의 증가로 이어집니다
付け加え	덧붙이다, 첨가하다
さらに	더욱이, 거듭
御社	귀사(상대방의 회사를 부르는 말)
高級感	고급스러운 느낌
従来に比べ	종래에 비해
走行	주행
飛躍的に伸びたことです	비약적으로 늘어난 것입니다
日帰り旅行	당일치기 여행
改良の余地がある	개량의 여지가 있다
にぶりはじめている	둔해지고 있다, 약해지고 있다
ひびいている	영향을 끼치고 있다
思い切って	과감히, 마음껏, 대단히
商品にご満足いただけなかった場合	상품에 만족하시지 못한 경우
打ち出してみる	내세워 보다
価格を抑えて提供する	가격을 낮추어 제공하다

良策	좋은 방책
移り変わり	바뀜
あっという間に	눈 깜짝할 새에
一昔前のように	옛날과 같이(一昔:돌이켜 보면 옛날로 느껴질 만한 과거의 한 시기)
むやみやたらに	마구, 함부로

問題3 개요 이해(7문항)

개요 이해 문제는 말 그대로 글의 개요를 묻는 문제이므로, 남자 혹은 여자가 어떤 테마에 대해 혼자서 이야기하는 서술문 형식의 지문으로 이루어져 있다.

질문 내용

· 内容は(言いたいことは)、どのようなことですか。

· 話のテーマは何ですか。

· ～について、どう考えていますか。

출제된 단어 및 표현

ずいぶん	아주, 몹시
めったに	좀처럼, 거의
異常に	이상적으로 (정상적이 아님)
ちょっと具合が悪くなりまして	조금 몸 상태가 나빠져서
こちらからお電話いたします	이쪽에서 전화 하겠습니다
変更	변경
夢中	열중함, 몰두함
たまたま	간혹, 우연히
声をかけてくださったんです	말을 걸어 주셨습니다
若い人向け	젊은 사람을 대상으로 함
リネン	리넨(천의 한 종류)
寝具	침구
使われ方	사용되는 방법

<ruby>諸<rt>しょ</rt></ruby>先輩方から	여러 선배님들로부터
助言を受けていることと	조언을 받고 있을 것이라고
いたわる	노고를 위로하다, 친절히 대하다
取り巻く	둘러싸다, 포위하다
一因として	하나의 원인으로
対策を講じる	대책을 강구하다
<ruby>毅然<rt>きぜん</rt></ruby>とした態度	의연한 태도

問題4 즉시 응답 (6문항)

즉시 응답 문제는 간단한 질문에 대한 간단한 응답을 맞히는 문제로, 이 또한 일상 생활 관련, 업무 관련 내용을 토대로 하는 간단한 질의 응답이 주축을 이루었다. 또한 경어가 포함된 문제가 가장 많이 출제되었으며, 그 외에 기능어가 포함된 문제, 관용 표현이 포함된 문제 등이 출제되었다는 점도 주목할 만하다.

> **질문 내용**

· 경어가 포함된 문제

　～ご指示いただけますか。

　～お会いしたいんですが。

　お忙しいところおいでいただきまして～。

　～お伝えいただけるとありがたいんですが。

· 기능어가 포함된 문제

　～選抜チームのメンバーだけのことはあるよねえ。

　今更急いだところで～

　～この始末だよ。

· 관용 표현이 포함된 문제

　頭が下がりますね。

苦情	불평, 불만
仕事にならなかった	제대로 일을 할 수 없었다
ご指示いただけますか	지시를 해 주시겠습니까?
お会いしたいんですが	만나 뵙고 싶습니다만
さっそく	곧, 즉시, 당장
呼んでまいります	불러 오겠습니다
お忙しいところおいでいただき	바쁘신데 와 주셔서
お伺いできなくてすみません	찾아 뵙지 못해서 죄송합니다
おいでください	와 주세요
うまくいかない	잘 되지 않음
選抜チーム	선발팀
だけのことはある	~할 만한 가치가 있다
お伝えいただけるとありがたい	전해 주시면 감사하다
あと少し	좀 더, 조금만 더
いまさら	이제 와서, 새삼스럽게
急いだところで	서두른다고 해도
頭が下がります	존경하지 않을 수 없습니다, 감복합니다
見習いたい	배우고 싶다, 본받고 싶다
ついにやり遂げましたね	마침내 해냈군요
適切な	적절한
捨てるくらいなら	버릴 정도라면, 버리려면
使いにくかった	쓰기 어려웠다
見合わせる	마주보다, 보류하다
改めて	다른 기회에, 새삼스럽게
彼を信じて任せたらこの始末だよ	그를 믿고 맡겼더니 이 꼴이라고
散々だった	처참했다
なかなか	좀처럼, 상당히

통합 이해 문제는 '대화문 형식'문제가 2개, '서술문+대화문 형식' 문제가 1개(문제 수는 2개)이 출제되었다.

'대화문 형식' 문제는 모두 물건 구매와 관련된 내용으로, 1번 문제는 카메라 매장에서 구매자인 여자와 종업원과의 대화 내용을 토대로 구매자가 어떤 회사의 카메라를 구입하는지가 문제로 출제되었다. 2번 문제는 자동차의 구입을 놓고 가족 3명이 상의를 하는 대화 내용을 토대로 차의 구입을 결정할 때 가장 중요시되는 점이 문제로 출제되었다.

'서술문+대화문 형식' 문제는 먼저 서술문 형식의 음성 텍스트에서는 텔레비전의 독서 코너 시간이라는 설정 아래, 지금 화제가 되고 있는 책들에 대해 장르별로 소개를 한다. 이에 이어지는 대화문 형식의 음성 텍스트에서는 앞의 내용을 듣고, 이를 소재로 서로 책에 대한 이야기를 전개해나간다. 질문으로는 '여자가 읽으려고 하는 책은?', '남자가 아직 읽지 않은 책은?'이라는 음성 질문이 나온다.

출제된 단어 및 표현

小型	소형
お買い得ですよ	사면 득이에요
おまけ	덤
値段はおさえられています	가격은 억제되어 있습니다
満載	만재, 신문, 잡지에 기사를 가득 실음
そろそろ	이제 곧
寿命	수명
維持費	유지비
車庫	차고
送迎	마중과 배웅
ジャンル別に	장르별로

ご紹介します	소개하겠습니다
庶民の暮らしを	서민의 삶을
既に	이미, 벌써
突破	돌파
出版界最大のヒット作となっています	출판계 최대의 히트작입니다
巧みに描写した恋愛小説	능숙하게 묘사한 연애 소설
人気上昇中です	인기 상승 중입니다
マスコミに頻繁に取り上げられ	매스컴에 빈번하게 다루어져서
注目を集めています	주목을 받고 있습니다

02 문제별 풀이 요령

1. 과제 이해

1) 특징

'과제 이해' 유형의 문제는 주어진 음성 텍스트(대화문)의 내용을 듣고, 들은 내용에서 얻은 정보를 토대로 제시된 과제를 수행할 수 있는 능력을 가지고 있는지를 테스트하는 유형의 문제로, 음성 본문 텍스트 내용은 흔히 일상 생활에서 이루어지는 보통의 대화 장면이라고 할 수 있다. 선택지는 문자 형식이나 그림 또는 도표 형식으로 제시된다.

2) 문제 출제 형식

① 대화문 형식(출제 빈도 높음)

A, B 두 사람이 등장하는 회화 장면에서 A라는 사람의 지시, 조언, 부탁 등의 이야기를 B라는 사람이 듣고, 자신에게 필요한 정보를 얻어, 그 정보를 토대로 B가 적절한 행동이나 판단으로 A의 지시, 조언, 부탁 등의 과제를 수행할 수 있는지의 여부를 묻는 형식이다.

② 서술문 형식(출제 빈도 낮음)

한 사람이 어떤 내용에 대해 이야기 또는 설명을 하며, 그 내용 중에 과제와 관련된 여러 가지 정보가 나온다. 이를 듣고 제시되는 과제를 어떻게 수행해야 할지를 묻는 형식이다.

3) 듣기 전개 순서

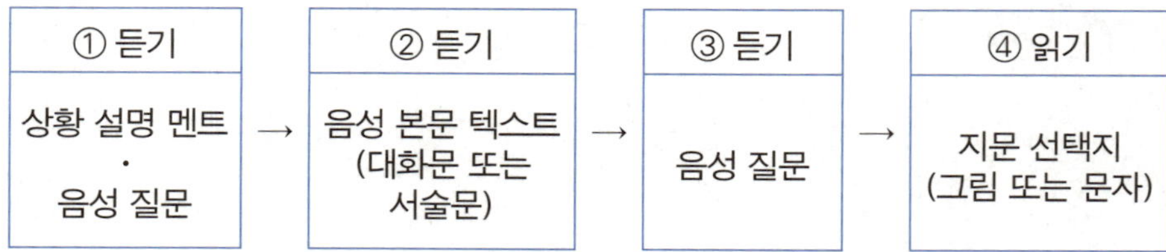

4) 음성 질문의 종류

일반적으로 질문에는 다음과 같은 표현이 많이 쓰인다.

> いつ / だれ / どこ / 何 / どう / 順序は?
>
> (何を)しますか
>
> 何ですか
>
> 何が必要ですか
>
> どうしますか
>
> どうすればいいですか

5) 기본 공략법

① 질문 내용을 정확히 이해하면서 메모한다.

(상황 설명 멘트가 정답을 찾는데 힌트가 되는 경우도 있으므로, 필요에 따라서는 상황 설명 멘트의 핵심이 되는 내용도 메모하도록 한다)

② 질문에서 과제 수행자가 누구(남자 또는 여자, 남녀 함께)인지 파악해 둔다.

③ '음성 질문'과 '음성 본문 텍스트'의 포즈가 들어가는 잠깐의 사이에 선택지에 어떤 내용이 나와 있는지 대충 훑어본다.

④ '음성 본문 텍스트'를 들으면서 질문과 관련하여 중요하다고 생각되거나 정답에 연결될 것 같은 내용을 중심으로 필요한 정보를 메모한다.

⑤ 다시 한 번 질문 내용을 듣고 메모해 놓은 여러 가지 정보와 지문 선택지를 비교하며 질문에 부합하는 정답을 고른다.

6) 유의 사항

① 음성 본문 텍스트가 '대화문 형식'일 경우에는 수행이 불가능한 내용을 과감히 제외시키고 수행 가능한 내용을 골라 체크해야 한다.

② 음성 본문 텍스트에 쓰이는 일본어 표현과 선택지에 쓰이는 일본어 표현을 동일 표현을 쓰지 않고 유사 표현을 써서 정답을 고르는데 어려울 수도 있다. 따라서 동의어 및 비슷한 표현에 대한 주의 깊은 관찰이 요구된다.

③ 상황을 반전시켜서 선택지에서 제외시킨 답이 정답이 되는 경우도 있으므로 음성 본문 텍스트를 끝까지 집중해서 듣고 최종적으로 정답을 선택한다.

선택지에 각각 비슷한 일러스트가 제시되는 유형

이 유형은 서로 비슷한 4개의 일러스트나 도표, 또는 문장을 지면에 제시해 주고, 음성 본문 텍스트를 들으면서 음성 질문의 지시 사항을 토대로 정답을 골라야 하는 문제이다.
문제를 풀 때 주의할 점은 4개의 선택지의 일러스트가 비슷하기 때문에 각각 어느 부분이 어떻게 다른지 주의 깊게 봐야 한다.

[과제 이해 문제 1]

001 과제 이해 문제-1

　まず質問を聞いてください。それから話を聞いて、問題用紙の 1 から 4 の中から、正しい答えを一つ選んでください。

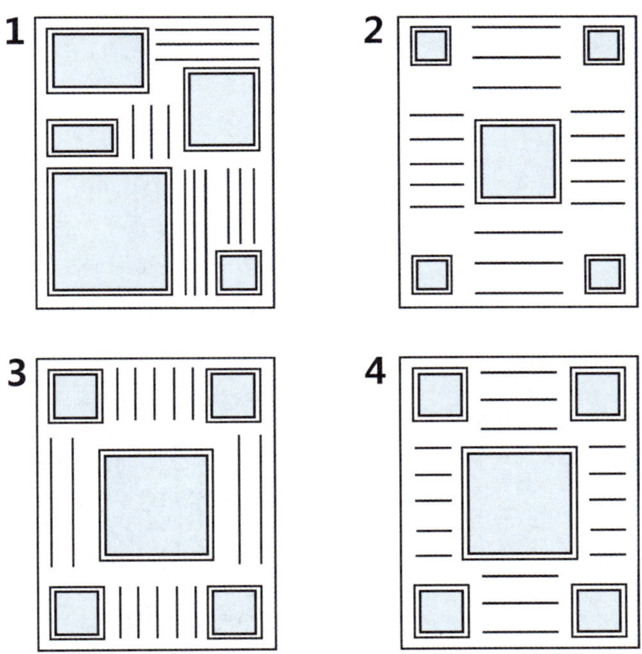

정답　　1　2　3　4

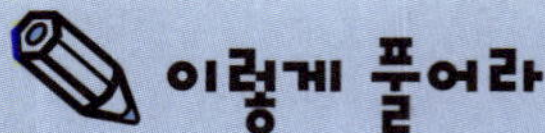

◑ 상황 설명 멘트 및 음성 질문

男の人と女の人がスーパーのチラシについて話しています。 どのようなチラシができますか。

1) 상황 설명 멘트로부터 음성 본문 텍스트의 내용이 남녀가 슈퍼의 광고 전단지에 대해 이야기하는 것임을 짐작할 수 있다.

2) 가장 중요한 음성 질문으로부터, 음성 본문 텍스트를 들으면서 일러스트 선택지를 보고, 이들 중 알맞은 광고 전단지를 골라야 하는 것이 문제의 핵심임을 알 수 있다.

3) 음성 본문 텍스트를 들으면서 정답과 연관된다고 생각하는 부분을 중심으로 메모해 나간다.

중요한 부분은 내용의 도입에 해당하는 초반부보다 중반부 이후에 나오므로 중반부 이후를 잘 체크하는 것이 풀이의 핵심 포인트이다.

메모 및 체크 포인트

① 中央に大きな写真を入れるんだったら、四隅に配置した方がいいよ

② 文字は横書きにする？／縦書きよりいいと思う

③ 文字より写真のスペースの方を大きくした方がいい

풀이 과정

문제 풀이를 위한 핵심 포인트는 음성 본문 텍스트 내용 중 중반부 이후에 나오는 위의 3가지 내용이며, 이를 정확히 체크하기만 한다면 정답을 고를 수 있다.

①의 단계에서 큰 사진이 중앙에 와 있지 않은 선택지 1은 제외

②의 단계에서 글씨가 세로 또는 가로 세로 혼합 배열인 선택지 3과 선택지 1은 제외

③의 단계에서 사진보다 문자가 더 많은 공간을 차지하고 있는 선택지 2는 제외

이러한 유형의 일부 문제 중에는 4개의 선택지 중 3개가 어느 한 부분이 동일한 일러스트, 도표나 문자 형식의 배열이고 나머지 하나의 선택지만이 다른 경우가 있다. 이러한 경우에 그 나머지 하나가 정답에서 제외된다. 이러한 방법을 다시 한 번 적용시켜, 남은 3개의 선택지 중, 또 2개의 선택지가 어느 한 부분이 같고 나머지 하나의 선택지만 다른 경우가 있으면, 그 나머지 하나가 또 정답에서 제외되어 두 개의 선택지만 남게 된다. 시험 삼아 위의 문제를 이런 방식으로 정답을 좁혀나가 보자. 과연 음성 본문 텍스트를 듣지 않고도 정답을 찾을 수 있을까?

결과

따라서 정답은 선택지 4번이다.

음성 본문 텍스트

男の人と女の人がスーパーのチラシについて話しています。どのようなチラシができますか。

F　今度の５周年大売り出しのチラシ、どんなレイアウトにする？

M　目玉商品は中央に大きく写真で入れた方がいいんじゃない。

F　それ以外の商品の写真は？

M　左右交互に入れたらどうかな。

F　中央に大きな写真を入れるんだったら、四隅に配置した方がいいよ。

M　そうか。

F　文字はやっぱり横書きにする？

M　うん、縦書きよりいいと思う。

F　それから、文字より写真のスペースの方を大きくした方がいいと思うよ。

M　そうだね。

음성 질문

どのようなチラシができますか。

해석

남자와 여자가 슈퍼의 전단지에 대해서 이야기하고 있습니다.
어떤 전단지가 만들어집니까?

여　이번 5주년 특별 판매의 전단지, 어떤 레이아웃으로 할 거야?

남　특가품은 중앙에 크게 사진으로 넣는 게 좋지 않아?

여　그 이외의 상품 사진은?

남　좌우교대로 넣는 게 어떨까?

여　중앙에 크게 사진을 넣을 거라면 네 귀퉁이에 배치하는 게 좋아.

남　그런가?

여　글자는 역시 가로쓰기로 할까?

남　응, 세로쓰기보다 나을 거야.

여　그리고 글자보다 사진 공간을 크게 하는 게 좋을 것 같아.

남　그렇네.

어떤 전단지가 만들어집니까?

 **目玉商品(めだましょうひん)** (백화점 등에서 손을 끌기 위해) 값을 내린 특가품 ｜ **四隅(よすみ)** 네 구석, 네 귀퉁이 ｜

大売出(おおうりだ)し 특별 판매, 세일 ｜ **左右交互(さゆうこうご)** 좌우교대

선택지에 각각 다른 일러스트나 문장이 제시되는 유형

▶ 선택지가 일러스트일 때 – 질문의 지시내용에 따른 과제 수행의 순서를 묻는 문제나 필요한 물건 고르기 문제가 주류를 이룬다.

▶ 선택지가 문장일 때 – 과제 수행의 구체적인 내용이나 방법을 묻는 문제가 주류를 이룬다.

유형 2는 다음과 같은 세부 유형으로 나뉜다.

① A와 B의 대화 내용을 들어 보면 정답에 가까운 내용으로 이야기가 진행되는 가운데 처음 내용이 부분적으로 첨가되거나 삭제되는 일이 많다. 따라서 마지막까지 듣지 않으면 틀린 답을 선택할 가능성이 높다.

② A와 B의 대화 내용을 차례로 듣다 보면, 어느 정도 선에서 내용이 결말이 나는 경우도 있지만 (중간에 A나 B의 대사 내용이 길 때는 그 부분에서 결론이 나는 일이 많다), 좀 더 난이도를 높이기 위해서 마치 중간 부분 정도에서 결말이 난 듯하지만, 마지막까지 듣다 보면 다른 내용이 부가되거나 내용이 바뀌는 경우가 있다. 따라서 마지막까지 잘 듣고 답을 선택해야 한다.

[과제 이해 문제-2]

🎧 002 과제 이해 문제-1

まず質問を聞いてください。それから話を聞いて、問題用紙の1から4の中から、正しい答えを一つ選んでください。

1　ウ→イ→オ→エ

2　ウ→イ→エ→オ

3　イ→ア→エ→オ

4　イ→ウ→オ→エ

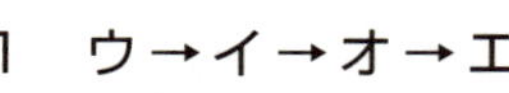

● 상황 설명 멘트 및 음성 질문

喫茶店で男の人と女の人が話しています。

女の人はこれからどうしますか。正しい順番のものを選んでください。

1) 음성 질문으로부터 여자의 행위를 나타낸 일러스트의 순서를 맞춰야 하는 것이 문제 핵심임을 알 수 있다.

2) 음성 본문 텍스트를 들으면서 정답과 연관된다고 생각되는 부분을 중심으로 체크 및 메모하고, 이 메모를 토대로 일러스트에 나와 있는 여자의 행위를 순서대로 배열한 후, 선택지에서 정답을 고른다.

메모 및 체크 포인트

① (国の母から)今晩10時に国際電話がかかってくる

② じゃ、映画は今度ということにして、

③ 郊外にいいイタリア料理の店があるから、僕の車で行こう

④ 食事の後、家まで車で送っていこうか。／ううん、大丈夫。JRで帰るから。

풀이 과정

문제 풀이를 위한 핵심 포인트는 위의 4가지 내용이며, 이를 토대로 제외시킬 것은 제외시키고 시간에 따른 일러스트의 순서를 정한다.

① 전화를 하고 있는 일러스트 オ가 여자의 행위 중 하나.

② 영화를 보고 있는 일러스트 ア는 여자의 행위에서 제외.

③ 둘이서 드라이브를 하는 일러스트 ウ도 여자의 행위 중 하나.

④ 레스토랑에서 식사를 하는 일러스트 イ도 여자의 행위 중 하나.

　　또한 전철(JR)이 달리고 있는 일러스트 エ도 여자의 행위 중 하나.

결과

두 사람의 대화를 바탕으로 일단 영화 보는 것은 제외되고, 여자의 행위는 [드라이브 → 식사 → 전철 → 전화]의 순서가 된다는 것을 알 수 있다. 따라서 정답은 이러한 기호 순으로 되어 있는 선택지 2번이다.

음성 본문 텍스트

喫茶店で男の人と女の人が話しています。

女の人はこれからどうしますか。正しい順番のものを選んでください。

M　今日はゆっくりできる？映画でも見に行こうかと思っていたんだけど。

F　ごめんなさい。実は今晩10時に国際電話がかかってくることになっているの。

M　国際電話って、誰から？

F　国の母から。電話代が高いから、いつも夜、連絡を取ることになってるの。

M　そうか。でも、夕食ぐらいいっしょにする時間はあるだろう。

F　ええ、それはもちろん。

M　じゃ、映画は今度ということにして、郊外にいいイタリア料理の店があるから、
　　僕の車で行こう。

F　ええ。

M　食事の後、家まで車で送っていこうか。

F　ううん、大丈夫。ＪＲで帰るから。

음성 질문

女の人はこれからどうしますか。正しい順番のものを選んでください。

해석

커피숍에서 남자와 여자가 이야기하고 있습니다.
여자는 이제부터 어떻게 합니까? 알맞은 순서를 고르시오.

남　오늘은 시간 괜찮아? 영화라도 보러 갈까 생각하고 있었는데.

여　미안해. 실은 오늘 밤 10시에 국제전화가 오기로 되어 있어.

남　국제전화라니, 누구한테?

여　고국의 엄마한테. 전화비가 비싸니까 항상 밤에 연락을 하기로 했거든.

남　그래? 하지만 저녁식사 같이 할 정도의 시간은 있잖아.

여　응, 물론.

남　그럼 영화는 다음에 보기로 하고, 교외에 좋은 이탈리아 음식점이 있으니까 내
　　차로 가자.

여　그래.

남　식사 후에는 집까지 차로 데려다 주고 갈까?

여　아니, 괜찮아. JR(일본의 지하철)로 돌아갈 거니까.

여자는 이제부터 어떻게 합니까? 알맞은 순서를 고르시오.

 順番(じゅんばん) 순번, 차례 ｜ 夕食(ゆうしょく) 저녁밥, 저녁 식사

1番

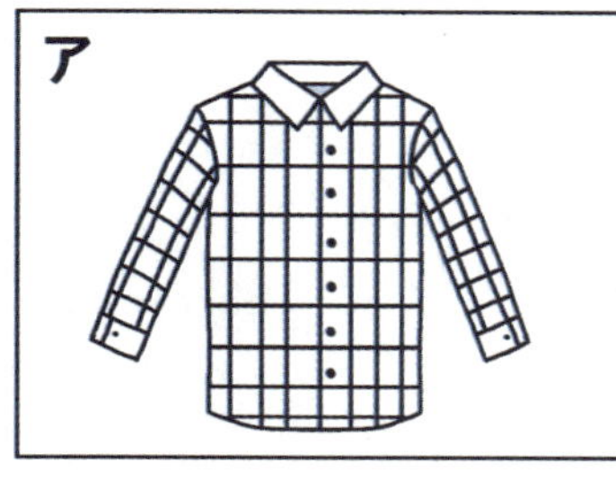

1　ウ　と　エ　　　　2　ア　と　ウ

3　イ　と　ウ　　　　4　ア　と　イ

2番

1　本二冊とノート一冊とＣＤ一枚

2　本一冊とノート一冊とＣＤ一枚

3　本一冊とノート一冊

4　本二冊とノート一冊

3番

1 傘を持たないで行く。

2 折りたたみ傘を持っていく。

3 駅の売店で買う。

4 会社にある置き傘を使う。

4番

1 男の人は、先生に電話をかけて、6時からだと知らせる。

2 男の人は、ひとりで5時前に同窓会会場に行く。

3 男の人は、女の人といっしょに6時までに同窓会会場に行く。

4 男の人は、女の人といっしょに5時前に同窓会会場に行く。

2. 포인트 이해

1) 특징

'포인트 이해' 문제는, 음성 질문에서 요구하는 핵심 포인트를 음성 본문 텍스트의 내용으로부터 찾아내는 능력을 테스트하는 문제이다.

이 유형에서 제시되는 음성 본문 텍스트의 형식은 크게 대화문 형식과 서술문 형식으로 나누어진다.

텍스트의 전체적인 개요를 묻는 문제나 텍스트 전체를 통한 화자의 주장이나 의견을 묻는 다른 청해 문제와 달리, '포인트 이해' 영역의 문제 풀이에 있어서 가장 중요한 점은 다음과 같다.

① 음성 본문 텍스트에 제시되어 있는 여러 가지 포인트 중에, 음성 질문을 통해 출제자가 의도하는 포인트가 무엇인지 제대로 이해해야 한다.

② 출제자가 의도하는 해당 포인트가 음성 본문 텍스트의 어디에 있으며, 또한 그 포인트가 구체적으로 어떠한 내용인지 정확히 파악해야 한다.

2) 문제 출제 형식

① 대화문 형식

대화문 형식의 포인트 이해 문제는 음성 본문 텍스트의 중간 부분에 포인트가 제시되는 경우도 종종 있으나, 대부분 첫 부분과 마지막 부분의 대화 내용에 질문에서 요구하는 해당 포인트가 제시되거나 정답을 찾을 수 있는 힌트나 실마리가 오는 일이 많으므로, 첫 부분과 마지막 부분의 대화 내용은 집중 또 집중해서 들어야 한다.

② 서술문 형식

서술문 형식의 포인트 이해 문제는 질문에서 요구하는 정답 포인트가 전반부, 중반부, 후반부 할 것 없이 흩어져 있다는 게 특징이다. 따라서 전체 내용에서 정답에 해당하는 포인트가 어디에 있는지 찾아야 한다.

3) 듣기 전개 순서

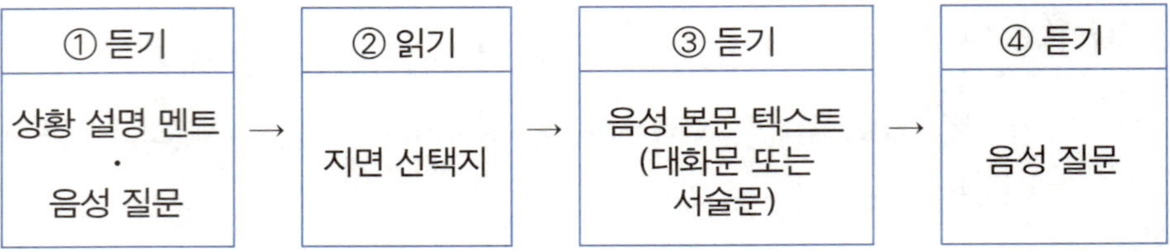

4) 음성 질문의 종류

5) 기본 공략법

① '포인트 이해' 문제에서 가장 중요한 첫 단계로, '상황 설명문'과 '음성 질문'을 듣고 요구하는 포인트를 정확히 파악해서 메모해 놓는다.

② 질문에서 포인트의 핵심이 되는 것이 누구(남자 또는 여자, 남녀 함께)인지 정확히 파악한다.

③ 음성 질문 이후에 지면 선택지를 읽을 수 있는 충분한 시간적 여유가 주어지므로, 그 사이에 이미 들은 상황 설명 멘트와 질문 내용을 염두에 두고 4개의 선택지를 제대로 읽고 이해한다.

④ 다른 유형의 청해 문제도 마찬가지이지만, 특히 '포인트 이해' 문제는 음성 본문 텍스트를 들으면서 질문 내용에서 요구하는 포인트를 좁혀가야 하므로 본문 텍스트를 듣는 내내 항상 질문 내용을 염두에 두고 들어야 한다.

⑤ 질문에서 요구한 핵심 포인트를 찾아낸 후 다시 한 번 들려주는 음성 질문을 들으면서 지면 선택지에서 정답을 고른다.

6) 유의 사항

① 대화문 형식

음성 본문 텍스트를 듣다 보면 문제에서 요구하는 답변과 흡사한 내용이 여기저기에서 나타나므로, 자칫 정답을 찾아 헤매는 경우가 많다. 따라서 이러한 유형의 문제를 풀기 위해서는 질문의 핵심 포인트를 정확히 이해하고, 음성 본문 텍스트에 흩어져 있는 함정을 피해 질문에서 요구하는 핵심 포인트를 헤매지 않고 정확히 찾는 것이 무엇보다도 중요하다.

② 서술문 형식

음성 본문 텍스트에서 하나의 포인트를 찾는 것으로 그 포인트가 정답이 되는 경우도 있으나, 조금 까다롭게 출제되는 경우에는 주로 음성 본문 텍스트의 전반부나 중반부에 포인트가 나오는 경우이다. 질문에서 요구하는 포인트를 찾았다 하더라도 다른 곳(후반부)에서 핵심 포인트에 부가되는 또 다른 부가 포인트가 나와, 결국 핵심 포인트와 부가 포인트 두 가지의 포인트를 조합해서 하나의 새로운 포인트를 만들어야 정답을 이끌어낼 수 있다. 따라서 이러한 유형의 문제를 풀 때는 본문 텍스트를 처음부터 끝까지 들으면서 포인트가 될 수 있다고 생각되는 내용을 하나하나 메모해야 한다.

③ 대화문 형식과 서술문 형식의 공통 유의사항

정답에 직접 연관이 있는 일본어 표현을 찾기 어렵게 하기 위해 음성 질문, 음성 본문 텍스트, 지면 선택지 각각에서 쓰이는 일본어 표현들을 같은 의미의 다른 표현을 써서 헷갈리게 하는 경우도 있다. 따라서 풀이 과정에 나오는 표현의 동의어 및 유사한 표현에 대한 주의 깊은 관찰이 요구된다.

대화문 형식

대화문 형식의 '포인트 이해' 문제에 대한 수험생 여러분의 정확한 이해를 위해 난이도 中의 문제와 난이도 上의 2가지 문제를 들어 풀이 요령 등을 설명하기로 한다. 여기서 말하는 난이도란 어휘나 문법의 난이도가 아니라, 얼마만큼 포인트를 찾고, 또 포인트를 이해할 수 있는지의 정도에 따라 난이도를 설정하였다. N1 문제라고 해서 반드시 난이도가 높은 문제만 출제되는 것이 아니라 약간 난이도가 낮은 문제도 섞여 나온다는 점을 유의하자.

[포인트 이해 문제 1] 난이도 中

 007 포인트 이해 문제-1

まず質問を聞いてください。そのあと、問題用紙の選択肢を読んでください。読む時間があります。それから話を聞いて、問題用紙の1から4の中から、正しい答えを一つ選んでください。

1　何年も一つのことを研究し続けている研究者

2　次々と新しい作品づくりに挑戦している作家

3　チームを率いて企業を発展させていく実業家

4　常に不可能にチャレンジしようとする冒険家

정답　① ② ③ ④

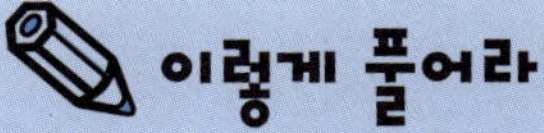

○ 상황 설명 멘트 및 음성 질문

男の人と女の人が話しています。**男の人はどんなタイプの人ですか。**

1) 음성 질문으로부터 남자의 성격을 묻는 문제임을 짐작할 수 있다.

2) 선택지의 내용에서 질문의 핵심은 '남자의 성격'과 '남자의 직업'임을 알 수 있다. 따라서 남자의 성격, 특히 남자의 직업이 언급되는 부분을 제대로 체크하고 메모한다.

3) 남자의 직업이 문제 해결의 직접적인 단서가 되므로, 음성 본문 텍스트에서 '남자의 직업'을 직접적으로 언급해주지 않고, 일반적으로 직업을 유추할 수 있는 다른 표현을 쓰게 되므로, 직업과 관련된 멘트를 주의 깊게 들어야 한다.

메모 및 체크 포인트

① 好奇心旺盛で、新しいことに挑戦するのが好きなこと

② これほどの著作は生まれなかったでしょうね

③ 一つのことに集中すると他のことが見えなくなるんだ

풀이 과정

①의 단계에서 남자는 호기심이 많고, 새로운 일에 도전하는 것을 좋아하는 사람임을 알 수 있다.

②의 단계, 즉 마지막 대사에서 남자가 작가임을 알 수 있다.

③의 '한 가지 일에 집중하면 다른 것은 안중에도 없게 된다'는 내용은 선택지 1번 「何年も一つのことを 研究し続けている研究者」를 정답으로 끌어내기 위한 함정으로, 마지막 대사인 ②를 제대로 듣지 못하면 자칫 선택지 1번을 정답으로 고를 수도 있으므로, 다른 문제를 풀 때에도 이러한 함정에 빠지지 않도록 주의하자.

결과

남자는 ①+②, 즉 호기심이 많고 새로운 일(작품)에 도전하기를 좋아하는 작가이므로, 이에 해당하는 정답은 선택지 2번이다.

음성 본문 텍스트

男の人と女の人が話しています。男の人はどんなタイプの人ですか。

M 僕のとりえと言ったら、そうだなぁ、好奇心旺盛で、新しいことに挑戦するのが好きなことかな。反対に妻は堅実なタイプだから、僕のやることなすことが、危なっかしくて仕方がないらしい。それに、僕には一旦仕事に没頭すると、寝食を忘れてってところがあるから、妻も「仕事もほどほどにしなさいよ」って、僕の体のことを心配してくれてる。

F いい奥さんですね。

M うん、僕にはもったいない人だと思ってる。ただ、口うるさいのが「玉に瑕」かな。

F で、先生の短所は？

M わがままなことだと思う。自分のしたいことにしか関心を持たないし、一つのことに集中すると他のことが見えなくなるんだ。

F でも、それくらいじゃないと、これほどの著作は生まれなかったでしょうね。

음성 질문

男の人はどんなタイプの人ですか。

해석

남자와 여자가 이야기하고 있습니다. 남자는 어떤 타입의 사람입니까?

남 나의 장점이라고 하면, 글쎄, 호기심이 왕성하고, 새로운 것에 도전하는 걸 좋아한다는 것일까? 반대로 아내는 착실한 타입이니까, 내가 하는 것은 모두 걱정이 되서 어쩔 줄을 몰라하는 것 같아. 게다가 나는 일단 일에 몰두하면, 먹고 자는 것을 잊곤 해서 아내도 "일 좀 적당히 해요." 라고 내 몸을 걱정해 줘.

여 좋은 부인이네요.

남 응, 나에게는 과분한 사람이라고 생각해. 단, 잔소리가 심한 게 "옥에 티"겠지.

여 그럼, 선생님의 단점은요?

남 제멋대로인 점이라고 생각해. 자신이 하고 싶은 것에만 관심을 두려 하고, 하나에 집중하면 다른 것은 안 보여.

여 그래도 그 정도 하지 않으면 이만큼의 작품은 나오지 않았겠죠!

남자는 어떤 타입의 사람입니까?

 **단어 도우미**

好奇心(こうきしん) 호기심 ｜ 旺盛(おうせい) 왕성 ｜ 没頭(ぼっとう) 몰두 ｜ 危(あぶ)なっかしい 위태롭다, 염려스럽다 ｜ ほどほど 적당한 모양, 적당히 ｜ 口(くち)うるさい 수다스럽다, 잔소리가 심하다 ｜ 玉(たま)に瑕(きず) 옥에 티 ｜ 著作(ちょさく) 저작, 책이나 작품

[포인트 이해 문제 2] 난이도 上

008 포인트 이해 문제-2

　まず質問を聞いてください。そのあと、問題用紙の選択肢を読んでください。読む
時間があります。それから話を聞いて、問題用紙の１から４の中から、正しい答えを
一つ選んでください。

1　金曜日です。

2　土曜日です。

3　日曜日です。

4　月曜日です。

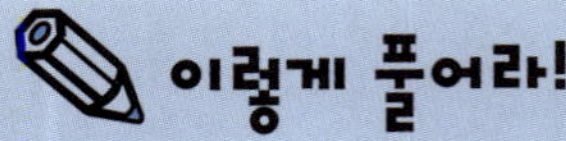

○ 상황 설명 멘트 및 음성 질문

女の人と男の人が電話で話しています。**男の人が帰国するのは何曜日ですか。**

1) 음성 질문으로부터 남자가 귀국하는 요일이 문제의 포인트임을 알 수 있다. 언뜻 보기에는 쉬운 문제처럼 보이지만 이와 같이 질문도 명확하고 선택지의 내용도 짧은 문제가 어려운 문제일 때가 많다.

2) 따라서 처음부터 포인트에 관련된 내용이라면 사소한 부분도 놓치지 말고 체크 및 메모를 해 나간다.

3) 이 경우는 요일이나 주(週), 날짜에 관련된 부분이 포인트가 된다.

메모 및 체크 포인트

① 週明けには戻ってこられそう？

② 成田空港から直行すれば(会議の時間に)間に合います。

③ この週末には運行を再開するって言っています。

풀이 과정

①단계(첫 대사)가 이 문제의 포인트를 알아맞히는 데 가장 중요한 실마리가 되는 곳으로, 여기서 「週明け」란 일반적으로 새로운 한 주가 시작되는 월요일을 나타내는 단어이다.

②단계(마지막 부분)의 공항에서 회사로 직접 가면 회의시간에 맞추어 갈 수 있다는 내용으로부터 남자가 귀국하는 날이 평일임을 짐작할 수 있다.

③의 '이번 주말에는 운행이 재개된다고 한다'는 내용은 오답을 끌어내기 위한 함정으로, 마지막 부분인 ②를 제대로 듣지 못하면 자칫 남자가 주말에 온다고 생각할 수 있다.

결과

남자는 ①+②, 즉 「週明け」라는 말과 「空港から直行すれば(会議の時間に)間に合う」라는 표현을 종합해보면, 선택지 4번이 정답임을 알 수 있다.

음성 본문 텍스트

女の人と男の人が電話で話しています。男の人が帰国するのは何曜日ですか。

F　そちら、大地震の影響で飛行機も飛んでないって、テレビで言ってたけど、週明けには戻ってこられそう？

M　こちらに、まる二日間、足止めをくらっているんですが、この週末には運行を再開するって言っています。

F　フライトは取れた？

M　心配しないでください。今、現地の人にフライトを予約してもらっています。あ、今、予約が取れたって連絡がありました。

F　よかった。

M　でも、会議の時間にぎりぎりかなぁ。

F　え？間に合わないの？

M　いいえ、大丈夫です。成田空港から直行すれば間に合います。

F　頼んだわよ。じゃないと、大事な会議が流れてしまうから。

음성 질문

男の人が帰国するのは何曜日ですか。

해석

여자와 남자가 전화로 이야기하고 있습니다. 남자가 귀국하는 것은 무슨 요일입니까?

여　그쪽은 큰 지진의 영향으로 비행기도 못 뜬다고 텔레비전에서 그러던데, 다음 주 초에는 돌아올 수 있을 것 같아?

남　여기에 이틀동안 꼬박 발이 묶여있는데, 이번 주말에는 운행을 재개한다고 합니다.

여　비행기표는 구했어?

남　걱정하지 마십시오. 지금 현지 사람에게 비행기표 예약을 부탁했습니다. 아, 지금 예약이 됐다고 연락이 왔습니다.

여　다행이네.

남　하지만 회의 시간에 아슬아슬하겠는걸요.

여　뭐? 제 시간에 못 와?

남　아니요, 괜찮습니다. 나리타 공항에서 직행하면 시간 안에 갈 수 있을 거예요.

여　부탁해. 그렇지 않으면 중요한 회의가 취소되어 버리니까.

남자가 귀국하는 것은 무슨 요일입니까?

週明(しゅうあ)け 새로운 한 주가 시작됨. 보통 월요일을 뜻함 | まる 전부, 전체, 완전 | 二日間(ふつかかん) 이틀간 | 足止(あしど)め 발을 묶음, 어떤 곳에서 떠나 오지 못하게 함 | 再開(さいかい) 재개 | 現地(げんち) 현지 | 流(なが)れる 중지되다, 취소되다

서술문 형식

[포인트 이해 문제 3] 화자의 주장

009 포인트 이해 문제-3

まず質問を聞いてください。そのあと、問題用紙の選択肢を読んでください。読む時間があります。それから話を聞いて、問題用紙の1から4の中から、正しい答えを一つ選んでください。

1　言葉の「省エネ」はやめた方がいい。

2　敬語の「省エネ」はしない方がいい。

3　もっと敬語を使うようにしよう。

4　「もてなし」の心を大切にしよう。

정답　① ② ③ ④

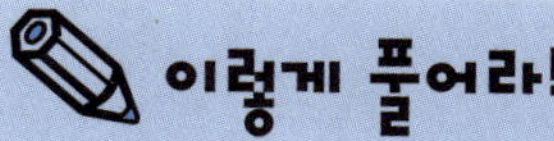

○ 상황 설명 멘트 및 음성 질문

女の人が若者の言葉遣いについて話しています。女の人が一番言いたいことは何ですか。

1) 상황 설명 멘트로부터 젊은이들의 언어 사용이 이야기의 소재임을 알 수 있다.
2) 음성 질문의 내용이 「言いたいことは何ですか」이므로 화자의 주장을 물어보는 문제임을 알 수 있다.
3) 화자의 주장을 묻는 문제는 「と思う」나 「だろう(でしょう)」 등 화자의 주관적인 판단을 나타내는 표현이 나오는 부분에 집중하자.
4) 화자의 주장은 대부분 음성 본문 텍스트의 마지막 부분에 오는 경우가 많다.

메모 및 체크 포인트

① 敬語というのは、一種の相手に対する言葉の上での「もてなし」だと思います。

② その「もてなし」を「わざわざ」するところに、敬語の心があるのではないでしょうか。

③ ところが、最近の若者言葉の特徴に「省エネ」があります。

④ 「わざわざ」度の高い表現を使う必要もあると思うのですが、

풀이 과정

①은 と思う로 끝나는 문장이기는 하지만, 이 이야기의 소재인 敬語에 대한 화자의 생각을 표현하는 문장이므로 정답과 직접적인 연관성은 갖지 못한다.

②는 경어를 쓸 때의 마음, 즉 '대우를 특별히 하는 것'이라는 화자의 경어에 대한 생각을 표현하고 있다.

③은 이와 같은 화자의 생각과 달리 최근 젊은이들은 말을 사용하는데 있어서 省エネ라는 특징을 보인다고 말하고 있다. 즉 말을 은어처럼 격식을 차리지 않고 쓴다는 것이다.

④는 마지막 부분의 문장으로 と思う가 쓰인다. 결국 이야기의 마지막에 화자의 주장을 나타내는 부분이다. 화자는 특별함의 정도가 높은 경어 표현을 쓸 필요가 있음을 주장하는 것이다.

결과

②+③+④의 내용을 종합해 보면, 화자는 젊은이들이 말을 사용함에 있어서 격식을 차리지 않는 말을 사용하지 말고 특별함의 정도가 높은 (경어)표현을 써야함을 주장하고 있다. 따라서 정답은 선택지 2번이다.

女の人が若者の言葉遣いについて話しています。女の人が一番言いたいことは何ですか。

F　敬語というのは、一種の相手に対する言葉の上での「もてなし」だと思います。その「もてなし」を「わざわざ」するところに、敬語の心があるのではないでしょうか。ところが、最近の若者言葉の特徴に「省エネ」があります。「とってもおいしい」を「チョウおいしい」と言ったり、「ほんとう？」というのを「マジ？」と言ったりするのがその例です。敬語についても同様で、今の若者の敬語を聞いていると、「話される」、「来られる」、「見られる」のように、何でもかんでも「れる・られる」をつけてすますという傾向があります。「お話になる」、「いらっしゃる」、「ご覧になる」という「わざわざ」度の高い表現を使う必要もあると思うのですが、実際には「れる・られる」で済ませているのです。

女の人が一番言いたいことは何ですか。

여자가 젊은이들의 말투에 대해서 이야기하고 있습니다. 여자가 가장 하고 싶은 말은 무엇입니까?

여　경어라고 하는 것은 일종의 상대에 대한 언어 상에서의 '대접'이라고 생각합니다. 그 '대접'을 '일부러' 하는 데에 경어의 마음이 있는 것이 아닐까요? 그런데, 최근 젊은이들의 언어의 특징에 '말 줄이기 현상'이 있습니다. '굉장히 맛있다(とってもおいしい)'를 '짱 맛있다(チョウおいしい)'라고 말하거나, '정말로?(ほんとう)'라고 할 것을 '진짜?(マジ)'라고 말하거나 하는 것이 그 예입니다. 경어에 대해서도 마찬가지로, 현대의 젊은이의 경어를 듣고 있으면, '話される', '来られる', '見られる'와 같이 어떤 것이든 'れる, られる'를 붙여버리는 경향이 있습니다. 'お話になる', 'いらっしゃる', 'ご覧になる'라는 '특별함'의 정도가 높은 표현을 쓸 필요도 있다고 생각합니다만, 실제는 'れる, られる'로 끝내고 있는 것입니다.

여자가 가장 하고 싶은 말은 무엇입니까?

省エネ　(省エネルギー의 준말) 에너지 절약. 여기서는 말의 일부분을 줄이거나, 원래의 말을 은어처럼 격식을 차리지 않고 쓰는 말을 의미 |

わざわざ　일부러, 애써, 특별히

まず質問を聞いてください。そのあと、問題用紙の選択肢を読んでください。読む時間があります。それから話を聞いて、問題用紙の1から4の中から、正しい答えを一つ選んでください。

1　運輸業者やバス会社の車だけを規制するのはやめるべきだ。

2　個人が使用している自家用車も規制の対象にするべきだ。

3　低公害車への買い換えが進むように減税措置をとるべきだ。

4　排出規制基準を更に厳しくし、全ての車に適用するべきだ。

정답　① ② ③ ④

 이렇게 풀어라!

● 상황 설명 멘트 및 음성 질문

女の人が都市部における大型ディーゼル車の排気ガス規制問題について話しています。
この女の人はどうすべきだと言っていますか。

1) 이 문제는 음성 질문보다도 상황 설명 멘트가 더 중요하다. 왜냐하면 출제 의도를 배기가스 규제 문제에 한정시켜, 이 문제에 대한 여자의 생각을 묻기 때문이다.

2) 이는 '포인트 문제'이므로, 오로지 배기가스 규제 문제의 직접적인 해결 방법에만 집중해서 포인트의 내용을 찾아내야 한다.

3) 음성 질문이 「どうすべきか (어떻게 하는 것이 마땅한가?)」 이므로, 실제로는 이러 이러한 것이 현실이지만, 화자는 그와는 생각이 다르다는 내용이 나올 것이다. 따라서 '역접 접속사'로 시작하는 부분에 더욱 집중한다.

메모 및 체크 포인트

① しかし、今回の条例では一般の乗用車は(規制の)対象車とはなっておらず、

② 低公害車への代替を進めるためにも、排気ガス規制をもう一歩進めるべき時だと思います。

③ 運輸産業やバス会社と同様に、一般市民が低公害車を購入する際の減税措置や融資制度の充実とあわせて実施する

풀이 과정

①은 역접 접속사 「しかし」로 시작되는 문장으로, '일반 승용차도 배기가스의 규제 대상이 되어야 한다'는 화자의 생각, 즉 직접적인 해결방법에 대해 언급하고 있다. 이것이 이 문제의 포인트에 해당한다.

②는 배기가스를 줄이기 위한 간접적인 해결 방법, 즉 저공해차로의 대체를 촉진시키기 위한 배기가스의 규제 강화로, 직접적인 해결방법은 아니므로 문제의 포인트에 해당되지 않는다.

③ 또한 저공해차로의 대체를 촉진시키기 위한 방법으로, 일반시민의 저공해차 구입 시의 감세조치, 융자제도 보완 등이 필요하다는 언급이므로, 문제의 포인트에 해당되지 않는다.

결과

결국 이 문제의 포인트는 배기가스 규제문제에 대한 여자의 생각, 즉 직접적인 해결 방법에 대한 언급이므로 선택지 2번이 정답이다. 선택지 4번 「排出規制基準を更に厳しくし、全ての車に適用するべきだ」는 언뜻 보기에는 정답인 것 같지만 음성 본문 텍스트에는 배출 규제 기준을 엄격하게 해야 한다거나, 이러한 기준을 모든 자동차에 적용해야 한다는 직접적인 화자의 언급이 없으므로 정답이 될 수 없다.

음성 본문 텍스트

女の人が都市部における大型ディーゼル車の排気ガス規制問題について話しています。この女の人はどうすべきだと言っていますか。

F　地球の温暖化は止まるところを知らず、都市部ではヒートアイランドに悩まされています。そこで東京都、千葉県、埼玉県、神奈川県の１都３県で平成15年から排気ガスの排出量が大きいトラック・バスなど大型ディーゼル車の地域内運行禁止に踏み切りました。しかし、今回の条例では一般の乗用車は対象車とはなっておらず、運輸産業やバス会社だけを規制しても、効果が見込めるとは言い難いのではないでしょうか。私は、低公害車への代替を進めるためにも、排気ガス規制をもう一歩進めるべき時だと思います。もちろん、運輸産業やバス会社と同様に、一般市民が低公害車を購入する際の減税措置や融資制度の充実とあわせて実施する必要があります。

음성 질문

この女の人はどうすべきだと言っていますか。

해석

여자가 도시부에서 대형 디젤차의 배기가스 규제 문제에 대해서 이야기하고 있습니다. 여자는 어떻게 해야 한다고 말하고 있습니까?

여　지구의 온난화는 멈출 줄을 모르고, 도시부에서는 열섬 현상으로 고민하고 있습니다. 거기서 도쿄도, 치바 현, 사이타마 현, 가나가와 현의 1도 3현에서 헤이세이 15년부터 배기가스의 배출량이 큰 트럭, 버스 등 대형 디젤차의 지역 내 운행금지 결단을 내렸습니다. 그러나, 이번 조례에서 일반 승용차는 대상 차량이 아니라서, 운수산업이나 버스 회사만을 규제한다고 해도 효과를 기대할 수 있다고 말하기는 어렵지 않을까요? 저는 저공해차로의 대체를 권장하기 위해서라도 배기가스 규제를 한 걸음 더 진행시켜야 할 때라고 생각합니다. 물론 운수산업이나 버스 회사와 같이 일반 시민이 저공해차를 구입할 때의 감세 조치나 융자 제도도 맞춰서 실시할 필요가 있습니다.

여자는 어떻게 해야 한다고 말하고 있습니까?

排気(はいき) 배기 | 排出(はいしゅつ) 배출 | 踏(ふ)み切(き)る 결단을 내리다, 단행하다 | 条例(じょうれい) 조례 | 運輸(うんゆ) 운수, 수송 | 見込(みこ)む 기대하다, 신임하다 | 代替(だいたい) 대체, 딴 것으로 바꿈 | 減税(げんぜい) 감세 | 措置(そち) 조치 | 融資(ゆうし) 융자

1番

1 当たると儲かるから。

2 気分転換になるから。

3 馬が好きだから。

4 はやっているから。

2番

1 仕事の内容

2 会社のやり方

3 給料

4 人間関係

3番

1　子どもが朝寝坊をしないようにすること

2　子どもの好みにあった朝食をつくること

3　子どもが夜早く寝るようにすること

4　子どもが夜間に間食をしないようにすること

4番

1　生きるために、誰もが激しく競争している社会です。

2　人と競争することなく、誰もがのんびり暮らしている社会です。

3　努力すれば、誰にでも成功する機会がある社会です。

4　出世を望まなければ、人と競争しないで暮らすこともできる社会です。

3. 개요 이해

1) 특징

'개요 이해' 문제는 음성 본문 텍스트를 듣고 전체 내용에서 화자의 의도나 주장을 제대로 파악할 수 있는지, 혹은 본문 내용 전체의 개요나 본문 내용을 통해 말하고 싶거나 전하고 싶은 메시지를 이해할 수 있는지 등을 테스트하는 문제이다.

이 유형에서 제시되는 음성 본문 텍스트의 형식은 대부분 서술문 형식이며, 텍스트의 분량은 '포인트 이해' 문제에 비해 약간 길다.

2) 문제 출제 형식

① 음성 본문 텍스트의 전체 내용에서 화자의 생각이나 주장을 묻는 문제이므로, 텍스트의 일부분에 해당하는 특정한 정보나 세세한 포인트를 찾는 것이 아니고 음성 본문 텍스트 전체에서 이야기의 개요나 주제를 찾는다.

② 문제 용지에는 문제와 관련한 내용이 아무것도 제시되지 않는다. 즉 '상황 설명 멘트', '음성 본문 텍스트', '음성 질문', '음성 선택지'가 모두 녹음된 음성으로 제시된다.

③ 음성 본문 텍스트의 내용은 연설, 강의, 뉴스, 여론 조사, 작품 해설 등 이야기의 의도나 주장이 표현되는 내용이 보통이다.

3) 듣기 전개 순서

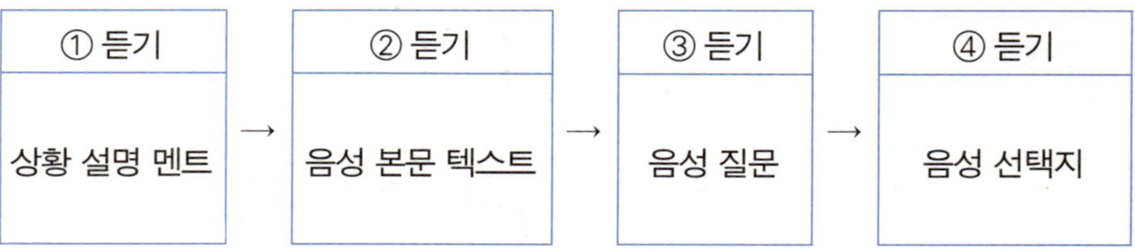

※ '개요 이해' 문제의 듣기 전개 과정 중 가장 유의할 점은 처음 단계에서 '음성 질문'을 들려 주지 않는다는 점이다.

4) 음성 질문의 종류

何について話しているか

何について説明しているか

何のためか

話者の意見(主張)は？

どう思っているか

何と言っているか

話の内容と違うものは何か

この〇〇のテーマは？/この〇〇の内容は？/この〇〇の結果は？

(※ 〇〇에는 중심 소재가 되는 명사가 온다)

5) 기본 공략법

① 고도의 집중력과 신속한 메모가 문제 풀이 요령의 핵심이다.

② 문제의 출발점인 '상황 설명 멘트'나 '음성 본문 텍스트'의 첫 문장은 문제 풀이의 열쇠가 되는 이야기의 '화제(소재)'가 나오는 경우가 많으므로, 이 부분에서 앞으로 전개되는 이야기가 어떠한 내용이 될 것인지 신속하게 파악한다.

③ 음성 본문 텍스트의 초반부나 후반부(드물게는 중반부)에 정답에 연결되는 핵심 내용이 나오는 경우가 많으므로 이 부분은 특히 집중한다.

④ '개요 이해' 문제는 크게 다음의 3가지 유형으로 출제된다.

- 유형1 – 이야기의 개요(요점) 및 주제 등을 묻는 문제

- 유형2 – 화자의 주장 및 생각을 묻는 문제

- 유형3 – 중심 소재에 대한 구체적인 내용을 묻는 문제

  따라서 처음에 음성 질문이 없어 질문 내용을 모르더라도 음성 본문 텍스트를 들으며 위의 세 가지 점에 유의하며 체크해나가면 대부분의 문제를 풀 수 있다.

⑤ '역접 접속사(しかし 등)'가 나오는 부분에 집중한다. 역접 접속사 앞에는 보편적인 이론이나 상황을 제시해 놓고, 역접 접속사로 시작하는 문장에서 화자의 주장이나 생각 또는 화제에 대해 구체적으로 설명하는 경우가 많다.

⑥ 음성 질문이 추상적인 내용일 경우 음성 선택지에는 대부분 추상적인 내용을 담은 선택지와 구체적인 내용의 선택지가 함께 나오는 경우가 많다. 이때는 우선 구체적인 내용의 선택지는 제외시키고 추상적이고 포괄적인 내용의 선택지 중에서 정답을 고른다.

6) 유의 사항

① '개요 이해' 문제는 처음에 음성 질문이 없기 때문에 어떠한 점을 중심으로 들으면서 문제를 풀어야 할지 판단하기 어렵다. 이러한 유형은 음성 본문 텍스트를 들으면서 화자의 주장이나 생각 또는 이야기의 요점 등을 중심으로 체크하고 메모한다.

② '개요 이해' 문제의 특성상 대부분 초반부에는 화제가, 후반부에는 종합적인 결론이 나온다. 정답에 해당하는 화자의 주장 또는 이야기의 개요가 초반부나 후반부에 많이 나오지만, 때에 따라서는 중반부에 정답에 해당하는 내용이 나오는 경우도 있다.

③ 선택지는 지면에 나오지 않고 음성 질문 이후에 마지막으로 음성으로 제시되기 때문에, 각각의 음성 선택지를 들을 때마다 올바른 내용인지 아닌지 바로 판단하지 않으면 정답을 체크할 시간이 부족할 수 있다.

④ 정답과 직접 연관이 있는 일본어 표현을 찾기 어렵게 하기 위해 음성 본문 텍스트와 음성 선택지에서 쓰이는 일본어 표현을 같은 의미의 다른 표현을 써서 헷갈리게 하는 경우도 있으므로 유의하자.

이야기의 개요(요점) 및 주제 등을 묻는 문제

음성 본문 텍스트의 전체 내용의 개요나 주제 등을 묻는 문제로 이 경우는 음성 텍스트의 내용을 들으면서 이야기의 요점 정리가 필요하다. 음성 질문으로는 「何について話していますか。」,「何と言っていますか。」등을 들 수 있다.

[개요 이해 문제 1]

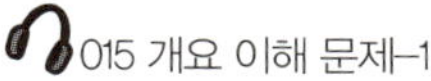

問題用紙に何も印刷されていません。まず話を聞いてください。それから、質問と選択肢を聞いて、1から4の中から、正しい答えを一つ選んでください。

ーメモー

정답   ① ② ③ ④

 이렇게 풀어라!

◑ 상황 설명 멘트

お昼のテレビのニュースです。

1) 이야기 초반부에 먼저 화제를 제시하고 개요 관련 내용이 나오면, 중반부 이후에는 화제와 관련된 예시를 언급하는 경우가 많다.

2) 이야기 후반부에 개요 관련 내용이 나오면, 초반부에는 화제를 제시하고 중반부에서 화제와 관련된 예시를 언급하는 경우가 많다.

3) 이 유형은 개요나 주제를 묻는 문제이므로, 선택지는 대부분 음성 본문 텍스트에서 사용된 표현보다 좀 더 함축적이고 전체 내용을 아우를 수 있는 종합적인 표현을 많이 사용한다.

메모 및 체크 포인트

① 「五月病」というのは正式な病名ではなく、病院などでそう告げられることはありません。

② 不調をうったえて保健室にやってくる生徒の数が、4月に比べ、5月は倍増していました。

③ 5月という月は、原因がはっきりしない頭痛、腹痛、吐き気や、気持ち悪い、だるいなどの理由で保健室に来る子が増えるのは明らかです。

풀이 과정

①의 단계에서 음성 본문 텍스트의 내용은 정확히 어떠한 병(五月病)에 대한 이야기가 화제임을 알 수 있고, 정식 병명이 없다는 것도 알 수 있다.

② 이 병은 4월에 비해 5월에 배로 증가하는 특징을 나타낸다. 이는 이 병명이 왜 '5월병'이라고 불리는지 간접적으로 언급하고 있다.

③ 5월만 되면 나타나는 원인을 알 수 없는 이 병에 대한 여러 가지 증상이 언급되어 있다. 또한 이 단계에서 선택지 4번 「《五月病》の原因」은 정답에서 제외됨을 알 수 있다.

④ 주제를 묻는 문제이므로, 정답은 대부분 본문보다 좀 더 함축적이고 전체내용을 아우를 수 있는 종합적인 표현이 많다. 따라서 선택지 1번 「《五月病》の急増する時期」, 3번 「《五月病》の生徒の指導」, 4번 「《五月病》の原因」는 구체적인 내용이므로 정답에서 제외될 것이라는 예상이 어느 정도 가능하다.

결과

이상의 분석을 종합해 보면, 「五月病」의 특징 및 증상과 「五月病」이란 무엇인가에 대해 이야기하고 있다. 따라서 정답은 선택지 2번 「五月病」とは何か이다.

お昼のテレビのニュースです。

F 「五月病」というのは正式な病名ではなく、病院などでそう告げられることはありません。では、実際はどういう状況なのでしょうか。中学校で保健指導を担当している稲森優子先生の話によると、2000年から2009年までの10年、勤務していた都内の3校の保健室利用の記録を調べたところ、すべての年で不調をうったえて保健室にやってくる生徒の数が、4月に比べ、5月は倍増していました。稲森先生は、「5月という月は、原因がはっきりしない頭痛、腹痛、吐き気や、気持ち悪い、だるいなどの理由で保健室に来る子が増えるのは明らかです」と話しています。特に5月の大型連休明けは、月に6日以上の長期欠席の生徒が急増する時期で、都も指導上注意が必要としています。

アナウンサーは、何について話していますか。

1 「五月病」の急増する時期　　2 「五月病」とは何か
3 「五月病」の生徒の指導　　　4 「五月病」の原因

낮 TV의 뉴스입니다.

여 '5월병'이라는 것은 정식 병명이 아니며, 병원 등에서도 그렇게 불려지지 않습니다. 그렇다면 그 실태는 무엇일까요? 중학교에서 보건지도를 담당하고 있는 이나모리 유코 선생님의 이야기에 의하면, 2000년부터 2009년까지 10년 동안 근무하고 있던 도내의 세 학교의 보건실 이용 기록을 조사하니, 모든 해에 좋지 않은 몸상태를 호소하며 보건실을 찾아온 학생 수가 4월에 비해 5월에 배로 증가해 있었습니다. 이나모리 선생님은 "5월이라는 달은 원인이 불분명한 두통, 복통, 구토 증세나 기분이 안 좋거나 나른하다는 이유로 보건실에 오는 아이가 늘어나는 것이 분명합니다."라고 이야기하고 있습니다. 특히 5월에 대형연휴가 끝나면 한 달에 6일 이상 장기 결석하는 학생이 급증하는 시기로, 도쿄도에서도 지도상의 주의가 필요하다고 말하고 있습니다.

아나운서는 무엇에 대해 이야기하고 있습니까?

1 '5월병'이 급증하는 시기　　2 '5월병'이란 무엇인가
3 '5월병'의 학생의 지도　　　4 '5월병'의 원인

 **五月病(ごがつびょう)** 일본의 신년도가 시작되는 4월에 새로운 환경에 적응하지 못해 5월에 생기는 병

화자의 주장 및 생각을 묻는 문제

음성 본문 텍스트 내용을 통해 화자의 주장은 무엇이며 화제에 대해 어떤 생각을 하는지, 이야기를 하는 의도 또는 전달하려고 하는 메시지가 무엇인지를 묻는 문제 유형이다.

[개요 이해 문제 2]

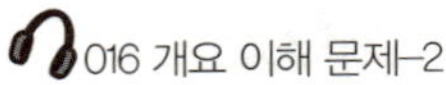 016 개요 이해 문제-2

問題用紙に何も印刷されていません。まず話を聞いてください。それから、質問と選択肢を聞いて、1から4の中から、正しい答えを一つ選んでください。

ーメモー

정답　① ② ③ ④

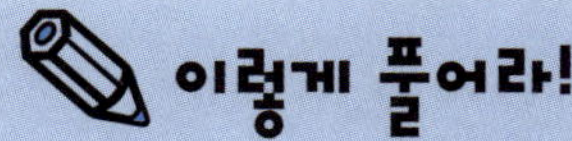

○ 상황 설명 멘트

男の人が集会で話しています。

1) 음성 텍스트 초반부에 화제인 '「迷惑」란 무엇일까?' 또는 '~은 무엇이다'와 같이 화제에 대한 정의에 관련된 내용이 나오지 않으므로, 이야기의 중심 소재에 대한 문제는 아니라고 생각할 수 있다.

2) 화자의 주장을 묻는 문제일 경우의 정답 선택지는 대부분 음성 텍스트에서 사용된 표현보다 좀 더 함축적이고 종합적인 표현을 많이 사용한다.

메모 및 체크 포인트

① 「他人の迷惑になることをしてはいけない」のは、当たり前のことです。

② しかし、人に直接の迷惑をかけないまでも、周囲の人に不快感を与える行為はありますし、

③ 売春行為のように誰に迷惑をかけなくても、してはならないルールは存在しています。

풀이 과정

①의 단계에서 '다른 사람에게 폐를 끼쳐서는 안 된다'라는 내용이 이 이야기의 화제임을 알 수 있다.

②는 남에게 폐가 되는 유형의 예로, 주위 사람에게 불쾌감을 주는 것도 폐가 된다는 것을 언급하고 있다.

③도 남에게 폐가 되는 유형의 예로, 해서는 안 되는 일을 하는 것도 폐가 된다는 것을 언급하고 있다.

주의

②의 단계에서 주의할 점은 이 문장이 「周囲の人に不快感を与える行為はありますし、」라는 중지의 형태를 취하고 있으므로, '민폐(迷惑)'의 유형이 이뿐만이 아니라 다음에 이어지는 내용도 폐의 한 유형임을 암시하고 있다. 이러한 것을 자칫 간과하고 ③의 내용을 제대로 듣지 못하면, 선택지 3번 '남에게 폐가 되지 않더라도, 남에게 불쾌감을 주는 행위는 삼가야 한다'를 정답으로 잘못 고를 수도 있다.

결과

결국 화자인 남자는 직접적으로 남에게 폐를 끼치는 행위를 하지 않더라도, ②+③의 내용, 즉 주위 사람에게 불쾌감을 주거나 해서는 안 되는 일을 하는 것도 남에게 폐가 된다는 것을 언급하고 있다. 따라서 선택지 4번 '남에게 폐를 끼치지 않으면 무엇이든 해도 괜찮다고 생각해서는 안 된다'가 남자가 말하고 싶은 내용임을 알 수 있다.

음성 본문 텍스트

男の人が集会で話しています。

M　「他人の迷惑になることをしてはいけない」のは、当たり前のことです。ところが、最近の若者の多くはその意味を取り違え、「人に迷惑をかけなければ、何をやってもいい」と考えているのではないでしょうか。しかし、人に直接の迷惑をかけないまでも、電車内で化粧したり、授業中に携帯でメールを送ったりして、周囲の人に不快感を与える行為はありますし、売春行為のように誰に迷惑をかけなくても、してはならないルールは存在しています。若者には、この点をはき違えないでほしいのです。

음성 질문

男の人が一番言いたいことは何ですか。

음성 선택지

1　売春行為は、誰の迷惑にもならないとしても、許されない行為だ。

2　「他人の迷惑になることをしてはいけない」というのは最低限のルールだ。

3　他人の迷惑にならなくても、人に不快感を与える行為をしてはならない。

4　「人に迷惑をかけなければ、何をやってもいい」という考えは間違っている。

해석

남자가 집회에서 이야기하고 있습니다.

남　'남에게 폐가 되는 행동을 해서는 안 된다'는 것은 당연한 일입니다. 그러나, 요즘 많은 젊은이들은 그 의미를 잘못 이해하여, '남에게 폐를 끼치지 않으면 무엇이든 해도 괜찮다'라고 생각하고 있는 것은 아닐까요? 그러나 남에게 직접 폐를 끼치지 않는다고 해도 전철 안에서 화장을 하거나, 수업 중에 휴대폰으로 문자를 보내거나 해서 주위 사람에게 불쾌감을 안겨주는 경우도 있고, 매춘 행위와 같이 누구에게 폐를 끼치지 않더라도, 해서는 안 되는 룰도 존재합니다. 젊은이들은 이 점을 잘못 이해하고 있지 않기를 바랍니다.

남자가 가장 하고 싶은 말은 무엇입니까?
1 매춘 행위는 누구에게 폐를 끼치지 않더라도 용서받을 수 없는 행위이다.
2 '남에게 폐를 끼쳐서는 안 된다'는 지켜야 할 최소한의 룰이다.
3 남에게 폐가 되지 않더라도 남에게 불쾌감을 주는 행위를 해서는 안 된다.
4 '남에게 폐를 끼치지 않는다면 무엇이든 해도 된다'라는 생각은 잘못됐다.

　取(と)り違(ちが)え 잘못 이해함, 오해 | 売春(ばいしゅん) 매춘 | はき違(ちが)える 잘못 알다, 잘못 인식하다

이야기의 중심 소재에 대한 구체적인 내용을 묻는 문제

들려주는 음성 본문 텍스트의 중심이 되는 소재 또는 key word에 관련된 사항을 구체적으로 묻는 문제 유형이다. 중심이 되는 소재나 key word는 일반적으로 문제의 초반부, 즉 '상황 설명 멘트'나 '음성 본문 텍스트'의 첫 문장에 제시되는 경우가 많다.

[개요 이해 문제 3]

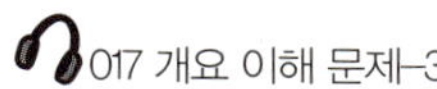

　問題用紙に何も印刷されていません。まず話を聞いてください。それから、質問と選択肢を聞いて、 １から４の中から、 正しい答えを一つ選んでください。

ーメモー

정답　①　②　③　④

◐ 상황 설명 멘트

生物学の先生が講義しています。

1) 음성 본문 텍스트의 초반부에는 이야기의 화제가 나오는 경우가 많다. 화제를 어떤 식으로 제시하는지에 따라 질문이 어떤 형식으로 나오는지 짐작할 수 있으며, 이는 곧 정답으로 연결되는 경우가 많다.

   이 문제는 시작 부분에서 '단백질이란 무엇일까?'라는 내용이 나오므로 '단백질'이라고 하는 이야기 소재에 대한 정의를 제시하는 글임을 짐작할 수 있다.

2) 이야기의 화제에 대한 정의를 내리는 문제는 정의를 먼저 내리고 예를 들어서 보충 설명하거나, 반대로 예시를 먼저 제시하고 결론 삼아 정의를 내리는 경우가 많은데, 이 문제는 후자 쪽이다.

3) 역접 접속사(しかし 등)로 시작하는 부분의 내용에 집중하자.

메모 및 체크 포인트

① タンパク質って何だろう？

② しかし、実際のタンパク質はとても活動的で、心臓を動かしているのも、食べ物を消化するのも、目で光を感じるのも、すべてタンパク質の仕事です。

③ 全ての生物の細胞の中にあって、彼らは生命活動のあらゆる場面で主役として振る舞っています。

풀어 과정

①의 단계에서 전체 이야기가 단백질의 정의에 대한 설명임을 짐작할 수 있다.

②는 역접 접속사 しかし로 시작하는 문장으로 화자의 생각이나 의견이 시작되는 곳으로, 여기서는 단백질이 우리 몸에서 하는 역할을 예를 들어 설명하고 있다.

③은 ②의 예시를 토대로 단백질에 대한 정의를 언급하고 있다. 결국 이 부분이 정답과 연결되는 내용으로 '단백질이란 어떠한 것이다' 라는 설명을 하고 있다.

결과

이 문제는 초반부에서 화제 및 예시를 제시하고, 이어서 중반부에서 결론을 내리고 있는 이야기이다. 따라서 정답은 선택지 3번 「タンパク質は、生物すべての生命活動を支える基本的な物質である」이다.

生物学の先生が講義しています。

F　タンパク質って何だろう？こう聞くとたいていの人は、栄養素の一つと答えるでしょう。もちろん間違いではありません。しかし、実際のタンパク質はとても活動的で、心臓を動かしているのも、食べ物を消化するのも、目で光を感じるのも、すべてタンパク質の仕事です。人間に限らず、全ての生物の細胞の中にあって、彼らは生命活動のあらゆる場面で主役として振る舞っています。「栄養素」という言葉で片付けるには、あまりに活動的なのです。例えば、人は３万2000ものタンパク質を持っていますが、その中のダイニンと呼ばれるタンパク質は、実際に２本の足を持ち、体内を歩き回っています。そしてそれは、私たちが生きていく上で欠かせないことなのです。

タンパク質の説明として正しいのはどれですか。

1　タンパク質は栄養素ではなく、人間の生命活動を支える物質である。

2　三万種以上のタンパク質はとても活動的で、体内を歩き回っている。

3　タンパク質は、生物すべての生命活動を支える基本的な物質である。

4　タンパク質は動物には含まれるが、植物には含まれていない。

생물학 선생님이 강의를 하고 있습니다.

여　단백질이란 무엇일까? 이렇게 물으면 대부분의 사람은 영양소의 하나라고 대답할 것입니다. 물론 틀린 것은 아닙니다. 그러나 실제로 단백질은 대단히 활동적이어서 심장을 움직이게 하는 것도, 음식물을 소화시키는 것도, 눈으로 빛을 감지하는 것도 모두 단백질이 하는 일입니다. 인간뿐만 아니라 모든 생물의 세포 안에 있으며, 그들(단백질)은 생명 활동의 모든 상황에서 주연으로서 활동하고 있습니다. '영양소'라는 단어로 치부하기에는 너무도 활동적이라는 것입니다. 예를 들면 사람은 3만 2000개나 되는 단백질을 갖고 있습니다만, 그 중 다이닝(dynein)이라고 불리는 단백질은 실제로 두 개의 다리를 갖고 몸 속을 걸어 다닙니다. 그리고 그것은 우리들이 살아가는데 빼놓을 수 없는 것입니다.

단백질에 대한 설명으로 바른 것은 무엇입니까?

1 단백질은 영양소가 아니라 인간의 생명활동을 지탱하는 물질이다.
2 3만 종 이상의 단백질은 굉장히 활동적이어서 몸 속을 걸어 돌아다닌다.
3 단백질은 모든 생물의 생명활동을 지탱하는 기본적인 물질이다.
4 단백질은 동물에는 있으나, 식물에는 없다.

細胞(さいぼう) 세포

問題3では、問題用紙に何も印刷されていません。まず話を聞いてください。それから、質問と選択肢を聞いて、1から4の中から、正しい答えを一つ選んでください。

1番

ーメモー

2番

ーメモー

3番

ーメモー

4. 즉시 응답

1) 특징

〈일반적 특징〉

① '즉시 응답'유형의 문제는 상대방의 한 줄 문장에 대한 즉각적인 응답을 요구하는 1대1 대화 형식의 문제이다.

② 기존 능력시험에는 없었던 일본어 말하기(speech) 능력을 간접적으로나마 평가하기 위해 신설된 문제이다.

③ 상황 설명 멘트나 음성 질문은 없으며, 대신에 처음에 한 줄 문장을 들려준다.

④ 한 문제 전체 내용의 길이는 짧고 제공되는 정보는 적다. 따라서 시간을 오래 끌어서는 안 되며, 문제 풀이의 열쇠가 되는 포인트를 정확히 체크해야 한다.

〈출제의 목적〉

'과제 수행 능력, 커뮤니케이션 능력, 일본어 말하기 능력'의 세 가지 능력을 평가하기 위해 출제된다. 실생활에서 흔히 주고받는 신변잡기적인 소재를 토대로 한 쌍의 짧은 대화 내용의 적절한 조합이 가능한지를 측정한다.

〈청취 내용의 예〉

한 줄 문장	今日の社長の訓辞は耳が痛かったよ。
음성 선택지	1　ええ、私も反省しなくてはいけないと思ったわ。
	2　ええ、いつも同じ話を聞かされてうんざりだわ。
	3　ええ、もっと具体的に話してほしかったわ。

2) 문제 출제 형식

'과제 수행 능력, 커뮤니케이션 능력, 일본어 말하기 능력'이라는 세 마리 토끼를 잡기 위해 출제되는 문제 내용으로는 크게 다음의 네 가지 내용을 중심으로 문제가 출제된다.

① 일상생활 관련

일상생활에 쓰이는 인사나 회화 표현 등 생활 속 일본어 관련 대화 내용

② 회사 생활 관련

회사 생활이나 비즈니스 업무상 일어날 수 있는 일이나 과제 수행에 관한 대화 내용

③ 학교생활 관련

학교생활, 유학생활에서 흔히 일어날 수 있는 일이나 과제 수행에 관한 대화 내용

④ 문화 관련

일본의 축제, 연중행사 등 문화와 관련된 대화 내용

3) 듣기 전개 순서

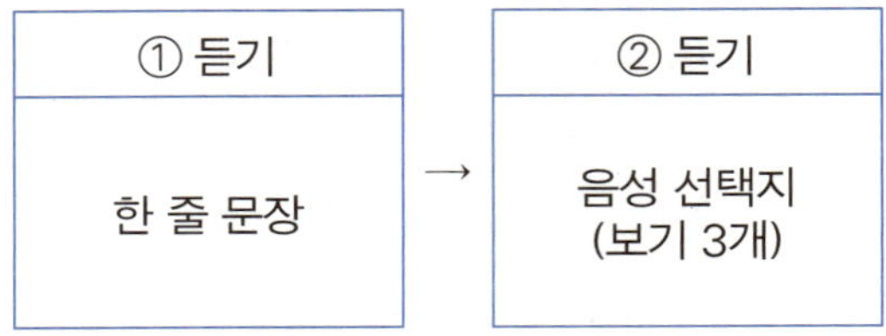

4) 기본 공략법

① 순발력과 집중력이 문제 풀이의 관건이며, 너무 오래 생각하면서 정답을 골라서는 안 된다.

② '한 줄 문장'의 의도 및 상황을 정확히 파악한다. 예를 들어 어떤 사람이 어떤 장소나 상황에서 무엇에 대해, 또는 어떤 의도로 이야기하는지 파악한다.

③ 단지 '한 줄 문장'을 듣고 이해하는 데 그치지 말고, 문제를 들으면서 어떠한 대답이 와야하는지 동시에 생각한다.

④ 응답에 해당하는 세 개의 음성 선택지를 들을 때는 '한 줄 문장'의 의도 및 상황을 접목시켜 즉각적으로 체크하면서 오답은 제외시키고 정답을 고른다.

⑤ '한 줄 문장'과 '음성 선택지'의 내용은 모두 합쳐도 그다지 길지 않으므로 굳이 메모하지 않아도 되지만, 만일 메모를 한다면 화자의 의도나 핵심 표현이라고 생각하는 부분만 짧게 메모하도록 한다.

⑥ 실제의 일상 대화처럼 두 사람이 서로 알 수 있는 내용을 생략하고 이야기하는 경우가 있으므로, 두 사람의 대화 내용을 통해 생략되어 있는 내용이 무엇인지 파악해야 한다. (유형1)의 [즉시 응답 문제 2] 참고)

5) 유의 사항

① '즉시 응답' 유형 문제는 한 문제당 주어지는 시간이 짧으므로, 헷갈린다고 해서 시간을 끌
면 다음에 나오는 문제마저 놓칠 수 있으므로, 즉각적인 반응과 체크가 필요하다.

② 응답을 쉽게 고를 수 있는 경우도 있으나, 때로는 응답 3개중 2개가 정답의 범위에 들어와
올바른 정답을 고르는 데 헷갈리는 경우가 있다. 이럴 때는 섣불리 정답을 예측해서는 안
되고, 한 줄 문장의 의도가 무엇인지 정확히 파악해야 한다.

③ 이러한 유형의 문제에서 좋은 성적을 얻기 위해서는 평소에 인사말 등과 같이 실생활에서
자주 쓰이는 일본어 표현을 바르게 쓰도록 노력해야 하며, 이는 곧 실생활 회화에도 도움
이 될 것이다.

일상생활 관련 문제

일상생활 관련 문제가 가장 많이 출제되므로 두 개의 예를 들어 설명하기로 한다.

[즉시 응답 문제 1]

問題用紙に何も印刷されていません。まず文を聞いてください。それから、それに対する返事を聞いて、１から３の中から、正しい答えを一つ選んでください。

---ーメモーー---

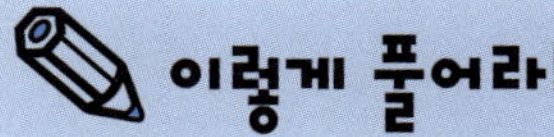

● 한 줄 문장

상황 설명 멘트나 음성 질문은 없고, 상대방(수험생)의 응답을 이끌어 내기 위한 한 줄 문장이 나온다.

이 문제는 두 사람의 대화가 극장이나 소극장에서 이루어지는 '대화 장소'와 좌석에 대해 상의를 하고 있는 '대화 내용' 등을 파악하면 문제 풀이가 쉬워진다.

메모 및 체크 포인트

① 「前の席」, 「両端の席」, 「首が疲れない？」

② 真っ直ぐ見える席にしよ

풀이 과정

①의 한 줄 문장에서 앞 좌석이 좋기는 하지만 양끝 좌석밖에 없고, 양끝 좌석에 앉으면 목이 아플 것이라는 이야기를 하고 있다.

②한 줄 문장의 응답으로는 앞 좌석의 양끝은 보려면 목이 아플 수도 있으니까, 조금 뒤쪽이라도 똑바로(정면으로) 보이는 자리로 하자는 응답이 가장 적절하다.

③선택지 2번은 비용에 대한 이야기가 나오는데, 응답 내용으로는 알맞지 않다.

선택지 3번은 이미 앞 좌석에 앉아서 이야기하는 내용이므로 역시 응답 내용으로 알맞지 않다.

결과

문제 풀이의 포인트는 앞자리의 양끝 좌석보다는 약간 뒤쪽의 무대가 정면으로 보이는 좌석을 잡는 것이다. 따라서 정답은 선택지 1번 「じゃ、ちょっと後ろになるけど、真っ直ぐ見える席にしよ。」이다.

음성 본문 텍스트

M 前の席の方がいいけど、両端の席しか空いてないなぁ。首が疲れない？

F 1 じゃ、ちょっと後ろになるけど、真っ直ぐ見える席にしよ。

　 2 値段が安い方がいいから、ちょっと後の席でがまんしよ。

　 3 ここなら舞台もよく見えるし、やっぱり前の席はいいね。

음성 질문

없음

해석

남 앞 좌석이 좋긴 하지만, 양끝 좌석밖에 안 남았네. 목이 아프지 않을까?

여 1 그럼, 조금 뒤에서 보더라도 정면으로 보이는 좌석으로 하자.

　 2 가격이 싼 게 좋으니까 조금 뒷자리여도 참자.

　 3 여기라면 무대도 잘 보이고, 역시 앞 좌석은 좋네.

 両端(りょうはし) 양끝

[즉시 응답 문제 2]

問題用紙に何も印刷されていません。まず文を聞いてください。それから、それに対する返事を聞いて、１から３の中から、正しい答えを一つ選んでください。

ーメモー

정답   １　２　３

 이렇게 풀어라!

➲ 한 줄 문장

상황 설명 멘트나 음성 질문은 없고, 상대방(수험생)의 응답을 이끌어 내기 위한 한 줄 문장이 나온다.

1) 이 문제는 회사에 출근하는 남편과 이를 마중하는 부인이 집 현관에서 나누는 대화 내용이라고 생각할 수 있다.

2) 대화 내용은 실제 일상 대화에서처럼 두 사람이 서로 알 수 있는 내용을 생략하고 이야기하는 대화 장면이다. '즉시 응답' 문제는 이와 같은 유형도 종종 나올 수 있으므로 대화 내용을 통해 생략된 내용을 잘 파악해야 한다.

메모 및 체크 포인트

① 「天気予報」, 「今日、午後から雨になるかもしれない」

② 「そのときはコンビニで買うからいい」

풀이 과정

①의 단계에서 일기 예보에서 오후부터 비가 올지도 모른다는 이야기를 한다. 이를 통해 비가 올 것에 대비해 우산을 가져가라는 내용이 생략되어 있음을 체크해야 한다.

②는 그 때, 즉 비가 올 때는 편의점에서 살 거니까 괜찮다는 내용이다. 비가 오면 그때 우산을 사면 되니까 우산을 안 가져가도 된다는 뜻이다. 결국 두 사람 사이의 대화 상황을 보면 서로가 인지하고 있는 '우산'이라는 내용이 생략되어 있다.

③선택지 1번 「天気予報が外れるといいね(일기 예보가 틀렸으면 좋겠다)」는 언뜻 보기에는 정답처럼 보일 수도 있으나, '우산을 가져가라'는 의도와는 맞지 않는 응답이므로 정답에서 제외된다.

결과

생략되어 있는 '우산'이라는 내용을 두 사람의 대화에 넣어 생각하면, 선택지 2번 「そのときはコンビニで買うからいいよ。」가 정답이다.

스크립트

F　あなた、天気予報じゃ、今日、午後から雨になるかもしれないってよ。

M　1 天気予報が外れるといいね。

　　2 そのときはコンビニで買うからいいよ。

　　3 駅までバスで行くから大丈夫だよ。

없음

여　당신, 일기 예보에서 오늘 오후부터 비가 올지도 모른대요.

남　1 일기 예보가 틀렸으면 좋겠네.

　　2 그 때는 편의점에서 살 거니까 괜찮아.

　　3 역까지 버스로 갈 거니까 괜찮아.

 **コンビニ** 편의점 ｜ **外(はず)れる** 빠지다, 빗나가다

405

회사 생활 관련 문제

[즉시 응답 문제 3]

 023 즉시 응답 문제-3

問題用紙に何も印刷されていません。まず文を聞いてください。それから、それに対する返事を聞いて、1から3の中から、正しい答えを一つ選んでください。

ーメモー

정답 ① ② ③

 **이렇게 풀어라!**

● 한 줄 문장

상황 설명 멘트나 음성 질문은 없고, 상대방(수험생)의 응답을 이끌어 내기 위한 한 줄 문장이 나온다.

1) 이 문제는 회사 생활에서 일어날 수 있는 대화 장면으로, 사장의 훈계 내용을 듣고 남녀 사원이 나누는 대화 내용이다.

2) 한 줄 문장에서 쓰이고 있는 '관용구'가 문제 풀이의 포인트가 된다.

메모 및 체크 포인트

① 「耳が痛かった」

② 私も反省しなくてはいけないと思ったわ

③ いつも同じ話を聞かされてうんざりだわ

풀이 과정

①의 관용구 「耳が痛い」는 자칫 잘못 해석하면 '귀가 아프다(귀가 따갑다)', 즉 '자주 들어서 듣기 지겹다'라는 의미로 해석할 수 있다. 그러나 「耳が痛い」는 '다른 사람이 자신의 약점 등을 이야기해서 찔린다'라는 의미로 쓰인다.

②는 '나도 반성해야 한다'는 뜻으로, 「耳が痛い」의 의미를 제대로 파악했다면 이 내용이 정답임을 알 수 있다.

③은 '항상 같은 이야기만 들어서 지긋지긋하다'는 뜻으로 이에 대응하는 관용구로는 「耳にたこができる(귀에 못이 박히다)」가 있다.

결과

「耳が痛い」라는 관용구의 의미가 '남의 말에 찔린다'이므로 이에 대한 적절한 응답으로는 선택지 1번 「ええ、私も反省しなくてはいけないと思ったわ」이다.

M　今日の社長の訓辞は耳が痛かったよ。

F　1 ええ、私も反省しなくてはいけないと思ったわ。

　　2 ええ、いつも同じ話を聞かされてうんざりだわ。

　　3 ええ、もっと具体的に話してほしかったわ。

없음

남　오늘 사장님의 훈계는 찔렸어.

여　1 응, 나도 반성해야겠다고 생각했어.

　　2 응, 항상 같은 이야기를 들어서 지겨워.

　　3 응, 좀 더 구체적으로 이야기해줬으면 좋겠어.

訓辞(くんじ) 훈계하는 말, 훈사

학교생활 관련 문제

[즉시 응답 문제 4]

 024 즉시 응답 문제-4

問題用紙に何も印刷されていません。まず文を聞いてください。それから、それに対する返事を聞いて、１から３の中から、正しい答えを一つ選んでください。

ーメモー

정답　① ② ③

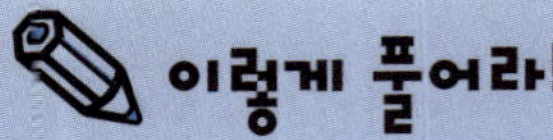

○ 한 줄 문장

상황 설명 멘트나 음성 질문은 없고, 상대방(수험생)의 응답을 이끌어 내기 위한 한 줄 문장이 나온다.

1. 이 문제는 학교생활에서 일어날 수 있는 대화 장면으로, 남학생이 본인의 시험 성적이 예상외로 좋지 않다는 이야기를 여학생이 듣고 나름대로의 원인을 언급하는 대화 내용이다.

2) 두 개의 문장으로 이루어진 한 줄 문장 전체 내용을 끝까지 제대로 듣고 어떤 상황인지 파악해야 한다.

메모 및 체크 포인트

① 今度の試験、大失敗しちゃった

② 試験問題そのものは難しくなかったんだけど

③ もしかして名前を書き忘れたりしたとか？

풀이 과정

①은 '이번 시험 완전히 망쳤어'라는 내용으로 여기까지만 들으면, 선택지 1번 '별로 공부를 안 한 거 아니야?'가 적절한 응답이 될 수 있을 것이다.

②는 '시험 문제 자체는 어렵지 않았는데'라는 뜻으로, 남학생은 시험을 망친 원인을 모르는 상황임을 알 수 있다. 따라서 이유를 모르는 상대방에게 선택지 2번 '어쩌다 그렇게 됐니?'와 같이 이유를 되묻는 것은 적절한 응답이라 할 수 없다.

③의 '혹시 이름을 잊고 안 썼다든지 한 거 아니니?'는 여자의 응답으로 시험을 망친 이유를 잘 모르고 있는 남학생에게 그 이유를 자기 나름대로 언급하고 있으므로 가장 적절한 응답이라 할 수 있다.

결과

문제 풀이의 포인트인 '시험 문제 자체는 어렵지 않았는데'에 대응하는 가장 적절한 응답은 선택지 3번 「もしかして名前を書き忘れたりしたとか？」이다.

음성 본문 텍스트

M 今度の試験、大失敗しちゃった。試験問題そのものは難しくなかったんだけど。

F 1 あまり勉強してなかったんじゃない？

2 どうしてそんなことになったの？

3 もしかして名前を書き忘れたりしたとか？

음성 질문

없음

해석

남 이번 시험 완전히 망쳤어. 시험 문제 자체는 어렵지 않았는데.

여 1 별로 공부를 안 한 거 아니야?

2 어쩌다 그렇게 됐니?

3 혹시 이름을 잊고 안 썼다든지 한 거 아니니?

 そのもの 바로 그것, 그 자체

문화 관련 문제

[즉시 응답 문제 5]

025 즉시 응답 문제-5

問題4では、問題用紙に何も印刷されていません。まず文を聞いてください。それから、それに対する返事を聞いて、1から3の中から、正しい答えを一つ選んでください。

ーメモー

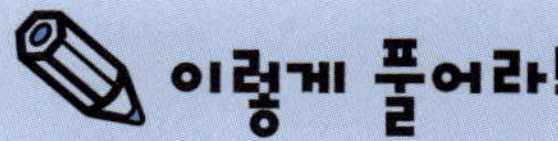

● 한 줄 문장

상황 설명 멘트나 음성 질문은 없고, 상대방(수험생)의 응답을 이끌어 내기 위한 한 줄 문장이 나온다.

1) 이 문제는 일본의 연중행사와 관련된 대화 장면으로, 남자가 여자의 이야기를 듣고 연말 선물에 관해 언급하는 대화 내용이다.

2) 「お歳暮」의 의미를 정확히 파악해야 한다.

메모 및 체크 포인트

① お歳暮

② そうだね。今年は何にしようか。

풀이 과정

① 「歳暮」란 '연말'이라는 의미이지만, 「お歳暮」는 '한 해 동안 신세 진 사람에게 그 보답으로 연말에 선물을 보내는 것'을 의미한다. 따라서 「お歳暮」의 의미를 정확히 파악하지 못하면 풀기 어려운 문제이다.

②는 '글쎄, 올해는 뭘로 할까?'라는 내용으로, 남자가 이야기한 한 줄 문장을 직역하면 선물에 대한 내용은 없어 보이지만, 실은 「お歳暮」라는 단어에 선물이라는 의미도 포함되어 있기 때문에 가장 적절한 응답이다.

③ 「お歳暮」와 비슷하게 '선물'의 의미를 포함하고 있는 표현으로는 「お中元(백중(음력 7월 보름) 때의 선물)」, 「お祝い(축하 선물)」 등이 있다. 이러한 표현은 선물이라는 표현과 함께 쓰이지 않아도 단어 자체가 '선물'이라는 의미를 갖고 있다.

결과

한 줄 문장의 내용이 직접적으로 선물을 무엇으로 할까? 는 아니지만 「お歳暮」가 선물의 의미를 포함하고 있고 「お歳暮の季節ね」라는 문맥 상황으로 볼 때, 선택지 2번 「そうだね。今年は何にしようか」이 가장 적절한 응답이다.

F　今年もそろそろお歳暮の季節ね。

M　1　うん、値段もちょうどお手頃だね。

　　2　そうだね。今年は何にしようか。

　　3　うん、お歳暮の次はクリスマスだね。

없음

여　올해도 슬슬 연말 선물을 보낼 시기네.

남　1 응, 가격도 딱 적당해.
　　2 그렇네. 올해는 뭘로 할까?
　　3 응, 연말 선물 다음은 크리스마스네.

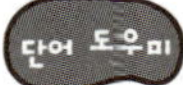 **お歳暮(せいぼ)** 연말 선물 ｜ **手頃(てごろ)** 적당함, 적합함

問題用紙に何も印刷されていません。まず文を聞いてください。それから、それに対する返事を聞いて、1から3の中から、正しい答えを一つ選んでください。

1番

ーメモー

2番

ーメモー

3番

ーメモー

4番

ーメモー

5番

6番

7番

8番

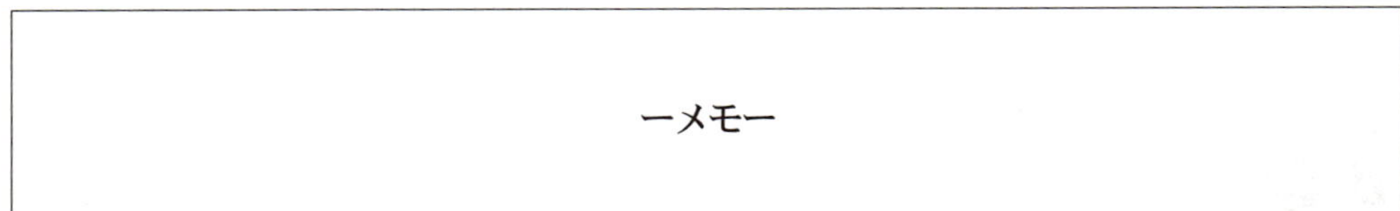

5. 통합 이해

1) 특징

　'통합 이해' 문제는 약간 긴 내용의 음성 텍스트를 듣고 그 내용을 이해함과 동시에 음성 텍스트에 제시된 복수의 정보를 비교 · 종합하거나, 각각의 정보간의 관련성을 이해해 음성 질문의 내용에 맞게 정리할 수 있는지를 테스트하는 문제이다.

　복수의 정보란, '대화문 형식'(세 사람이 대화를 전개해 가는 형식)과 '서술문 + 대화문 형식'(한 사람이 먼저 서술문 형식으로 이야기를 전개하고, 이를 들은 남녀 두 사람의 대화가 전개되는 형식)의 음성 텍스트에서 제시되는 내용을 말한다.

　따라서 새롭게 개정된 新 일본어 능력시험에서 새로운 유형으로 나오는 '통합 이해' 문제는 청해 문제 중에는 가장 복잡하며 난이도가 높은 문제로 분류된다.

2) 문제 출제 형식

　다른 형식의 문제 유형도 출제될 수 있으나, 기본적으로 〈대화문 형식〉과 〈서술문+대화문 형식〉의 두 개의 유형으로 나뉜다. 이 두 가지 유형은 음성 텍스트의 제시 형식도 다르며, 듣기 전개 순서도 다르다.

〈대화문 형식〉

① 3명이 등장하여 하나의 테마를 놓고 이야기를 전개해 나간다.

② 선택지는 음성으로 제시하는 '음성 선택지'의 형식이다.

③ 1개의 음성 텍스트에 1개의 문제(음성 질문)가 출제되는 경우가 많다.

④ 3명의 이야기를 종합하여 음성 질문에 알맞은 답을 음성 선택지를 듣고 고른다.

〈서술문 + 대화문 형식〉

① 먼저 한 명이 혼자서 서술문 형식(독백 형식)으로 하나의 테마에 대해 이야기를 한다. 그 후에 그 이야기를 토대로 2명이 이야기를 나눈다.

② 선택지는 문제용지에 제시하는 '지면 선택지'의 형식이다.

③ 1개의 음성 텍스트에 2개의 문제(음성 질문)가 출제되는 경우가 많다.

④ 1명의 독백 형식의 이야기를 듣고 이를 토대로 이야기를 나누는 남녀 2명의 이야기를 종합해서 음성 질문에 알맞은 답을 지면 선택지에서 고른다.

3) 듣기 전개 순서

〈대화문 형식〉

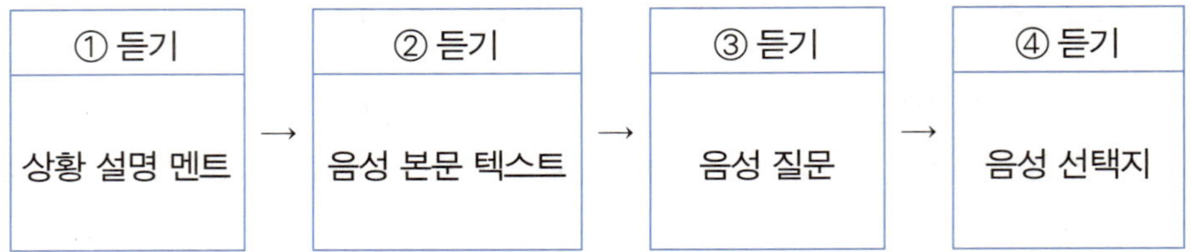

〈서술문 + 대화문 형식〉

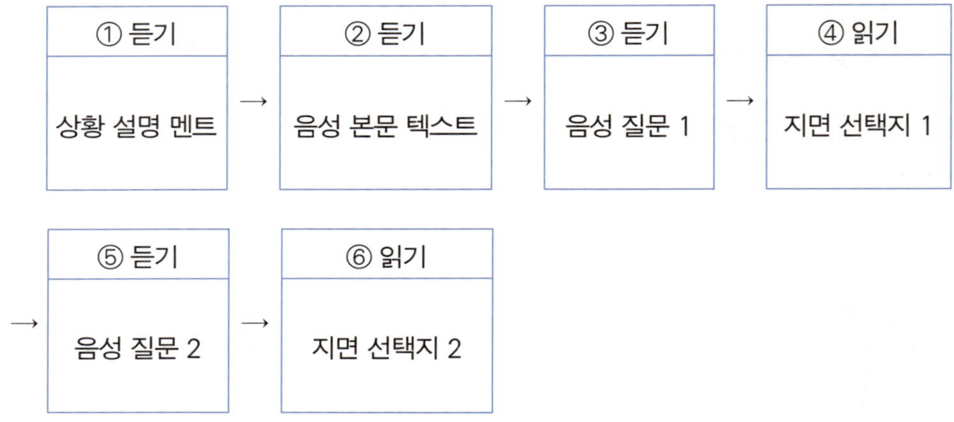

4) 음성 텍스트의 제시 형식

〈대화문 형식〉

주로 다음과 같은 음성 텍스트가 출제된다.

① 하나의 테마나 화제를 중심으로 3명이 자신의 의견이나 주장을 교환해가는 형식

② 어떤 문제점을 3명이 서로 상의해서 문제를 해결해나가는 과정을 묘사하는 형식

③ 어떤 테마나 화제에 대한 2명의 상반된 의견을 나머지 1명이 조율하거나 중재하는 형식

④ 어떤 테마나 화제에 대한 2명의 상반된 주장에 대해 나머지 1명이 어느 한 쪽의 의견에 동조하는 형식

⑤ 3명의 등장인물의 대화 내용을 통합해 대화의 주제를 파악하는 형식

⑥ 1명이 어떠한 화제를 제시하고 나머지 2명이 찬성 또는 반대 의견을 내놓는 형식

〈서술문 + 대화문 형식〉

여러 가지 유형이 있겠지만, 그 중에서 출제 확률이 높은 대표적인 형식은 다음과 같다.

① 1명이 독백 형식으로 상품의 종류 및 특징에 대한 설명을 하고, 이를 들은 2명이 개인의 취향이나 필요성 등에 맞게 각각 상품을 고르는 형식

② 1명이 어떠한 일에 대해 설명하고, 이를 들은 2명이 각각 자신의 사정에 맞게 어떤 일을 선택할지 고르는 형식

③ TV나 강연회 등에서 어떤 주제에 대한 이야기를 듣고, 2명이 주제에 대한 찬반의 의견을 나누는 형식

④ 뉴스 앵커가 어떤 사건에 대해 이야기를 하고, 이를 듣고 나서 2명이 뉴스의 사건을 토대로 대화를 나누는 형식

5) 기본 공략법

〈대화문 형식〉

① 3명의 등장인물이 나오므로, 반드시 각각의 음성과 이야기 내용의 포인트, 즉 누가 무슨 말을 했는지 또는 어떤 주장이나 의견을 말했는지 정확하게 구별해서 메모한다.

② 처음에 들려주는 '상황 설명 멘트'에 대부분 '음성 텍스트'의 내용이 어떠한 종류의 이야기 인지 제시되므로 이 부분을 정확히 파악하고 염두에 두고 들어야 어떠한 문제가 출제될지 짐작하기 쉽다.

③ 또한 '음성 텍스트'를 들을 때는 3명이 전체적으로 어떠한 화제에 대해 모두 찬성(또는 반대)인지, 아니면 다른 2명과는 달리 1명만이 찬성(또는 반대)인지 정확히 파악해야 한다.

〈서술문 + 대화문 형식〉

① '서술문 형식'과 '대화문 형식'의 두 종류의 음성 텍스트를 듣고 이들 내용을 적절히 조합하고 통합해서 문제를 풀어야 한다.

② 처음에 나오는 서술문 형식의 음성 텍스트의 이야기는 본인이 직접 그 상황에 처해 있다고 생각하면 대부분 어떤 질문이 나오며 어떤 내용이 필요한지 대충 가늠할 수 있기 때문에, 필요하다고 생각되는 부분을 반드시 메모한다.

③ 서술문 형식의 음성 텍스트 내용을 메모할 때는 대화문 형식의 음성 텍스트를 들으면서 메모할 공간을 남겨두고 메모하도록 한다.

④ 그 다음에 나오는 대화문 형식의 음성 텍스트의 대화를 들으면서 미리 확보해 놓은 공간의 어느 곳에 메모를 해야 할지를 찾아 적합한 곳에 메모를 해서, 두 종류의 음성 텍스트의 필요한 내용을 통합 정리한다.

⑤ 이와 같은 필요한 내용의 통합 과정이 끝나면 드디어 음성 질문이 나오는데, 이때 재빨리 질문에서 요구하는 것이 무엇인지 파악한다.

⑥ 마지막으로 문제 용지에 나와 있는 지면 선택지의 내용과 미리 메모해 둔 내용을 비교 또는 종합 정리하여 정답을 고른다.

6) 유의 사항

① 어떠한 유형의 문제든 청취 내용에 나오는 각각의 등장인물의 순서와 대사 내용을 헷갈리지 않고 정확하게 파악하는 것이 무엇보다 중요하다.

② '통합 이해' 유형 문제는 청해 문제 중에서 내용이 가장 길고 게다가 복잡한 내용을 짜맞추어야 하는 문제이므로 메모는 필수이며, 내용이 많기 때문에 되도록 빠른 속도로 많은 정보를 메모해야 한다. 메모는 일본어 가나, 우리말로 소리 나는 대로, 또는 속기, 약어 등 본인이 일본어를 가장 빨리 적을 수 있는 방법을 선택한다.

유형 1

대화문 형식(출제 문항 수 1개)

[통합 이해 문제 1]

034 통합 이해 문제–1

問題用紙には何も印刷されていません。まず、話を聞いてください。それから、質問と選択肢を聞いて、１から４の中から、正しい答えを一つ選んでください。

ーメモー

◑ **상황 설명 멘트**

会社で課長と社員たちが、年末商戦の準備について話しています。

◑ **음성 질문**

会議の日程はいつに決まりましたか。

메모 및 체크 포인트

① 年末商戦の準備→会議を開こうと思うけど、みんなの予定はどうかな？

② 今月の12日から18日の間

③ 部長にも参加してもらった方がいいんじゃないでしょうか。

④ 部長が大阪にいらっしゃるのは、13日から16日の4日間

⑤ (部長)は確か14日は会社の役員会が入っていたと思います。

⑥ 部長はこちらの会議には参加できませんね。(함정)

⑦ (課長)僕は15日の午後に来客が入ってるけど

⑧ 私もその日は朝から2時まで新人研修でおりません。

⑨ 部長は16日の午後、東京本社に戻ることになっています。/午前中なら大丈夫だね。

⑩ 会議は早いほどいいと思う。

① **key point 1** '부장의 회의 참석여부'

部長にも参加してもらった方がいいんじゃないでしょうか。(참석)

↓

部長はこちらの会議には参加できませんね。(참석 불가)

↓

部長は16日の午後、東京本社に戻ることになっています。/午前中なら大丈夫だね。

→ 이 내용으로부터 결과적으로 부장도 회의에 참석한다는 것을 알 수 있다.

② 　통합 과정

    a. 회의 가능 기간: 13일~16일(부장이 오사카에 있는 기간)

    b. 부장의 스케줄: 14일 – 회사 중역회의(14일 불가능)

                      16일 – 오후 동경 본사로 돌아감(16일 오후 불가능)

    c. 과장의 스케줄: 15일 – 오후에 손님이 찾아옴(15일 오후 불가능)

    d. 여직원의 스케줄: 15일 아침부터 2시까지 신입사원 연수(15일 오전 불가능)

③ 　key point 2

「会議は早いほどいいと思う」 의 내용에서 회의 일정이 16일은 아님을 알 수 있다.

결과

부장도 회의에 참석하므로 회의가 가능한 날은 13일~16일 사이이다. 부장은 14일과 16일 오후에, 과장은 15일 오후에, 여직원은 15일 오전에 각각 회의 참석이 불가능하다. 결국 회의가 가능한 날은 16일 오후와 13일이 되는데, 남자 직원이 회의는 빠를수록 좋다고 하므로 16일도 회의 일정으로 잡을 수 없고, 결국 13일에 회의를 하게 된다.

TIP

① 모르는 단어에 너무 집착하지 말자!

이 문제의 음성 본문 텍스트 초반부에 「年末商戦」 이라는 단어가 나오는데, 아마도 생소한 단어일 것이다. 모르는 단어가 나왔다고 그 의미를 알려고 집착하다 보면 나머지 내용을 놓칠 수 있다. 대부분 어려운 단어가 나오고 그 단어가 정답에 직접적으로 연결되는 내용이라면 음성 본문 텍스트 내에서 단어에 대한 설명이 나오는 경우가 많다.

② 숫자에만 너무 집중하지 말자!

청취 내용에 숫자가 나오면 대단히 집중할 것이다. 이 문제는 다행히 숫자와 정답이 관련되어 있지만, 정답과 관계없는 숫자가 제시되는 경우도 종종 있다. 따라서 청취 내용을 들을 때는 물론 숫자도 중요하지만, 다른 내용도 체크하면서 메모하도록 한다.

会社で課長と社員たちが、年末商戦の準備について話しています。

M1 そろそろ年末商戦の準備に取りかからないとまずいな。会議を開こうと思うけど、
みんなの予定はどうかな？

F 課長、今月の12日から18日の間はどうですか。

M1 うん、じゃないと、間に合わないね。

M2 課長、部長にも参加してもらった方がいいんじゃないでしょうか。

F 部長が大阪にいらっしゃるのは、13日から16日の4日間の予定となっています。

M1 とすると、その間ということになるけど。

F 確か14日は会社の役員会が入っていたと思います。

M2 じゃ、部長はこちらの会議には参加できませんね。

F 課長の都合はいかがですか。

M1 僕は15日の午後に来客が入ってるけど、それ以外は大丈夫。

F 私もその日は朝から2時まで新人研修でおりません。

M1 じゃ、16日はどう？

F 忘れてました。部長は16日の午後、東京本社に戻ることになっています。

M1 午前中なら大丈夫だね。

M2 はい、でも、年末商戦の準備を考えると、会議は早いほどいいと思うんです。

M1 それもそうだね。

会議の日程はいつに決まりましたか。

음성 선택지

1 今月の13日です。

2 今月の14日です。

3 今月の15日です。

4 今月の16日です。

해석

회사에서 과장과 사원들이 연말 판촉 경쟁 준비에 대해서 이야기하고 있습니다.

남1 슬슬 연말 판촉 경쟁 준비에 돌입하지 않으면 곤란해서 회의를 열려고 생각하는데. 모두 일정이 어떻게 되나?

여 과장님, 이번 달 12일부터 18일 사이는 어떻습니까?

남1 응, 안 그러면 시간을 못 맞추겠군.

남2 과장님, 부장님도 참석하시는 것이 좋지 않겠습니까?

여 부장님이 오사카에 계시는 것은 13일부터 16일의 4일간의 예정으로 되어 있습니다.

남1 그러면 그 사이라는 말이 될 텐데.

여 분명 14일은 회사의 임원 회의가 잡혀 있었던 것 같아요.

남2 그럼, 부장님은 우리 쪽 회의에는 참석 못하시겠네요.

여 과장님은 어떠세요?

남1 나는 15일 오후에 손님이 오는데, 그 이외에는 괜찮아.

여 저도 그 날은 아침부터 2시까지 신입 사원 연수가 있어서 자리에 없습니다.

남1 그럼, 16일은 어떤가?

여 잊고 있었습니다. 부장님은 16일 오후에 도쿄 본사로 돌아가실 예정입니다.

남1 오전 중에는 괜찮겠지.

남2 네. 하지만 연말 판촉 경쟁 준비를 생각한다면 회의는 빠를수록 좋다고 생각합니다.

남1 그것도 그렇군.

회의의 일정은 언제로 정해졌습니까?

1 이번 달 13일입니다.

2 이번 달 14일입니다.

3 이번 달 15일입니다.

4 이번 달 16일입니다.

서술문 + 대화문 형식(출제 문항 수 2개)

[통합 이해 문제 2]

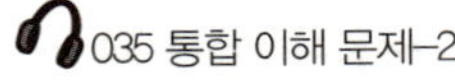

　まず、話を聞いてください。それから、二つの質問を聞いて、それぞれ問題用紙の
1から4の中から、正しい答えを一つ選んでください。

ーメモー

質問1

　　1　黄色　　　　2　紫　　　　3　緑　　　　4　赤

質問2

　　1　黄色　　　　2　紫　　　　3　緑　　　　4　赤

(출처 : 新 일본어 능력시험 가이드북 58p)

 **이렇게 풀어라!**

● 상황 설명 멘트

お店の人がジュースの説明をしています。

1) 문제 용지에 2개의 문제 및 지면 선택지가 나와 있다는 점과 상황 설명 멘트에서 이 문제는 〈서술문+대화문 형식〉의 문제라는 것을 짐작할 수 있다.

2) 또한 상황 설명 멘트를 듣고 이 문제는 주스의 종류 및 특징에 대한 설명과, 2명의 각각의 취향이나 필요성에 따른 주스의 구입이 음성 텍스트에 제시되며, 또한 이것이 질문으로 이어질 것이라고 짐작할 수 있다.

3) 서술문 형식의 텍스트를 들으면서 주스의 종류와 각 종류별 주스의 특징을 정확히 체크하고 메모한다. 단, 각 종류의 주스에 대한 특징을 적을 때는 다음에 나올 대화문 내용을 들으면서 메모할 공간을 남겨두고 메모하도록 한다.

4) 서술문 형식의 텍스트를 들을 때 미리 메모해 놓으면서 확보해 놓은 적당한 공간에 대화문 형식의 텍스트에 나오는 남자와 여자의 각각의 생각을 대화 내용 순서대로 구별하여 메모한다.

메모 및 체크 포인트

※ a.서술문 음성 텍스트의 메모 내용
　 b.대화문 음성 텍스트의 메모 내용

① a. 健康ジュース / 黄色、紫、緑、赤の4種類
　 b. 없음

② a. まず男性サラリマンに人気 / 黄色 / 疲労回復効果
　 b. (남자)僕は最近だるいから / いやあ、僕は美容効果のほうはいいよ。

③ a. 女性にお勧め / 紫 / 美容にいい
　 b. 없음

④ a. 緑 / パソコン / 目の疲れを取る
　 b. (여자)目の疲れ / そっちのほうがいいかな

⑤ a. ちょっと高い / 若い男性 / 黄色に美容効果を加えた赤
　 b. 赤ならお肌もきれいになりそうね(여자의 권유)

풀이 과정

①~⑤의 a단계를 먼저 체크한 후에 ①~⑤의 b단계를 체크하는 순서로 풀이한다.

①의 a단계에서 주스의 종류는 노랑, 보라, 녹색, 빨강의 4종류가 있음을 확인할 수 있다.

②의 a단계에서 노란색 주스는 피로회복에 좋고, 남성 직장인에게 인기.

　　b단계에서 남자는 요즘 나른하다는 이야기가 나온다. 그리고 **남자**는 마지막 대사에서 **미용 효과는 (없어도) 괜찮다**고 한다.

③의 a단계에서 보라색 주스는 미용에 좋고, 여성에게 권할 만하다.

④의 a단계에서 녹색주스는 컴퓨터 등을 사용해 눈이 피로한 사람에게 좋다.

　　b단계에서 **여자**는 눈의 피로 때문에 **그것(녹색 주스)으로 할까?**라고 자신의 생각을 언급한다.

⑤의 a단계에서 빨간색 주스는 조금 비싸지만 노란색 주스에 미용 효과를 더해서 젊은 남성들이 좋아한다.

　　b단계에서 여자가 남자에게 빨간색 주스를 마시면 피부도 깨끗해질 것 같다고 권유하지만 남자의 마지막 대사에서 여자의 권유를 듣지 않는다.

따라서 이 내용은 함정에 해당한다. 이와 같은 문제에서는 이러한 형태의 함정이 곳곳에 있으므로 함정이 되는 내용은 잘 걸러내야 한다.

결과

서술문 텍스트와 대화문 텍스트의 내용을 종합해 보자.

質問1은 ②의 b단계에서 남자는 미용 효과는 필요 없고 요즘 나른하다고 하고 있으므로, 정답은 피로 회복 효과가 있는 선택지 1번 「黄色」이다.

質問2는 ④의 b단계에서 여자는 눈의 피로 때문에 마시므로 가장 효과적인 주스는 녹색 주스이며, 따라서 선택지 3번 「緑」가 정답이다.

음성 본문 텍스트

お店の人がジュースの説明をしています。

M1 えー、こちらをご覧ください。当店ではおいしさだけでなく栄養のバランスを考えた健康ジュースをご用意いたしました。黄色、紫、緑、赤の4 種類。それぞれ効果が異なりますので、皆さまの体調や目的に合わせてお選びいただけます。まず男性サラリーマンの方に人気なのがこの黄色でして、こちらは疲労回復効果があります。えー、次に女性の方にお勧めなのが、この紫で、美容に大変いい要素が豊富に含まれております。緑には、パソコンなどによる目の疲れを取る働きがございます。またちょっと高いんですが、若い男性の方々からは、黄色にさらに美容効果を加えたこの赤が、大変ご好評でございます。

F へえ、よさそう。やっぱりきれいになるっていうのは魅力的ね。

M2 でも、仕事で一日中パソコン使ってるんだよね？

F そうなのよね。目の疲れってのもつらいのよね。そっちのほうがいいかな。

M2 じゃあ、飲んでみたら？僕は最近体がだるいから…。

F 赤ならお肌もきれいになりそうね。ちょっと高めみたいだけど。

M2 いやあ、僕は美容効果の方はいいよ。

음성 질문

質問1 この男の人はどのジュースを飲もうと考えていますか。

質問2 この女の人はどのジュースが最も効果的ですか。

해석

가게 주인이 주스에 대한 설명을 하고 있습니다.

남1 자, 여기를 봐주세요. 우리 가게에서는 맛뿐만 아니라 영양의 균형을 생각한 건강주스를 준비했습니다. 노랑, 보라, 녹색, 빨강의 4 종류. 각각 효과가 다르니, 여러분들의 몸의 상태나 목적에 맞춰서 고를 수 있습니다. 우선 남성 샐러리맨에게 인기인 것이 이 노란색 주스로서, 이쪽은 피로 회복에 효과가 있습니다. 그리고 다음으로 여성분에게 추천할만한 것이 이 보라색 주스로, 미용에 굉장히 좋은 요소가 풍부하게 포함되어 있습니다. 녹색 주스에는 컴퓨터 등에 의한 눈의 피로를 없애주는 작용을 합니다. 또 약간 비싸긴 합니다만, 젊은 남성들에게는 노란색 주스에 미용 효과를 더한 이 빨간색 주스가 대단한 호평을 받고 있습니다.

여 흠, 좋아 보인다. 역시 예뻐진다는 건 매력적이네.

남2 하지만 일 때문에 하루 종일 컴퓨터를 사용하고 있잖아.

여 그렇지. 눈이 피로한 것도 괴로워. 그쪽이 더 좋을까?

남2 그럼, 마셔보는 게 어때? 나는 요즘 몸이 나른하니까…….

여 빨간색 주스라면 피부도 깨끗해질 것 같아. 조금 비싼 것 같지만.

남2 아니, 나는 미용 효과는 됐어.

질문 1 이 남자는 어떤 주스를 마시려고 생각하고 있습니까?

질문 2 이 여자에게는 어떤 주스가 가장 효과적입니까?

 栄養(えいよう) 영양 | 異(こと)なる 다르다, 틀리다 | 疲労(ひろう) 피로 | 好評(こうひょう) 호평, 좋은 평판

1番

問題用紙に何も印刷されていません。まず、話を聞いてください。それから、質問と選択肢を聞いて、１から４の中から、正しい答えを一つ選んでください。

ーメモー

2番

まず、話を聞いてください。それから、二つの質問を聞いて、それぞれ問題用紙の1から4の中から、正しい答えを一つ選んでください。

質問1

1　国家試験のあり方

2　外国人看護士の待遇

3　日本語教育のあり方

4　医療現場の人手不足

質問2

1　少子高齢化と労働力不足問題

2　日本の国際化の遅れ

3　日本の現行研修制度の問題点

4　外国人労働力の有効活用

N1 실전문제 정답 및 해석

PART 02 문법

1. 단문의 문법 1 (159p)

1) ②　2) ②　3) ②　4) ③　5) ①
6) ②　7) ②　8) ②　9) ②　10) ①
11) ③　12) ②　13) ③　14) ④　15) ①
16) ④　17) ③　18) ①　19) ②　20) ①
21) ①　22) ③

2. 단문의 문법 2 (173p)

1) ①　2) ①　3) ④　4) ③　5) ①
6) ①　7) ④　8) ④

3. 텍스트의 문법 (184p)

1) ③　2) ②　3) ②　4) ②　5) ③

PART 04 청해

1. 과제 이해 (365p)

1番 ①, 2番 ③, 3番 ①, 4番 ②

2. 포인트 이해 (382p)

1番 ②, 2番 ④, 3番 ③, 4番 ④

3. 개요 이해 (396p)

1番 ①, 2番 ③, 3番 ④

4. 즉시 응답 (415p)

1番 ③, 2番 ①, 3番 ②, 4番 ③
1番 ①, 2番 ③, 3番 ①, 4番 ②

5. 통합 이해 (431p)

1番 ③
2番 問題 1 - ①, 問題 2 - ②

PART 02 문법

1. 단문의 문법 1 (159~161p)

1) 해외에 놀러<u>가려고 해도</u>, 돈이 없어서 못 놀러간다.

2) 일단 그녀와 노래방에 <u>갔다</u> 하면, 혼자서 몇 곡이나 불러서 마이크를 놓지 않는다.

3) 생물은 지구<u>뿐</u> 아니라, 다른 혹성에도 존재한다고 생각된다.

4) 우리 애는 남에게 폐를 <u>끼치기는 해도</u>, 남의 것을 훔치거나 하지 않는다.

5) 많은 분들로부터의 모금이니까, 100엔<u>이라도</u> 함부로 쓸 수 없다.

6) 한 번 한다고 마음 먹은 것은 아무리 <u>힘들다 해도</u>, 절대로 포기하지 않는다.

7) 누가 뭐라고 <u>해도</u>, 두 사람의 연은 이어질 것이다.

8) 그녀의 활약이 있었기 <u>때문에</u>, 계획이 순조롭게 진행되고 있는 것이다.

9) 경관을 보자<u>마자</u>, 범인은 차의 스피드를 올리며 달아났다.

10) 이 마을에 큰 회사가 들어오니까, 내년에는 인구도 크게 변화될 <u>것</u>이라 생각된다.

11) 벽의 달력이 기울어져 있어서 <u>다시 걸었는데</u>, 오히려 비뚤어져 버렸다.

12) 지구온난화는 이산화탄소가 원인이라고 <u>여겨지고 있다</u>.

13) 그것은 도쿄는 <u>물론이고</u> 일본 전국을 찾아도 발견할 수 없다.

14) 특별한 사정이 <u>없는 한</u>, 좋다고 생각한 물건은 누가 봐도 좋은 물건인 것입니다.

15) 나는 작년까지 일에 빠져서 매일 첫차 시간부터 막차시간 때까지 쭉 일<u>만</u> 했다.

16) 옛날에는 가방에서 옷, 속옷<u>에 이르기</u>까지 전부 핸드 메이드였다.

17) 일단 신용을 <u>잃었다 하면</u>, 회복하는데는 시간이 걸린다.

18) 다음번에야말로 꼭 당신에게 내 요리를 먹게 해서 반드시 맛있다고 <u>말하게 할 것이다</u>.

19) 배려할 생각으로 <u>말한 것이</u>, 도리어 원망을 사고 말았다.

20) 이렇게까지 뻔뻔하고 무례하기 <u>짝이 없는</u> 태도를 취한 가토는 용서받지 못하는 게 당연하다.

21) 현대는 물질적으로 풍요로워졌다. 그래서 물건의 소중함을 알지 못하는 젊은이가 <u>늘어난다 해도 어쩔 수 없다</u>.

22) '초심을 <u>잊어서는 안 된다</u>'라는 말은 나의 '좌우명'의 하나입니다.

2. 단문의 문법 2 (173p)

1) 의사의 ___ ___ ★ ___ 실감이 난다.
   1 심장병이 늘고 있다　　2 말하자면
   3 고 하는　　　　　　　4 입장에서
   (의사의 입장에서 말하자면 심장병이 늘고 있다는 실감이 난다.)

2) 타인의 의견을 ___ ★ ___ ___사업을 진행시켰다.
   1 일없이　　　　　　　2 생각한 대로
   3 혼자　　　　　　　　4 듣다
   (타인의 의견을 듣지 않고 혼자 생각한 대로 혼자 사업을 진행시켰다.)

3) 이제 와서 뛰어 ___ ★ ___ ___ 해 버렸다.
   1 젖어서　　　　　　　2 꽤(많이)
   3 한들(봤자)　　　　　4 이미
   (지금 와서 뛰어봤자 이미 많이 젖어버렸다.)

4) 아침에 만원 전철 안에서 큰 소리로 ___ ___ ★ ___ 젊은 사람이 있다.
   1 ~하기 짝이 없는　　　2 듣고 있는
   3 폐(민폐)　　　　　　　4 음악을
   (아침에 만원 전철 안에서 큰 소리로 음악을 듣는 불쾌하기 짝이 없는 젊은 사람이 있다.)

5) 서랍을 정리하고 있었는데 ___ ___ ★ ___ 앨범을 찾았다.
   1 되었다　　　　　　　2 낡은
   3 투성이가　　　　　　4 먼지
   (서랍을 정리하고 있었더니 먼지 투성이가 된 낡은 앨범이 발견되었다.)

5) 아무리 보도의 자유라고 해도 _____ _____
   _★_ _____ 가만히 있을 수 없다.

　1 기사를　　　　　　　 2 회사의 명예에

　3 쓰여져서는　　　　　 4 관련되는

　(아무리 보도의 자유가 있다고는 해도 회사의 명예에 관
　련된 기사가 쓰여지면 가만 있을 수 없다.)

7) 이유의 _____ _____ _★_ _____ 이니까, 미
　리 양해해 주시기 바랍니다.

　1 돌려드리지 않습니다　 2 불문하고

　3 여하를　　　　　　　 4 한번 납부한 돈은

　(이유의 여하를 불문하고 한번 납부한 돈은 돌려드릴 수
　없으니, 미리 양해해 주시기 바랍니다.)

8) 당장 이 자리에서는 _____ _____ _★_ _____
　습니까?

　1 조금 더 저희 쪽에서　 2 즉답을 드리는

　3 검토하게 해주지 않다　4 불가능하기 때문에

　(당장 이 자리에서는 즉답을 드리기 어려우므로, 저희
　쪽에 조금 더 시간을 들여 검토하게 해 주실 수 있습니
　까?)

3. 텍스트의 문법 문제(184~185p)

　　사회 속에서 여러 가지 개성을 가진 사람들과 생
동감 있게 교섭해 나가는 것은 인간에게 가장 중요
한 세상살이입니다. 오랫동안 사귀어온 친구일수록
그 인격을 뚜렷하게 떠올려 생각할 수 있겠죠. 만나
서 이야기하거나, 행동을 같이 하거나 하는 체험이
기억으로 1) , 자신의 마음 속에서 그 사람의 인격
이 선명하고 뚜렷한 형태를 지니게 되는 것입니다.
이러한 둘도 없는 친구의 이미지는 그 친구에 관한
체험이 뇌 속에서 정리되어감에 따라 만들어지게
됩니다. 우리들 속에 있는 친한 친구의 인상은 단
하나의 에피소드로는 귀착될 수 없는 복잡하고 풍
부한 뉘앙스를 2) .

　　또 하나의 예를 들어보겠습니다. 3)-a 이 뇌 속
에서 정리되어감에 따라 3)-b 가 생겨나고, 이들
이 갈고 닦여가는 것이 우리들의 "언어"입니다. 모
국어를 배울 때, 사전을 찾거나 의미를 다른 사람에
게 직접 묻거나 하는 것은 예외적인 일이겠지요. 우
리들은 매일 접하는 언어의 에피소드를 뇌 속에서
정리혐에 의해 처음에는 흐릿하게, 그리고 점차 뚜
렷하게, 하나 하나의 언어의 의미를 뇌 속에서 완성

해 가는 것입니다. 　4) , 뇌 속의 정리를 통해서
획득되어가는 지식은 처음에는 우리들의 삶에 밀착
된 "생활 지식"으로 나타납니다. "생활 지식"이란
우리들이 이 세상 속에 　5) 내던져져 살아가면
서 획득하는 일인칭의 지식이라고 할 수 있습니다.

1)　1 겹겹이 쌓일 때까지
　　2 겹겹이 쌓인다 해도
　　3 쌓이면 쌓이는 만큼
　　4 겹겹이 쌓일 정도

2)　1 가질 수는 없습니다
　　2 가지고 있을 것입니다
　　3 가지지 않고서는 견딜 수 없습니다
　　4 가지려고 하고 있습니다

3)　1 a 체험 　b 기억　　　 2 a 체험 　b 의미
　　3 a 기억 　b 체험　　　 4 a 의미 　b 체험

4)　1 이에 대해서　　　　　 2 이렇게
　　3 ~임에도 불구하고　　 4 라고 해도

5)　1 ~하나의 인간에 관해서
　　2 ~하나의 인간에게 있어서
　　3 ~하나의 인간으로
　　4 ~하나의 인간에 대해서

1. 과제 이해 문제(365p)

**1番　二人がデパートで買い物をしています。
二人はどのシャツを買いますか。**

　　F：あの縦縞のシャツ、いいと思わない？

　　M：え？どれ？

　　F：あの襟が白いの。

　　M：うん、なかなかいいんじゃない？でも
　　　　、白だと、汚れが目立たない？

　　F：よく言うわね。いつも洗濯してるのは
　　　　私でしょ。白の方が清潔感があってい
　　　　いのよ。

　　M：わかった。ね、ここに一着だと2400円
　　　　、2着だと4000円と書いてあるよ。

　　F：じゃ、2着買った方が得ね。もう一着
　　　　どれにする？

　　M：じゃ、この襟が白いチェックのにする
　　　　よ。

　　F：チェックは太って見えるわよ。ただで
　　　　さえ、最近のあなた、メタボ気味なん
　　　　だから。

　　M：だったら、　襟の色は白じゃないけど
　　　　、これにするよ。

　　F：決まりね。じゃ、お勘定してくる。

二人はどのシャツを買いますか。

두 사람이 백화점에서 쇼핑을 하고 있습니다. 두 사람은 어떤 셔츠를 삽니까?

　　F：저 세로 줄무늬 셔츠 괜찮지 않아?

　　M：응? 어떤 거?

　　F：저기 옷깃이 하얀 거.

　　M：응, 꽤 괜찮은데? 하지만, 흰색은 더러워지면
　　　　눈에 띄지 않아?

　　F：잘도 말하네. 세탁을 하는 건 항상 나잖아. 흰
　　　　색이 청결감이 있어서 좋다고.

　　M：알았어. 그런데, 여기에 한 벌이면 2400엔, 두
　　　　벌이면 4000엔이라고 써 있어.

　　F：그럼, 두 벌 사는 게 이득이네. 다른 한 벌은 어
　　　　떤 걸로 할까?

　　M：그럼, 옷깃이 하얀 이 체크 셔츠로 할래.

　　F：체크는 뚱뚱해 보여. 무늬가 없는 것을 입어도
　　　　요즘 당신, 살찐 것 같으니까.

　　M：그러면 옷깃 색은 흰색은 아니지만, 이걸로 할
　　　　래.

　　F：결정했다. 그럼 계산하고 올게.

두 사람은 어떤 셔츠를 삽니까?

**2番　女の人と男の人が電話で話しています。
男の人は、今日、女の人に何を返します
か。**

　　F：もしもし、木村君？

　　M：あ、島田さん、おはよう。こんなに朝
　　　　早くどうしたの？

　　F：前に貸した本、今日の午前中に返して
　　　　ほしいんだ。午後の授業で必要なの。

　　M：え〜と、何の本だったっけ？

　　F：「臨床心理学概論」って本。

　　M：あ、あれね。わかった。で、どこで会
　　　　う？

　　F：じゃ、お昼休みに学食で待ってる。

　　M：わかった。じゃ、持ってく。

　　F：そうそう、講義のノートも貸していな
　　　　かったっけ。

　　M：そうだったね。いっしょに持っていく
　　　　。それから、この「日本現代史」って
　　　　本も君んだったっけ？

　　F：ううん、それは私のじゃないと思うけ
　　　　ど。あ、思い出した。浜崎あゆみのＣ
　　　　Ｄも貸してたでしょ。あれも返して。

　　M：ごめん。あれは、この前、田中に貸し
　　　　てやったんだ。

　　F：しかたないわね。じゃ、お昼休みに。

男の人は、今日、女の人に何を返しますか。

여자와 남자가 전화로 이야기하고 있습니다. 남자는 오늘
여자에게 무엇을 돌려줍니까?

　　F：여보세요, 기무라 군?

　　M：아, 시마다 씨, 안녕. 이렇게 아침 일찍 무슨
　　　　일이야?

　　F：전에 빌려준 책, 오늘 오전 중에 돌려줬으면

해. 오후 수업에 필요하거든.

M : 저기, 무슨 책이었지?

F : 「임상 심리학 개론」이라는 책.

M : 아, 그거. 알겠어. 그런데, 어디서 만날까?

F : 음, 점심시간에 학생식당에서 기다릴게.

M : 알겠어. 그럼 가져갈게.

F : 아, 맞다. 강의 노트도 빌려주지 않았나?

M : 그랬었어. 같이 가져갈게. 그리고, 이 「일본 현
대사」라는 책도 네 것이었나?

F : 아니, 그건 내 거 아닌 것 같은데. 아, 생각났다.
하마사키 아유미 CD도 빌려줬었지? 그것도 돌
려줘.

M : 미안. 그건 요전에 다나카에게 빌려줬어.

F : 어쩔 수 없지. 그럼, 점심시간에 봐.

남자는 오늘 여자에게 무엇을 돌려줍니까?

3番　男の人と女の人が話しています。男の人
は傘をどうしますか。

F : 今日は台風が接近していると言うし、
傘を持っていった方がいいんじゃない
？

M : でも、この雲行きじゃ、当分大丈夫だ
よ。

F : 帰りに雨に降られたらどうするの。

M : 会社のロッカーに置き傘があったよう
な気がするし、もしなかったら、駅の
売店でビニール傘を買うからいいよ。

F : うちには何本も傘があるのに、無駄遣
いしないでよ。

M : わかった、わかった。大きいのは面倒
だから、折りたたみの傘にするか。

F : あっ、天気予報やってる。東京は曇り
、ただし夜半からは台風接近のため、
大雨に注意だって。

M : だったら、帰るまでは何とかもつだろ
う。

F : じゃ、今日は早めに帰るようにして。

男の人は傘をどうしますか。

남자와 여자가 이야기하고 있습니다. 남자는 우산을 어떻
게 합니까?

F : 오늘은 태풍이 접근하고 있다고 하니까, 우산을
가져가는 게 좋지 않아?

M : 하지만 이런 구름 이동이라면 당분간 괜찮아.

F : 돌아올 때 비 맞으면 어떡할 거야?

M : 회사 로커에 예비 우산이 있었던 것 같고, 만약
없으면 역 매점에서 비닐 우산을 살 거니까 괜찮
아.

F : 집에 우산도 많은데 쓸데없는 낭비 하지 마.

M : 알았어, 알았어. 큰 건 귀찮으니까 접는 우산으
로 할까?

F : 앗, 일기예보 한다. 도쿄는 흐림, 단 밤부터는 태
풍이 접근하니까 큰 비에 주의하라는데.

M : 그렇다면 돌아올 때까지는 어떻게든 버틸 수 있
겠지.

F : 그럼, 오늘은 빨리 돌아오도록 해.

남자는 우산을 어떻게 합니까?

4番　男の人と女の人が話しています。男の人
はどうしますか。

F : 今日の同窓会、夕方の6時からだった
わよね。

M : うん、そうだよ。

F : それが、今朝、田中先生に電話したら
、確か5時からだったと言うの。

M : えっ！先生、5時からだと思っている
の？

F : そうなの。

M : じゃ、僕から学校の方へ連絡しとくよ
。

F : それが先生、京都で学会があって、東
京にいないの。間に合うように、直接
会場に行くって言ってた。

M : 弱ったな。あの先生、携帯持ってない
し。

F : どうしよう。

M : 先生をひとりで待たせるわけにはいか
ないしね。

F : じゃ、お願いできる？

M : わかった。

男の人はどうしますか。

남자와 여자가 이야기하고 있습니다. 남자는 어떻게 합니까?

F : 오늘 동창회 저녁 6시부터였지?

M : 응, 맞아.

F : 그게 말이야, 오늘 아침 다나카 선생님에게 전화했더니 분명히 5시부터였다고 하시던데.

M : 앗! 선생님은 5시까지라고 생각하고 있어?

F : 그렇다니까.

M : 그럼, 내가 학교에 연락해 둘게.

F : 그런데 말이지, 선생님이 교토에서 학회가 있어서 도쿄에 안 계셔. 시간에 맞춰 직접 (동창) 회장으로 간다고 하셨어.

M : 곤란하네. 그 선생님 휴대폰도 없으시잖아.

F : 어쩌지.

M : 선생님 혼자서 기다리시게 할 수는 없고 말이야.

F : 그럼, 부탁해도 될까?

M : 알겠어.

남자는 어떻게 합니까?

2. 포인트 이해 문제(382p)

1番　男の人と女の人が話しています。女の人が競馬を見に行く理由は何ですか。

　M：君って、熱狂的な競馬ファンだって聞いたけど。

　F：うん、大好きよ。

　M：競馬のどこがおもしろいの？馬券が当たると儲かるから？

　F：当たっても当たらなくても関係ない。あの雰囲気が好きなの。応援している馬が走っていると、「行け！行け！」って思わず大声で叫んじゃう。

　M：普段のおとなしい君からは想像もつかないよ。

　F：そう？嫌なことも忘れられるし、ストレス発散にはもってこいよ。今度一緒に行かない？

　M：僕は遠慮しとくよ。

女の人が競馬を見に行く理由は何ですか。

남자와 여자가 이야기하고 있습니다. 여자가 경마를 보러 가는 이유는 무엇입니까?

M : 너, 열광적인 경마 팬이라고 들었는데.

F : 응, 굉장히 좋아해.

M : 경마의 어디가 재미있어? 마권이 당첨되면 돈을 따니까?

F : 당첨되든 안 되든 상관없어. 그 분위기가 좋아. 응원하는 말이 달리고 있으면, "달려! 달려!" 하고 나도 모르게 크게 소리를 지르게 돼.

M : 평소에 얌전한 너의 모습으로는 상상이 안 돼.

F : 그래? 싫은 일도 잊을 수 있고, 스트레스 발산에도 안성맞춤이야. 다음에 같이 가지 않을래?

M : 나는 사양할게.

여자가 경마를 보러 가는 이유는 무엇입니까?

2番　女の人と男の人が話しています。男の人は今の職場のどこに問題を感じていますか。

　F：また転職したんだって？

　M：うん。

　F：どうして辞めたの？

　M：仕事の内容に興味が持てなかったんだ。

　F：その前の仕事はどうしてやめたんだっけ。

　M：会社のやり方が気に入らなくて。

　F：それで、新しい仕事の方はどう？

　M：仕事はおもしろいんだけど、…。

　F：何？給料が安いの？

　M：ううん。待遇もまあまあなんだけど、職場の上司と気が合わなくて。

　F：今度は辛抱した方がいいよ。100％満足できる仕事なんてないんだから。

男の人は今の職場のどこに問題を感じていますか。

여자와 남자가 이야기하고 있습니다. 남자는 현재의 직장의 어디에 문제가 있다고 느끼고 있습니까?

F : 또 이직했다면서?

M : 응.

F : 어째서 그만뒀어?

M : 일의 내용에 흥미를 못 가졌어.

F : 그 전의 직장은 왜 그만뒀었지?

M : 회사의 방식이 맘에 안 들어서.

F : 그래서 새로운 직장은 어때?

M : 일은 재미있는데…….

F : 왜? 월급이 짜?

M : 아니. 대우도 그럭저럭 괜찮은데, 직장 상사랑 마음이 안 맞아.

F : 이번에는 참는 게 좋아. 100% 만족할 수 있는 직업이라는 건 없으니까.

남자는 현재의 직장의 어디에 문제를 느끼고 있습니까?

3番　女の人が朝ご飯を食べない子どもたちのことについて話しています。女の人はどうすることが一番大切だと述べていますか。

F : 最近、朝ご飯を食べないで学校に行く子どもたちが増えています。朝ごはんを食べない第1位の理由は、「お腹が空かないから」でした。調査を進めると、朝ごはんを食べない子どもたちの多くが、夜更かししていることが明らかとなりました。夜更かししていれば、ついつい間食もしてしまいますし、朝寝坊をすることにもなります。これでは、朝、お腹が空くはずがありません。そんな子どもたちには、生活リズムを改善して、「朝ごはんを食べたい」という空腹感を一人ひとりが感じることができるように、ご両親が子どもたちを支援することが大切でしょう。

女の人はどうすることが一番大切だと述べていますか。

여자가 아침밥을 먹지 않는 아이들에 대해서 이야기하고 있습니다. 여자는 어떻게 하는 것이 가장 중요하다고 논하고 있습니까?

F: 요즘 아침밥을 먹지 않고 학교에 가는 아이들이 늘고 있습니다. 아침밥을 먹지 않는 가장 큰 이유는 "배가 고프지 않아서"였습니다. 계속 조사를 해보니 아침밥을 먹지 않는 아이들 대부분이 밤 늦게까지 잠을 자지 않는다는 것이 밝혀졌습니다. 밤 늦게까지 잠을 자지 않으면 결국 야식을 먹게 되어버리고, 아침에 늦잠도 자게 됩니다. 이래서는 아침에 배가 고플 리가 없습니다. 그러한 아이들에게는 생활 리듬을 개선해서 "아침밥을 먹고 싶다"라는 공복감을 한 명 한 명 느낄 수 있도록 부모가 아이들을 지원하는 것이 중요하겠지요.

여자는 어떻게 하는 것이 가장 중요하다고 논하고 있습니까?

4番　男の人がオーストラリアについて話しています。男の人はオーストラリアはどんな社会だと言っていますか。

M : 私は長くオーストラリアに住んでいますが、日本とオーストラリアは、競争のやり方が全然違うんですね。喩えて言えば、日本は「誰もが競争させられる社会」で、オーストラリアは「競争する社会」なんです。言い換えると、日本の企業社会は「同じような年齢・経歴の人間が集められて、ヨーイドンで一斉に競争させられる社会」なんですが、オーストラリアは「出世したい人たちは自発的な意志で猛烈に競争するけれど、その気がない人は誰かと競争しているという気分を抱かずに、のんびりとサラリーマン生活を送ることができる社会」なのです。

男の人はオーストラリアはどのような社会だと言っていますか。

남자가 오스트레일리아(호주)에 대해서 이야기하고 있습니다. 남자는 오스트레일리아(호주)는 어떤 사회라고 말하고 있습니까?

M: 나는 오랫동안 오스트레일리아에 살고 있습니다만, 일본과 오스트레일리아는 경쟁의 방식이 전혀 달라요. 예를 들어 말하자면 일본은 '누구나 경쟁시키는 사회'이고, 오스트레일리아는 '경쟁하는 사회'인 것입니다. 바꿔 말하면, 일본의 기업 사회는 '같은 연령・경력의 사람이 모여서 출발 신호에 일제히 경쟁이 요구되는 사회'입니다만, 오스트레일리아는 '출세하고 싶은 사람들은 자발적인 의지로 맹렬히 경쟁하지만, 그럴 마음이 없는 사람은 누군가와 경쟁하고 있다는 마음

을 품지 않고 여유롭게 샐러리맨 생활을 보낼 수 있는 사회'인 것입니다.

남자는 오스트레일리아는 어떤 사회라고 말하고 있습니까?

3. 개요 이해 문제(396p)

1番　女の人が講演をしています。

F：エネルギー資源の問題には３つあります。一つは、地球人口や消費の増加による資源不足という点です。二つは、天然資源の分布が特定の地域に偏っている点です。三つは、資源を消費する過程で環境に対して有害な廃棄物を生み出す点です。私たち人間は、天然資源物を自然から取り入れ、それを加工して、製品化し、その過程で出る不要なものを排出物として自分たち周りの環境へ捨ててきましたが、地球環境問題に関して問題となっているのは、まさにこの点なのです。廃棄物をゼロにするのは無理だとしても、それを減らすことは、私たちの小さな努力でできるはずなのです。

この女の人が、この講演で訴えたいことは何ですか。

1　資源の浪費を抑え、廃棄物を減らそう
2　地球人口の増加を抑えよう
3　廃棄物を出さない社会を作ろう
4　天然資源を公平に分配しよう

여자가 강연을 하고 있습니다.

F：에너지 자원의 문제에는 세 가지가 있습니다. 첫 번째는 지구 인구나 소비 증가에 의한 자원 부족이라는 점입니다. 두 번째는 천연자원의 분포가 특정 지역에 치우쳐져 있는 점입니다. 세 번째는 자원을 소비하는 과정에서 환경에 유해한 폐기물을 배출한다는 점입니다. 우리들 인간은 천연 자원을 자연에서 거둬들여 그것을 가공하고 제품화하고, 그 과정에서 나오는 불필요한 것을 배출물로서 자신들의 주변 환경에 버려왔습니다만, 지구 환경 문제에 관해 문제가 되고 있는 것은 바로 이 점인 것입니다. 폐기물을 아예 없애는 것은 무리일지라도, 그것을 줄이는 것은 우리들의 작은 노력으로 분명 가능할 것입니다.

이 여자가 이 강연에서 호소하고 싶은 것은 무엇입니까?
1 자원의 낭비를 억제하고 폐기물을 줄이자.
2 지구 인구의 증가를 억제하자.
3 폐기물을 배출하지 않는 사회를 만들자.
4 천연 자원을 공평하게 배분하자.

2番　女の人がデザインについて話しています。

F：デザインというと、とても感性的な世界と思われる方が多いことでしょう。確かに、デザインというのは、色やさまざまな素材を使って、頭の中のイメージを「形」にすることですから、論理化されにくい部分がたくさんあります。しかし、作られたものを詳細に観察してみると、そこには驚くほど緻密な計算が働いていることに気づかされます。つまり、デザインするという感性的な行為の中には、論理的な判断が埋め込まれているんですね。

女の人が一番言いたいことは何ですか。

1　デザインというのは、きわめて感性的な行為である。
2　デザインというのは、きわめて論理的な行為である。
3　デザインというのは、感性と論理の結びついた行為である。
4　デザインというのは、イメージを「形」にする行為である。

여자가 디자인에 대해서 이야기하고 있습니다.

F：디자인이라고 하면 매우 감성적인 세계라고 생각하시는 분이 많을 것입니다. 확실히 디자인이라는 것은 색이나 여러 가지 소재를 사용해 머리 속의 이미지를 '형태'화하는 것이기 때문에 논리화되기 어려운 부분이 많습니다. 그러나 만들어진 것을 자세히 관찰해 보면, 거기에는 놀랄 정도로 치밀한 계산이 작용하고 있다는 것을 알아차리게 됩니다. 즉, 디자인을 한다는 감성적인 행위 안에

는 논리적인 판단이 내포되어 있는 것이죠.

여자가 가장 하고 싶은 말은 무엇입니까?

1 디자인이라는 것은 대단히 감성적인 행위이다.

2 디자인이라는 것은 대단히 논리적인 행위이다.

3 디자인이라는 것은 감성과 논리가 결합된 행위이다.

4 디자인이라는 것은 이미지를 '형태'화하는 행위이다.

3番　歯医者が歯を抜いた後で、患者に説明をしています。

M : しばらく出血が続くと思いますので、綿は３０分ほどかんだままでいてください。できれば、何も食べないでほしいんですが、もし食べる際は、抜いた歯と反対側で食べるようにしてください。それから、痛み止めを出しておきますので、どうしてもがまんできないときは、それを飲んでください。ただし、強い薬なので、がまんするに越したことはないでしょう。なお、もし発熱するようなことがあれば、炎症を起こしている可能性がありますから、ただちにこちらにいらしてください。

患者の対応として、正しいのはどれですか。

1 痛みが出たら、すぐに痛み止めを飲みます。

2 痛みがあまりにもひどいときは、歯医者に行きます。

3 熱が出たら、すぐに熱を下げる薬を飲みます。

4 熱が出たら、すぐ歯医者に行きます。

치과 의사가 이를 뺀 후에 환자에게 설명을 하고 있습니다.

M : 한동안 출혈이 계속될 것이니, 솜은 30분 정도 문 채로 있으세요. 가능하면 아무것도 먹지 마시기를 바랍니다만, 만약 먹게 될 때는 이를 뺀 반대쪽으로 드시도록 하세요. 그리고 진통제를 처방해 드릴 테니 도저히 통증을 참을 수 없을 때는 복용해 주세요. 단, 약효가 세니까 참는 게 가장 좋겠죠. 또한, 만약 열이 나거나 한다면 염증

을 일으키고 있을 가능성이 있으니, 즉시 병원으로 와주세요.

환자의 대응으로 알맞은 것은 어느 것입니까?

1 통증이 있으면 바로 진통제를 먹습니다.

2 통증이 너무 심할 때는 치과 의사에게 갑니다.

3 열이 나면 바로 열을 낮추는 약을 먹습니다.

4 열이 나면 바로 치과 의사에게 갑니다.

4. 즉시 응답 문제(415p)

1番

F : 今朝、電車が止まっちゃって、駅で20分も待たされちゃたわ。

M : 1 それはがっかりだね。

2 どうして遅刻したんだい？

3 また人身事故か何か？

오늘 아침, 전철이 멈춰버려서 역에서 20분이나 기다렸어.

1 그거 안됐네.

2 어째서 지각한 거냐?

3 또 인명사고나 무슨 일이 난 거야?

2番

M : あのう、お宅の犬のことなんですが、夜になると吠えて、うるさくて・・・。

F : 1 ごめんなさい。気がつかなくて。

2 そうですか。では、考えておきます。

3 そんなこと気にしないでください。

저기, 댁의 강아지 말인데요, 밤이 되면 짖어서 시끄러워서요…….

1 죄송합니다. 신경 쓰지 못해서.

2 그렇습니까? 그럼, 생각해 두겠습니다.

3 그런 것은 신경 쓰지 마세요.

3番

M : キムさん、20日に予定していた忘年会のことなんだけど。

F : 1 昨年の忘年会は楽しかったわね。

2 ええ、何か変更があったの？

３　まだ、今からでも間に合うわよ。

김 선생, 20일에 예정되어 있던 송년회 말인데.
1 작년 송년회는 즐거웠었지.
2 응, 무슨 변경 있어?
3 아직이야, 지금이라도 시간에 댈 수 있을 거야.

4番

M：お宅の会社、今年の冬のボーナス、どうでした。
F：1　ボーナスが出たら、両親を温泉にでも連れて行ってやりたいですね。
　　2　こんなに不況が厳しいと、ボーナスが下がるところが多いでしょうね。
　　3　ボーナスどころじゃありませんよ。会社が倒産の瀬戸際なんです。

댁의 회사, 올해 겨울 보너스는 어땠어요?
1 보너스가 나오면 부모님을 온천에라도 모셔가고 싶어요.
2 이렇게 불황이 심하면 보너스가 내려가는 일이 많겠지요.
3 보너스 운운할 상황이 아니에요. 회사가 도산의 위기에 처해 있다고요.

5番

M：弁論大会もいよいよ終盤、もう少しで君の出番だよ。落ち着いてね。
F：1　うん、でも、どきどきよ。
　　2　うん、でも、ふらふらよ。
　　3　うん、でも、まごまごよ。

웅변대회도 드디어 종반부야, 조금 더 있으면 네 차례야. 긴장하지 마.
1 응, 하지만 두근두근거려.
2 응, 하지만 다리가 후들거려.
3 응, 하지만 허둥대게 돼.

6番

F：あ～あ、不合格だった。もっと勉強しておけばよかったなぁ。
M：1そうだね。石の上にも三年と言うから。

　　2　「備えあれば憂いなし」って言うじゃないか。
　　3　今さら後悔しても、後の祭りだよ。

아아, 불합격이야. 좀더 공부해 뒀으면 좋았을 걸.
1 그렇네. 돌 위에서도 3년이라고 하니까. (그렇네. 인내가 중요하다고 말하니까.)
2 '유비무환' 이라고 하잖아.
3 지금 와서 후회해도 소 잃고 외양간 고치는 격이야.

7番

F：今年は不景気だから、初詣客が例年よりも20％ほど多かったんですって。
M：1　「苦しいときの神頼み」ってわけだね。
　　2　「神も仏もない」ってことだね。
　　3　「捨てる神あれば、拾う神あり」だね。

올해는 불경기 때문에, 새해 첫 참배객이 예년보다도 20% 정도 많았대요.
1 "괴로울 때 신에게 부탁함(급하면 관세음보살)" 인 셈이네.
2 "하느님도 부처님도 없다(세상의 무정함을 한탄)" 라는 거네.
3 "버리는 신 있으면 줍는 신도 있다(한편에서 버림을 받아도 한편에서는 도움을 받는 일도 있다)"네.

8番

F：今度の日曜日は「母の日」だけど、お母さんに何を贈る？カーネーションにする？
M：1　カーネーションの花言葉は、「母の愛情」なんだって。
　　2　カーネーションって、ちょっとありふれていない？
　　3　どうして「母の日」にカーネーションを贈るんだい？

이번 일요일은 "어머니의 날"인데, 어머니에게 뭘 드릴까? 카네이션으로 할까?
1 카네이션의 꽃말은 "어머니의 애정"이래.
2 카네이션은 조금 흔하지 않아?
3 어째서 "어머니의 날"에 카네이션을 드리는 거야?

1番　サッカーの試合後のインタビューです。

　F：監督、今回の試合の勝因は何だとお考
　　　えですか。やはりいい選手がチームに
　　　加わったからでしょうか。

　M1：いや、それよりも一人一人がですね、
　　　　自分の仕事をしっかりやってくれたか
　　　　らだと思います。

　F：相手のチームが弱かったということは
　　　ないでしょうか。

　M1：いや、それはありません。ただ、相手
　　　　チームの主力選手が故障で出場できな
　　　　かったことが有利に働いたということ
　　　　はあるでしょう。

　F：この試合の勝利の最大の功労者は、前
　　　半でゴールを決めた田中選手ですが、
　　　田中選手は勝因についてどうお考えで
　　　すか。

　M2：やはり国民の皆さんの応援の力が大き
　　　　かったですね。

　F：ホームでの試合というところが有利に
　　　働いたということですか。

　M2：いや、ホームだろうと、アウェーだろ
　　　　うと同じです。しかし、一番の勝因を
　　　　挙げろと言えば、チームが心を一つに
　　　　したことでしょう。

　F：監督も同じ考えですか。

　M1：そうですね。一人一人が目立ったプレ
　　　　ーをすることよりも、みんなで守り、
　　　　みんなで攻めるという試合ができたこ
　　　　とがいい結果を生んだと思います。

　F：次の試合、オランダ戦ですが、がんば
　　　ってください。

**チームの監督はどうして優勝できたと言って
ますか。**

1 いい選手がチームに入ったから
2 選手の一人一人がすばらしいプレーをし
　たから
3 チームが一つになってがんばったから
4 国民の強い声援があったから

축구 시합 후의 인터뷰입니다.

F : 감독님, 이번 시합에 승리한 이유는 뭐라고 생각
　　하십니까? 역시 훌륭한 선수가 팀에 합류해서일
　　까요?

M1 : 아니요, 그것보다 개개인이 자신의 임무를 잘
　　　수행해주어서라고 생각합니다.

F : 상대팀이 약했던 것은 아닐까요?

M1 : 아니요, 그렇지 않습니다. 단, 상대팀의 주력선
　　　수가 부상으로 출장을 못했던 것이 유리하게 작
　　　용한 것은 있겠지요.

F : 이 시합의 승리의 최대 공로자는 전반전에서 골
　　을 넣은 다나카 선수입니다만, 다나카 선수는 승
　　리한 이유에 대해서 어떻게 생각하십니까?

M2 : 역시 국민 여러분의 응원의 힘이 컸네요.

F : 홈 경기라는 점이 유리하게 작용했다는 말인가
　　요?

M2 : 아니요, 홈 경기든 원정 경기든 똑같습니다. 그
　　　러나 가장 큰 승리의 이유를 말하라면 팀이 마
　　　음을 하나로 한 것이겠지요.

F : 감독님도 같은 생각이십니까?

M1 : 그렇습니다. 개개인이 눈에 띄는 플레이를 하는
　　　것보다도, 함께 지키고, 함께 공격하는 시합을
　　　할 수 있었던 것이 좋은 결과를 낳은 것 같습니
　　　다.

F : 다음 시합은 네덜란드 전입니다만, 열심히 해주
　　세요.

팀의 감독은 어떻게 승리할 수 있었다고 말하고 있습니까?
1 좋은 선수가 팀에 들어왔기 때문에
2 선수 개개인이 훌륭한 플레이를 했기 때문에
3 팀이 하나가 되어 열심히 했기 때문에
4 국민의 강한 성원이 있었기 때문에

**2番　テレビでアナウンサーが、外国人看護士
　　　　問題について話しています。**

F1：日本の病院で研修中のインドネシアとフ
　　　ィリピンの看護師が、初めて日本の国家
　　　試験に合格しました。しかし、受験者254
　　　人に対し合格者はわずか３人で、日本人
　　　の合格率が９割近いことを考えれば低す
　　　ぎます。問題は日本語の壁です。彼女た

ちは日本の病院で働きながら勉強していますが、三年のうちに国家試験に合格できないと帰国しなければなりません。しかし、国家試験はすべて日本語で、難しい漢字の専門語が数多く登場します。
非漢字圏の彼女たちが、それらをわずか三年でマスターするのは不可能に近い話です。もし政府が本気で外国人看護師の受け入れを考えているのなら、今後は、英語や母国語での受験を認めるなど、試験のあり方を再検討すべきではないでしょうか。

M：ねえねえ、この漢字読める？

F2：何、これ。どちらも見たこともない漢字だわ。

M：床ずれを意味する語で、「褥瘡（じょくそう）」と読むらしい。こんな専門語がたくさん看護士の国家試験には出るんだって。

F2：え〜っ！こんな試験をインドネシアとフィリピンの看護師さんが受けるの？

M：だそうだ。受かりっこない試験を受けさせて、帰国させてしまおうって考えかな？

F2：これじゃ、人手不足で悩む病院が、看護師の資格をもった外国人労働者を、安くこき使うための制度としか思えないじゃない。

M：そうなんだ。この分野もそうだけど、なんとか対策をうたないと、外国の優秀な人材に「日本に来てくれ」と言っても、そっぽを向かれちゃうよ。

F2：国際化が叫ばれているけど、日本ってまだまだね。

質問1　アナウンサーは、外国人看護士受け入れ制度のどこに問題があると述べていますか。

1　国家試験のあり方
2　外国人看護士の待遇
3　日本語教育のあり方
4　医療現場の人手不足

質問2　会話をしている男女が、一番問題とし

ているのはどんな点ですか。

1　少子高齢化と労働力不足問題
2　日本の国際化の遅れ
3　日本の現行研修制度の問題点
4　外国人労働力の有効活用

TV에서 아나운서가 외국인 간호사 문제에 대해 이야기하고 있습니다.

F1 : 일본의 병원에서 연수중인 인도네시아와 필리핀 간호사가 처음으로 일본의 국가 시험에 합격했습니다. 그러나 수험자 254명 중 합격자는 불과 3명으로, 일본인의 합격률이 90%에 가까운 것을 생각하면 너무 낮습니다. 문제는 일본어라는 벽입니다. 그녀들은 일본의 병원에서 일하면서 공부하고 있습니다만, 3년 안에 국가 시험에 합격하지 못하면 귀국해야만 합니다. 그러나 국가시험은 모두 일본어로, 어려운 한자 전문용어가 무수히 등장합니다.

비 한자권인 그녀들이 그것을 불과 3년만에 마스터 하는 것은 불가능에 가까운 이야기입니다. 만일 정부가 정말로 외국인 간호사의 수용을 생각하고 있다면, 앞으로는 영어나 모국어 시험을 인정하는 등 시험의 방식을 재검토해야만 하지 않을까요?

M : 저기, 이 한자 읽을 줄 알아?

F2 : 뭐야, 이거? 어느 쪽도 본 적 없는 한자인 걸.

M : 욕창을 의미하는 말로, 褥瘡(じょくそう)라고 읽는 것 같아. 이런 전문용어가 간호사 국가시험에 많이 나온대.

F2 : 헉〜! 이런 시험을 인도네시아와 필리핀 간호사들이 본다고?

M : 그렇대. 합격할 리 없는 시험을 치르게 해서, 귀국시켜 버리려는 생각인 걸까?

F2 : 이러면 일손 부족으로 고민하는 병원이 간호사의 자격을 가진 외국인 노동자를 싸게 혹사시키기 위한 제도라고 생각할 수밖에 없잖아.

M : 맞는 말이야. 이 분야도 그렇지만, 어떻게든 대책을 세우지 않으면 외국의 우수한 인재들에게 "일본으로 오세요"라고 말해도 외면해 버릴 거야.

F2 : 국제화를 부르짖고 있지만, 일본은 아직 멀었네.

질문 1 아나운서는 외국인 간호사 제도의 어디에 문제가
　　　　있다고 말하고 있습니까?
1 국가시험의 현재 상황
2 외국인 간호사의 대우
3 일본어 교육의 현재 상황
4 의료 현장의 일손 부족

질문 2 대화를 하고 있는 남녀가 가장 문제라고 하는 것은
　　　　어떤 점입니까?
1 저출산 고령화와 노동력 부족 문제
2 일본의 국제화의 뒤처짐
3 일본의 현행 연수 제도의 문제점
4 외국인 노동력의 유효 활용

모의테스트 1회

N1

言語知識（文字・語彙・文法）・読解

（60+60点　110分）

問題1　________の言葉の読み方として最もよいものを、1・2・3・4から一つ選びなさい。

1 今年こそはぜひとも優勝してみせると、彼は<u>意気込んで</u>いた。
　　1　いけこんで　　　2　いきこんで　　　3　いけごんで　　　4　いきごんで

2 彼のオリンピックにおける<u>華々しい</u>活躍は、今も我々の記憶に新しい。
　　1　なれなれしい　　2　わかわかしい　　3　はなばなしい　　4　かがしい

3 明々と照明されたパーティー会場は、昼を<u>欺く</u>ほどの明るさだった。
　　1　そむく　　　　　2　あざむく　　　　3　まねく　　　　　4　かがやく

4 子供はのびのびと育てるべきで、あまり<u>干渉</u>するべきではない。
　　1　かんしょう　　　2　がんじょう　　　3　かくちょう　　　4　かいにゅう

5 日本人は、一般的に言って、<u>婉曲</u>な言い回しを好む。
　　1　おんきょく　　　2　かんきょく　　　3　えんきょく　　　4　わんきょく

6 最近、ボーリングの人気は、すっかり<u>下火</u>になった。
　　1　げか　　　　　　2　かび　　　　　　3　したび　　　　　4　もとび

問題2　（　　　）に入れるのに最もよいものを、1・2・3・4から一つ選びなさい。

7 黒い雲が（　　　　）として現れたと思いきや、激しい雨が降り出した。
　　1　突然　　　　　　2　突発　　　　　　3　突如　　　　　　4　突出

8 好きなら好きと、率直に彼女に（　　　　）どうですか。
　　1　うちこんだら　　2　うちあけたら　　3　うけついだら　　4　うけとめたら

9 彼は上京してから、新聞配達を（　　　　）に、職を転々と変えた。
　　1　ふりかえ　　　　2　ふりだし　　　　3　ふりむき　　　　4　ふりきり

10 面倒な仕事は（　　　）回しにして、まず簡単な仕事から片づけよう。

1　下　　　　　　　2　次　　　　　　　3　先　　　　　　　4　後

11 いろいろご（　　　　　）にあずかり、心からお礼申し上げます。

1　光臨　　　　　　2　厚情　　　　　　3　賢察　　　　　　4　清栄

12 彼女は180満点中175点という（　　　　）のない成績だった。

1　申し分　　　　　2　申し込み　　　　3　申し訳　　　　　4　申し出

13 港に面した夜の山下公園は、（　　　　）な雰囲気が漂っていた。

1　ムード　　　　　2　エレガント　　　3　ロマンチック　　4　タイムリー

問題3　＿＿＿＿＿＿の言葉に意味が最も近いものを、1・2・3・4から一つ選びなさい。

14 彼女を食事に誘ったが、そっけなく断られた。

1　率直に　　　　　2　謙虚に　　　　　3　曖昧に　　　　4　冷淡に

15 あ、しまった。肝心なことを言うのを忘れていた。

1　たいせつ　　　　2　だいたん　　　　3　ふかけつ　　　　4　てごろ

16 そんなお土産、観光地ならどこでも売っているもので、珍しくない品だよ。

1　にかよった　　　2　はやった　　　　3　ありふれた　　　4　みなれた

17 出血がひどいから、至急治療をしないと、命にかかわる。

1　手本　　　　　　2　手当て　　　　　3　手数　　　　　　4　手順

18 明日のことを相談したいから、会議室に集まってくれ。

1　心がけたい　　　　　　　　　　　2　打ち合わせたい

3　取り扱いたい　　　　　　　　　　4　手回ししたい

19 同じ意味の語でも、和語を使うか漢語を使うかで、微妙な語感の違いが生じる。

1　タイミング　　　2　コントラスト　　3　メッセージ　　　4　ニュアンス

問題4 次の言葉の使い方として最もよいものを、1・2・3・4から一つ選びなさい。

20 テンポ

1 テンポに従って行動してください。

2 危ないですから、あまりテンポを出さないでください。

3 今から走りますから、テンポを計ってください。

4 あの教授の授業は、テンポが速すぎてついていけない。

21 思いがけない

1 彼が会社を辞めた理由が、私には思いがけません。

2 いろいろ方法を考えたが、何も思いがけなかった。

3 あんなところで彼女と再会するとは、全く思いがけないことでした。

4 彼女の名前がどうしても思いがけません。

22 あざやか

1 朝の公園を散歩していると、気分があざやかになる。

2 プロ・スキーヤーだけあって、実にあざやかな滑り方だ。

3 山肌からあざやかな水が湧きだしていた。

4 そこには、あざやかな瀬戸の海が広がっていた。

23 さける

1 できることなら、面倒なことはさけたい。

2 車が向こうから突進してきたので、私は思わず身をさけた。

3 日本サッカー・チームは一点リードしたまま、さけきった。

4 犯人は人混みにさけて見えなくなった。

24 ぐあい

1　今日の彼女はぐあいが悪くて、朝からぷりぷり怒っている。

2　最近、どうも体のぐあいがよくない。

3　この問題を解決するいいぐあいがないかなぁ。

4　この店はとてもぐあいがよくて、いつ行っても満席だ。

25 おおげさ

1　私は、決しておおげさして言っているのではありません。

2　大したけがでもないのに、おおげさに騒いでいる。

3　今夜は無礼講でおおげさに飲もうじゃないか。

4　パーティーだからといって、そんなおおげさな服装をすることはないよ。

　　　　　　に入れるのに最もよいものを、1・2・3・4から一つ選びなさい。

26 これ＿＿＿＿＿＿、本日の結婚披露宴はお開きにさせていただきます。

　　1　にとって　　　　2　によって　　　　3　をもって　　　　4　におうじて

27 両親の離婚＿＿＿＿＿＿、その少女は非行の道に走るようになった。

　　1　をかわきりに　　2　をきっかけに　　3　いかんで　　　　4　にあって

28 日ごろ使い＿＿＿＿＿＿パソコンを使うと、作業に時間がかかってしようがない。

　　1　きれない　　　　2　つけない　　　　3　ぬけない　　　　4　こなせない

29 人を羨めば羨む＿＿＿＿＿＿、自分が惨めになるものだよ。

　　1　だけに　　　　　2　だけで　　　　　3　だけ　　　　　　4　だけあって

30 若い＿＿＿＿＿＿勇み足になることもあろうが、大目に見てやろうじゃないか。

　　1　だけに　　　　　2　だけあって　　　3　からには　　　　4　からこそ

31 武力で自国の「正義」を押しつけるようなやり方が、覇権主義でなくて＿＿＿＿＿＿。

　　1　どうだろう　　　　　　　　　　2　なんだろう
　　3　しかるべきだ　　　　　　　　　4　かなわない

32 京子だけがいつも会社の男たちにちやほやされて、憎たらしい＿＿＿＿＿＿。

　　1　ということだ　　　　　　　　　2　というものだ
　　3　といったらありゃしない　　　　4　といったところだ

33 家族旅行といっても、わが家では近くの温泉に一泊二日で行くのがやっと＿＿＿。

　　1　ということだ　　　　　　　　　2　というものだ
　　3　といったらありゃしない　　　　4　といったところだ

34 このチャンスを逃したら＿＿＿＿＿＿。二度と君にチャンスはめぐってこないよ。

　　1　それまでだ　　2　までのことだ　　3　それだけだ　　4　までもない

35 彼は自分こそ社長の後継者として適任だと公言して＿＿＿＿＿＿＿。

  1　おかない　　　　2　ならない　　　　3　たまらない　　　4　はばからない

問題6 次の文の＿＿★＿＿に入る最もよいものを、1・2・3・4から一つ選びなさい。

36 幼なじみから電話があったが＿＿＿＿　＿＿＿＿　＿＿★＿＿　＿＿＿＿限りだ。

  1　元気で　　　　　2　そうで　　　　　3　暮らしている　　4　うれしい

37 私が＿＿＿＿　＿＿＿＿　＿＿★＿＿　＿＿＿＿のではあるまいか。

  1　中国を訪れた回数は　　　　　　　2　こえている

  3　これまでに　　　　　　　　　　　4　すでに50回を

38 今すぐにと言われても無理だが、もし＿＿＿＿　＿＿＿＿　＿＿★＿＿　＿＿＿＿ものでもない。

  1　その依頼に　　　2　もらえるなら　　3　時間が　　　　4　協力できない

39 舞台役者でも＿＿＿＿　＿＿＿＿　＿＿★＿＿　＿＿＿＿いられるものですか。

  1　ニコニコ笑って　　　　　　　　2　馬鹿にされて

  3　こんなに　　　　　　　　　　　4　あるまいし

40 ご飯の炊き方すら＿＿＿＿　＿＿＿＿　＿＿★＿＿　＿＿＿＿決まってるじゃないか。

  1　無理に　　　　　　　　　　　　2　知らない人に

  3　こんな難しい料理を　　　　　　4　作ってみろなんて

問題7　次の文章を読んで、　 41 　から　 45 　の中に入る最もよいものを、
　　　　1・2・3・4から一つ選びなさい。

　さまざまな表現や新しい用法が生み出されていく。　 41 　、「パソコンを立ち上げる」という動詞は、パソコンの普及　 42 　、ここ十年くらいのあいだに使用頻度が上がり、辞書にも載るようになった。しかし、考えてみれば、人間がパソコンのスイッチを入れるのだから、厳密に表そうとすれば「パソコンを立ち上がらせる」となるのだろうが、長ったらしいためか、この言い方を聞くことはまずない。「たち」にも「あげる」にも、もともとの動詞の意味はほとんど残っているとは感じられない　 43 　、今日も日本のあちこちで使われていることだろう。

　こうして日々生み出されていく新しい表現に、われわれはどう対処すべきなのか。どこまでを是とし、どこからを非とするのか。現在の国語の規範は尊重されるべきだ。　 44 　それが　　「本来の」用法であるかどうかは日本語の歴史の中での実態を　 45 　し、軽々しく判断はできない。また現在の規範を過去に当てはめることに対しても、慎重であるべきなのだ。

41

1 いわば
2 つまり
3 かえって
4 たとえば

42

1 に当たって
2 に伴って
3 に関して
4 に基づいて

43

1 にかかわらず
2 にもかかわらず
3 からといって
4 ばかりに

44

1 したがって
2 そのため
3 しかし
4 もしくは

45

1 調査せずにはいられない
2 調査するわけにはいかない
3 調査しなければならない
4 調査するまでもない

問題8　次の文章を読んで、後の問いに対する答えとして最もよいものを、１・２・
　　　　３・４から一つ選びなさい。

異なる言語を話す２つ以上の集団が接触するとき、それまで存在しなかった新しい言語が話し始められることがある。それを「ピジン」と呼ぶ。日本人が口にしそうな奇妙な英語「ユー・カム・ヒアー・ツモロー・オーケー・ネ」とか「ミー・ノー・グッド・ツデー・ヨ」などもピジンの一例と言える。さて、このピジンがある集団の母語となることがある。多言語社会で相互理解のために共通語として使用されるようになったピジンが、その便利さ故に次の世代に母語として引き継がれるケースである。そのとき、それをクレオールと呼んでいる。

46　クレオールの説明として、正しいのはどれか。
　1　言語接触から生まれた言葉のこと。
　2　多言語社会における共通語のこと。
　3　共通語として使われるピジンのこと。
　4　ある集団の母語となったピジンのこと。

いかに子供の自主性を育てるかという観点から、子供を取り巻く環境を見たとき、多少パターン化した言い方になりますが、受験勉強を中心として、この条件を作り出している環境は、知識面に限定した管理された環境であり、「個性や興味」を尊重する体裁を整えながら、実際は引かれた軌跡をトレースしているに過ぎません。一人で準備し計画しやり遂げるという機会が少なく、社会的な関わりからも遠ざけられた温室的なものになっているわけで、ここから子供の自主性が育つはずもないのです。

47　この文章は、次のどのテーマについて書かれた文章の一部か。
　1　現代の子供を取り巻く環境
　2　いかに子供の自主性を育てるか
　3　知識偏重の受験勉強の弊害
　4　個性や趣味をいかに生かすか

2009年7月13日、脳死を人の死とすることを前提に臓器提供の年齢制限を撤廃する改正臓器移植法が成立した。1997年に成立した臓器移植法では、15歳未満からの臓器移植は禁止だったのだが、法律改定により、その道が開かれることとなった。脳死の定義とは、「脳幹を含む全脳機能の停止」であり、「大脳皮質のみの死」である植物状態とは異なった状態のことをいう。改正臓器移植法によって、今までアメリカに頼ることしかできなかった小児への臓器移植が可能になり、喜ぶ声が多い中、その反面、さまざまな問題が浮上している。

48 この文章に続くのは、どのような内容の文か。

1 臓器移植の問題点
2 臓器移植の社会的背景
3 臓器移植の難しさ
4 臓器移植に対する反対論

私は初めて特別養護老人ホームでボランティアを経験しました。私が80歳を過ぎたご老人の食事の手助けをしてあげようと、「おばあちゃん。あ～んと口を開けて」とスプーンでスープを山田さんの口の所に運んであげました。すると、職員が私を止めて、「山田さん。あなたは自分で食べられるでしょ」と、スプーンを山田さんの手に持たせました。私は疑問に思って、「どうして手伝ってあげてはいけないんですか」と尋ねました。すると、その職員は「寝たきりや痴呆症の高齢者でも自分のことは自分でやりたいという気持ちを持っているし、そんな意志があってはじめて生きていると言えるんじゃない。それを助けるのが介護だと思うの」と答えてくれました。<u>私はその言葉を聞いて、目から鱗が落ちる思いでした。</u>

49 <u>「私はその言葉を聞いて、目から鱗が落ちる思いでした」</u>とあるが、それはなぜか。

1 介護というのは、高齢者に自分のことを自分でさせることだと知ったから。
2 介護というのは、想像していたよりも大変な仕事だとわかったから。
3 介護について間違った考えを持っていたことに気づかされたから。
4 介護というのは、高齢者の気持ちになって手助けすることと知ったから。

問題9　　　次の文章を読んで、後の問いに対する答えとして、最もよいものを１、２、
　　　　　３、４から一つ選びなさい。

　「建前が嫌い」という方は「その裏側にあるドス黒いもの」を嫌っているのだと
思います。でも、人間、誰にでもドス黒い部分はあります。ない人は人間ではあり
ません。そのドス黒い部分を表に出さない人間にキレイごとばかり言っている、偽
善者だと責める人たちもいます。1）しかし、行き過ぎて全部を否定するのはどう
かなと思います。というのも、自分の本音をストレートに正直に出すのが必ずしも
いいとは限らないからです。「嫌いだ」「憎い」とか言われて、気持ちいい人間は
あまりいません。たとえ本当のことだとしても、「貴方は間違っている」と正面切
って批判されて、嬉しいという人間もあまりいません。むしろ、相手を傷つけたり
、関係が悪くならないように、言いたいことをオブラートに包むように会話をする
ことで、社会生活がうまくいくことの方が多いと思います。これは　人と人が社会
生活を送る上での知恵と言ってもいいものですし、日本だけでなく他の国にも多く
見られるコミュニケーションの一つです。ですから、相手が建前で話していると思
っても、2）とりあえず「言葉どおりに受け取って、裏側はないことにしておく」
ことです。そうすれば楽しく過ごせますし、恩恵も自分のものになります。

　もちろん、建前だけでやっていたら、いつまでも建前だけの仲です。腹を割って
話さないと本当の交流はできません。ただ、相手の感情にも配慮した上でという、
本音と建前のバランス感覚が求められるのではないかと思います。

（注１）　　ドス黒い：色が濁ったように黒い

（注２）　　キレイごと：表面だけを立派にとりつくろうこと

（注３）　　ストレート：直接的であること

（注４）　　オブラートに包む：相手を刺激しないため、直接的な表現を避け、遠回しな言い方をする

（注５）　　バランス感覚：平衡感覚、釣り合いが取れて偏りのないこと

50 1）「しかし、行き過ぎて全部を否定するのはどうかなと思います」とあるが、それはどうしてか。

1　人は誰でも建前と本音という両面を持っているから。
2　本音だけでは、社会生活がうまくいかないことがあるから。
3　建前は少ない方がいいが、多すぎても困るものだから。
4　建前ばかりの話では、本当の心の交流はできないから。

51 2）「とりあえず『言葉どおりに受け取って、裏側はないことにしておく』ことです」とあるが、その説明として正しいのはどれか。

1　相手の建前の話に対しては、嘘がないかどうか確かめた方がいい。
2　建前の話だからといって、必ずしも裏があるとは限らない。
3　建前の話だとわかっていても、裏があるかどうか、詮索しないでおこう。
4　建前の話というのも、社会生活では必要なことがあると知っておこう。

52 筆者の考えと合っているのはどれか。
1　本音を表に出さない人間は偽善者が多い。
2　できるだけ本音で生きることが望ましい。
3　本音と建前を使い分けるのは日本文化の特徴である。
4　本音も建前も、どちらも社会生活には欠かせない。

　環境破壊や戦争といった大きな問題は、日々の暮らしの中で多くの現代人が感じる生きづらさと、1）根っこの部分でつながっている。その根っことは、効率性や生産性などを最優先にして、そのためには生態系や家庭を犠牲にしても仕方がないとするようなファスト(速い)な社会のあり方にある。

　なぜファストかといえば、より速く、より多く作って売るものが勝つという競争原理に基づいているからだ。同じゴールに向かって競い合うのが競争。いつのまにか、われわれ現代人は競争原理こそ社会の基本原理だと思いこんでしまっている。2）競争がないと、人は怠けるようになり、社会は発展をやめて停滞してしまうというわけだ。

　でも、本当にそうだろうか。社会とはそもそも同質の人々が、同じ目的に向かって競争的に生きる場所ではないはずだ。第一、どうして一人一人のゴールが違っていてはいけないのだろう。（　　　　　ア　　　　　）。一時的には競争が人に刺激や力を与えることもあるだろう。しかし、社会には地域社会とか、家庭とか、友人関係とか、本来は相互扶助の場所、競争になじまない場所もある。にもかかわらず、生産性や効率性をめぐる競争が、こうした相互扶助の場の中にまで入りこむ。そんな社会は生きづらい。また、そんな社会が長続きするとは思えない。

（辻　信一「がんばっている人」より）

（注１）　　根っこ：その結果を導いた原因・理由

（注２）　　ゴール：最終的な目標点

（注３）　　そもそも：最初から

（注４）　　なじまない：適当ではない、調和しない

53 1）「<u>根っこの部分でつながっている</u>」とあるが、どこでつながっているのか。

1　経済成長
2　競争原理
3　社会発展
4　相互扶助

54 2）「<u>競争がないと、人は怠けるようになり、社会は発展をやめて停滞してしまう</u>」

とあるが、筆者はこのような考え方をどう思っているか。

1　競争原理を社会原理にすることに反対はしないが、競争が生み出すひずみを解
　決しなければ、生きづらい社会になる。
2　社会には競争に向かない場所もあり、ゆきすぎた競争が地球や相互扶助によっ
　て成り立っている社会を蝕んでいる事実に、私たちは気づくべきである。
3　生産性や効率性をめぐる競争が社会を発展させてきたのであり、それを否定す
　る意見を認めるわけにはいかない。
4　競争原理に立った価値観を全面的に改め、競争から相互扶助へ、経済優先から
　自然との共生へと、今の社会を変える必要がある。

55 （　ア　）に入る文として、最も適当なのはどれか。
1　僕は競争を一概に否定するつもりはない。
2　僕は競争は少なければ少ないほどいいと考えている。
3　僕は競争を否定した社会に進歩はないと考えている。
4　僕は競争は社会の格差を生むに違いないと考えている。

　　1）インターネット上の検索は、能動的にキーワードからサイトを探しているように見えるが、実は基本的に受け身的な作業である。検索結果のリストからリンクを次々とチェックしていくのは、退屈しのぎにテレビのチャンネルを替えているのとあまり変わらない。そして、目的のサイトに行きあたるかどうかは、絞り込みの技術と検索エンジンの性能任せである。このような情報の受動化がもたらす教育への明らかな弊害は、考えなくなるということである。何か疑問が生じたときに、考える前にインターネット上で検索してはいないだろうか。必要とする情報が載っているサイトにうまくヒットしたら、「ラッキー！」と叫びたくなるだろうが、その時すでに考えることを放棄しているのだ。

　インターネットを通してさまざまな知識を手軽に手に入れることができるが、情報の入手が手軽であればあるほど、その価値は減少する。知識そのものよりも、時間をかけて理解に努め、教師や友人と議論し、あるいは疑う過程の方がよほど大切である。得難い知識であればあるほど、その価値を大切にし、育て、発展させていく余裕も生まれる。表面的な知識をどんなに渉猟したところで、深い理解に到達できるとは限らない。知識の宝庫であるはずのインターネットが、その手軽さ故に知識の価値を下げてしまっているとしたら、残念なことである。インターネットは、打ち出の小槌でもなければ、ドラえもんの「四次元ポケット」でもない。あえて言えば、インターネットは大衆化された「情報のるつぼ」にすぎない。

（酒井邦嘉「科学者という仕事」による）

（注１）　　キーワード：情報検索で、データを引き出すときの索引となる語または記号

（注２）　　サイト：ネットワークが設置されている場所

（注３）　　リンク：連結すること。接続すること

（注４）	検索エンジン：データの中から必要な事柄を探し出す機能
（注５）	ヒットする：探している事柄に的中すること
（注６）	打ち出の小槌：おとぎ話などで、振れば何でも欲しい物が出てくるという小さい槌
（注７）	るつぼ：種々のものが混ざっている状態

56 1)「インターネット上の検索は、能動的にキーワードからサイトを探しているように見えるが、実は基本的に受け身的な作業である」とあるが、どうして「受け身的な作業」なのか。

1　キーワードからサイトを探す行為は、見たい番組を探してテレビのチャンネルを替える行為と変わりがないから。
2　いくらキーワードを入れても、絞り込みの技術と検索エンジンの性能がよくないと、目的のサイトが見つからないから。
3　必要とする情報が載っているサイトが見つかるどうかは、結局、偶然や運に左右されるから。
4　インターネットで得た情報は、他人の知識からの借り物であって、自分が自分の力で考え出したものではないから。

57 筆者の考えと合っていないのはどれか。
1　インターネットから得た知識には、ほとんど価値はない。
2　インターネットは、教育に多大な弊害をもたらしている。
3　知識の量よりも、考えるプロセスの方が大切である。
4　手軽に情報を得られるほど、情報の価値が減少する。

58 この文章で、筆者が最も強調したいことは何か。
1　インターネットで得た情報を活用できる力を身につけなければならない。
2　インターネットよりも、人と人の直接のコミュニケーションの方が大切である。
3　インターネットの手軽さにかまけて、考える努力を放棄してはならない。
4　インターネットは「情報のるつぼ」であり、信頼性に欠けるものである。

　私は、いまだに携帯電話を持っていない。理由はあまり判然としていないが、ケイタイが出現した初期に、ケイタイで話す人々に対して抱いた違和感が、今も尾を引いているのかもしれない。あの頃、得意然として人前でケイタイで話している連中が、どことなく軽薄っぽく見えたのは確かだった。ケイタイはその頃、特権的な大人のオモチャだったのだ。「あのさあ、社長いる？」といった調子で、自らの羽ぶりを大声で喋りまくるという光景が、そこかしこに見られたものだった。

【　　ア　　】

　やがて、ケイタイの驚異的な普及が、その特権性を失わせ、1）<u>強面の道具</u>から若者の便利すぎる、つまりチョー便利な小道具として成立した。更にケイタイは電話というよりも、あらゆる機能を備えた文化的武器として進化し、これを使いこなせば、現代という時代を満喫できるというイメージをまとい始めた。ハイジャックの際の活躍も、そのひとつと言えるだろう。【　　イ　　】

　だが、電車の中でケイタイを取り出してメールをチェックし、すべてを見とどけた後、ぼんやりと宙に目を泳がせている無表情は、アナログ時代の無表情にはなかった顔だ。宇宙の彼方への通信が途絶え、茫然自失しているすさまじい孤独な面差し、そんな趣なのだ。そうかと思えば、赤信号で立ち止まる群れの中で、個人的会話を延々と繰り広げている姿など、もはや枚挙にいとまがない。商談、打合せ、ナンパ、与太話などの個人的会話が、あらゆる場所でケイタイに向って口走られている。【　　ウ　　】

　かつての「社長いる？」は、その場にいる人々へのパフォーマンスでもあったが、いまケイタイを駆使する人々からは、2）<u>そのニュアンスはなくなっている</u>。人前を意識しないで声高に個人的会話をしゃべり続けるのは、人前でいちゃつく、人前で化粧する、人前で着替えるというのをごく普通にこなす、今日の文化意識と通い合っているに違いない。【　エ　】

　また、あるときテレビを見ていたら、サッカーのベッカム選手に向かって、ファンたちが一斉にケイタイをかざしている姿が映し出された。熱愛する対象が目の前にいるというのに、それを自分の眼で見ようとせず、とりあえずケイタイにおさめる。自分のかわりにケイタイに見てもらい、ケイタイに記録してもらう。3)「人前」とともに、ケイタイは「肉眼」で見ることも消しつつあるのだ。

（村松友視　「ケイタイの風景」より）

（注1）　ケイタイ：携帯電話

（注2）　尾を引く：物事がすんだあとまでも、その名残や影響が続く

（注3）　羽ぶり：世間における地位・勢力・人望、主に金力や権力などにいう

（注4）　ハイジャック：航行中の航空機を占拠し、その航行を支配すること

（注5）　アナログ：量やデーターを連続的に変化する物理量によって表現すること

（注6）　枚挙にいとまがない：たくさんありすぎて、いちいち数えることができない

（注7）　ナンパ：遊びを目的に異性に交際を求めること

（注8）　与太話：でたらめな話

（注9）　パフォーマンス：演奏や演技などの肉体を用いた表現

（注10）　ニュアンス：（表現・感情・色彩などの）微妙な意味合いやそのわずかな差異

59　1)「強面の道具」とあるが、それはどういうことを言っているか。

　1　携帯は、特権的な人だけが得意顔で使うような特別な道具だった。
　2　携帯は、まだ持っている人が、少ない大人のためのおもちゃだった。
　3　携帯は、当時からあらゆる便利な機能を備えた文化的武器であった。
　4　携帯は、ビジネスマンにとって、なくてはならない大切な道具だった。

60 「ケイタイの時代、（人前）という感覚も消えつつあるようだ。」という一文は、
【ア】～【エ】のどこに入るか。

1　ア
2　イ
3　ウ
4　エ

61 2）「そのニュアンスはなくなっている」とあるが、「そのニュアンス」とはど
のようなものか。

1　自らの羽ぶりを自慢するような感じ
2　どことなく軽薄っぽい雰囲気
3　所かまわずケイタイに向って口走る姿
4　茫然自失している孤独な面差し

62 3）「『人前』とともに、ケイタイは『肉眼』で見ることも消しつつあるのだ」
とあるが、それはどういうことを言っているか。

1　携帯文化は、平気で人前で化粧したり、着替えたりするなど、今日の他人の目
を気にしない文化意識と共通している。

2　携帯は、今日では時間や場所という制約から解放され、自分の目の変わりに記
録してくれ、いつどこでも気兼ねなく使える便利な道具へと進歩した。

3　携帯の機能が発達し、今では携帯が人の目のかわりになったり、耳のかわりに
なったりと、いろいろな使い方がされるようになった。

4　携帯の普及とともに、人々は人前を気にしなくなったばかりか、自分の目で見
て感動するより、携帯に記録して残す方を大切にするようになった。

問題11　AとBの両方を読んで、後の問いに対する答えとして、最もよいものを１、２、
　　　　３、４から一つ選びなさい。

（A）仕事は続けているうちに、その仕事ならではの味わいや深みに気付くもの
だが、今日の世は、こういう話も一般化できないほどの雇用危機である。しかも、
投資より投機とばかりにマネーゲームにのめり込む投機社会化現象や、もうけるこ
とを最優先した市場原理主義は、額に汗して働くというモノづくりと労働本来の姿
を変質させたばかりか、人をモノのように扱う風潮をはびこらせたようだ。

　どんな仕事であれ、そこから生まれる一つ一つが世の中を成り立たせていると思
えれば、みんなも顔を上げて生きていける。しかし、その仕事を容赦なく奪う企業
が相次ぐと、労働と共にあった幸福感や生きがい、さらには人生の意義といった価
値までおかしくなってしまう。「いい大学を出て、いい会社へ入りなさい」とは、
かつてよく聞いたセリフだが、その空しさを一番よく知っているのは当のお父さん
たちだろう。

　働くことの意味が根本から問い直されなければならない時期にきているようだ。

（B）バブルとかＩＴとか競争とかの言葉がマスコミをにぎわせていた頃、「他
人に利用される人間ではなく、他人を利用する人間になれ」といった経営者まがい
の話をあちこちで聞かされたことがあった。当時の私は、彼らの言うことがよく理
解できなかったが、今思えば、それは幸いだったというべきだろうか。

　「労働」について考えたとき、最初の数年ぐらいは、「あの人よりは自分の方が
高給だ」とか「自分の方がプレスティージの高い仕事をしている」という意識がモ
チベーションを維持してくれるかもしれないが、そのようなものは長続きしないと
思う。そのあとの長い長い時間は、自分自身で自分の労働に意味を与えなければな
らない。けれども、「自分の利益のためだけに働く」人間にはそれができない。と

いうのも、「労働」の意味は、「私たちの労働成果を享受している他者が存在する」という事実からしか引き出すことができないからである。だから、株だとかＦＸだとかで「人の成果を横取りする術に長ける」人よりも、地味であっても「人の役に立てている」という実感の持てる人の方に、私は軍配を揚げたいのである。

63 ＡとＢは、同じテーマについて書かれた文章の一部である。そのテーマは次のどれか。

1 雇用危機と労働意識の変化
2 市場原理主義がもたらしたもの
3 現代における労働の意味
4 若者はなぜ労働を嫌うか

64 ＡとＢは、共通のテーマについて、それぞれどのような観点から書いているか。

1 Ａは労働の中身や意識に、Ｂは労働に影響を与える環境要因に焦点を置いて、テーマについて書いている。
2 Ａは労働に影響を与える環境要因に、Ｂは労働の中身や意識に焦点を置いて、テーマについて書いている。
3 ＡもＢも、労働を取り巻く環境要因に焦点を置いて、テーマについて書いている。
4 ＡもＢも、労働の中身や意識面に焦点を置いて、テーマについて書いている。

65 ＡとＢが、どちらも共通して否定的にとらえていることは何か。

1 労働者の仕事を容赦なく奪う企業の姿勢
2 もうけることを最優先した市場原理主義
3 「いい大学を出て、いい会社へ」という学歴社会
4 マネーゲームにのめり込む投機社会化現象

問題12 次の文章を読んで、後の問いに対する答えとして、最もよいものを 1、2、3、4から一つ選びなさい。

記憶については、一般に「刻印」されるものだというイメージがありますね。つまり、最初は真っ白だった心に何かが刻まれ、それが記憶として残るという考え方です。しかし、私たちの心のなかには、過去にこうむった心の傷とか、あるいはもっと一般的な意味で記憶そのものとかが、血液や何かのような実体として本当に残っているのでしょうか。私は、どうもそうではなさそうだという気がするのです。

フロイトは「隠蔽記憶について」という論文のなかでこう書いています。「 1 ）ねつ造された記憶こそ、われわれが知ることのできる最表層の記憶である。それを作り上げた記憶痕跡の素材が元々どんな形をしていたかは、結局われわれには分からずじまいなのである」、と。

もし、そういう怪しげな記憶の上に立って、今の自分というものが形作られているのだとしたら、今それと意識されている自分の存在など贋金のようなものだということになります。というのも、そこには、「ほんとうの自分」などというものはないからです。その議論はさておくとして、記憶とは、本当は当人が言葉によってその都度作り出しているものではないかと思うのです。つまり、記憶は、「今の自分」が言葉で書いた自分自身の物語ではないかという感じがするのです。

これは、感情についても同じようなことが言えます。感情には、一般に理性や知性や言葉とは関係のない、人が外部や身体から働きかけられた結果生まれる非合理的で避け難いものだというイメージがあります。しかし、たとえば泣くという行為一つをとってみても、実は感情には、心のなかに書いた物語と非常に密接な関係があると思います。だからこそ、2）役者さんなどは、自分自身を自在に泣かすことができると思うんですね。つまり、感情は語りの様式と密接に結びついているところがあって、上手くはまりさえすれば、涙はいつだって出すことができる。だから、語り以前の感情があるというよりも、語ってはじめて感情が生まれるといった方がいいのではないかと思うわけです。

　ともあれ、記憶にせよ感情にせよ、真っ白な心のカンバスの上に突然降ってきて、ただ刻印や傷跡のように残るというものではありません。あるいは、自然にわきおこってくるものでもなくて、3)どちらとも言葉との微妙な共犯関係のなかで、はじめて成立するものだと思います。

（鷲田清一「教養としての『死』を考える」より）

（注１）　　フロイト：(1856-1939) オーストリアの精神医学者。精神分析の創始者

（注２）　　ねつ造する：実際にはありもしない事柄を、事実であるかのようにつくり上げること

（注３）　　〜ずじまい：〜しないままで終わる

（注４）　　贋金：：本物に似せてつくった偽造貨幣

（注５）　　ともあれ：いずれにしても、先ず〜

（注６）　　カンバス：油絵をかく布

66　1)　「ねつ造された記憶」とあるが、その説明として正しいのはどれか。

1　記憶というのは、実体のあるものとして脳に刻印されていること。
2　記憶とは、当人が言葉によってその都度作り出しているものであること。
3　記憶痕跡の素材が元々どんな形をしていたかはわからないこと。
4　記憶とは、外部や身体から働きかけられた結果生まれるものであること。

67 2）「役者さんなどは、自分自身を自在に泣かすことができる」とあるが、それは
どうしてか。

1　感情は無意識のうちに自然に生まれてくるものだから。
2　感情は外からの働きかけによって生まれるものだから。
3　感情は人間がもともと自分の中に持っているものだから。
4　感情は自ら言葉で語ることで生み出されるものだから。

68 3）「どちらとも言葉との微妙な共犯関係のなかで、はじめて成立するものだ」と
あるが、それはどういうことか。

1　記憶も感情も、言葉によって消すことができること。
2　記憶も感情も、言葉によって心に刻むことができること。
3　記憶も感情も、言葉がなければ生まれてこないものであること。
4　記憶も感情も、言葉によって変わってしまうことがあること。

69 この文章で筆者が言いたいことは何か。

1　記憶も感情も、言葉によってねつ造されたものであり、「ほんとうの自分」とい
うのは常に隠されている。
2　記憶も感情も、実体として脳の中に刻まれ、残っているからこそ、人は思い出す
ことも、泣くこともできるのである。
3　記憶も感情も、人が言葉によってその都度作り出しているものであり、言葉と切
り離して考えることはできない。
4　記憶も感情も、人が外部から働きかけられた結果、自然に生まれるもので、人も
生物である限り、避けがたいことである。

問題13　次は「新型インフルエンザワクチンの優先接種対象者と接種の標準的なスケジュール」である。下の問いの答えとして、最もよいものを１・２・３・４から一つ選びなさい。

70 東京都で、１月５日に、確実に新型インフルエンザワクチンの優先接種が受けられる対象者の種類はいくつあるか。
1　４つ
2　５つ
3　６つ
4　７つ

71 60歳で高血圧と診断されている東京都に住む男性は、いつから新型インフルエンザワクチンの接種が受けられるか。
1　11月９日から
2　1月初旬から
3　１月、または２月から
4　現在、まだ不明。

472

優先的に接種できる方々と接種スケジュール

新型インフルエンザワクチンは、当面、国内産に限りがあるため、国は、必要性の高い方々から接種できるように優先接種対象者と接種の標準的なスケジュールを決めています。東京都では若干の遅れはありますが、下記のようなスケジュールを設定しています。

		東京都	国の標準
1	医療従事者	10月26日〜	10月中旬〜
2	妊婦	11月9日〜	11月1日〜
3	基礎疾患を有する方	11月9日〜	11月1日〜
4	1歳〜6歳	11月16日〜	12月1日〜
5	小学校1年生〜3年生	12月1日〜	12月中旬〜
6	1歳未満児の保護者	1月4日〜	1月初旬〜
7	小学校4年生〜6年生	1月または2月〜	1月中旬〜
8	中学生・高校生	1月または2月〜	1月中旬〜
9	65歳以上の高齢者	1月または2月〜	1月中旬〜

＜基礎疾患の種類＞

慢性呼吸器疾患（気管支喘息、肺気腫等）、慢性心疾患（心不全、狭心症等）、慢性腎疾患（透析患者等の腎機能障害）、慢性肝疾患（肝硬変患者等）、神経疾患・神経筋疾患（多発性硬化症、脊髄損傷等）、血液疾患（白血病、悪性リンパ腫等）、糖尿病（医師の治療を受けている方等）、疾患や治療に伴う免疫抑制状態（抗がん剤や免疫抑制剤、ステロイド使用の患者等）、小児科領域の慢性疾患。

※　優先接種の対象に該当するかどうかについては、主治医にご確認ください。

※　11月9日接種開始分は、「基礎疾患を有する方々」と同一の保存剤添加のワクチンで、産婦人科以外の医療機関でも接種できます。

※　11月16日開始分は保存剤無添加の妊婦専用ワクチンで、産婦人科を標模する医療機関でのみ接種できます。

※　上記以外のふだん健康な方々への接種については、上記優先接種対象への接種状況を踏まえ、対応していきます。

모의테스트 1회

N1

聴解

（60点　60分）

問題 1

問題 1 では、まず質問を聞いてください。それから話を聞いて、問題用紙の 1 から 4 の中から、正しい答えを一つ選んでください。

1番

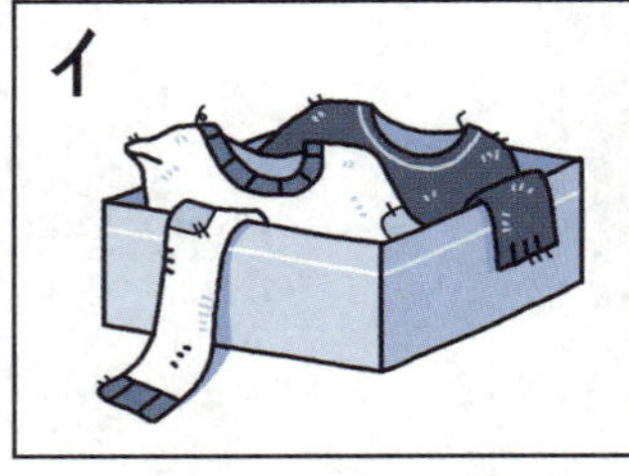

1　ア・オ
2　イ・エ・カ
3　ウ・エ
4　ウ・エ・オ

2番

1　一回です。

2　二回です。

3　三回です。

4　四回です。

3番

1　旅行当日に添乗員から旅行代金の半人分を受け
取ります。

2　旅行当日までに添乗員から旅行代金の半人分を
受け取ります。

3　旅行当日に旅行会社に半人分のキャンセル料を
払います。

4　旅行当日までに旅行会社に半人分のキャンセル
料を払います。

4番

1　集合場所は立川駅の北口だと伝えます。

2　11時に立川駅の北口に来てほしいと伝えます。

3　10時に立川駅の北口に来てほしいと伝えます。

4　9時に立川駅の北口に来てほしいと伝えます。

5番

1　新幹線の自由席・喫煙席です。

2　新幹線の自由席・禁煙席です。

3　新幹線の指定席・喫煙席です。

4　新幹線の指定席・禁煙席です。

6番

問題2

問題2では、まず質問を聞いてください。そのあと、問題用紙の選択肢を読んでください。読む時間があります。それから話を聞いて、問題用紙の1から4の中から、正しい答えを一つ選んでください。

1番

1　220点でした。

2　240点でした。

3　270点でした。

4　300点でした。

2番

1　うたたねしてしまったからです。

2　忘れていたからです。

3　行きたくなかったからです。

4　曜日を間違えたからです。

3番

1　生徒総会の後で、授業があります。

2　授業の後で、球技大会があります。

3　授業の後で、校内掃除があります。

4　校内掃除の後で、終業式があります。

4番

1　もったいない　その心が生む　リサイクル

2　家庭ゴミ　分けて出さねば　ゴミのまま

3　山となる　あなたが捨てた　紙くずも

4　君と僕　僕らが乗ってる　地球号

5番

1 仕事があったため

2 両親に会うため

3 同僚の葬式に出席するため

4 観光のため

6番

1 世界各地の民族料理は、やはり現地に行って、本場ならではの味を味わった方がいい。

2 日本で世界各地の民族料理を食べられるが、現地で味わう本場の味もまたいいものだ。

3 日本料理と世界各地の民族料理は、使う食材はもちろん、味にも大きな違いがある。

4 日本で世界各地の民族料理が食べられるのだから、わざわざ現地に行かなくてもいい。

7番

1　最近は、翻訳ソフトを使って、どの国の本や新聞でも、簡単に読むことができるようになった。

2　洋画を見ていても、画面の下に日本語で会話が翻訳されているので、誰でも楽しむことができる。

3　米兵が多くいる沖縄では、「ユー・カム・ヒアー・ツモロー・オーケーね」といった奇妙な英語が使われている。

4　近くの幼稚園に中国の子どもが入園したが、一ヶ月もしないうちに日本語を話し、日本人の子どもといっしょに遊ぶようになった。

問題 3

　　問題３では、問題用紙に何も印刷されていません。まず話を聞いてください。それから、質問と選択肢を聞いて、１から４の中から、正しい答えを一つ選んでください。

─　メモ　─

問題 4

　問題4では、問題用紙に何も印刷されていません。まず話を聞いてください。それから、質問と選択肢を聞いて、１から３の中から、正しい答えを一つ選んでください。

― 　メ モ 　―

問題5

問題5では、長めの話を聞きます。

1番

まず話を聞いてください。それから、二つの質問を聞いて、それぞれ問題用紙の1から4の中から、正しい答えを一つ選んでください。

質問1

1 職人たちの高い技術を継承すること

2 エコで高性能な自動車を提供すること

3 自動車以外の新しい分野に参入すること

4 今までにない自動車のニーズを作り出すこと

質問2

1 若者は経済的に余裕がないから。

2 若者のライフスタイルが変化したから。

3 都会では車がなくても困らないから。

4 若者が魅力を感じるような車がないから。

2番

　問題用紙に何も印刷されていません。まず話を聞いてください。それから、質問と選択肢を聞いて、１から４の中から、正しい答えを一つ選んでください。

—　メ　モ　—

3番

　問題用紙に何も印刷されていません。まず話を聞いてください。それから、質問と選択肢を聞いて、１から４の中から、正しい答えを一つ選んでください。

—　メ　モ　—

모의테스트 2회

N1

言語知識（文字・語彙・文法）・読解

（60+60点　110分）

問題1　________の言葉の読み方として最もよいものを、１・２・３・４から一つ選びなさい。

1　火災が発生しました。速やかにビルから非難してください。
　　1　ゆるやか　　　　2　はなやか　　　　3　なごやか　　　　4　すみやか

2　消防隊員の勇敢な救援活動は、賞賛に値する。
　　1　ねする　　　　　2　あたいする　　　3　ちする　　　　　4　くらいする

3　彼はプロ歌手を志して、18歳のときに上京した。
　　1　しして　　　　　2　こころざして　　3　めざして　　　　4　しるして

4　アフリカ諸国は、今日も深刻な食糧と水の欠乏にあえいでいる。
　　1　けつびん　　　　2　けつぼう　　　　3　けっぴん　　　　4　けっぽう

5　私に勝ちたければ、もっと技を磨くことだね。
　　1　うで　　　　　　2　えだ　　　　　　3　すべ　　　　　　4　わざ

6　難航が予想されていたが、和平会議は円滑に進んだ。
　　1　えんかつ　　　　2　えんきつ　　　　3　えんけつ　　　　4　えんこつ

問題2　________に入れるのに最もよいものを、１・２・３・４から一つ選びなさい。

7　プロ棋士とアマチュアでは、戦う前から結果は________だ。
　　1　明快　　　　　2　明白　　　　　3　明瞭　　　　　4　明確

8　消費税法案を上程すれば、野党との対立が避けて________だろう。
　　1　とおせない　　2　とおらない　　3　とどかない　　4　とおれない

9　彼は口が________から、決して秘密を漏らしたりはしません。
　　1　しぶい　　　　2　はかる　　　　3　かたい　　　　4　きつい

10 わずか2キロのマラソンで音を上げるなんて、なんて＿＿＿＿＿奴だ。

　　1　なさけない　　　2　むなしい　　　3　みぐるしい　　　4　あさましい

11 年を取ると、だんだんと新しい考え方が＿＿＿＿＿にくくなる。

　　1　うけとり　　　2　うけあい　　　3　うけいれ　　　4　うけもち

12 約束の時間には、できるだけ早めに行くように＿＿＿＿＿いる。

　　1　とりくんで　　　2　いどんで　　　3　はかどって　　　4　こころがけて

13 彼女は日本語教師として、10年の＿＿＿＿＿を持っている。

　　1　ベテラン　　　2　ポジション　　　3　キャリア　　　4　レギュラー

問題3　＿＿＿＿の言葉に意味が最も近いものを、1・2・3・4から一つ選びなさい。

14 みなさんに神の<u>恩恵</u>がありますように。

　　1　まもり　　　2　さとり　　　3　めぐみ　　　4　はげみ

15 この小説では、主人公の性格がよく<u>描写</u>されている。

　　1　そなわって　　　2　えがかれて　　　3　えんじて　　　4　かかげて

16 昔の日本では、村の掟に従わない者は<u>村八分</u>にされた。

　　1　お手上げ　　　2　仲間はずれ　　　3　下取り　　　4　裏返し

17 日中国交回復前、私は中国政府の<u>招待</u>で中国を訪問したことがある。

　　1　まねき　　　2　さそい　　　3　おごり　　　4　ほどこし

18 その娘は竹を使って、<u>巧みに</u>籠を編み上げた。

　　1　軽快に　　　2　手軽に　　　3　器用に　　　4　円滑に

19 三浪したが、<u>やっと</u>司法試験に合格することができた。

　　1　辛うじて　　　2　果たして　　　3　敢えて　　　4　悠々と

20 成算

1　君の<u>成算</u>を祈って乾杯しよう。
2　<u>成算</u>のない事業に投資する馬鹿はいないよ。
3　親の代からの借金を、ついに<u>成算</u>することができた。
4　ここは私が払いますから、後で<u>成算</u>しましょう。

21 やたら

1　君の言ってることは、全部<u>やたら</u>だよ。
2　部屋の中、足の踏み場もないほど汚れ、<u>やたら</u>になっていた。
3　あの教授は<u>やたら</u>に宿題を出すから、受講しない方がいいよ。
4　使いもしないのに、<u>やたら</u>な物は買わない方がいい。

22 つかむ

1　本校は120年という古い伝統を<u>つかんだ</u>学校です。
2　彼は事件解決の鍵を<u>つかむ</u>人物だ。
3　昨日のマラソンレースは、手に汗を<u>つかむ</u>大接戦だった。
4　あの政治家は、大衆の心を<u>つかむ</u>のがうまい。

23 サボる

1　日々の努力を<u>サボる</u>ことなく、がんばるんですよ。
2　そんなに勉強を<u>サボって</u>いると、今年も進級できないよ。
3　車を運転しているときは、注意を<u>サボって</u>はいけません。
4　彼は仕事もせず、<u>サボった</u>生活を送っている。

24 到底

1 そんなこと、到底わかっているよ。
2 一旦やり始めたことは、到底やり抜きなさい。
3 この傷では、到底助からないだろう。
4 彼は株で成功し、到底大金を手にした。

25 自ずと

1 真相は自ずと明らかになるだろう。
2 彼は自ずと進んで、その困難な仕事を引き受けた。
3 彼女の身の上話を聞いているうちに、自ずと私は涙を流していた。
4 私が事務所に行くと、自ずと彼女がその場に居合わせた。

問題5 _______ に入れるのに最もよいものを、1・2・3・4から一つ選びなさい。

26 地元の声援_______、A校野球部はみごと優勝の栄冠に輝いた。

1　によって　　　　　2　にこたえて　　　　3　にとって　　　　4　におうじて

27 ハワイの別荘で優雅に正月を過ごすなんて、われわれ庶民には_______。

1　望むまじきことだ　　　　　　　　2　望むべくもない
3　望むべきではない　　　　　　　　4　望むべからざることだ

28 大ベテランの彼の_______、よもや失敗することはあるまい。

1　ものなら　　　　2　もので　　　　3　こととて　　　　4　ことから

29 黙っていればいい_______、お前って馬鹿な奴だなぁ。

1　ものの　　　　　2　もので　　　　3　ものか　　　　4　ものを

30 彼は単純_______素朴_______、とにかく一本気な性格だ。

1　という、という　　　　　　　　2　といい、といい
3　といえば、といえば　　　　　　4　といおうか、といおうか

31 最近の大学生_______、漢字もろくに書けません。

1　というと　　　　2　ときたら　　　　3　とはいえ　　　　4　といえば

32 愛犬のジローは私の顔を見るや、「お帰りなさい」_______、私にしっぽを振って
駆け寄った。

1　んばかりに　　　　2　とばかりに　　　　3　ばかりでなく　　　4　ばかりに

33 もう娘の命は戻ってこないんだから、これ以上_______よ。

1　嘆くまでもない　　　　　　　　2　嘆いてもはじまらない
3　嘆くほどのことではない　　　　4　嘆いてはたまらない

34 彼女は目元_______口元_______お母さんにそっくりですね。

1　なり、なり　　　　　　　　2　とか、とか
3　といい、といい　　　　　　4　にせよ、にせよ

35 愛煙家の皆さんには＿＿＿＿が、公共の場での禁煙は時代の流れですよ。

    1　同情しないではおかない　　　　　2　同情するほどのことはない

    3　同情しないものでもない　　　　　4　同情しないではすまない

問題6　次の文の＿＿★＿＿に入る最もよいものを、1・2・3・4から一つ選びなさい。

36 消費税率のアップが＿＿＿＿＿　＿＿＿＿＿　＿＿★＿＿　＿＿＿＿＿反対せずにはいられないだろう。

    1　からすれば　　　　　　　　　　　2　としているが

    3　決められよう　　　　　　　　　　4　庶民の立場

37 習慣や価値観は＿＿＿＿＿　＿＿＿＿＿　＿＿★＿＿　＿＿＿＿＿でないともかぎらない。

    1　日本の常識が　　2　異なるので　　3　世界の非常識　　4　国によって

38 卒論の提出期限は＿＿＿＿＿　＿＿＿＿＿　＿＿★＿＿　＿＿＿＿＿越したことはない。

    1　早めに　　　　　　　　　　　　　2　提出できるなら

    3　今月中だが　　　　　　　　　　　4　それに

39 時間にルーズな＿＿＿＿＿　＿＿＿＿＿　＿＿★＿＿　＿＿＿＿＿驚くには当たらない。

    1　田中君の　　　　2　からと言って　　3　ことだから　　4　遅刻した

40 池袋店の開店を明日＿＿＿＿　＿＿＿＿　＿＿★＿＿　＿＿＿＿ばかりになっている。

    1　客を待つ　　　　2　準備も整い　　3　あとは　　　　4　にひかえて

問題7　次の文章を読んで、　41　から　45　の中に入る最もよいものを、1・2・3・4から一つ選びなさい。

　自然と人の関わりを考察しているうちに、「自然とはシステム」だと考えることはできないか、と思いついた。自然を定まった存在としてではなく、常にいくつもの条件がから絡み合い変化するシステムとして見るのだ。

　そこでは自然と人間社会を厳密に線引きするのではなく、自然が成立する一要素として人間の活動も含まれる。　41　降水の量や年間を通した気温の変化が自然界を作り上げるのに重要な役割を果たしているように、人間の活動も自然の成立に大きな影響を与えていることを認めるのである。人と自然を対立させる　42　、人間の活動も自然の一部として見れば、人の暮らしそのものが生態系を作り出す要素だと見ることもできる。

　人と自然は　43　である。どちらが優位に立っているとも言えない。ただ気をつけないといけないのは、現在の生態系は、光、水、気温など実に様々な要素が極めて複雑に作用することで、形作られている。そこには人の知恵では予想もしないつながりが、まだ隠れているかもしれない。　44　人間の行動には慎重さが要求される。人の活動も自然の一部なら、自然をコントロールすることもできるといった思い上がった意識を持つのは危険だろう。たとえば害虫を殺そうと殺虫剤を撒くと、害虫の天敵も殺してしまう。　45　、害虫は薬剤への耐性を身につけて薬が効かなくなるという事態が起きるのだ。

（田中浮夫「森林からのニッポン再生」による）

41

1　なぜなら	2　すなわち
3　いわば	4　けっきょく

42

1　かたわら	2　のみならず
3　までもなく	4　ことなく

43

1　追いつ追われつ	2　行きつ戻りつ
3　持ちつ持たれつ	4　差しつ差されつ

44

1　それにしては	2　それだけに
3　それにしても	4　それはさておき

45

1　その反面	2　それにしても
3　だからといって	4　それはさておき

「前向きに生きる」というのはたやすいことではないかもしれません。でもこれも、自分にちょっと魔法をかけることでできるようになるのです。その魔法は「自分をもう少し好きになる」です。ダメな自分、情けない自分…。それでも、人間の長い歴史の中で、自分が偶然生まれてきた奇跡があります。この命の連鎖を考えたとき、小さな悩みなんかは吹っ飛びます。ダメならダメなりに、情けないなら情けないなりに、人は授かった命を生きていけばいいのです。等身大の自分が愛しく思えたとき、エネルギーが湧いてきます。そして、今までと違ったチャンネルが見えてくるのです。

46　「今までと違ったチャンネル」というのは、何を意味しているか。
1　生まれ変わった自分
2　今までとは別の生き方
3　悩みが消えた自分
4　新しい生命の誕生

　生命倫理の観点から、尊厳死を認めるかどうか。意見は真二つに分かれている。尊厳死が合法化されている国もある。しかし、現状では、尊厳死に対して厳しい意見を持つ国が大半である。死というのはセンシティブな問題ではある。だから、尊厳死を否とするか容認するか、一概には言えない。人それぞれ、違って当然だからだ。だが、私は、人間が人間らしく生まれ、人間らしく死ぬということは、それらを自分で決定し、その選択に責任を取ることであり、それこそが人間らしい生き方だろうと考えている。

47　筆者は尊厳死を合法化することに対して、どのように考えているか。
1　賛成している
2　反対している
3　まだ決められないでいる
4　どちらでもいいと考えている

　　スポーツをすることは、生活習慣病を始めとする病気の予防とか、体力や筋力の向上とか、楽しさ、爽快感などの内発的動機づけにつながるとかいったメリットが、しばしば強調されている。しかし、スポーツは全てにおいてポジティブなものではない。スポーツを否定する気はないが、スポーツが生むネガティブな事実も知っておく必要がある。というのも、それを知ることで、スポーツにおける注意点に気づき、スポーツをより一層楽しめるということにも繋がるからである。そこで、ここでは運動によってもたらされる（　　　　　ア　　　　　）。

48　　（　ア　）に入る文として、最も適当なのはどれか。

　1　経済効果や社会への影響などについて考えてみようと思う
　2　スポーツ障害、スポーツ外傷などの要因と対策を述べようと思う
　3　ポジティブな側面について、いっしょに考えてみようと思う
　4　体と心の変化にどのようなものがあるか、述べようと思う

　　第一は女性の高学歴化や社会進出に伴い、専業主婦より安定した専門的な職業に就きたいという希望者が増えたこと。第二は、非婚率の上昇で、婚姻関係や子育てに拘束されるより、一人の人間としての自由や、社会的自立を志向する傾向があるということ。第三は結婚をしても、子供を産むという選択をしない場合や、子供をあまり多く産まない選択をする人が多くなっているということにある。少ない子供を大切に育てようという親の価値観や養育費、塾、大学など教育費の経済負担も理由の一つと考えられる。

49　　この文章は何について述べたものか。

　1　女性の価値観の変化
　2　現代女性の自立志向
　3　少子化の社会的影響
　4　少子化の背景と原因

問題９　次の文章を読んで、後の問いに対する答えとして、最もよいものを１、２、３、４から一つ選びなさい。

　昔、われわれが子どもの頃は、食べる物が少なかった。しかし、そのためにかえって、五月の節句の柏餅のおいしかったことなどは、今でも忘れないほどである。家で餅をつき、柏の葉を山で取ってきて、家族いっしょに柏餅を作って食べる。おいしくないはずはない。

　最近になって豊かになったものは、例えば、自動車、ステレオ、いろいろな電気製品など。それによって人間の生活は快適で便利になる。しかし、それを得るためには人間は必死に働かねばならない。働くために時間を節約しなければならないし、疲れるので、なるべく心を余計なことに使わないようにしようと思う。そうなると、家族で作った各家庭の味を家族みんなで楽しむ、という機会が少なくなって、1) 「貧困な食事」になってしまうのではなかろうか。つまり、2) 心と物を分離した結果、今度は物が心を圧迫しているというのが現状ではないだろうか。

　心と分離した物は計測することが可能である。それは貨幣価値ということによって価値づけられる。料理にしろ、値段が高いかどうかで味の優劣がつけられ、上から下まで一様に順序づけられる。すべてが一様とは、味わいや色合いの差がない、ということだ。しかし、「味」というものはそんなに単純なものではない。同じビールでも、いつ誰と、どこで飲むかによって異なるはずである。「経済的に豊か」ということに人々が拘り始めると、各地の料理がもつ郷土の味や、各家庭のおふくろの味が失われ、人々は「味オンチ」になってしまう。そして、「経済的に豊か」になるにつれて、かえって「豊かさ」を失うという皮肉な結果を生んでいる。考えてみれば、「物の豊かさ」とは、本来、その色合い、味わいに多様性があることではなかったか。このように考えると、現代はほんとうに物が豊かなのかどうかさえ、危うくなってくるのである。

（河合隼雄「日本人の心のゆくえ」より）

（注１）　柏餅：餡(あん)入りの餅を柏の葉で挟み包んだ菓子。五月五日の節句に供える

（注２）　味わい：風味、妙味

（注３）　色合い：染め・塗りなどの色の具合。色の調子

（注４）　おふくろの味：母親の手作りの料理の味

50　１）「貧困な食事」とあるが、ここで言う「貧困」とは何を言っているか。

1　栄養価が低いこと

2　味がよくないこと

3　数が少ないこと

4　多様性がないこと

51　２）「心と物を分離した」とあるが、具体的には何を指しているか。

1　働くために時間を節約しなければならなくなったこと

2　家族で作って家庭の味を味わうという楽しみが失われたこと

3　疲れるので、心を余計なことに使わないようになったこと

4　すべてが一様となり、味わいや色合いの差がなくなったこと

52　本文の内容と合っているものはどれか。

1　経済的には貧しかった昔の方が、現代よりも幸せだった。

2　最近、「味オンチ」の人々がどんどん増えている。

3　「豊かさ」は貨幣価値だけで計ることはできないものだ。

4　経済的に豊かになるにつれて、人々の暮らしも豊かになった。

　ア：お金ができたので、何かをたくさん作って、余らせるということができるよ
　　　うになったのだ。

　イ：人間は「もの」ではなく、まず「お金」を作り出した。

　ウ：何かをたくさん作りすぎて、それが余ったから、足りないものと交換に出
　　　したのではない。

　「交換」というのはコミュニケーションのことだ。「ことば」を交換すれば、それ
は言語活動になる。「財貨サービス」を交換すれば、それは経済活動になる。人間と
他の動物を区別する標識は人間がこうした交換を行うということであり、ことばを交
わし、愛を交わし、お金をやりとりするもの、それが「人間」の定義である。

　1）だから、お金はたいせつだ。お金は交換のためにある。それが何のためにあ
るのかを忘れて、金をかめに詰めて床下に埋めたり、定期預金の残高を眺めて薄笑
いしたりするのは、お金の扱い方として、あまり賢いやり方とは言えない。

　お金は交換のために、コミュニケーションのためにある。人間と人間を結びつけ
るために、人間が何かを作り出す「気にさせる」ために、「お金」は存在する。お
金があるからこそ、自分の才能、資源、情報、スキル……そういうものを手の平に
載せて重さを量り、それを使って「何ができるか」を考えるようになる。そういう
ふうに人間を仕向けるのが、「お金」の役割なのである。そして、このお金が存在
したおかげで、交換が始まり、商品が作られ、その結果、私たちは労働を介して自
分が何ものであるかを知ることができるようになったのである。

（内田樹「街場の現代思想」より）

（注1）　かめに詰める：瓶（口が大きく、胴が丸い壺状の土器）に入れる

（注2）　薄笑い：相手を軽蔑したように、かすかに笑うこと

（注3）　スキル：技術

（注4）　仕向ける：ある動作・行動をするよう、働きかける

53　ア～ウの文を、正しい順番に並べたものはどれか。

1　イ　→　ウ　→　ア
2　イ　→　ア　→　ウ
3　ウ　→　ア　→　イ
4　ウ　→　イ　→　ア

54　1）「だから、お金はたいせつだ」とあるが、どうしてお金はたいせつなのか。

1　人間と人間が「財貨サービス」を交換するためには、交換手段としてのお金が
　　必要だから。
2　人間が他の動物と異なるのは交換を行うことであり、その交換のためにあるの
　　がお金だから。
3　お金ができたおかげで、人は商品をたくさん作って、経済を発展させることが
　　できたから。
4　お金は、たくさん作りすぎて余ったものを無駄にしないために、人間が生みだ
　　したものだから。

55　筆者の考えと合っているものはどれか。

1　「お金」は貯めることよりも、上手に使うことの方が難しい。
2　「お金」があれば、資源、情報、スキルなどを手に入れられる。
3　「財貨サービス」を交換するために、「お金」が生まれた。
4　「お金」が生まれてはじめて、交換が始まり、商品が作られた。

　世界的に美容整形ブームのようだが、美容整形手術を受けている人の数は、人口比で言えば、日本は韓国やタイの50分の1程度とも言われているので、アジアでもまだ少ない方だと言える。というのも、日本では美容整形に対して否定的な親たちが圧倒的に多く、やけどとか交通事故とかで、見るにたえない顔になったなどの特別な事情がない限り、10代の若い娘が整形手術することを認める親は少ないからだ。

　確かに、美と若さを求める気持ちは、世界中の人々の共通の願いだろう。しかし、一度受けると、止められなくなると言われている美容整形手術。副作用も多く、違和感は一生取れないものだとも言われている。ここ数年で日本でもしだいに増加傾向にあるハイティーンの美容整形に対して、「（　　　　　ア　　　　　）」という言葉は、彼女たちの耳には空しく響くのだろうか。

　だが、彼女たちだけを責めることはできないだろう。それは採用不採用が就職面接での見た目の良し悪しによって左右されるといったことはあるし、外見で人を判断する傾向が現実にこの社会に存在しているからだ。テレビ番組などで、深い劣等感に悩んでいた女性が整形手術によって自信を取り戻し、前向きに生きられるようになったといった話を聞くと、私も整形手術の肯定論にも傾くのだが、1）<u>もし実際に娘から整形手術を受けたいと言われたら、それこそ私は戸惑うに違いない</u>。今の私としては、今中学二年生の娘がそんなことを言い出さないように、ただ祈るばかりである。

（注１）　　ブーム：ある事が爆発的に流行すること

（注２）　　〜にたえない：とても〜ていられない

（注３）　　ハイティーン：十代の後半、一六歳から一九歳ぐらいの少年少女

（注４）　　ただ〜ばかり：ひたすら〜しかない

56 （　ア　）に入るものとして、最も適当なのはどれか。

1　内面の美しさこそ大切だ
2　外見で人を判断するな
3　青春は二度とない
4　美容整形は危険を伴う

57 1）「もし実際に娘から整形手術を受けたいと言われたら、それこそ私は戸惑うに違いない」とあるが、それはなぜか。

1　整形手術には手術に失敗する恐れもあり、副作用もあるから。
2　頭では整形手術が肯定できても、心ではそうしてほしくない気持ちがあるから。
3　外見の美しさよりも、内面の美しさの方が大切だから。
4　10代はもっとも美しいときであり、若さ以上の美はないから。

58 この文章のタイトルとして、最も適当なのはどれか。
1　最近の美容整形ブーム
2　外見を重んじる社会
3　美容整形手術の功罪
4　ハイティーンの美容整形

問題10　次の文章を読んで、後の問いに対する答えとして、最もよいものを１、２、
　　　　３、４から一つ選びなさい。

　　生物界のなかでヒトという種を特徴づけてみると、すぐれた学習能力がほぼ一生にわたって維持される、ということが第一にあげられるであろう。

　もともとサルの仲間は、他の大型哺乳類のように、はっきりした身体的な特徴をもってはいない。たとえば、クジラは水中生活に便利なように体型が変化しており、またライオンやトラは筋肉が発達し、敏捷で、しかも鋭い牙や爪を備えている。したがって、ある環境条件下では餌を手に入れ、種族を維持していくことが容易である。いわば、他の大型哺乳類が特殊化するという方向で進化してきたのに対し、1）サルの仲間はむしろ、環境に対する柔軟性において進化してきたと言えるであろう。したがってサルの仲間では、経験にもとづいて外界についての知識を身につけることが、個体の生存にとっても、また種の維持にとっても、それだけ重要になってくる。どこが安全か、どのようにしたら食物が手に入るか、などを的確に判断できることが生存のために不可欠なのである。

　しかし、このような事情は、ヒトにおいてよりいっそう顕著に認められる。ヒトは他の類人猿と比べてさえ、生まれつきの行動の仕組みが少ない。このために、チンパンジーの子どもとヒトの子どもとを双生児のように育ててみると、はじめの数カ月間は、むしろヒトの子どものほうが知的にも劣っているという印象を与えるほどなのである。

　ヒトの場合には、それぞれの個体が、みずからの直接の経験にもとづいて知識を集積するばかりでなく、他の個体の経験を、言語などを媒介にして利用することもできる。つまり、学習が社会的な性格を持つに至っている。ヒトの個体の生存や種族維持は、それぞれの個体ごとの経験にもとづく知識にばかりでなく、文化という

形で集積された他の個体の経験を摂取しうることにも依存している、とさえ言って
よいであろう。こうして集積された知識がなければ、ヒトはいかにも無力な動物な
のである。

で、学習とか知識とかいう用語が、必ずしも日常的用語と意味において一致して
いないことを注意しておこう。ここでの学習とは、(　　　　　ア　　　　　)とほぼ同
義である。また知識というのも、個別的な事実についての知識や、判断・実行の手
続きについての知識ばかりではなく、外界の事物、自分自身、およびその関係につ
いてのある程度体系だった情報を含む。ヒトは、このような情報の体系、ないしは
世界のイメージをもつことによって生きのびてきたのである。

（稲垣佳世子・波多野誼余夫　「人はいかに学ぶか」より）

（注１）　　クジラ：鯨

（注２）　　ライオン：[lion]東洋では「獅子」とも呼ぶ

（注３）　　トラ：虎

（注４）　　サル：猿

（注５）　　チンパンジー：サル類の中では最も知能の高い 全身黒い毛に覆われた猿

（注６）　　および：並べて挙げる時用いる。並びに。かつ。…も…も

（注７）　　ないしは：または。あるいは

59　　1）「サルの仲間はむしろ、環境に対する柔軟性において進化してきたと言
えるであろう」とあるが、ここでいう「環境に対する柔軟性」とは何を述べ
ているか。

1　外界に対応できるように、自らの体型や身体的な特徴を変える方向
2　外界に対応できるように、生まれつきの行動の仕組みを備える方向
3　外界に対応できるように、外界についての知識を身につける方向
4　外界に対応できるように、文化という形で集積された知識を摂取する方向

60 筆者は、ヒトがサルと一番異なる点は、どこにあると考えているか。

1　身体的な特徴の違い
2　生まれつきの行動の仕組み
3　学習能力の優劣
4　学習の社会的な性格

61 （　ア　）に入るものとして、最も適当なのはどの文か。

1　外界についての知識を身につけること
2　言語によって知識を伝達すること
3　個体ごとの経験にもとづく知識
4　他の個体の経験を利用すること

62 本文の要旨として、もっとも適切なのはどれか。

1　ヒトは、それぞれの個体がみずからの直接経験にもとづいて知識を集積することによって、有能に行動できる。
2　ヒトは、個体ごとの経験や、他の個体の経験を利用して集積された知識をもつことによって、生きのびてきた。
3　ヒトは、生まれつきの行動や仕組みが少ないことから、サルより身体構造上の特徴がなく知的にも劣っている。
4　ヒトは、他の大型哺乳類が特殊化する方向で進化したのに対して、環境に対する柔軟性において進化してきた。

問題11　次の文章は相談者からの相談と、それに対するＡとＢからの回答である。三つの文章ををを読んで、後の問いに対する答えとして、最もよいものを１、２、３、４から一つ選びなさい。

相談者：

　私は21歳の学生です。さて、最近の学生は考えが甘いとか、マナーを知らないとか、努力をしないとかいう大人の方と、しばしば接します。正直を言って、私としては気分が滅入っています。また、そういう人たちは、しばしば「自分が若いころは誰もが社会改革の夢に燃えていた」、「この国を豊かにするために、みんな死にものぐるいで働いてきた」と言います。やはり今の若者より、前の世代の方々の方が素晴らしい生き方をされていたのでしょうか。みなさんの意見を、ぜひお聞かせください。

回答者Ａ：

　今と昔は時代が違うよね。親の世代の人は、自分たちが働いて会社がよくなれば、自分たちの生活も良くなり、国も良くなると信じることができた幸せな時代に生きたとも言えるんじゃない？その意味では、親の世代の人たちは、すばらしいかどうかはともかく、僕らより必死に働いたと思う。僕らは生まれた時から便利な世の中だったし、車も携帯もテレビも何だって普通にあったんだよね。今、快適に暮らしてるのは、やはりその人たちのおかげじゃないかな。でも、時代が違うし、同じような苦労のしようがないし、言われてもしょうがないかなとは思う。

回答者Ｂ：

　十人十色でしょ。若くてもしっかりしてる人もいれば、馬鹿みたいな奴もいる。個人個人のことを知らないくせに、固定観念でひとくくりにしないでほしいと言いたいですね。私に言わせれば、昔の大人って、いい大学に入らないとダメ、なになにでないとダメ、そんなレッテルにがんじからめになっちゃってる人が多いと思うんです。その点、今の若い人はあまりレッテルに縛られていないというか、昔の大人より発想が自由だと思うんです。その反面、がむしゃらになれることが見つからないというか、みんなが一緒の夢を見ることができなくなったというか、みんなが豊かな国を目指した親の時代とは、別の悩みを抱えているんですね。

63　回答者Aは親の世代についてどう思っているか。正しいものを選べ。

1　親の世代の人は、私たち若い世代よりも幸せだった。
2　親の世代の人は、私たち若い世代よりもすばらしい生き方をした。
3　親の世代の人は、私たち若い世代よりも一生懸命仕事をした。
4　親の世代の人は、私たち若い世代よりも考え方が革新的だった。

64　回答者Aの文章の中に、「その意味では」とあるが、これはどのような内容を言っているか。

1　自分の生活よりも会社の発展を優先して
2　働くことの意義がはっきりしていたこともあって
3　国のために貢献したいという強い気持ちから
4　今ほど便利な世の中ではなかったために

65　回答者Bの文章の内容と合っているのはどれか。

1　今の大人は、とかく若い者を固定観念でひとくくりにして、「ああだ、こうだ」と決めつけるきらいがある。
2　若い人は、どうでなければならないといったレッテルに縛られず、もっと自由な発想で生きていけばいい。
3　今の若者が、昔と違って夢を見つけにくい時代に生きていることを、親の世代の人にはわかってもらいたい。
4　努力するかどうかは人によっても違うし、時代によってそれぞれの世代が抱える悩みも違ってくる。

問題12 次の文章を読んで、後の問いに対する答えとして、最もよいものを 1、 2、 3、 4から一つ選びなさい。

　私たちはますます死を忌み嫌い、死にたくないと願い、生に執着する。しかし、死ぬ運命を担っている人間が、生に執着し過ぎることは不幸なことになる。

　三十六億年の生命の歴史のなかで、人間だけが死に対する恐れを異常に膨らませてきた。それは、大脳の発達と無関係ではないであろう。

　人類は、はじめから現在のように研ぎ澄まされた自己感覚をもっていたのではなく、自我意識もまた、人類の進化とともに変化してきたものと考えられる。自我意識が発達してくると、一人一人の人間を個別の存在として強く認識するようになる。そうすると、自分の死、親しい人の死が区別され、死の恐れに加えて、別離の悲しみも生まれてくる。

　私たちが死に対して抱く恐れは、動物の本能的な恐怖に、自分が無に帰するという形而上学的な恐れが加わったものである。自我への執着が強くなるほど、自分が無に帰することへの恐れも大きくなる。自我への執着は死に対する恐れを生み出すが、親しい個別の人間への執着は別離の悲しみを生む。

　このような人間の執着心が、クローン人間をつくるという願望へと発展していく場合もあるであろう。自分のコピー人間をつくって増やしたい。或いは、いつまでも生き続けたいと思う。そして、自我への執着が極端に強くなれば、このような欲望もいよいよ強くなる可能性がある。また、親しい人への執着が強いときにも、その人が死んだ際には、その人のコピーをつくりたいという願いをもっても不思議ではない。

　人間の個性というものは、遺伝的な要因と環境の相互作用でできあがるものであるから、【　　　　　ア　　　　　】のであるが、過度の執着は理性をも失わせるものである。

　また、1）医療現場では、医師が患者の命に執着してしまうという危険がつきまとっている。はじめは、治療をして病気を治そうという純粋な気持ちから始めた行為のなかに、無意識のうちに仕事の対象への執着心が忍び込み、患者の尊厳を無視した末期医療に陥る危険性を伴っているのである。脳死問題にしても尊厳死問題にしても、このような危険性を正しく認識して、理性的に排除する努力が必要であろう。

　死は私たちの自然に対する歪んだ認識と執着心の強さ、欲、憎しみなどの人間の本性を否応なしに照らし出す。

（柳澤桂子の文章より）

（注1）　研ぎ澄ます：精神や神経を鋭敏にする
（注2）　無に帰する：全てが無駄になる
（注3）　形而上学的：現象の背後にある本質を思考、直観によって探求する傾向
（注4）　クローン人間：同じ遺伝子から作られてコピー人間
（注5）　危険がつきまとう：常に危険が伴う
（注6）　否応なしに：無理矢理に
（注7）　照らし出す：光を当ててはっきり現す

66　【　ア　】に入る文として、最も適当なものはどれか。
　1　クローン技術で愛する人のコピー人間をつくりたいと思う
　2　クローン技術で自分のコピー人間をつくって増やしたいと思う
　3　クローン技術でコピー人間をつくりたい気持ちは理解できる
　4　クローン技術では、コピー人間をつくることはできない

67 1）「医療現場では、医師が患者の命に執着してしまうという危険がつきまとっている」とあるが、それはどのような例のことか。

1 患者の命を自分の研究のための実験材料と考えるようになること。
2 自分が担当する患者以外の患者の命はどうでもよくなってしまうこと。
3 延命のみを自己目的化し、患者の人格を無視した延命治療を行うこと。
4 患者の意向を無視して、一方的な医師の主導による治療を施すこと。

68 この文章で筆者が言いたいことは何か。

1 死ぬ運命を担っている人間が、生に執着し過ぎるのはよくない。
2 私たちが死に対して恐れを抱くのは当然であり、否定すべきではない。
3 クローン人間を作ろうとする試みを決して許してはならない。
4 延命のみを自己目的化し、患者の人格を無視した延命治療を行うこと。

69 本文の内容と合っているものはどれか。

1 現代に生きる我々は、昔の人のように死への恐れの感情を持たなくなったため、命を粗末に扱うようになってしまった。
2 現代社会のさまざまな問題は死に対する人間の歪んだ認識が原因であり、我々は死を克服する努力を今後も続ける必要がある。
3 現代に生きる我々は死を忌み嫌う傾向にあり、過度な生への執着が生命倫理にかかわるさまざまな問題を発生させている。
4 現代の人間は生に過度に執着するようになった結果、生きることに対する自信を失い、死の恐怖に脅えるようになった。

問題13　次は「オンライン書店でのお買い物手順」である。下の問いの答えとして、
　　　　最もよいものを１・２・３・４から一つ選びなさい。

70　注文した本の冊数を増やしたいときは、どのプロセスでするか。

1　ショッピングカートの中
2　会員情報の入力
3　受取・支払い方法選択
4　注文確認

71　注文した本を受け取ってから代金を支払いたいと思ったとき、どのような受取
　　　　方法があるか。

1　書店での受け取り
2　書店からの配達サービス
3　宅配便で受け取り
4　ギフトでお届け

オンライン書店　お買い物手順

1 商品を選択
　↓　　　　　検索結果詳細情報画面、または書棚より詳細情報画面を表示

2 カートに入れる
　↓　　　　ボタンをクリックします。

3 ショッピングカートの中
　↓　　　　別の商品を続けてご注文する場合は、「TOPページ」または「前のページへ戻る」ボタンをクリック、購入をするにはボタンをクリック。（取消ボタンで選択商品の取り消しが可能です。）

4 会員情報の入力
　↓　　　　会員ＩＤまたはメールアドレス・パスワードを入力します。（会員登録がお済みでない場合は、「初めての方はこちら」のリンクをクリックしてください。）

5 受け取り・支払い方法選択
　↓　　　　お受け取り・お支払い方法は、以下の５つより選択いただけます。
　　　　　　１）書店で受け取り／書店でお支払い
　　　　　　２）書店からの配達サービスご利用
　　　　　　３）宅配便で受け取り／クレジットカードでお支払い
　　　　　　４）宅配便で受け取り／代金引換でお支払い
　　　　　　５）ギフトでお届け（宅配便／クレジットカードのみ）

6 注文確認
　↓　　　　ご注文情報の確認を行い、ボタンをクリック。変更箇所がある時は、「変更」ボタンをクリックし、修正して下さい。（ご注文確定ボタンをクリックすると、キャンセルはできません。）

7 注文完了
　　　　　　ご注文番号等ご注文いただいた情報を表示します。ご登録メールアドレスへ即時にご注文確認メールが送信されます。

N1

聴解

（60点　60分）

問題1

　問題1では、まず質問を聞いてください。それから話を聞いて、問題用紙の1から4の中から、正しい答えを一つ選んでください。

1番

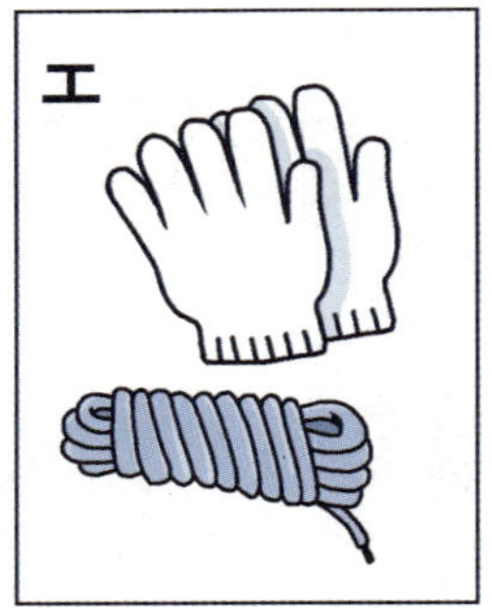

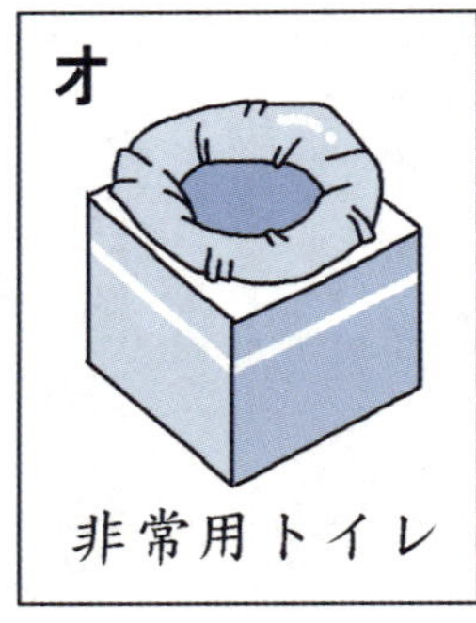

1　ア　イ　エ　オ
2　ア　イ　オ　カ
3　ア　イ　カ
4　ア　オ　カ

2番

1　5番線で、次に来る快速電車に乗ります。

2　8番線で、次に来る快速電車に乗ります。

3　5番線で、次の次に来る特別快速電車に乗ります。

4　8番線で、次の次に来る特別快速電車に乗ります。

3番

1　カウンターで請求書に記入します。

2　運転免許証を取りに家へ戻ります。

3　5番窓口で戸籍謄本の交付申請をします。

4　7番窓口で市民カードを交付してもらいます。

4番

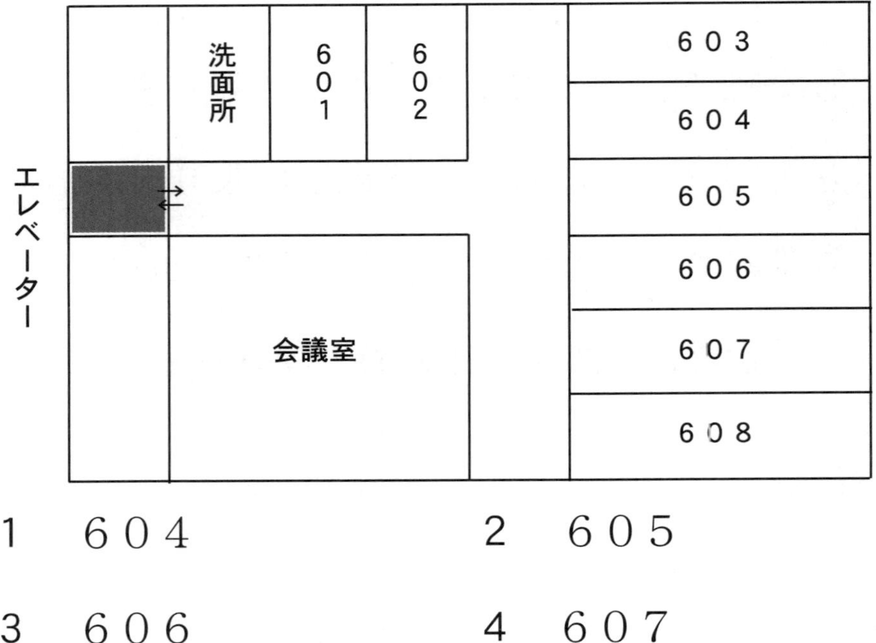

1　６０４　　　　　２　６０５

3　６０６　　　　　４　６０７

5番

1　三枚の伝票と当日の売上げを確認して、金庫に入れる。

2　レジボックスに残ったつり銭を数えて、青いかばんに入れる。

3　店長に聞いてから、つり銭を確認して、青いかばんに入れる。

4　つり銭を数えて、青いかばんに入れたら、店長に報告する。

6番

1

間取：３DK
（6洋・4.5洋・3洋・DK）
築年月：1999年3月
家賃：75000 円
敷金礼金：各1ヶ月
交通：駅まで徒歩３分

2

間取：１DK
（8洋・DK）
築年月：2006年5月
家賃：60000円
敷金礼金：各1ヶ月
交通：駅まで徒歩25分

3

間取：２DK
（6和・4.5和・DK）
築年月：2002年3月
家賃：62000 円
敷金礼金：なし
交通：駅まで徒歩5分

4

間取：２DK
（6洋・4.5洋・DK）
築年月：1992年10月
家賃：55000 円
敷金礼金：各1ヶ月
交通：駅まで徒歩３０分

問題2

　問題2では、まず質問を聞いてください。そのあと、問題用紙の選択肢を読んでください。読む時間があります。それから話を聞いて、問題用紙の1から4の中から、正しい答えを一つ選んでください。

1番

1　定員を超えて、ボートに生徒を乗せたこと

2　教師に指導者としての十分な経験がなかったこと

3　指導に当たった教師に天候など状況判断のミスがあったこと

4　ボートの手こぎ訓練は、野外活動の方法として不適切だったこと

2番

1　母親の手料理が食べたいから

2　母親が心配してるから

3　姪に早く会いたいから

4　卒論を完成させるため

3番

   1   ご祝儀として、5万円渡します。

   2   ご祝儀として、5千円渡します。

   3   ご祝儀として、2万円渡します。

   4   ご祝儀として、1万円渡します。

4番

   1   日曜日は忙しいから

   2   お金がないから

   3   騙されたことがあるから

   4   彼女と行きたくないから

5番

1   100円買うごとに、チケットが1枚もらえます。

2   500円買うごとに、チケットが1枚もらえます。

3   チケットは、100ポイントごとに一枚発行されます。

4   チケットは、500ポイントごとに一枚発行されます。

6番

1   花粉症が発症して、辛いです。

2   風邪を引いて、くしゃみが出ます。

3   熱があって、体がだるいです。

4   二日酔いで、頭が痛いです。

7番

1 将棋はチェスよりも盤のマス数もコマの数も多
いから

2 将棋はチェスよりも勝負がつくまでの所要時間
が長くなるから

3 将棋はチェスよりも勝負がつくまでの手数が多
くなるから

4 将棋はチェスよりルールが複雑で、一局面の候
補手が多いから

問題 3

問題3では、問題用紙に何も印刷されていません。まず話を聞いてください。それから、質問と選択肢を聞いて、1から4の中から、正しい答えを一つ選んでください。

― メモ ―

問題 4

問題4では、問題用紙に何も印刷されていません。まず話を聞いてください。それから、質問と選択肢を聞いて、１から３の中から、正しい答えを一つ選んでください。

― メモ ―

問題 5

問題 5 では、長めの話を聞きます。この問題には練習はありません。

1 番

まず話を聞いてください。それから、二つの質問を聞いて、それぞれ問題用紙の 1 から 4 の中から、正しい答えを一つ選んでください。

質問 1

1　日本は単一民族国家だが、マレーシアは多民族国家である。

2　日本は社会が不安定だが、マレーシアは社会が安定している。

3　日本は同化主義が強いが、マレーシアは多文化主義の国である。

4　日本社会には諸民族の協力がないが、マレーシア社会にはある。

質問2

1　マレーシアは民族によって食べるものも違えば、住むところも違い、お互いが独立して生活を営んでいる社会。

2　マレーシアは英語を共通語としながらも、マレー人、中国人、インド人がそれぞれの言語を使用している社会。

3　マレーシアは、マレー人の言語や宗教・文化を基本としながらも、少数民族の文化や伝統も尊重されている社会。

4　マレーシアは、イスラム教を国教とし、マレーの習慣に従うことに同意した諸民族のみによって作られた社会。

2番

問題用紙に何も印刷されていません。まず話を聞いてください。それから、質問と選択肢を聞いて、1から4の中から、正しい答えを一つ選んでください。

― メモ ―

3番

問題用紙に何も印刷されていません。まず話を聞いてください。それから、質問と選択肢を聞いて、1から4の中から、正しい答えを一つ選んでください。

― メモ ―

모의테스트
정답 및
청해 스크립트

〔배점표〕

N1 시험과목 · 시험시간 · 점수			합계
언어지식(문자 · 어휘 · 문법) · 독해	110분	청해 60분	2과목 180점 만점
언어지식(문자 · 어휘 · 문법) 60점	독해 60점	청해 60점	

* 각각의 득점 구분에서 기준점 이상을 받아야 합격.(과목별 낙제점 신설)

* 점수의 총합이 아무리 높아도 구분점수가 하나라도 미달되면 불합격됨.

* 총합득점과 각 기준점(과락점수) 및 합격점수의 상세한 내용은 2010년중에 결정됩니다.

N1 모의테스트 1회 정답

問題 1

| 1 | 4 | 2 | 3 | 3 | 2 | 4 | 1 | 5 | 3 |

| 6 | 3 |

問題 2

| 7 | 3 | 8 | 2 | 9 | 2 | 10 | 4 | 11 | 2 |

| 12 | 1 | 13 | 3 |

問題 3

| 14 | 4 | 15 | 1 | 16 | 3 | 17 | 2 | 18 | 2 |

| 19 | 4 |

問題 4

| 20 | 4 | 21 | 3 | 22 | 2 | 23 | 1 | 24 | 2 |

| 25 | 2 |

問題 5

| 26 | 3 | 27 | 2 | 28 | 2 | 29 | 3 | 30 | 1 |

| 31 | 2 | 32 | 3 | 33 | 4 | 34 | 1 | 35 | 4 |

問題 6

| 36 | 2 | 37 | 4 | 38 | 1 | 39 | 2 | 40 | 4 |

問題 7

| 41 | 4 | 42 | 2 | 43 | 2 | 44 | 3 | 45 | 3 |

問題 8

| 46 | 4 | 47 | 2 | 48 | 1 | 49 | 3 |

問題 9

| 50 | 2 | 51 | 3 | 52 | 4 | 53 | 2 | 54 | 2 |

| 55 | 1 | 56 | 1 | 57 | 1 | 58 | 3 |

問題 10

| 59 | 1 | 60 | 3 | 61 | 1 | 62 | 4 |

問題 11

| 63 | 3 | 64 | 2 | 65 | 4 |

問題 12

| 66 | 2 | 67 | 4 | 68 | 3 | 69 | 3 |

問題 13

| 70 | 3 | 71 | 4 |

問題 1

| 1 | 3 | 2 | 3 | 3 | 1 | 4 | 4 | 5 | 2 |

| 6 | 3 |

問題 2

| 1 | 3 | 2 | 1 | 3 | 2 | 4 | 1 | 5 | 3 |

| 6 | 2 | 7 | 4 |

問題 3

| 1 | 3 | 2 | 1 | 3 | 2 | 4 | 4 | 5 | 4 |

| 6 | 1 |

問題 4

| 1 | 1 | 2 | 3 | 3 | 1 | 4 | 3 | 5 | 2 |

| 6 | 1 | 7 | 1 | 8 | 2 | 9 | 3 | 10 | 1 |

| 11 | 1 | 12 | 1 | 13 | 2 | 14 | 3 |

問題 5

| 1 | 質問 1 -4, 質問 2 -2 |

| 2 | 4 | 3 | 3 |

N1 모의테스트 2회 정답

問題 1

1	4	2	2	3	2	4	2	5	4
6	1

問題 2

7	2	8	4	9	3	10	1	11	3
12	4	13	3

問題 3

14	3	15	2	16	2	17	1	18	3
19	1

問題 4

20	2	21	3	22	4	23	2	24	3
25	1

問題 5

26	2	27	2	28	3	29	4	30	4
31	2	32	2	33	2	34	3	35	3

問題 6

36	4	37	1	38	2	39	4	40	3

問題 7

41	2	42	4	43	3	44	2	45	1

問題 8

46	2	47	1	48	2	49	4

問題 9

50	4	51	4	52	3	53	1	54	2
55	4	56	1	57	2	58	4

問題 10

59	3	60	4	61	1	62	2

問題 11

63	3	64	2	65	4

問題 12

66	4	67	3	68	1	69	3

問題 13

70	4	71	3

問題 1

1	4	2	2	3	2	4	4	5	3
6	1

問題 2

1	3	2	4	3	3	4	3	5	4
6	1	7	4

問題 3

1	2	2	2	3	2	4	1	5	4
6	2

問題 4

1	2	2	3	3	2	4	1	5	2
6	2	7	1	8	2	9	1	10	2
11	3	12	2	13	1	14	3

問題 5

1	質問 1 -3, 質問 2 -3
2	2	3	4

모의테스트 1회 번역

문제1 밑줄 친 단어의 읽는 법으로 가장 알맞은 표현을 1·2·3·4에서 하나 선택하시오.

1 올해야말로 반드시 우승해 보이겠다고 그는 <u>의욕을 보</u><u>이그</u> 있었다.
　4 いきごんで

2 올림픽에서의 그의 <u>눈부신</u> 활약은 지금도 우리들의 기억에 생생하다.
　3 はなばなしい

3 환하게 밝혀진 파티 회장은 대낮 <u>못지않은</u> 밝기였다.
　2 あざむく

4 아이 는 자유롭게 키우는 것이 올바르며, 너무 <u>간섭해서</u>는 안 된다.
　1　かんしょう

5 일본인은 일반적으로 <u>완곡한</u> 표현을 좋아한다.
　3 えんきょく

6 최근 볼링의 인기는 완전히 <u>시들</u>해졌다.
　3 したび

문제2 (　　　)에 들어갈 가장 알맞은 표현을 1·2·3·4에서 하나 선택하시오.

7 먹구름이 갑자기 (　　)하고 나타났다고 생각한 순간, 세찬 비가 내리기 시작했다.
　1 돌연　　　2 돌발　　　3 돌연　　　4 돌출

8 좋아하면 좋아한다고, 솔직하게 그녀에게 (　　　) 어떻습니까?
　1 두드려 박는 것이　　　　2 털어놓는 것이
　3 계승하는 것이　　　　4 받아들이는 것이

9 그는 상경하고 신문배달을 (　　　) 여기저기 직장을 옮겨다녔다.
　1 대체로　　　　2 시작으로
　3 돌아보며　　　　4 뿌리치며

10 귀찮은 일은 (　　　)로 하고, 우선 간단한 일부터 정리하자.
　1 아래　　　　2 다음
　3 먼저　　　　4 뒤로 미루고

11 여러 가지로 (　　)를 받게 되어 진심으로 감사드립니다.
　1 광림　　　2 후정, 호의　3 짐작　　　4 청영

12 그녀는 180점 만점 중 175점이라는 (　　)없는 성적이었다.
　1 더할 나위　　2 신청　　　3 변명　　　4 제의

13 항구에 면한 밤의 야마시타 공원은 (　　　)한 분위기가 감돌고 있었다.
　1 무드　　　2 우아　　　3 로맨틱　　　4 적절

문제3 밑줄 친 단어와 의미가 가장 가까운 표현을 1·2·3·4에서 하나 선택하시오.

14 그녀에게 식사를 권했지만, <u>매정하게</u> 거절당했다.
　1 솔직하게　　2 겸허하게　　3 애매하게　　4 냉담하게

15 아, 아뿔싸. <u>중요한</u> 것을 말하는 걸 잊어버렸다.
　1 중요　　　2 대담　　　3 불가결　　　4 알맞은

16 이런 선물, 관광지라면 어디서든 파는 거라서 <u>진귀하지</u> <u>않은</u> 물건이야.
　1 서로 비슷한　　　　2 유행한
　3 흔해빠진　　　　4 낯익은

17 출혈이 심하기 때문에, 당장 <u>치료를</u> 하지 않으면 목숨이 위험하다.
　1 본보기　　2 치료　　　3 수고　　　4 순서

18 내일 일을 <u>상의하고 싶으니까</u> 회의실로 모여주게.
　1 유의하고 싶다　　　　2 미리 상의하고 싶다
　3 취급하고 싶다　　　　4 준비하고 싶다

19 같은 의미의 말이라도 일본 고유어를 쓰느냐 한자어를 쓰느냐에 따라 미묘한 <u>어감</u>의 차이가 생긴다.
　1 타이밍　　2 대비　　　3 메시지　　　4 뉘앙스

문제4 다음 단어의 쓰임새로서 가장 알맞은 표현을 1·2·3·4에서 하나 선택하시오.

20 テンポ(템포)
　1 템포에 따라 행동해 주세요.
　2 위험하니까 너무 <u>템포</u>를 내지 말아주세요.
　3 지금부터 달릴 테니까 <u>템포</u>를 재 주세요.
　4 그 교수의 수업은 <u>템포</u>가 너무 빨라서 쫓아갈 수 없다.

21 思いがけない(뜻밖이다) (い형용사)

1 그가 회사를 그만둔 이유가 나에게는 <u>뜻밖</u>입니다.
2 여러 가지 방법을 생각했으나, 아무것도 <u>뜻밖</u>이었다.
3 그런 곳에서 그녀와 재회하다니 참으로 <u>뜻밖</u>의 일이었습니다.
4 그녀의 이름이 아무래도 <u>뜻밖</u>입니다.

22 あざやか(솜씨, 동작 등이 훌륭함, 뛰어남, 멋짐)

1 아침의 공원을 산책하고 있으면 기분이 <u>훌륭</u>해진다.
2 프로 스키선수인만큼 실로 <u>멋진</u> 활주였다.
3 산맥에서 <u>훌륭</u>한 물이 솟아나오고 있었다.
4 거기에는 <u>멋진</u> 세토의 바다가 펼쳐져 있다.

23 さける(피하다)

1 가능하다면 귀찮은 일은 <u>피하고</u> 싶다.
2 차가 건너편에서 돌진해 왔기 때문에 나는 나도 모르게 몸을 <u>피했다</u>.
3 일본 축구팀은 1점 리드한 채 <u>피했다</u>.
4 범인은 사람들 틈을 <u>피해서</u> 보이지 않게 되었다.

24 ぐあい(상태)

1 오늘의 그녀는 <u>상태</u>가 나빠서 아침부터 몹시 화가 나 있다.
2 최근 아무래도 몸 <u>상태</u>가 좋지 않다.
3 이 문제를 해결할 좋은 <u>상태</u>가 없을까.
4 이 가게는 굉장히 <u>상태</u>가 좋아서 항상 만석이다.

25 おおげさ(과장됨)

1 나는 결코 <u>과장</u>해서 말하는 것이 아닙니다.
2 큰 상처도 아닌데 <u>과장</u>해서 떠들고 있다.
3 오늘밤은 술자리에서 <u>과장되게</u> 마셔보지 않을래?
4 파티라고 해서 그렇게 <u>과장된</u> 복장을 할 필요는 없어.

문제5 밑줄에 들어갈 가장 알맞은 표현을 1·2·3·4에서 하나 선택하시오.

26 이것 __, 오늘의 결혼 피로연을 마치도록 하겠습니다.

1 ~에 있어서　　　　　2 ~에 의해서
3 ~으로　　　　　　　4 ~에 응해서

27 부모님의 이혼 _____, 그 소녀는 비행의 길로 빠지게 되었다.

1 ~을 시작으로　　　　2 ~를 계기로
3 여하로　　　　　　　4 ~에 있어서

28 평소에 사용_____ 컴퓨터를 사용하면, 작업에 시간이 걸려서 참을 수가 없다.

1 ~할 수 없는　　　　　2 늘 ~지 않는

3 빠질 수 없다　　　　　4 할 수 없는

29 남을 부러워하면 부러워 _____, 자신이 비참해지게 되는 법이야.

1 만큼　　　　　　　　2 ~만으로
3 ~할수록　　　　　　　4 만큼

30 젊은 _____기세좋게 나가다가 실패도 하겠지만, 너그럽게 봐줘야 하지 않겠는가.

1 만큼　　　　　　　　2 만큼
3 이상　　　　　　　　4 때문이야말로

31 무력으로 자국의 '정의'를 강요하는 방식이 패권주의가 아니고 _____.

1 어떨까　　　　　　　2 무엇이란 말인가
3 혼내야 한다　　　　　4 견딜 수 없다

32 항상 쿄코만 항상 회사 남자들이 떠받들어줘서 너무 밉살스러운 _____.

1 라는 것이다　　　　　2 라는 것이다
3 매우 ~하다　　　　　4 기껏해야 ~라는 정도이다

33 가족여행이라고 해도 우리집에서는 근처 온천에 1박 2일로 가는 것이 겨우 _____.

1 라는 것이다　　　　　2 라는 것이다
3 매우 ~하다　　　　　4 ~라는 정도이다

34 이 기회를 놓치면 _____, 두 번 다시 너에게 기회는 돌아오지 않을 거야.

1 그것으로 끝이다　　　2 ~뿐이다
3 그것뿐이다　　　　　4 ~필요도 없다

35 그는 자신이야말로 사장의 후계자로서 적임자라고 공언하며 _____.

1 ~수 없다　　　　　　2 매우~ 하다
3 참을 수 없다　　　　　4 거리낌없이 ~하다

문제6 다음 문장의 _____★_____에 들어갈 가장 알맞은 표현을 1·2·3·4에서 하나 고르시오.

36 소꿉친구로부터 전화가 왔었는데 ____ ____ ★____ ____뿐이다.

(소꿉친구로부터 전화가 왔었는데 건강하게 살고 있는 듯해서 매우 기쁘다.)

1 건강하게　　　　　　2 듯해서
3 살고 있는　　　　　　4 기쁘다

37 내가_____ ____ ★_____ ____인 것이 아닌가.

(내가 여태까지 중국을 방문한 횟수는 이미 50회를 넘은 것은 아닌가.)

1 중국을 방문한 횟수는　　2 넘어있다
3 지금까지　　　　　　　4 이미 50회를

38 지금 당장이라면 무리이지만, 만약 ＿＿＿ ＿＿＿ ＿＿★＿ ＿＿＿ 것도 없다.

(지금 당장이라면 무리이지만, 만약 시간을 준다면 그 외뢰에 협력 못할 것도 없다.)

1 그 의뢰에　　　　　　2 받을 수 있다면
3 시간을　　　　　　　　4 협력 못할

39 무대 위 연기자도 ＿＿＿ ＿＿＿ ＿＿★＿ ＿＿＿ 있을 수 있습니까?

(무대의 연기자도 아닌데 어찌 이렇게 바보 취급 당하고 히죽히죽 웃고 있을 수 있겠습니까?)

1 히죽히죽 웃고　　　　2 바보 취급 당하고
3 이렇게　　　　　　　　4 아닌데 어찌

40 밥 짓는 법 조차 ＿＿＿ ＿＿＿ ＿＿★＿ ＿＿＿임에 틀림없는 것 아닌가.

(밥 짓는 법 조차 모르는 사람에게 이런 어려운 요리를 만들어보라고 하다니 무리임에 틀림없는 것 아닌가.)

1 무리다　　　　　　　　2 모르는 사람에게
3 이런 어려운 요리를　　4 만들어보라고 하다니

문제7 다음 문장을 읽고 **41** 에서 **45** 안에 들어갈 가장 적당한 표현을 1·2·3·4에서 하나 고르시오.

> 여러가지 표현과 새로운 용법이 생겨나고 있다. **41** , '컴퓨터를 부팅하다'라는 동사는 컴퓨터의 보급 **42** . 최근 10년 동안 사용빈도가 높아져, 사전에도 실리게 되었다. 하지만 생각해 보면, 인간이 컴퓨터 스위치를 켜는 것이기 때문에, 엄밀히 표현하자면 '컴퓨터를 시작하게 하다'가 되어야겠지만, 길어서일까 이 표현을 듣는 경우는 거의 없다. 'たち'에도 'あげる'에도 원리의 동사의 의미는 거의 남아있다고 느끼지 못할 **43** , 오늘도 일본의 여기저기에서 사용되고 있을 것이다
>
> 이렇게 하루하루 생겨나는 새로운 표현에 우리들은 어떻게 대응해야만 하는 것일까. 어디까지를 옳다고 하고, 어디부터 그르다고 해야 할까. 현재 국어의 규범은 존중되어야만 한다. **44** 그것이 '본래의' 용법인가 아닌가는 일본어 역사 속에서의 실태를 **45** 하고, 가볍게 판단할 수는 없다. 또 현재의 규범을 과거에 적용하는 것에 대해서도, 신중해야만 하는 것이다.

41

1 이를테면　　　　　　　2 즉
3 오히려　　　　　　　　4 예를 들면

42

1 ~에 즈음해서　　　　　2 ~와 함께, ~함에 따라서
3 ~에 관해서　　　　　　4 ~에 근거하여

43

1 ~에 관계없이　　　　　2 ~에도 불구하고
3 ~라고 해서　　　　　　4 ~듯이

44

1 따라서　　　　　　　　2 그 때문에
3 그러나　　　　　　　　4 또는

45

1 조사하지 않고는 있을 수 없다
2 조사할 수는 없다
3 조사해야 한다
4 조사할 필요도 없다

문제8 다음 문장을 읽고 다음 문제에 대한 답으로 가장 알맞은 것을 1·2·3·4에서 하나 고르시오.

> 다른 언어를 이야기하는 2개 이상의 집단이 접촉할 때, 그때까지 존재하지 않았던 새로운 언어가 생기는 일이 있다. 그것을 '피진(혼합어)'이라고 부른다. 일본인이 말하는 기묘한 영어 'you, come, here, tomorrow, ok ね' 나 'me, no, good, today よ' 등도 피진의 한 예라고 할 수 있다. 그런데, 이 피진이 어떤 집단의 모어가 되는 경우가 있다. 다언어 사회에서 서로를 이해하기 위해 공통어로서 사용된 피진이, 그 편리성 때문에 다음 세대의 모어로서 계승되는 경우이다. 그럴 때, 그것을 클레올(creole)라고 부른다.

46 클레올의 설명으로 올바른 것은 무엇인가?

1 언어 접촉에서 생겨난 언어
2 다언어 사회에서의 공통어
3 공통어로서 사용되는 혼합어
4 어느 집단의 모어가 된 혼합어

> 어떻게 아이의 자주성을 길러줄 것인가라는 관점에서 아이를 둘러싼 환경을 봤을 때, 다소 패턴화된 표현이 되겠지만, 수험 공부를 중심으로 이 조건을 만들어내

는 환경은 지식면에 한정된 관리된 환경이며, '개성이
나 흥미'를 존중하는 체제를 갖추면서도, 실제로는 기
존의 방식을 따라가고 있는 것에 지나지 않습니다. 혼
자서 준비하고 계획하고 끝까지 해내는 기회가 적으
며, 사회적인 관계와도 멀어져 온실적인 환경이 되며,
거기에서 아이의 자주성이 키워질 리 없는 것입니다.

47 이 문장은 다음의 어떤 테마에 대해 쓰여진 문장의
일부인가?

1 현대의 아이들을 둘러싼 환경
2 어떻게 아이의 자주성을 길러줄 것인가
3 지식편중식 수험 공부의 폐해
4 개성이나 취미를 어떻게 살릴 것인가

2009년 7월 13일, 뇌사를 사람의 죽음이라는 전제로
장기 제공의 연령 제한을 철폐하는 개정 장기 이식법
이 성립하였다. 1997년에 성립한 장기 이식법에는, 15
세 미만의 장기 이식은 금지였으나, 법률개정에 의해
그 길이 열리게 되었다. 뇌사의 정의란, '뇌간을 포함
한 모든 뇌기능의 정지'를 의미하며, '대뇌피질만 죽
은 것'인 식물인간 상태와는 다른 상태를 말한다. 개정
장기 이식법에 의해, 지금까지 미국에 의존할 수 밖에
없었던 소아의 장기 이식이 가능해지면서 많은 이들이
기뻐하는 가운데 한편으로는 여러 가지 문제가 떠오르
고 있다.

48 이 문장에 이어지는 내용은 어떤 내용의 문장인가?

1 장기 이식의 문제점
2 장기 이식의 사회적 배경
3 장기 이식의 어려움
4 장기 이식에 대한 반대론

저는 처음으로 특별요양 노인 복지 시설에서 봉사활동
을 경험했습니다. 제가 80세를 넘긴 어르신들의 식사
를 도와드리려고, "할머니, 아~ 하고 입을 벌리세요."
하고 숟가락으로 수프를 떠서 야마다 씨 입 쪽으로 가
져갔습니다. 그러자 직원이 저를 말리며, "야마다 씨.
당신은 스스로 드실 수 있잖아요." 라며, 숟가락을 야
마다 씨의 손에 쥐게 했습니다. 나는 의아해서, "어째
서 도와줘서는 안 되는 것입니까?" 라고 물어봤습니
다. 그러자, 그 직원은 "병으로 누워계신 분이나 치매
인 고령자들도 자신의 일은 스스로 하고 싶다는 마음
을 가지고 있고, 그런 의지가 있음으로 비로소 살아있
다고 말할 수 있는 거잖아요. 그것을 도와주는 것이 간
호라고 생각해요." 라고 대답해 주었습니다. <u>저는 그
말을 듣고, 몰랐던 것을 알게 된 듯한 기분이었습니다.</u>

49 '저는 그 말을 듣고, 몰랐던 것을 알게 된 듯한 기분이
었습니다.'라고 되어 있는데, 그것은 왜인가?

1 간호라는 것은 고령자에게 자신의 일을 스스로 하게 하
는 것이라는 것을 알았기 때문에
2 간호라는 것은 상상했던 것보다도 힘든 일이라는 것을
알았기 때문에
3 간호에 대해 잘못된 생각을 가지고 있었던 것을 깨우치
게 해주었기 때문에
4 간호라는 것은 고령자의 기분이 되어 돕는 것임을 알았
기 때문에

문제9 다음 문장을 읽고 다음 문제에 대한 답으로 가장 알맞은
것을 1·2·3·4에서 하나 고르시오.

'겉으로 내세우는 말은 싫다' 라는 분은 '그 뒤에 있는
검은 면'을 싫어하는 것이라고 생각합니다. 하지만, 인
간은 누구에게나 검은 면이 있습니다. 없는 사람은 인
간이 아닙니다. 그 검은 면을 겉으로 드러내지 않고 남
에게 좋은 말만 하는 사람을 겉치레만 하는 위선자라
고 비난하는 사람들도 있습니다. 1) <u>하지만, 도를 넘어
서 전체를 부정하는 것은 아닌가</u> 라는 생각이 듭니다.
왜냐하면, 자신의 속마음을 직설적으로 솔직하게 드러
내는 것이 반드시 좋다고는 할 수 없기 때문입니다. '
싫다', '밉다' 라는 말을 듣고, 기분이 좋을 사람은 별
로 없습니다. 가령 진실이라고 해도, '너는 틀렸어' 라
고 정색하고 비판하면 기뻐할 사람도 별로 없습니다.
오히려 상대를 상처 입히거나 관계가 나빠지지 않도록
하고 싶은 말을 노골적으로 하지 않고 완곡하게 말해
서, 사회생활을 잘 해나가는 쪽이 많을 거라고 생각합
니다. 이것은 사람과 사람이 사회생활을 하는 데에 있
어서의 지혜라고 해도 좋고, 일본뿐만 아니라 다른 나
라에서도 많이 볼 수 있는 커뮤니케이션 중 하나입니
다. 그렇기 때문에, 상대방이 듣기 좋은 말을 하고 있
다고 생각해도, 2) <u>우선은 '하는 말을 그대로 받아들이
고, 숨겨진 뜻은 없는 것으로 해 둔다'</u>는 것입니다. 그
렇게 하면 즐겁게 지낼 수 있고, 은혜도 자신의 것이
됩니다.
물론, 겉치레 표현만 한다면 언제까지나 겉치레 표현
만 하는 사이일 것입니다. 본심을 털어놓고 이야기하
지 않으면 진정한 교류는 불가능합니다. 단지 상대방
의 감정을 배려한 후에 진심과 겉치레 표현의 균형 감
각이 요구되어야 하는 것은 아닐까 생각합니다.

50 1) '그러나, 도를 넘어서 전체를 부정하는 것은 아닌가 라고 생각합니다.'라고 되어 있는데, 그것은 어째서인 가?

1 사람은 누구나 겉으로 보이는 표현과 본심이라는 양면 을 갖고 있기 때문에

2 본심간으로는 사회생활을 잘 해낼 수 없을 때가 있기 때문게

3 겉으로 보이는 표현은 적은 편이 좋은데, 이는 너무 많 아도 곤란하기 때문에

4 겉치레뿐인 이야기로는 진정한 마음의 교류는 불가능 하기 때문에

51 2) '우선 "하는 말을 그대로 받아들이고, 숨겨진 뜻은 없는 것"으로 해 둔다'라고 되어 있는데, 그 설명으로 알맞은 것은 어느 것인가?

1 상대방의 겉치레 표현에 대해서는 거짓말이 아닌지 확인하는 편이 좋다.

2 겉치리 표현이라고 해서 반드시 속뜻이 있다고는 할 수 없다.

3 겉치레 표현임을 알더라도 속뜻이 있는지 없는지 탐 색하지 않도록 하자.

4 겉치러 표현이라는 것도 사회생활에서는 필요할 때 가 있다는 것을 알아두자.

52 필자의 생각과 맞는 것은 어느 것인가?

1 본심을 겉으로 드러내지 않는 사람은 위선자가 많다.

2 가능하면 본심으로 사는 것이 바람직하다.

3 본심과 겉치레 표현을 구별해 쓰는 것은 일본문화의 특 징이다.

4 본심도 겉치레 표현도 모두 사회생활에는 빼놓을 수 없 다.

> 환경파괴와 전쟁이라는 큰 문제는 하루하루를 살아 가는 가운데 많은 현대인이 느끼는 삶의 괴로움과, 1) <u>그 근본이 연결되어 있다.</u> 그 근본은 효율성과 생산성 등을 최우선으로 하며 이를 위해서는 생태계와 가정을 희생해도 어쩔 수 없다는 빠른 사회 모습에 있다.
> 어째서 fast라고 하는지는, 보다 빨리, 보다 많이 만 들어 파는 것이 이긴다는 경쟁원리에 근거하고 있기 때문이다. 같은 결승점을 향해서 경합하는 것이 경쟁. 언제부터인가 우리들 현대인은 경쟁원리야말로 사회 의 기본 원리라고 믿어버리게 되었다. 2) <u>경쟁이 없으 면 사람은 게을러지고 사회는 발전을 멈추고 정체되어 버린다</u>는 것이다.
> 하지만 정말로 그럴까? 사회란 애당초 동질의 사람

들이 같은 목적을 향해 경쟁적으로 살아가는 장소가 아닐 것이다. 무엇보다, 어째서 한 사람 한 사람의 결 승점이 달라서는 안 되는 것일까. (　　ア　　). 일시적으로는 경쟁이 사람에게 자극이나 힘을 주는 경 우도 있을 것이다. 그러나 사회에는 지역사회라든가 가정이라든가 교우 관계 등 본래는 서로 돕는 장소, 경 쟁과 맞지 않은 장소도 있다. 그럼에도 불구하고, 생 산성과 효율성을 둘러싼 경쟁이 이러한 상부상조의 장 안까지 깊숙이 들어왔다. 그런 사회는 살기 어렵다. 또, 그러한 사회가 계속 이어질 거라고는 생각지 않는 다.

53 1) '근본이 연결되어 있다'라고 되어 있는데, 어디로 이어지는 것인가?

1 경제성장

2 경쟁원리

3 사회발전

4 상호부조

54 2) '경쟁이 없으면 사람은 게을러지고 사회는 발전 을 멈추고 정체되어 버린다'라고 되어 있는데, 필자 는 이러한 사고 방식을 어떻게 생각하고 있는가?

1 경쟁원리를 사회원리로 삼는 것에 반대는 하지 않지 만, 경쟁이 만들어내는 폐해를 해결하지 않으면 살기 어려운 사회가 된다.

2 사회에는 경쟁과 맞지 않는 장소도 있고 지나친 경쟁 이 지구와 상부상조에 의해 이루어진 사회를 해치고 있다는 사실을 우리들은 깨달아야 한다.

3 생산성과 효율성을 둘러싼 경쟁이 사회를 발전시켜 왔으며, 그것을 부정하는 의견을 인정할 수는 없다.

4 경쟁원리로 세워진 가치관을 전면적으로 고쳐, 경쟁 에서 상부상조로, 경제우선에서 자연으로의 공생으 로 지금의 사회를 바꿔야 할 필요가 있다.

55 (　ア　)에 들어갈 문장으로 가장 적당한 것은 어느 것 인가?

1 나는 경쟁을 무조건 부정할 생각은 없다.

2 나는 경쟁은 적으면 적을수록 좋다고 생각하고 있다.

3 나는 경쟁을 부정한 사회에 진보는 없다고 생각하고 있다.

4 나는 경쟁은 틀림없이 사회의 격차를 낳을 거라 생각 한다.

1) 인터넷 상의 검색은 능동적으로 키워드로 사이트를 찾는 것처럼 보이지만, 사실은 기본적으로 수동적인 작업이다. 검색 결과 목록에서 링크를 차례차례 체크해 가는 것은, 무료하게 텔레비전의 채널을 바꾸는 것과 그다지 다르지 않다. 그리고, 목적의 사이트에 다다를지 어떨지는 검색어를 좁히는 기술과 검색 엔진의 성능 여하에 있다. 이러한 정보의 수동화가 가져오는 교육에의 명백한 폐해는 생각하지 않게 된다는 것이다. 무언가 의문이 생겼을 때 생각도 하기 전에 인터넷 상에서 검색하고 있지는 않은가. 필요로 하는 정보가 실려 있는 사이트에 무사히 접속했다면, "럭키!" 하고 외치고 싶겠지만, 그 때 이미 생각하는 것을 포기하고 있는 것이다.

인터넷을 통해서 여러 가지 지식을 손쉽게 손에 넣을 수 있으나, 정보의 입수가 쉬우면 쉬울수록 그 가치는 감소한다. 지식 그 자체보다도 시간을 들여 이해하는 데 열중하고, 교사와 친구에게 의논하고 또는 의문을 갖는 과정이 훨씬 중요하다. 얻기 어려운 지식일수록 그 가치를 소중히 하고 키워서 발전시켜 나가는 여유도 생겨난다. 표면적인 지식을 아무리 섭렵했다고 한들, 깊은 이해에 도달할 수는 없다. 지식의 보물창고일 인터넷이 그 간편함 때문에 지식의 가치를 낮춰버리고 있다면 유감스러운 일이다. 인터넷은 도깨비 방망이도 아니고, 도라에몽의 '4차원 주머니'도 아니다. 굳이 말하자면 인터넷은 대중화된 '정보의 도가니'에 지나지 않는다.

56 1) '인터넷 상의 검색은 능동적으로 키워드로 사이트를 찾는 것처럼 보이지만, 사실은 기본적으로 수동적인 작업이다' 라고 되어 있는데, 왜 '수동적인 작업'인가?

1 키워드에서 사이트를 찾는 행위는 보고 싶은 방송을 찾아서 텔레비전의 채널을 바꾸는 행위와 다르지 않기 때문에

2 아무리 키워드를 입력해도 검색어를 좁히는 기술과 검색 엔진의 성능이 좋지 않으면 목표한 사이트가 발견되지 않기 때문에

3 필요로 하는 정보가 실려 있는 사이트가 발견될지 여부는 결국 우연이나 운에 좌우되기 때문에

4 인터넷에서 얻은 정보는 타인의 지식에서 빌린 것으로, 자신이 스스로의 힘으로 생각해낸 것이 아니기 때문에

57 필자의 생각과 맞지 않는 것은 어느 것인가?

1 인터넷에서 얻은 지식에는 거의 가치가 없다.

2 인터넷은 교육에 매우 큰 폐해를 끼치고 있다.

3 지식의 양보다도 생각하는 과정이 중요하다.

4 간편하게 정보를 얻을 수 있는 만큼 정보의 가치가 감소한다.

58 이 문장에서 필자가 가장 강조하고 싶은 것은 무엇인가?

1 인터넷에서 얻은 정보를 활용할 수 있는 힘을 익혀야만 한다.

2 인터넷보다도 사람과 사람이 직접 커뮤니케이션 하는 편이 중요하다.

3 인터넷의 간편함에 얽매여서 생각하는 노력을 포기해서는 안 된다.

4 인터넷은 '정보의 도가니'이며 신뢰성이 결여되는 것이다.

문제10 다음 문장을 읽고 뒤의 질문에 대한 답으로 가장 알맞은 것을 1·2·3·4에서 하나 고르시오.

나는 아직도 휴대폰을 갖고 있지 않다. 이유는 그다지 분명하지 않지만, 휴대폰이 나온 초기에 휴대폰으로 이야기하는 사람들에 대해서 품었던 위화감이 지금도 영향을 끼치고 있는 것일지도 모른다. 그 무렵 우쭐거리며 남들 앞에서 휴대폰으로 이야기하고 있는 사람들이 어딘지 모르게 경박하게 보였던 것이 사실이다. 휴대폰은 그 무렵, 특권층 어른의 장난감이었던 것이다. "저기 말이야, 사장님 있어?" 라는 듯한 어조로, 잘난 듯이 쉬지 않고 큰 소리로 떠들어대는 광경을 이곳 저곳에서 볼 수 있었다. (ア)
얼마 안 있어 휴대폰의 경이적인 보급이 그 특권성을 잃게 하고, 1) 강압적인 도구에서 젊은 사람들에게 너무나 편리한, 즉 매우 편리한 소도구로서 자리잡았다. 게다가 휴대폰은 전화라기보다 온갖 기능을 모아놓은 문화적 무기로서 진화하여 이것을 능숙하게 다루면 현대라는 시대를 만끽할 수 있다는 이미지를 갖기 시작했다. 항공기 공중 납치 때의 활약도 그 중 하나라고 할 수 있을 것이다. (イ)
하지만, 전철 안에서 휴대폰을 꺼내어 문자를 확인하고, 모든 것을 끝까지 확인한 후 멍하게 허공에 시선을 둔 무표정은 아날로그 시대의 무표정에는 없었던 얼굴이다. 우주의 저편으로의 통신이 도중에 끊어져, 망연자실해 있는 엄청나게 고독한 모습, 그런 분위기이다. 그런가 하면, 빨간 신호등에 멈춰 서 있는 군중 속에서 개인적인 이야기를 길게 전개하고 있는 모습 등, 너무 많아서 일일이 셀 수도 없다. 상담, 협의, 헌팅, 실없는 개인적인 이야기가 온갖 장소에서 휴대폰

을 향해 이야기 되고들 있다. (　ウ　)
예전의 "사장님 있어?"는 거기에 있는 사람들에 대한
퍼포먼스이기도 했지만, 지금 휴대폰을 사용하는 사
람들에게는 2) 그 뉘앙스는 사라졌다. 사람들을 의식
하지 않고 소리 높여 개인적인 이야기를 계속 할 수
있는 것은 사람들 앞에서 노닥거리고, 사람들 앞에서
화장하고, 사람들 앞에서 옷을 갈아입는 것을 지극히
일반적으로 여기는, 오늘날의 문화 의식과 서로 통하
는 것임에 틀림없다. (　エ　)
어느 날 텔레비전을 보고 있자니 축구 선수 베컴을 향
해 팬들이 일제히 휴대폰을 치켜올리는 모습이 비춰졌
다. 정말 좋아하는 대상이 눈앞에 있는데, 그것을 자기
눈으로 보려고 하지 않고 우선 휴대폰에 담는다. 자신
대신에 휴대폰에게 보이며, 휴대폰에 기억시켜 남긴
다. 3) '남들 앞'에서의 상황과 같이 휴대폰은 '육안'으
로 보는 것마저 소멸시키고 있는 것이다.

59 1) '강압적인 도구' 라고 되어 있는데, 그것은 어떤
　　　것을 말하고 있는가?
1 휴대폰은 특권적 사람만이 우쭐거리며 사용하는 특
　별한 도구였다.
2 휴대폰은 아직 소유하고 있는 사람이 적은 어른을 위
　한 장난감이었다.
3 휴대폰은 당시부터 모든 편리한 기능을 갖춘 문화적
　무기였다.
4 휴대폰은 비즈니스맨에게 있어 없어서는 안 될 중요
　한 도구였다.

60 '휴대폰의 시대, (사람들 앞)이라는 감각도 사라지
　　　고 있는 것 같다.'라는 문장은 (ア) ~ (エ)의 어디에
　　　들어가는가?
1 ア
2 イ
3 ウ
4 エ

61 2) '그 뉘앙스는 사라졌다'라고 되어 있는데, ' 그 뉘
　　　앙스'라는 것은 어떠한 것인가?
1 자신의 위세를 자랑하는 듯한 느낌
2 어딘지 모르게 경박한 분위기
3 장소에 상관없이 휴대폰에 대고 이야기하는 모습
4 망연자실해 있는 고독한 모습

62 3) "'남 앞'에서와 같이 휴대폰은 '육안'으로 보는

것도 사라지게 했다"고 되어 있는데, 그것은 어떤
것을 말하고 있는가?
1 휴대폰 문화는 태연히 남 앞에서 화장하거나 옷을 갈
아입는 등, 오늘날 타인의 시선을 의식하지 않는 문
화 의식과 공통되어 있다.
2 휴대폰은 오늘날에는 시간이나 장소라는 제약에서
해방되어 자신의 눈 대신에 기록해 주며, 언제 어디
서나 스스럼없이 사용할 수 있는 편리한 도구로 진보
했다.
3 휴대폰의 기능이 발달해서 지금은 휴대폰이 사람들
의 눈을 대신하거나 귀를 대신하는 등 여러 가지로
사용되게 되었다.
4 휴대폰의 보급과 함께 사람들은 남을 의식하지 않는
것 뿐만 아니라 자신의 눈으로 보고 감동하기보다 휴
대폰에 기록하여 남기는 쪽을 중요하게 여기게 되었
다.

문제 II A와 B의 양쪽을 읽고 다음 질문에 대한 답으로 가장 알맞
　　　은 것을 1・2・3・4에서 하나 고르시오.

(A) 일을 계속하는 동안 그 특유의 묘미와 깊이를 깨
닫게 되는 법이지만, 오늘날 세상은 이러한 이야기를
일반화 시킬 수 없을 정도로 고용위기에 처해 있다.
게다가 투자보다 투기라는 money game에 빠져버린
투기사회화 현상이나, 이익을 최우선으로 하는 시장
원리주의는 이마에 땀 나도록 일한다는 생산과 노동
본래의 모습을 변질시켰을 뿐만 아니라, 사람을 물건
처럼 취급하는 풍조를 퍼뜨리기 시작했다.
어떤 일이든 그곳에서 만들어진 하나 하나가 사회를
구성하고 있다고 생각하면, 모두들 당당하게 살 수
있다. 그러나 그 일을 가차없이 빼앗는 기업이 속출
하면, 노동과 함께 했던 행복감과 삶의 보람, 하물며
인생의 의미라고 하는 가치까지 이상해지고 만다. "
좋은 대학을 나와서, 좋은 직장에 입사하세요." 라는
것은 예전부터 자주 들어온 말이지만, 그 허무함을
가장 잘 알고 있는 것은 당사자인 아버지들일 것이
다. 노동이라는 의미를 근본부터 다시 물어야만 하는
시기가 온 것이다.

(B) 버블, IT, 경쟁 등의 단어가 매스컴을 떠들썩하
게 했을 무렵, '타인에게 이용 당하는 사람이 아닌 타
인을 이용하는 사람이 되어라' 라는 허위 경영자의
이야기를 여기 저기서 들은 적이 있다. 당시의 나는
그들의 이야기를 잘 이해할 수 없었지만, 지금 생각
하면 그것은 다행이었다고 해야 되는 것일까.
'노동'에 대해 생각했을 때, 처음의 몇 년 정도는 '저

사람보다는 내가 급료가 높다'거나 '내가 더 권위가 높은 일을 하고 있다'라는 의식이 동기 부여를 지속시켜 줄 수 있을지도 모르지만, 그러한 것은 길게 지속되지 않는다고 생각한다. 그 후의 기나긴 시간은 자기 자신이 스스로 노동에 의미를 부여해야만 한다. 하지만, '자신의 이익을 위해서만 일하는' 사람에게는 그것이 불가능하다. 왜냐하면, '노동'의 의미는 오로지 '우리들의 노동의 성과를 누리는 다른 사람이 존재한다'는 사실에서만 끌어낼 수 있기 때문이다. 따라서 주식이다, 차세대 전투기다 등으로 '남의 성과를 가로채는 기술이 뛰어난' 사람보다도, 수수하더라도 '남에게 도움이 되고 있다'는 실감을 갖고 있는 사람의 손을 들어주고 싶다.

63 A와 B는 같은 주제에 대해서 쓰여진 문장의 일부이다. 그 주제는 다음 중 어느 것인가?

1 고용위기와 노동의식의 변화
2 시장원리주의가 초래한 문제
3 현대에 있어서의 노동의 의미
4 젊은 사람들은 왜 노동을 싫어하는가

64 A와 B는 공통된 테마에 대해서 각각 어떤 관점에서 쓰고 있는가?

1 A는 노동의 내용이나 의식에, B는 노동에 영향을 주는 환경 요인에 초점을 두고 테마에 대해서 쓰고 있다.
2 A는 노동에 영향을 주는 환경 요인에, B는 노동의 내용이나 의식에 초점을 두고 테마에 대해서 쓰고 있다.
3 A도 B도 노동을 둘러싼 환경 요인에 초점을 두고 테마에 대해서 쓰고 있다.
4 A도 B도 노동의 내용이나 의식면에 초점을 두고 테마에 대해서 쓰고 있다.

65 A와 B가 공통적으로 부정적이라고 파악하는 것은 무엇인가?

1 노동자의 일을 가차없이 빼앗는 기업의 자세
2 이익을 최우선으로 하는 시장원리주의
3 '좋은 대학을 나와서 좋은 직장에 들어가'라는 학력사회
4 머니 게임에 빠져드는 투기사회화 현상

문제12 다음 문장을 읽고 다음 질문에 대한 답으로 가장 알맞은 것을 1·2·3·4에서 하나 고르시오.

기억에 대해서는 일반적으로 '각인'되는 것이라는 이미지가 있습니다. 즉, 처음에는 새하얗던 마음에 무언가가 새겨져 그것이 기억으로 남는다는 사고방식입니다. 그러나 우리들의 마음 속에는 과거에 받은 마음의 상처나 또는 좀 더 일반적인 의미에서의 기억 그 자체 등이 혈액이나 다른 어떤 실체로서 정말로 남겨져 있을까요? 저는 아무래도 그렇지 않은 듯한 느낌이 듭니다.

프로이트는 「은폐기억에 대해서」라는 논문에 이렇게 쓰고 있습니다. ' 1) 날조된 기억이야말로 우리들이 알 수 있는 가장 겉에 있는 기억이다. 그것을 만들어 낸 기억의 흔적의 소재가 원래 어떤 형태를 하고 있었는지는 결국 우리들은 알지 못한 채 끝날 것이다'라고.

혹시 그러한 확실치 않은 기억 위에 지금의 자신이 만들어져 있다고 한다면, 지금 그것과 의식된 자신의 존재 따위는 위폐와도 같아집니다. 왜냐하면 거기에는 '진정한 자신'이라는 것은 없기 때문입니다. 그 논의는 잠시 제쳐놓고, 기억이란 사실은 당사자가 언어로 그때그때 만들어내는 것이 아닌가 생각합니다. 즉, 기억은 '지금의 자신'이 언어로 쓴 자기 자신의 이야기가 아닐까라는 느낌이 든다는 것입니다.

이것은 감정에 대해서도 똑같이 말할 수 있습니다. 감정은 일반적으로 이성과 지성과 언어와는 관계 없는, 사람이 외부나 신체를 통해 작용된 결과 생기는 비합리적이고 피하기 어렵다는 이미지가 있습니다. 하지만 예를 들면 운다는 행위 하나를 놓고 봐도, 사실은 감정에는 마음 속에 쓴 이야기와 굉장히 밀접한 관계가 있다고 생각합니다. 그렇기 때문에 2) 연기자들은 자기 자신을 자유자재로 울게 할 수 있는 것이라고 생각합니다. 즉, 감정은 이야기의 양식과 밀접하게 연결되어 있어서 잘 조절만 한다면 눈물은 언제든지 흘릴 수가 있다. 그러므로 이야기 이전의 감정이 있다기보다는 이야기하고 비로소 감정이 생겨난다고 하는 것이 좋지 않을까 생각합니다.

어쨌든 기억이든 감정이든 새하얀 마음의 캔버스 위에 갑자기 내려와 단순히 각인이나 상처와 같이 남는 것은 아닙니다. 또한 자연스럽게 터져나오는 것도 아니며, 3) 양쪽 모두 언어와의 미묘한 공범관계 속에서 비로소 성립하는 것이라고 생각합니다

66 1) '날조된 기억'이라고 되어 있는데, 그 설명으로

　　서 알맞은 것은 어느 것인가?

　1 기억이라는 것은 실체가 있는 것으로서 뇌에 각인되

　　어 있는 것

　2 기억은 당사자가 언어로 그때그때 만들어내는 것이라

　　는 것

　3 기억 흔적의 소재가 원래 어떠한 형태였는지 모르는

　　것

　4 기억은 외부와 신체로부터 작용된 결과 생기는 것

67 2) '연기자들은 자기 자신을 자유자재로 울게 할

　　수 있다'고 되어있는데, 그것은 어째서인가?

　1 감정은 무의식 중에 자연스럽게 생겨나는 것이기

　　때문에

　2 감정은 외부에서의 작용에 의해 생겨나는 것이기

　　때문에

　3 감정은 인간이 원래 자신의 마음 속에 갖고 있는 것

　　이기 때문에

　4 감정은 스스로 언어로 이야기하는데서 만들어내는

　　것이기 때문에

68 3) '양쪽 모두 언어와의 미묘한 공범관계 속에서

　　비로소 성립하는 것이다'라고 되어 있는데, 그것

　　은 어떠한 것인가?

　1 기억도 감정도 언어로 지울 수 있다는 것

　2 기억도 감정도 언어로 마음에 새길 수 있다는 것

　3 기억도 감정도 언어가 없으면 생겨나지 않는다는 것

　4 기억도 감정도 언어에 의해서 변해버린다는 것

69 이 문장에서 필자가 말하고 싶은 것은 무엇인가?

　1 기억도 감정도 언어에 의해 날조된 것이며, '진정한

　　자신'은 항상 감춰져 있다.

　2 기억도 감정도 실체로서 뇌 속에 각인되어 남아있음

　　으로 비로소 사람은 기억할 수도, 울 수도 있는 것이

　　다.

　3 기억도 감정도 사람이 언어에 의해 그때그때 만들어

　　내는 것이며, 언어와 떨어져서 생각할 수 없다.

　4 기억도 감정도 사람이 외부에서 작용한 결과 자연스

　　럽게 생기는 것으로, 사람도 생물인 이상 피하기 어려

　　운 것이다.

문제 13 다음은 '신형 인플루엔자 백신의 우선접종 대상자와 접종
　　의 표준적인 스케줄'이다. 다음 질문에 대한 답으로 가장
　　적당한 것을 1·2·3·4에서 하나 고르시오.

70 도쿄도에서 1월 5일에 확실히 신형 인플루엔자 백
　　신의 우선 접종을 맞을 수 있는 대상자의 종류는 몇
　　개인가?

　1 4개

　2 5개

　3 6개

　4 7개

71 60세에 고혈압으로 진단 받은 도쿄도에 사는 남성은
　　언제부터 신형 인플루엔자 백신 접종을 맞을 수 있는
　　가?

　1 11월 9일부터

　2 1월 초순부터

　3 1월, 또는 2월부터

　4 현재 아직 불분명함

우선적으로 접종 가능한 분들과 접종 스케줄

신형 인플루엔자 백신은 국내산에 한계가 있기 때문에
나라에서 필요성이 높은 분들부터 접종할 수 있도록 우
선 접종 대상자와 표준적인 스케줄을 정하고 있습니다.
도쿄도에는 약간 지연은 됩니다만, 아래와 같은 스케줄
을 설정하고 있습니다.

		도쿄도	나라의 표준
1	의료종사자	10월 26일~	10월 중순~
2	임산부	11월 9일~	11월 1일~
3	기초질병이 있는 분	11월 9일~	11월 1일~
4	1세~6세	11월 16일~	12월 1일~
5	초등학교 1~3학년	12월 1일~	12월 중순~
6	1세 미만 아기 보호자	1월 4일~	1월 초순~
7	초등학교 4~6학년	1월 또는 2월~	1월 중순~
8	중학생, 고등학생	1월 또는 2월~	1월 중순
9	65세 이상의 고령자	1월 또는 2월~	1월 중순~

〈기초질환의 종류〉

　만성 호흡기질환(기관지천식, 폐기종 등), 만성심장질
　환(심부전, 협심증 등), 만성신장질환(투석환자 등의
　신장기능장애), 만성간질환(간경화환자 등), 신경질
　환·신경근질환(다발성경화증, 척수손상 등), 혈액질
　환(백혈병, 악성 림프종양 등), 당뇨병(의사의 치료를
　받고 있는 분 등), 질환과 치료에 따른 면역 억제 상태
　(항암제나 면역억제제, 스테로이드 사용의 환자 등),
　소아과 영역의 만성질환

※ 우선 접종 대상에 해당하는지는 주치의에게 확인해
주세요.
※ 11월 9일 접종 개시분은 '기초질환을 갖고 있는 분들
'과 동일한 보존제 첨가의 백신으로, 산부인과 이외
의 의료기관에서도 접종 가능합니다.
※ 11월 16일 개시분은 보존제 무첨가의 임산부 전용
백신으로 산부인과를 운영하는 의료기관에서만 접종
가능합니다.
※ 상기 이외의 보통의 건강한 분들의 접종에 대해서는
상기 우선 접종 대상의 접종 상황에 입각해서 대처하
겠습니다.

모의테스트 1회 청해 스크립트 및 번역 (M : 男性　F : 女性)

問題 1

1番　市の職員と女の人が古い紙類の出し方について話しています。紙袋に入れて出さなければならないのはどれですか。

M : 古紙の出し方ですが、新聞紙や雑誌、段ボールは種類別に分けて、ひもで束ねて出すようにしてください。

F : 銀紙がついているものや、紙製の洗濯洗剤の容器などはどうしますか。

M : それらは、古紙の対象にはなりません。燃やせるゴミで出してください。

F : 牛乳パックはどうですか。

M : 牛乳パックのような中身が白い紙パックはかまいません。ただし、必ずつぶして、コピー紙や、包装紙、チラシなどと一緒に、紙袋に入れて出してください。

F : わかりました。

M : あっ、言い忘れました。紙コップや紙皿など、防水加工された紙も古紙の対象にはなりませんから、燃えるゴミの日に出してください。

紙袋に入れて出さなければならないのはどれですか。

시의 직원과 여자가 폐지의 배출 방법에 대해서 이야기하고 있습니다. 종이봉투에 넣어서 버려야 하는 것은 어느 것입니까?

M : 폐지의 배출방법은 신문지나 잡지, 골판지는 종류별로 나누어서 끈으로 묶어서 버려주세요.

F : 은박지가 붙어있는 것이나 종이 소재의 세탁 세제 용기는 어떻게 합니까?

M : 그것은 폐지 대상에 포함되지 않습니다. 타는 쓰레기로 버려주세요.

F : 우유팩은 어떤가요?

M : 우유팩과 같은 안이 하얀 종이팩은 상관 없습니다. 단, 반드시 찌그러뜨려서 복사지나 포장지, 전단지 등과 함께 종이 봉투에 넣어서 버려주세요.

F : 알겠습니다.

M : 아, 잊은 게 있습니다. 종이컵이나 종이 접시 등, 방수 처리된 종이도 폐지에 포함되지 않으니 타는 쓰레기 버리는 날에 내놔주세요.

종이 봉투에 넣어서 버려야 하는 것은 어느 것입니까?

답 ❸

2番　店長とアルバイトの女の人が話をしています。女の人は、週何回アルバイトに出ることにしましたか。

F : 店長、急な話で申し訳ないですが、来週から週4回入っていたシフトを、減らしていただきたいんですが…。

M : え、来週から？急に言われてもなぁ。で、何曜日が都合が悪いの？

F : 水曜日と金曜日です。大学の事情で、夜のバイトに出れなくなってしまいました。

M : 水曜日はともかく、週末の金曜日は、店にとって一番忙しい日だけどな。

F : わがままを言ってすみません。他の曜日なら大丈夫なんですが、水曜日と金曜日はどうしても…。

M : う～ん、困ったな。できたら、金曜日については、他のバイトの人と相談して、金曜日に出られる人と曜日を交代してもらえないかなぁ。そうしてくれると助かる。

F：わかりました。じゃ、他の人と相談し
　　てみます。

M：うん、そうしてくれ。

**女の人は、週何回アルバイトに出ることにしま
したか。**

점장과 아르바이트생 여자가 이야기하고 있습니다. 여자는
1주일에 몇 번 아르바이트를 나가기로 했습니까?

F : 점장님, 갑작스럽게 죄송한데요, 다음주부터 주 4회였
　　던 일을 줄여주셨으면 하는데요……

M : 뭐, 다음주부터? 갑작스레 말하면…… 그래서 무슨 요
　　일이 안 되는데?

F : 수요일과 금요일입니다. 대학교 사정으로 밤에 아르바
　　이트를 할 수 없게 되었습니다.

M : 수요일은 그렇다 치고, 주말인 금요일은 가게가 가장
　　바쁜 날인데.

F : 멋대로 굴어서 죄송합니다. 다른 요일이라면 괜찮은
　　데, 수요일과 금요일은 도저히……

M : 으음, 곤란한데. 가능하면 금요일에 관해서는 다른 아
　　르바이트생과 의논해서 금요일에 나올 수 있는 사람
　　과 요일을 교대해 줬으면 하는데. 그렇게 해주면 도움
　　이 되겠어.

F : 알겠습니다. 그럼 다른 사람과 의논해 보겠습니다.

M : 응, 그렇게 해주게.

여자는 1주일에 몇 번 아르바이트를 하기로 했습니까?

1 1번입니다.

2 2번입니다.

3 3번입니다.

4 4번입니다.

답 ❸

**3番　女の人が電話で旅行会社に電話していま
　　　す。女の人は、この後、どうしますか。**

F : すみません。先週、「ソウル三日間の

旅」に申し込んだ吉井ですが。

M : はい。3名様でご参加ですね。承ってお
　　ります。

F : それで、実は一人が参加できなくなり
　　まして。それで、このような場合、ど
　　うすればいいんでしたっけ?

M : 旅行日前日ですから、旅行代金の50%
　　のキャンセル料がかかります。

F : 旅行当日までにきちんと連絡を入れれ
　　ば、キャンセル料は法律的には払わな
　　くて良いと聞きましたが。

M : しかし、お客様はキャンセル料も含め
　　、内容を了承して契約なさったのです
　　から、お支払いいただくことになりま
　　す。ただ、もう三人分の旅行代金を頂
　　いていますので、当日、添乗員の方に
　　お申し出ください。

F : そうなんですか。じゃ、しかたがあり
　　ませんね。

女の人は、この後、どうしますか。

여자가 전화로 여행사에 전화하고 있습니다. 여자는 이후
에 어떻게 합니까?

F : 여보세요. 지난주에 '서울 3일 여행'을 신청한 요시이
　　입니다.

M : 네. 세 분 참가시군요. 신청해 두었습니다.

F : 그런데, 실은 한 사람이 참가할 수 없게 되어서요. 그
　　래서 이러한 경우 어떻게 하면 된다고 했었죠?

M : 여행일 하루 전이시니까 여행 대금의 50%의 위약금
　　이 부가됩니다.

F : 여행 당일까지 확실히 연락을 하면 위약금은 법률적으
　　로 내지 않아도 된다고 들었는데요.

M : 하지만, 손님은 위약금도 포함해 내용을 승낙하시고

계약하셨기 때문에 지불하셔야 합니다. 단, 이미 세 명 분의 여행대금을 저희가 받았기 때문에 당일 여행사 직원에게 신청해 주세요.

F : 그렇습니까? 그럼 할 수 없군요.

여자는 그 후에 어떻게 합니까?

1 여행 당일에 여행사 직원에게 여행대금의 반을 받습니다.

2 여행 당일까지 여행사 직원에게 여행대금의 반을 받습니다.

3 여행 당일에 여행회사에 대금의 반을 취소 수수료로 냅니다.

4 여행 당일까지 여행회사에 대금의 반을 취소 수수료로 냅니다.

답 ❶

4番　男の人と女の人が話しています。男の人は、この後、田中さんに何を電話で伝えますか。

M : 明日からの奥多摩キャンプ、確か立川駅に10時集合だったよね。

F : そうよ。立川駅の北口に10時。

M : それが、今日、田中さんと話してたら、11時だったと言うんだよ。

F : うそ〜、私、確かに10時だって伝えたわよ。

M : 何か勘違いしてるんだね。じゃ、僕が電話しておくよ。

F : ありがとう。そうしてくれる？

M : で、僕は一時間前に行けばいいんだね。

F : ええ、私と一緒に食料品の買い出しを手伝ってほしいの。

M : わかった。じゃ、人数が多い方がいいんじゃない？

F : そうね。けっこう重いから。

M : じゃ、田中さんにも手伝ってもらおう。北口でいいね。

F : ええ。

男の人は、この後、田中さんに何を電話で伝えますか。

남자와 여자가 이야기하고 있습니다. 남자는 이후 다나카 씨에게 무엇을 전화로 전합니까?

M : 내일부터 하는 오쿠타마 캠프, 분명 다치가와 역에서 10시 집합이었지?

F : 맞아. 다치가와 역 북쪽 출구에서 10시.

M : 그게 오늘 다나카 씨와 얘기했더니 11시라는 거야.

F : 거짓말. 난 분명히 10시라고 전해줬어.

M : 뭔가 착각하고 있는 거겠지. 그럼, 내가 전화해 둘게.

F : 고마워. 그렇게 해 줄래?

M : 그리고, 나는 1시간 전에 가면 되는 거지?

F : 네, 나랑 같이 식료품점에서 물건 사는 걸 도와줬으면 해.

M : 알겠어. 그럼 사람이 많은 게 좋지 않아?

F : 그러게. 꽤 무거울 테니까.

M : 그럼 다나카 씨한테도 도와달라고 하자. 북쪽 출구 맞지?

F : 응.

남자는 이후 다나카 씨에게 무엇을 전화로 전합니까?

1 집합 장소는 다치가와 역 북쪽 출구라고 전합니다.

2 11시에 다치가와 역 북쪽 출구로 오라고 전합니다.

3 10시에 다치가와 역 북쪽 출구로 오라고 전합니다.

4 9시에 다치가와 역 북쪽 출구로 오라고 전합니다.

답 ❹

5番　女の人が窓口で駅員と話しています。女の人はどうやって京都に行きますか。

M : お待ちのお客さまどうぞ。

F : あのう、京都まで。新幹線の乗車券と特急券をください。

M：京都まで、自由席でよろしいですか。

F：自由席で座れますか？

M：いやぁ、それはなんとも。

F：じゃ、指定席をお願いします。立って
いくのは辛いですから。

M：はい。ええと、ああ、申し訳ございま
せん。本日、指定席の空いている列車
は５時過ぎでないとございませんが、
それでよろしいですか。

F：それじゃ遅くなっちゃうな。じゃ、け
っこうです。

M：はい、禁煙席でよろしいですか。

F：ええ、そうしてください。

M：では、合計で12,710円ちょうだいしま
す。

**この人はどうやって京都に行くことにしま
したか。**

여자가 창구에서 역무원과 이야기하고 있습니다. 여자는
어떻게 해서 교토에 갑니까?

M : 다음 손님 어서 오세요.

F : 저기, 교토까지. 신칸센의 승차권과 특급권을 주세요.

M : 교토까지 자유석 괜찮으십니까?

F : 자유석은 앉을 수 있습니까?

M : 아, 그건 확실하지 않습니다.

F : 그럼, 지정석으로 부탁합니다. 서서 가는 것은 힘드니
까요.

M : 네. 저기, 아, 죄송합니다. 오늘 지정식이 비어있는 열
차는 5시 전에는 좌석이 없습니다만, 괜찮으시겠습니
까?

F : 그럼 늦을 텐데. 그럼 됐습니다.

M : 네, 금연석으로 하시겠습니까?

F : 네, 그렇게 해주세요.

M : 그럼 합계 12,710엔 되겠습니다.

이 사람은 어떻게 교토에 가기로 했습니까?

1 신칸센의 자유석, 흡연석입니다.

2 신칸센의 자유석, 금연석입니다.

3 신칸센의 지정석, 흡연석입니다.

4 신칸센의 지정석, 금연석입니다.

답 ❷

6番 女の人が、スキー場のコースを見なが ら、スキーの先生と話しています。 女の人は、どのコースを滑りますか。

F：先生、リフトで頂上まで行って、滑っ
て下りるとしたら、どのコースがいい
ですか。

M：そうですね。あなたはまだ初心者です
から、緩やかなコースがいいでしょう
ね。

F：この最短距離のコースは、私には無理
ですか。

M：スピードが出ますから、上級者向けで
すね。

F：じゃ、できるだけ距離の長いコースが
いいんですね。

M：一般的にはそうですが、この山頂付近
の斜面の左側は凸凹が多いので、やめ
た方がいいでしょう。また、麓近くの
中央の辺りは、雪が溶け始めていて滑
りにくいので、避けた方がいいかもし
れませんね。

F：わかりました。じゃ、このコースにし
ます。

M：いってらっしゃい。しかし、スピード

の出し過ぎは禁物ですよ。

女の人は、どのコースを滑りますか。

여자가 스키장의 코스를 보면서 스키 선생님과 이야기하고 있습니다. 여자는 어떤 코스를 탑니까?

F : 선생님, 리프트로 정상까지 가서 스키를 탄다면 어떤 코스가 좋습니까?

M : 글쎄요. 당신은 아직 초보자이니까 경사가 완만한 코스가 좋겠네요.

F : 이 최단거리 코스는 저에게는 무리일까요?

M : 스피드가 나기 때문에 상급자 용입니다.

F : 그럼, 가능하면 거리가 긴 코스가 좋겠네요.

M : 일반적으로는 그렇습니다만, 이 산 정상 부근의 경사면의 좌측은 울퉁불퉁한 곳이 많아서 타지 않는 편이 좋겠지요. 또, 산기슭 근처의 중앙 부근은 눈이 녹기 시작해서 타기 힘들기 때문에 피하는 것이 좋을지도 모르겠군요.

F : 알겠습니다. 그럼 이 코스로 하겠습니다.

M : 다녀오세요. 하지만 스피드를 너무 내는 건 삼가주세요.

여자는 어떤 코스를 탑니까?

답 ❸

問題 2

1番　男の学生と女の学生が留学試験の結果について話しています。男の人の日本語の試験は何点でしたか。ただし、日本語は400点満点です。

F : 留学試験の結果はどうだった？

M : 日本語は僕にしては良かったけど、化学が最悪だった。君は？

F : 聞かないで。

M : 僕に聞いておいて、自分は答えないなんて、ずるいよ。

F : 総合科目は満点だったけど、日本語は聴解と聴読解がだめだった。

M : 君はこの学校で日本語の成績がトップだし、だめなわけがないだろ。

F : でも、目標には届かなかったんだ。

M : 目標って？

F : 95％以上。志望校は朝日大学だから、日本語は最低でも90％以上必要なの。

M : 聞くんじゃなかった。僕なんか、三分の二がやっとだよ。

男の人の日本語の試験は何点でしたか。

남학생과 여학생이 유학시험의 결과에 대해서 이야기하고 있습니다. 남자의 일본어 시험은 몇 점입니까?
단, 일본어는 400점 만점입니다.

F : 유학시험 결과는 어떻게 됐어?

M : 일본어는 괜찮았는데, 화학이 최악이었어. 너는?

F : 묻지 마.

M : 나한테는 물어봐놓고 자기는 대답하지 않다니 치사해.

F : 종합과목은 만점이었는데 일본어는 청해와 청독해가 어려웠어.

M : 너는 이 학교에서 일본어 성적이 제일 높기도 하고

시험을 못 봤을 리 없잖아.

F : 하지만 목표에는 도달하지 못했어.

M : 목표라니?

F : 95% 이상. 지망학교가 아사히 대학교이니까 일본어가
　　적어도 90% 이상 필요하다고.

M : 물어보지 말 걸. 난 겨우 2/3이라고.

남자의 일본어 시험은 몇 점입니까?

1 220점이었습니다.

2 240점이었습니다.

3 270점이었습니다.

4 300점이었습니다.

답 ❸

2番　おじいさんとおばあさんが話していま
す。おじいさんは、どうして懇談会に
行きませんでしたか。

F : あら、佐藤さんじゃないですか。この間の
　　水曜日、どうして懇談会にいらっしゃらな
　　かったんですか。曜日を間違えたとか？

M : そういうわけでは……。

F : じゃ、どこか具合でも悪くて？

M : いいえ。実は家の暖房が暖かいもので、ソ
　　ファーに横になっていたら、うっかり寝て
　　しまっちゃって。

F : まあ。

M : 気がついたら、もう夕方でして……。どう
　　も申し訳ないことをしました。

おじいさんは、どうして懇談会に行きませ
んでしたか。

할아버지와 할머니가 이야기하고 있습니다. 할아버지는 어
째서 간담회에 가지 않았습니까?

F : 어머, 사토 씨 아니세요? 요전에 수요일에 왜 간담회에

오지 않으셨어요? 요일을 착각하셨나요?

M : 그런 건 아닙니다…….

F : 그럼 어딘가 몸이 안 좋아서?

M : 아니요. 실은 집에 난방이 따뜻해서 소파에 누워 있었
　　더니 깜빡 잠이 들어버려서요.

F : 어머!

M : 정신이 드니 이미 저녁 때라서…… 정말 면목 없습니
　　다.

할아버지는 왜 간담회에 가지 않았습니까?

1 선잠이 들었기 때문입니다.

2 잊어버렸기 때문입니다.

3 가고 싶지 않았기 때문입니다.

4 요일을 착각했기 때문입니다.

답 ❶

3番　男の子とお母さんが話しています。今
週の水曜日、学校で何がありますか。

M : やっと期末試験が終わったよ。

F : この後、春休みまで普通の授業だっけ？
　　もしそうだったら、お弁当を作らなく
　　ちゃならないし。

M : 授業は明日から午前中だけだけど、午
　　後いろんな行事が入っている。明日は
　　クラス対抗の球技大会、あさっては校
　　内掃除、しあさっては生徒総会だよ。

F : 終業式は？

M : 生徒総会の次の日。

F : 土曜日ね。この日は午前中だけでしょ。

M : うん、終業式だけ、それで終わり。

F : 通信簿ももらうでしょ。帰ったら、す
　　ぐにお母さんに見せるのよ。

今週の水曜日、学校で何がありますか。

남자 아이와 엄마가 이야기하고 있습니다. 이번 주 수요일에 학교에서 무엇이 있습니까?

M : 겨우 기말 시험이 끝났어요.

F : 이제 봄방학 때까지 일반 수업인가? 만약 그렇다면 도시락을 만들어야 하잖아.

M : 수업은 내일부터 오전 중에만 하는데, 오후에 여러 가지 행사가 있어요. 내일은 반 대항 구기대회, 모레는 교내 청소, 글피는 학생 총회예요.

F : 종업식은?

M : 학생총회 다음 날.

F : 토요일이네. 이 날은 오전만 하지?

M : 네, 종업식만 있고. 그걸로 끝.

F : 통지표도 받겠네. 돌아오면 바로 엄마에게 보여줘야 돼.

이번 주 수요일에 학교에서 무엇이 있습니까?

1 학생총회를 한 뒤 수업이 있습니다.

2 수업을 한 뒤 구기 대회가 있습니다.

3 수업을 한 뒤 교내 청소가 있습니다.

4 교내 청소를 한 뒤 종업식이 있습니다.

답 ❷

4番　男の人と女の人が話しています。どの標語を使うことになりましたか。

M : リサイクルの標語だから、この二つはちょっとテーマから外れているね。

F : ええ、これはどちらかと言えばゴミのポイ捨て禁止の標語だし、こちらは地球環境問題といったほうがいい標語ね。

M : うん。残った二つのなかから一つを選ばなくちゃならないとしたら、これじゃないかなあ。リサイクルで一番大切なことは、ゴミそのものを減らすことなんだから、それを強調している標語と言えば、これだろ。

F : そうね。今回はこの標語を使いましょう。

どの標語を使うことになりましたか。

남자와 여자가 이야기하고 있습니다. 어떤 표어를 사용하기로 했습니까?

M : 재활용 표어이니까 이 두 가지는 조금 주제에서 벗어나 있네.

F : 응, 이것은 어느 쪽인가 하면 쓰레기 무단투기를 금지하는 표어이고, 이쪽은 지구환경 문제에 맞는 표어네.

M : 응. 남은 두 가지 중에서 한 개를 선택해야 한다면 이게 아닐까. 재활용에서 가장 중요한 것은 쓰레기 자체를 줄이는 것이니까, 그것을 강조하는 표어라고 하면 이거지.

F : 그렇네. 이번에는 이 표어를 씁시다.

어떤 표어를 사용하기로 했습니까?

1 아깝다 그 마음이 만들어내는 재활용

2 가정용 쓰레기 분리해서 버리지 않으면 쓰레기인 채로

3 산이 된다 당신이 버린 휴지조각도

4 당신과 나 우리가 타고 있는 지구호

답 ❶

5番　男の人と女の人が飛行機の中で話しています。男の人は、どうして日本に帰っていましたか。

M : もうすぐ着きますね。上海へはご旅行ですか。

F : いいえ、私、上海出身なんです。夏休みなので、両親の顔を見ようと思って。

M : 中国の方だったんですか、日本語がお上手なので、つい……

F : 上海へはお仕事ですか。

M : ええ、まあ。3年前から、上海支社に赴任しているんです。

Ｆ：そうですか。じゃ、お盆ですから、里
　　帰りなさってたんですね。
Ｍ：いいえ、そうしたかったんですが、時
　　間がありませんでした。大阪で同僚に
　　不幸がありまして、今回はそれで戻っ
　　ていたんです。
Ｆ：その方はおいくつだったんですか。
Ｍ：まだ、42歳ですよ。早すぎます。

男の人は、どうして日本に帰っていましたか。

남자와 여자가 비행기 안에서 이야기하고 있습니다. 남자
는 왜 일본에 돌아갔습니까?

Ｍ : 이제 곧 도착하겠네요. 상해는 여행입니까?

Ｆ : 아니요, 저는 상해 출신이에요. 여름방학이라서 부모
　　님을 뵈려고요.

Ｍ : 중국 분이셨습니까? 일본어를 잘하셔서 그만……

Ｆ : 상해에는 일로 가시는 거에요?

Ｍ : 네, 뭐. 3년 전 상해지사에 부임했습니다.

Ｆ : 그렇습니까? 그럼, 추석이라서 귀성하셨던 거군요.

Ｍ : 아니요, 그러고 싶었습니다만 시간이 없었습니다. 오
　　사카에서 동료가 사망해서 이번에는 그 일로 갔었습
　　니다.

Ｆ : 그 분은 나이가 어떻게 되셨나요?

Ｍ : 아직 42살입니다. 너무 일러요.

남자는 왜 일본에 돌아갔습니까?

1 일이 있었기 때문에

2 부모님을 만나기 위해서

3 동료의 장례식에 참석하기 위해서

4 관광을 위해서

답 ❸

**6番　男の人が民族料理について話していま
　　す。話の内容と合っているのはどれで
　　すか。**

Ｍ：日本では、世界各地の民族料理を居な
　　がらにして味合うことができます。そ
　　れはそれで楽しいことですが、どの国
　　のどんな料理も、日本風にアレンジさ
　　れています。野菜や魚などの食材が異
　　なるせいもありますが、レストラン側
　　が日本人の口に合うように調整してい
　　るからでしょう。現地へ行って食べて
　　みると、その違いがよくわかります。
　　ですから、現地で本場の味を味わう楽
　　しさもまだ十分に残されているわけで
　　す。

話の内容と合っているのはどれですか。

남자가 민족 요리에 대해서 이야기하고 있습니다. 이야기
의 내용과 맞는 것은 어느 것입니까?

Ｍ : 일본에서는 세계 각지의 민족요리를 그 자리에서 맛
　　볼 수 있습니다. 그것도 그것대로 즐거운 일이지만,
　　어떤 나라의 어떤 요리라도 일본풍으로 바뀌어져 있
　　습니다. 채소나 생선 등의 식재료가 다른 탓도 있습
　　니다만, 레스토랑 측이 일본인의 입맛에 맞게 조정하고
　　있기 때문이겠지요. 현지에 가서 먹어보면, 그 차이를
　　잘 알 수 있습니다. 그렇기 때문에 현지에서 본고장의
　　맛을 즐길 수 있는 즐거움도 아직 충분히 남아 있습니
　　다.

이야기의 내용과 맞는 것은 어느 것입니까?

1 세계 각지의 민족 요리는 역시 현지에 가서 본고장에서
　　만 맛을 느끼는 것이 좋다.

2 일본에서 세계 각지의 민족 요리를 먹을 수 있지만, 현지
　　에서 맛보는 본고장의 맛도 또한 좋을 것이다.

3 일본 요리와 세계 각지의 민족 요리는 사용하는 식재료
　　는 물론 맛에도 큰 차이가 있다.

4 일본에서 세계 각지의 민족요리를 먹을 수 있기 때문에
　　일부러 현지에 가지 않아도 된다.

답 ❷

7番　女の先生が講義しています。この先生の言う「言語接触」の例と言えるのはどれですか。

F：「言語接触」という言葉を耳にしたことがあるでしょうか。読んで字の如く、複数の異なる言語が接触するということです。でも、よく考えて見るとわかりますが、接触しているのは言語そのものというよりは、異なる言語を話す人間です。「言語接触」というとき、それはすなわち「人間接触」であるという点をまず覚えておいてください。日本語と外国語の対訳本というものがありますが、日本語と外国語の活字が重なり合っても、それを「言語接触」が起こっているとは言いません。

この先生の言う「言語接触」の例と言えるのはどれですか。

여 선생님이 강의를 하고 있습니다. 이 선생님이 말하는 '언어 접촉'의 예로 말할 수 있는 것은 어느 것입니까?

F : '언어 접촉'이라는 말을 들어본 적이 있습니까? 글자 그대로 복수의 다른 언어가 접촉한다는 것입니다. 하지만 잘 생각해 보면 아시겠지만, 접촉하고 있는 것은 언어 그 자체라기보다는 다른 언어를 말하는 인간입니다. '언어 접촉'이라고 할 때, 그것은 즉 '인간 접촉'이라는 점을 우선 기억해 주세요. 일본어와 외국어의 대역본이라는 것이 있습니다만, 일본어와 외국어의 활자가 서로 겹쳐도, 그것을 '언어 접촉'이 일어났다라고는 말하지 않습니다.

이 선생님이 말하는 '언어 접촉'의 예로 말할 수 있는 것은 어느 것입니까?

1 최근은 번역 소프트를 사용해서 어떤 나라의 책이나 신문도 간단히 읽을 수 있게 되었다.

2 외국영화를 보고 있어도 화면 밑에 일본어로 회화가 번역되어 있기 때문에 누구나 즐길 수 있다.

3 미군이 많은 오키나와에서는 'you come here tomorrow ok ね?'라는 기묘한 영어가 사용된다.

4 근처 유치원에 중국 아이가 들어왔는데 한 달도 안 돼서 일본어로 말하고, 일본인 아이와 함께 놀 수 있게 되었다.

답 ❹

問題 3

1番　男の人がテレビで話しています。

M：将棋の世界では直感が大きくものを言います。直感と言うと非論理的な印象があるかもしれませんし、何か生まれつき特別な能力を持った人のように思われるかもしれませんが、直感は経験の産物なんですね。長年の経験、子供の時からプロになるまでのトレーニングを通して、どれが本質なのかを一瞬で見抜く技術、それが直感というものなのです。一瞬で20手、30手先を読むと言うんですから、たいしたものです。

この人は直感について何と言っていますか。

1　直感は人が生まれつき備えている力だ。
2　直感は特殊な人だけが備えている力だ。
3　直感は練習の積み上げを通して作られる。
4　直感はきわめて論理的な思考の産物だ。

남자가 텔레비전에서 이야기하고 있습니다.

M：장기의 세계에서는 직감이 크게 작용합니다. 직감이라고 하면 비논리적인 인상을 받았을지도 모르고, 뭔가 천성적으로 특별한 능력을 가진 사람처럼 생각할지도 모르겠지만, 직감은 경험의 산물입니다. 오랜 경험, 어릴 때부터 프로가 될 때까지 훈련을 통해 어떤 것이 본질인지를 한순간에 꿰뚫는 기술, 그것이 직감이라는 것입니다. 순식간에 20수, 30수 앞을 읽는다고 하니 놀랄만한 것입니다.

이 사람은 직감에 대해서 뭐라고 말하고 있습니까?
1 직감은 사람이 천성적으로 갖추고 있는 힘이다.
2 직감은 특수한 사람만이 갖추고 있는 힘이다.
3 직감은 축적된 연습을 통해서 만들어진다.
4 직감은 지극히 논리적인 사고의 산물이다.

답 ❸

2番　女の人がある禁煙サイトについて話しています。

F：「ストレスを貯めながら禁煙するのではなく、努力せずにいつの間にかやめたい」そんな人のためのおもしろ禁煙サイトがあります。そこには、6つの方法が紹介されています。その一つ、「タバコに対する悪いイメージを持つようにする」方法として、世界各地で行われているタバコに対するネガティブキャンペーンを紹介しています。また、「お茶の葉をタバコの変わりに吸う」などの「別のものに置き換える」方法が取り上げられています。その他にも、「先人に学ぶ」のお手本として禁煙に成功した有名人のエピソードも紹介しています。

この禁煙サイトは何を紹介しているのですか。

1　無理をしないでタバコをやめる方法
2　お金を使わないでタバコをやめる方法
3　医者の力を借りずにタバコをやめる方法
4　人に知られないようにタバコをやめる方法

여자가 어떤 금연 사이트에 대해서 이야기하고 있습니다.

F：'스트레스를 받으면서 금연하는 것이 아니라, 노력 없이 자기도 모르는 사이에 끊고 싶다' 이러한 분을 위한 재미있는 금연 사이트가 있습니다. 거기에는 6개의 방법이 소개되어 있습니다. 첫 번째, '담배에 대한 나쁜 이미지를 갖도록 하는' 방법으로, 세계 각지에서 행해지고 있는 담배에 대한 부정적인 캠페인을 소개하고 있습니다. 또한, '녹차 잎을 담배 대신에 피우는' 등의 '다른 것으로 바꾸는' 방법을 소개하고 있습니다. 그 밖에도, '옛 선인에게 배운다'는 견본으로서 금연에 성공한 유명인의 에피소드도 소개하고 있습니다.

이 금연 사이트에는 무엇을 소개하고 있습니까?

1 무리하지 않고 금연하는 방법

2 돈을 들이지 않고 금연하는 방법

3 의사의 힘을 빌리지 않고 금연하는 방법

4 남에게 알려지지 않도록 금연하는 방법

답 ❶

3番　男の人がロボット三原則について話しています。

M：ロボット三原則とは、SF作家アイザック・アシモフが提唱したロボットが従わなければならないとする大原則のことですが、第一条は「ロボットは人間に危害を加えてはいけない」、第二条は「ロボットは人間に与えられた命令に服従しなければならない」、第三条は「ロボットは、第一条および第二条に反する恐れのないかぎり、自己を守らなければならない」となっています。なお、ロボット三原則は世の中の全てのロボットに適用されなければならないと主張しているのではありません。用途によっては、この原則を適用すると、本来の役に立たなくなるからです。

ロボット三原則を適用すると、役に立たなくなるのは、どの場合ですか。

1 危険な場所での災害救助にロボットを用いるとき

2 軍事や戦闘向けにロボットを用いるとき

3 高齢者の介護にロボットを用いるとき

4 工場における自動生産にロボットを用いるとき

남자가 로봇 3원칙에 대해서 이야기하고 있습니다.

M : 로봇 3원칙이란 SF작가 아이작 아시모프가 제창한 로봇이 따라야 할 대원칙인데, 제 1조는 '로봇은 인간에게 위해를 가해서는 안 된다', 제 2조는 '로봇은 인간에게 주어진 명령에 복종해야 한다', 제 3조는 '로봇은 제 1조 및 제 2조에 반하는 위험이 없는 한, 자기를 지켜야만 한다'로 되어 있습니다. 덧붙여, 로봇 3원칙은 이 세상의 모든 로봇에게 적용되어야만 한다고 주장하고 있는 것은 아닙니다. 용도에 따라서 이 원칙을 적용하면 본연의 역할에 도움이 되지 않기 때문입니다.

로봇 3원칙을 적용하면 도움이 되지 않는 것은 어떤 경우입니까?

1 위험한 장소에서의 화재 구조에 로봇을 이용할 때

2 군사나 전투용으로 로봇을 이용할 때

3 고령자의 간호에 로봇을 이용할 때

4 공장에 두는 자동생산에 로봇을 이용할 때

답 ❷

4番　女の人がダイエットについて話しています。

F：これまでさまざまなダイエット方法がテレビや雑誌などで紹介されてきました。「○○するだけでやせる！」「簡単ダイエット！」といった具合です。こうしたラクなダイエットの方法を全否定するものではありません。ただし、こうしたダイエットを参考にする場合、科学的、医学的な裏付けのあるダイエットの方法なのかどうかを知っておく必要があります。○○でやせた、というのはあくまでそのやせた人の体験。普遍的なものではありません。たまたま本人の体質に向いていただけ、

という可能性もあります。その体験を
真似して健康を損なってしまっては元
も子もありません。

女の人が一番言いたいことは何ですか。

1　ダイエットは苦しみを伴うもので、楽な
　　ダイエットの方法はない。

2　ダイエットの方法は、人によっても、体
　　質によっても異なる。

3　他人のダイエットの方法は真似るのでは
　　なく、自分なりの方法を探そう。

4　ダイエットの方法を選ぶときは、医学的
　　な根拠があるかどうか確認しよう。

여자가 다이어트에 대해 이야기하고 있습니다.

F : 지금까지 여러 가지 다이어트 방법이 텔레비전이나 잡
　　지 등에서 소개되어 왔습니다. 'ㅇㅇ하는 것만으로 살
　　이 빠진다!', '간단 다이어트!'라는 방식입니다. 이러
　　한 쉬운 다이어트 방법을 전부 부정하는 것은 아닙니
　　다. 단, 이러한 다이어트를 참고로 하는 경우, 과학적,
　　의학적인 증거가 있는 다이어트 방법인가 아닌가를 알
　　아둘 필요가 있습니다. ㅇㅇ로 살이 빠졌다, 라는 것은
　　어디까지나 그 살 뺀 사람의 체험으로 보편적인 것은
　　아닙니다. 어쩌다 본인의 체질에 맞았을 뿐이라는 가
　　능성도 있습니다. 그 체험을 흉내내서 건강을 해친다
　　면 모든 걸 잃는 것입니다.

여자가 가장 하고 싶은 말은 무엇입니까?

1 다이어트는 괴로움을 동반하는 것으로 쉬운 다이어트 방
　법은 없다.

2 다이어트 방법은 사람에 따라서도 체질에 따라서도 다르
　다.

3 타인의 다이어트 방법은 흉내 내는 것이 아니라 자신만
　의 방법을 찾자.

4 다이어트 방법을 고를 때에는 의학적인 근거가 있는지
　없는지 확인하자.

답 ❹

5番　男の人が「品格」について話していま　す。

M：「品格」は流行語にもなった感があります
　　。「日本の品格」「女性の品格」という本
　　がベストセラーにもなりました。さて、そ
　　もそも「品格」とは何でしょうか。広辞
　　苑によれば、「物のよしあしの程度。品
　　位、気品」とあります。私は、品格とは
　　、「品性」と「人格」という２つの要素
　　を持つものだと考えます。これらの要素
　　を更に考えてゆくと、「品性」とは、人
　　間の生まれ持った品であり、「人格」と
　　は社会や仕事に育てられ、社会的誇りと
　　自覚によって生まれる格です。どちらが
　　欠けても「品格」は生まれません。

「品格」について、男の人の考えと合っているのはどれですか。

1　品格は、品位や気品と同じ意味である。

2　品格は、社会生活によって鍛えられる。

3　品格は、人間の生まれ持ったものである。

4　品格は、品位と人格が相まって生まれ
　　る。

남자가 '품격'에 대해서 이야기하고 있습니다.

M : '품격'은 유행가 된 듯한 느낌이 있습니다. '일본의 품
　　격', '여성의 품격'이라는 책이 베스트셀러도 되었습니
　　다. 그런데, 도대체 '품격'이란 무엇일까요? 코지엔 사
　　전에 의하면, '물건의 좋고 나쁨의 정도. 품위, 기품'
　　이라고 되어 있습니다. 저는 품격이란, '품성'과 '인격
　　'이라는 2개의 요소를 가진 것이라고 생각합니다. 이
　　들 요소를 더욱더 생각해 보면, '품성'이란 인간이 태
　　어나면서 갖고 있는 기품이며, '인격'이란 사회나 일
　　로 길러져 사회적 긍지와 자각에 의해 생겨나는 격입
　　니다. 한쪽이 빠지면 '품격'은 생기지 않습니다.

‘품격’에 대해서 남자의 생각과 맞는 것은 어느 것입니까?
1 품격은 품위나 기품과 같은 의미이다.
2 품격은 사회생활에 의해 단련된다.
3 품격은 인간이 태어나면서 갖고 있는 것이다.
4 품격은 품위와 인격이 서로 어울려 생겨난다.
답 ❹

6番 男の人が人生について話しています。

M：「自分らしく生きる」にはどうすればいいのでしょうか。例えば、お腹が一杯なのに、次々と食事を摂ることは、食事の楽しさを通り越して苦痛になることでしょう。同じように、理想が高いのはいいですが、ただ闇雲に多くを望み、高くを求めることが本人を幸せにしてくれるものではないのです。古い言葉ですが、自分らしく生きるには、先ず、「足るを知る」ことが大切なのです。それは、世間の物差しで自分を測らないで、自分の物差しで自分を測ることであり、あるがままの自分を認めてやることなのです。そうすれば、きっと生きることにも前向きになれると思います。

男の人が一番言いたいことは何ですか。

1　自分流の生き方を見つけよう。

2　多くを望まず、足るを知ろう。

3　高い理想を持って生きていこう。

4　人生を前向きに生きていこう。

남자가 인생에 대해 이야기하고 있습니다.

M : ‘나답게 살기’ 위해서는 어떻게 해야 좋을까요. 예를 들면 배가 부른데, 자꾸자꾸 식사를 하는 것은 식사의 즐거움을 넘어서 고통이 되겠지요. 마찬가지로 이상이 높은 것은 좋지만, 단지 맹목적으로 많은 것을 바라고 높은 이상을 추구하는 것이 본인을 행복하게 해 주는 것은 아닙니다. 진부한 말이지만 나답게 살기 위해서는 우선 ‘만족을 아는’ 것이 중요합니다. 그것은 세간의 기준으로 자신을 재지 말고 자신의 기준에서 자신을 재는 것이며, 있는 그대로의 자신을 인정하는 것입니다. 그러면 분명 살아가는 데도 긍정적이게 될 것입니다.

남자가 가장 하고 싶은 말은 무엇입니까?
1 자신만의 사는 법을 발견하자.
2 많은 것을 바라지 않고 만족을 알자.
3 높은 이상을 갖고 살아가자.
4 인생을 긍정적으로 살아가자.
답 ❶

問題4

1番

M：感心な生徒さんですね。一人で校庭の
　　掃除をしているなんて。

F：1　いいえ、先生にさせられてるんですよ。

　　2　ええ、ずいぶん広い校庭ですね。

　　3　いいえ、それほどでもないですよ。

훌륭한 학생이네요. 혼자서 교정 청소를 하고 있다니.
1 아니요, 선생님이 시키셨어요.
2 네, 꽤 넓은 교정이네요.
3 아니요, 그 정도는 아닙니다.

답 ❶

2番

F：粗茶ですが、どうぞ。

M：1　これはごていねいに。

　　2　お気持ちだけちょうだいいたします。

　　3　どうぞおかまいなく。

변변치 못한 차이지만, 드세요.
1 이것은 정중하게.
2 마음만 받겠습니다.
3 아무쪼록 개의치 마세요.

답 ❸

3番

F：顔色が悪いけど、もしかして二日酔い？

M：1　うん。先輩に飲めって勧められた
　　　　もんだから。

　　2　うん、この二日、お客の接待が続
　　　　いてね。

　　3　ううん、二日も酔ったりしてない
　　　　よ。

안색이 안 좋은데, 혹시 숙취?

1 응. 선배가 마시라고 해서 마셨더니.
2 응. 이 이틀간 손님 접대가 이어져서.
3 아니, 이틀이나 취하지 않아.

답 ❶

4番

M：まさか、課長に朝寝坊して遅刻したな
　　んて言えなかったものだから。

F：1　それで課長に怒られたってわけ？

　　2　嘘ばかりつくんじゃないよ。

　　3　だからって、嘘をつくのは良くない
　　　　よ。

설마 과장님에게 늦잠 자서 지각했다고 말할 수는 없었으니까.
1 그래서 과장님한테 혼났다는 거야?
2 거짓말만 하면 안 돼.
3 그렇다고 거짓말 하는 건 좋지 않아.

답 ❸

5番

F：駅前の牛丼屋の新メニュー、食べてみ
　　たって？

M：1　うん、すごい行列で、1時間も並ん
　　　　でたよ。

　　2　うん、値段はともかく、味はいまい
　　　　ちだったな。

　　3　うん、そんなにお客は入ってなかっ
　　　　たよ。

역 앞의 규동집에 새 메뉴 먹어 봤다며?
1 응. 줄이 길어서 1시간이나 줄 섰어.
2 응. 가격은 그렇다 치고 맛은 그저 그랬어.
3 응. 그다지 손님은 많지 않았어.

답 ❷

6番

M：君んちでは、お正月のおせち料理、ど
　　うしてる？

F：1　スーパーで買って間に合わせるこ
　　　　とが多いね。

　　2　おせち料理の作り方を教えてくれ
　　　　ないかな。

　　3　今は作るより買った方が安くつく
　　　　時代だよ。

너희 집에서는 정월에 오세치 요리 어떻게 하고 있어?
1 슈퍼에서 사서 급한데로 때울 때가 많지.
2 오세치 요리 만드는 법 가르쳐 주지 않을래?
3 지금은 만들기보다 사는 게 싸게 먹히는 시대야.

답 ❶

7番

M：あのう、わたくし、吉田商事の李と申
　　します。人事課の木村さんにお目にか
　　かりたいのですが。

F：1　お約束はございますでしょうか。

　　2　すぐ回しますので、そのままお待
　　　　ちください。

　　3　長らくお待たせいたしました。

저기, 저는 요시다 상사의 이 라고 합니다. 인사과의 기무
라 씨를 만나뵙고 싶습니다만.
1 약속은 하셨습니까?
2 바로 바꿔드릴테니 조금 기다려주세요.
3 오래 기다리셨습니다.

답 ❶

8番

F：お中元と申すほどのものではございま
　　せんが、ご賞味いただければ幸いに存
　　じます。

M：1　暑さも厳しい折から、くれぐれもご
　　　　自愛ください。

　　2　このようなお心づかいをいただき、
　　　　誠に恐縮です。

　　3　まずはとりあえず、お礼申し上げま
　　　　す。

백중 선물이라고 할 정도의 것은 아닙니다만, 맛있게 드셔
주신다면 감사하겠습니다.
1 더위도 한철이니까 아무쪼록 건강에 유의하세요.
2 이렇게 배려해 주셔서 대단히 황송합니다.
3 우선 감사 드리겠습니다.

답 ❷

9番

F：わざわざ主人のお見舞いにお越しいた
　　だき、ありがとうございました。

M：1　おかげんいかがですか。一日も早く
　　　　元気なお姿を見せてくださいね。

　　2　こんなことになるんでしたら、もっ
　　　　と早くお見舞いに来るべきでした。

　　3　どうか焦らずに養生に専念なされる
　　　　よう、ご主人にお伝えください。

일부러 남편의 병문안을 와주셔서 감사합니다.
1 몸은 어떠십니까? 하루라도 빨리 건강한 모습을 보여주
세요.
2 이렇게 될 줄 알았더라면 좀더 빨리 병문안을 왔어야 했
습니다.
3 부디 초조해하지 말고 몸조리에 전념하시도록 남편께 전
해주세요.

답 ❸

10番

M：娘さんがご結婚とのこと、おめでとう
　　ございます。

F：1 ありがとうございます。今後とも若
　　　い二人をお引き立てください。

　　2 ありがとうございます。こんなことに
　　　なるとは思っても見ませんでした。

　　3 いいえ、どういたしまして。今後と
　　　もよろしくお願いします。

따님의 결혼을 축하드립니다.
1 고맙습니다. 앞으로도 젊은 두 사람을 아껴주세요.
2 고맙습니다. 이렇게 될 줄은 생각지도 못했습니다.
3 아니요, 천만에요. 앞으로도 잘 부탁 드립니다

답 ❶

11番

F：日ごろはご無沙汰いたしまして、誠に
　　申し訳ございません。

M：1 いいえ、それはお互いさまですよ。

　　2 いいえ、どうぞおかまいなく。

　　3 いいえ、それには及びません。

요즘 연락이 뜸해서 굉장히 죄송합니다.
1 아니요, 그건 피차일반이에요.
2 아니요, 신경 쓰지 마세요.
3 아니요, 그것에는 미치지 못합니다.

답 ❶

12番

M：もう三月ですね。

F：1 ええ、木の芽もふくらみ始め、すっ
　　　かり春らしくなってきました。

　　2 ええ、ほんとうに風薫るさわやかな
　　　季節になりました。

　　3 ええ、朝夕も、だいぶしのぎやすく
　　　なってきました。

벌써 3월이네요.
1 네, 나뭇잎도 무성해지기 시작하고 완연한 봄이 되었습
　니다.
2 네, 정말로 초여름의 산뜻한 바람이 부는 계절이 되었습
　니다.
3 네, 아침 저녁에도 선선해졌습니다.

답 ❶

13番

M：お口に合いましたかどうか。

F：1 もう充分いただきましたので…。

　　2 いいえ、大変おいしくいただきまし
　　　た。

　　3 お言葉に甘えてちょうだいします。

입맛에 맞으셨는지 모르겠네요.
1 이미 충분히 먹었습니다.
2 아닙니다. 아주 맛있게 먹었습니다.
3 그럼 잘 받겠습니다.

답 ❷

14番

F：何とお礼を申し上げたらいいか…。

M：1 ご心配は無用に願います。

　　2 これは恐れ入ります。

　　3 いいえ、とんでもない。

뭐라고 감사 인사를 드려야 좋을지……
1 걱정하지 않으셔도 됩니다.
2 죄송합니다.
3 아니요, 천만에요.

답 ❸

問題5

1番　経済評論家が日本の自動車産業について話しています。

M1：日本の自動車産業が持っている技術は世界でも群を抜いていますし、それはそれで価値があることなのですが、現代はそういう職人の技だけではやっていけない時代だと思うんです。例えば、いくらエコで高性能な車を作っても、肝心の自動車が売れなければそれまでなんですね。実際、若者の車離れは著しいですし、先進国における新車販売は1990年をピークに下落傾向が続いています。ですから、従来の移動手段としての車という発想から視点を変えて、新しい自動車のニーズというか、今までにないサービスをどう提供できるかに注目していかなきゃダメだと思んです。

F：若者の自動車離れって言ってるけど、どうしてそうなったの？

M2：単純に金がないってことじゃない。しかも、雇用も安定してない。こんな状態でどうやってローンまで組んで車を買う？

F：それに、駐車場代も馬鹿にならないもんね。じゃ、李くん、もしお金があったら、車を買う？

M2：たぶん買わない。僕には必要ないもん。昔のように、レジャーといったら、カッコいい愛車に彼女を乗せてドライブって時代じゃないよ。それに、コミュニケーション・ツールが、車やア

ウトドアレジャーからインドアに変わったからね。車にそれほど魅力を感じないんだよ。

F：つまり、インドアで過ごすことが増えた分、車の需要が減ったってことね。こちらの方が若者の車離れの本質なんじゃない。

M2：うん、この流れは誰にもかえられないと思う。

質問1　この経済評論家は、何が大切だと言っていますか。

質問2　女の人は、若者の車離れの原因は何だと考えていますか。

경제 평론가가 일본의 자동차 산업에 대해서 이야기하고 있습니다.

M1：일본의 자동차 산업이 갖고 있는 기술은 세계에서도 뛰어나며, 그것은 그것대로 가치가 있습니다만, 현대는 그러한 장인의 기술만으로는 해쳐나갈 수 없는 시대라고 생각합니다. 예를 들면, 아무리 친환경의 고성능 차를 만들어도, 중요한 것은 자동차가 팔리지 않으면 그뿐이라는 것입니다. 실제로 젊은이들이 차를 멀리하는 현상은 두드러지고 있으며, 선진국에 있어서 신차 판매는 1990년을 피크로 하락 경향이 이어지고 있습니다. 그렇기 때문에 종래의 이동수단으로서의 차라는 발상에서 시점을 바꿔서 새로운 자동차가 필요라고 할까 지금까지는 없던 서비스를 어떻게 제공할 수 있을까에 주목해 나가지 않으면 안 된다고 생각합니다.

F：젊은 사람들이 자동차를 멀리 한다고 말하고 있는데, 왜 그렇게 된 거야?

M2：단순히 돈이 없어서가 아닐까? 게다가 고용도 안정되어 있지 않고. 이런 상태에서 어떻게 대출까지 해서 차를 사겠어?

F：거기에 주차장 비용도 만만치 않잖아. 그럼, 이 군은 만약 돈이 있다면 차 살 거야?

M2: 아마 안 살 거 같아. 난 필요 없거든. 옛날처럼 레저용 애마에 여자친구를 태우고 드라이브하는 시대가 아니야. 거기다 커뮤니케이션 도구가 차나 아웃도어 레저에서 인도어로 바뀌었으니까. 차에 그다지 매력을 못 느끼겠어.

F: 결국 인도어로 지내는 것이 늘어난 만큼 차의 수요가 줄었다는 거네. 이것이 젊은이들이 차를 멀리하는 본질이지 않을까?

M: 응. 이 흐름은 누구도 바꾸지 못할 거라고 생각해.

질문 1 이 경제 평론가는 무엇이 중요하다고 말하고 있습니까?

1 장인들의 높은 기술을 계승하는 것
2 친환경적이고 고성능의 자동차를 제공하는 것
3 자동차 이외의 새로운 분야에 참여하는 것
4 지금까지 없던 자동차의 요구를 만들어내는 것

답 ❹

질문 2 여자는 젊은이들의 자동차를 멀리 하는 원인은 무엇이라고 생각하고 있습니까?

1 젊은이들은 경제적인 여유가 없기 때문에
2 젊은이들의 라이프 스타일이 변화했기 때문에
3 도시에서는 차가 없어도 곤란하지 않기 때문에
4 젊은이가 매력을 느낄만한 차가 없기 때문에

답 ❷

2番　男女三人がニートについて話しています。

F　：ニートって何人ぐらいいるの。

M１：国の調査によると、ニートは、2003年は52万人で前年より4万人増えてる。

F　：「家事手伝い」の人もニートに含まれるの？

M１：ニートは「非労働力人口のうち、年齢が15歳から34歳までの者で、通学・家事もしていない者」とされてる。もし「家事手伝い」も数に入れたら85万人を越すって報告もある。

M２：おじさん。どうして、ニートが増えてるの？

M１：正社員の就職口が減っていることが大きいね。そのほか、なかなか希望の就職口が見つからなかったり、就職活動に何度も失敗して自信を失った若者や、仕事についてもすぐやめる若者も多いことなども原因だろうけど。

M２：ニートが増えると、どうなるの？

M１：安定した収入のない人たちが増えると、買い物などお金を使う活動がおさえられるから、国の経済にも影響するだろうね。

F　：「家族を養う余裕がない」と結婚しない人たちが増え、将来、子どもが少なくなってしまうことも心配されるんじゃない。

M１：そうだね。ところで、ケンくんは将来どんな仕事がしたいの？

M２：僕は電車の運転手。おじさんは何になりたかったの？

M１：う〜ん、歌手。

F　：嘘だあ〜。

質問　１から４の中で、ニートに含まれるのはどれですか。

1 花嫁修業のため、家事手伝いをしながら生け花を習っている女性
2 50歳の時、自分が経営していた店が潰

れ、以来失職中の男性

3 30歳で失業し、現在、再就職のために職業訓練を受けている男性

4 28歳で会社を辞め、求職活動もせずに家でぶらぶらしている夫

남녀 세 명이 니트(족)에 대해서 이야기하고 있습니다.

F : 니트족은 몇 명이나 있어?

M1 : 국가 조사에 따르면 니트는 2003년에 52만 명으로 작년보다 4만 명 늘었어.

F : '집안일을 돕는 사람'도 니트에 포함되는 거야?

M1 : 니트는 '비노동력인구 중에 연령이 15세에서 34세까지로, 통학이나 가사도 하지 않는 자'라고 되어 있어. 만약 '집안일을 돕는 사람'도 넣으면 85만 명을 넘는다는 보고도 있어.

M2 : 아저씨. 왜 니트가 늘어나는 거죠?

M1 : 정사원의 취직 자리가 줄어들고 있는 것이 큰 이유지. 그 밖에 좀처럼 희망하는 취직 자리를 찾을 수 없거나 취직 활동에 몇 번이나 실패해서 자신을 잃은 젊은이들이나, 취직을 해도 금방 관두는 젊은이들이 많은 것도 원인이겠지만.

M2 : 니트가 늘어나면 어떻게 되는데요?

M1 : 안정된 수입이 없는 사람들이 늘어나면 쇼핑 등 돈을 사용하는 활동이 억제되니까 나라의 경제에도 영향을 미치겠지.

F : '가족을 부양할 여유가 없다'며 결혼하지 않는 사람이 늘어나서, 미래에 아이들 수가 적어지는 것도 걱정되지 않아?

M1 : 그렇네. 그런데, 켄 군은 장래에 무슨 일이 하고 싶니?

M2 : 저는 전철 운전수요. 아저씨는 뭐가 되고 싶었는데요?

M1 : 으음. 가수.

F : 거짓말.

질문　1에서 4 중에서 니트에 포함되는 것은 어느 것입니까?

1 신부수업 때문에 가사일을 도우면서 꽃꽂이를 배우고 있는 여성

2 50세 때 자신이 경영하고 있던 가게가 망해서 그 이후 실업중인 남성

3 30세로 실업해서 현재 재취직을 위해 직업훈련을 받고 있는 남성

4 28세로 회사를 그만두고 휴직활동도 하지 않고 집에서 빈둥빈둥대는 남편

답 ❹

3番　大学校内で男女三人が話しています。

M : あのさあ、君たち、今日の4限の授業出る？

F1：4限の近代政治史のこと？

M：そう。

F1：私たちは出るつもりだけど、なんで？

F2：ははぁ、またサボって友だちとマージャン屋に行くつもりでしょ？

M：違うよ。実は、明日が締め切りのレポートがあることすっかり忘れててさ。今晩のアルバイト、休むわけにはいかないし。で、昼間のうちにやろうと思ってるんだ。資料もまだ集めてないし。

F1：それはキツいわねえ。

F2：でも、先週も近代政治史の授業、出ていなかったし、2回連続っていうのはまずいんじゃない？

M：先週は風邪をひいてて、しかたなかったんだよ。

F2：風邪ならしかたがないけど、後期の試験も近いし、どうするつもり？

M：で、悪いんだけど、今日の授業のノート、今度貸してくんないかなぁ。

F1：そうくると思った。いいよ。でも、その代わり、今度なんかおごってね。

M ： わかった。

F２：言っとくけど、私もいっしょよ？

**質問　男の人は、どうして授業を休みたい
　　　のですか。**

1 友だちとマージャンをしたいからです。

2 アルバイトに行くからです。

3 レポートを書かなければならないからです。

4 風邪を引いたからです。

대학교 내에서 남녀 세 명이 이야기하고 있습니다.

M: 저기 말이야, 너희들 오늘 4교시 수업 나갈 거야?

F1: 4교시 근대정치사 말이야?

M: 응.

F1: 우리들은 출석할 생각인데, 왜?

F2: 하하, 또 빼먹고 친구랑 마작 하는 가게 갈 생각이지?

M: 아니야. 사실은 제출기한이 내일인 리포트가 있는 걸
　　완전히 잊어버리고 있어서 말이야. 오늘 밤 아르바이
　　트를 쉴 수는 없고. 그래서 낮 중에 하려고. 자료도 아
　　직 못 찾았고.

F1: 그거 힘들겠네.

F2: 하지만, 지난주에도 근대정치사 수업에 안 나왔고, 2
　　주 연속은 곤란하지 않아?

M: 지난주는 감기에 걸려서 어쩔 수 없었다고.

F2: 감기라면 별 수 없지만, 후기 시험도 얼마 안 남았고,
　　어쩔 셈이야?

M: 그래서 미안하지만 오늘 수업 노트, 다음에 빌려주지
　　않을래?

F1: 그럴 줄 알았어, 좋아. 하지만 그 대신 다음에 뭔가 한
　　턱 쏴.

M: 알았어,

F2: 말해두지만, 나도 함께야.

질문　　남자는 어째서 수업을 쉬고 싶은 것입니까?

1 친구들과 마작을 하고 싶어서입니다.

2 아르바이트에 가기 때문입니다.

3 리포트를 써야 하기 때문입니다.

4 감기에 걸렸기 때문입니다.

모의테스트 2회 번역

문제1 밑줄 친 단어의 읽는 법으로 가장 알맞은 표현을 1 · 2 · 3 · 4에서 하나 선택하시오.

1 화재가 발생했습니다. <u>신속하게</u> 빌딩에서 대피해 주세요.

　4 すみやか

2 소방대원의 용감한 구원 활동은 칭찬 <u>받을만하다</u>.

　2 あたいする

3 그는 프로선수에 <u>뜻을 두고</u> 18세 때 상경했다.

　2 こころざして

4 아프리카 제국은 오늘도 심각한 식량과 물 <u>결핍</u>에 허덕이고 있다.

　2 けつぼう

5 나를 이기고 싶다면, 좀더 <u>기술</u>을 연마해야 돼.

　4 わざ

6 난항이 예상되었지만 화평 의회는 <u>원활</u>하게 진행되었다.
　1 えんかつ

문제2 (　　　)에 들어갈 가장 알맞은 표현을 1 · 2 · 3 · 4에서 하나 선택하시오.

7 프로 기사와 아마추어라면 싸우기 전부터 결과는 (　　　)하다.

　1 명쾌　　　2 명백　　　3 명료　　　4 명확

8 소비세 법안을 상정하면, 야당과의 대립이 피할 (　　　) 것이다.

　1 통과시키지 못하다　　　2 통과하지 않다
　3 이루어지지 않다　　　4 통과하지 못하다

9 그는 입이 (　　　)니까, 결코 비밀을 누설하거나 하지 않습니다.

　1 떫다　　　2 재다　　　3 무겁다　　　4 엄하다

10 불과 2킬로미터 마라톤에서 기권을 하다니, (　　　) 녀석이다.

　1 한심하다　　2 공허하다　　3 볼꼴사납다　4 한심하다

11 나이를 먹으면 점점 새로운 사고방식을 (　　　) 어려워진다.

　1 받음　　　2 보증　　　3 받아들임　　　4 담당

12 약속 시간에는 가능하면 빨리 가도록 (　　　)있다.

　1 몰두하고　　　　　　2 도전하고
　3 일이 잘 진행되게　　　4 유의하고

13 그녀는 일본어 교사로서, 10년의 (　　　)을 갖고 있다.

　1 베테랑　　　　　　2 지위
　3 경력　　　　　　　4 정규, 고정

문제3 밑줄 친 단어와 의미가 가장 가까운 표현을 1 · 2 · 3 · 4에서 하나 선택하시오.

14 여러분에게 신의 <u>은총</u>이 있기를.

　1 가호　　　2 깨달음　　　3 은혜, 은총　　4 격려

15 이 소설에는 주인공의 성격이 잘 <u>묘사되어</u> 있다.

　1 갖추어져　　2 그려져　　　3 연기를 하고　4 게재하고

16 옛날의 일본에는 마을의 규칙에 따르지 않는 사람은 동네 <u>따돌림</u>을 당했다.

　1 포기　　　　　　2 따돌림
　3 헌 물건을 사들임　　4 뒤집기

17 일본과 중국의 국교가 회복하기 전에 나는 중국 정부의 <u>초대</u>로 중국을 방문한 적이 있다.

　1 초대　　　2 권유　　　3 한턱냄　　　4 베풂

18 그 소녀는 대나무를 사용해 <u>능숙하게</u> 상자를 만들어냈다.

　1 가볍게　　2 손쉽게　　　3 솜씨 좋게　　4 원활하게

19 3수했지만, <u>간신히</u> 사법시험에 합격할 수 있었다.

　1 겨우, 간신히　2 과연　　　3 감히, 굳이　　4 유유히

문제4 다음 단어의 쓰임새로서 가장 알맞은 표현을 1 · 2 · 3 · 4에서 하나 선택하시오.

20 成算(승산, 성공할 가망)

　1 당신의 <u>성산</u>을 기도하며 건배하자.
　2 <u>성산</u> 없는 사업에 투자하는 바보는 없어.
　3 부모님 대에서부터 이어진 빚을 겨우 <u>성산</u>할 수 있었다.
　4 여기는 내가 낼 테니까, 나중에 <u>성산</u>합시다.

21 やたら (무턱대고, 함부로)

1 당신이 말하는 건 전부 <u>무턱대고</u> 하는 거야.

2 방 안이 발 디딜 곳도 없을 정도로 더러워져 <u>어지럽혀져</u> 있었다.

3 저 교수는 <u>마구</u> 숙제를 내니까 수강하지 않는 것이 좋아.

4 사용하지도 않는데 <u>함부로</u> 물건은 사지 않는 것이 좋다.

22 つかむ (손에 넣다)

1 본교는 120년이라는 오랜 전통을 <u>손에 넣은</u> 학교입니다.

2 그는 사건 해결의 열쇠를 <u>손에 쥔</u> 인물이다.

3 어제의 마라톤 레이스는 손에 땀을 <u>쥐는</u> 대접전이었다.

4 저 정치가는 대중의 마음을 <u>사로잡는</u> 것이 능숙하다.

23 サボる (게을리하다, 게으름피우다, 빼먹다)

1 매일 노력을 <u>게을리하지</u> 않고 노력하는 거예요.

2 그렇게 공부를 <u>게을리하면</u> 올해도 진급 못 해.

3 차를 운전할 때는 주의를 <u>게을리해서는</u> 안 됩니다.

4 그는 일도 하지 않고 <u>게으른</u> 생활을 보내고 있다.

24 到底 (도저히, 아무리 해도)

1 그런 일은 <u>도저히</u> 알고 있어.

2 일단 시작한 일은 <u>아무리 해도</u> 끝까지 하세요.

3 이 상처로는 <u>아무리 해도</u> 살아날 수 없겠죠.

4 그는 주식으로 성공하고 <u>도저히</u> 큰 돈을 손에 넣었다.

25 自ずと (저절로, 자연히)

1 진상은 <u>저절로</u> 분명해지겠지.

2 그는 <u>스스로</u> 나서서 그 곤란한 일을 떠맡았다.

3 그녀의 신세 타령을 듣고 있는 중에 <u>저절로</u> 나는 눈물을 흘리고 있었다.

4 내가 사무소에 가면 <u>저절로</u> 그녀가 그 곳에 마침 있었다.

문제5 밑줄에 들어갈 가장 알맞은 표현을 1·2·3·4에서 하나 선택하시오.

26 고향의 성원 ______ , A교 야구부는 훌륭하게 우승의 영광에 빛났다.

1 ~에 의해　　　　　　2 ~에 보답하여

3 ~에 있어서　　　　　4 ~에 응해서

27 하와이의 별장에서 우아하게 설날을 보내다니, 우리들 서민에게는 __________.

1 꿈꾸지 못할 일이다　　　2 도저히 꿈꿀 수 없다

3 꿈꿔서는 안 된다　　　　4 꿈꿔서는 안 되는 일이다

28 베테랑인 그의 ________ 설마 실패하는 일은 없을 것이다.

1 ~라면　　　　　　　　2 라서

3 로서　　　　　　　　　4 ~에서

29 가만히 있으면 될 ______, 너는 바보 같은 녀석이구나.

1 였으나　　　　　　　　2 ~므로

3 ~인가　　　　　　　　4 ~것을

30 그는 단순 ______ 소박 ______, 어쨌든 외골수인 성격이다.

1 라는, 라는　　　　　　2 이고, 이고

3 라고 하면, 라고 하면　　4 라고 할까, 라고 할까

31 요즘 대학생 ______ 한자도 제대로 쓰지 못합니다.

1 이라고 하면　　　　　　2 ~으로 말하자

3 라고 해도　　　　　　　4 라고 하면

32 애견 지로는 내 얼굴을 보자마자 "어서 오세요." ______, 내게 꼬리를 흔들며 달려왔다.

1 라는 듯이　　　　　　　2 라는 듯이

3 것만이 아니라　　　　　4 한 탓으로

33 이제 딸의 목숨은 돌아오지 않으니까, 이 이상 ____ 거야.

1 한탄할 만큼도 아니다　　2 한탄해도 소용없다

3 한탄할 만큼의 것은 아니다　4 한탄해서는 견딜 수 없다

34 그녀는 눈매 _____ 입매 ____ 어머니를 쏙 닮았네요.

1 든, 든　　　　　　　　2 라든다, 라든가

3 이고, 이고　　　　　　4 이든, 이든

35 애연가인 여러분에게는 ________만, 공공 장소에서의 금연은 시대의 흐름이에요.

1 동정하지 않을 수 없다　　2 동정할 만한 것은 아니다

3 동정하지 않는 것은 아니다　4 동정하지 않으면 안된다

문제6 다음 문장의 ____★____에 들어갈 가장 알맞은 표현을 1·2·3·4에서 하나 고르시오.

36 소비세율의 증가가 _____ _____ __★___ ____ 반대하지 않고는 있을 수 없을 것이다.

(소비세율의 증가가 정해지려고 하는데 서민의 입장에서 보면 반대하지 않을 수는 없을 것이다.)

1 에서 보면　　　　　　　　　2 ~려고 하는데
3 정해지려고　　　　　　　　　4 서민의 입장

37 습관이나 가치관은 ＿＿＿ ＿＿＿ ＿★＿ ＿＿＿이 아
니라고는 할 수 없다.
(습관이나 가치관은 나라에 따라 다르므로 일본의 상식이 세계의
비상식이 아니라고는 할 수 없다.)

1 일본의 상식이　　　　　　　2 다르므로
3 세계의 비상식　　　　　　　4 나라에 따라

38 졸업 논문의 제출 기한은 ＿＿＿ ＿＿＿ ＿★＿ ＿＿＿ 더
좋은 것은 없다.
(졸업 논문의 제출기한은 이번달 중이지만, 빨리 제출할 수 있다면
그보다 더 좋은 것은 없다.)

1 빨리　　　　　　　　　　　　2 제출할 수 있다면
3 이번달 중이지만　　　　　　4 그것에

39 시간에 루즈한 ＿＿＿ ＿＿＿ ＿★＿ ＿＿＿ 놀랄 것까
지는 없다.
(시간에 루즈한 다나카 군이니까 지각했다고 해서 놀랄 것까지는
없다.)

1 다나카 군의　　　　　　　　2 라고 해서
3 이니까　　　　　　　　　　　4 지각했다

40 이케부쿠로 점의 개점을 내일 ＿＿＿ ＿＿＿ ＿★＿ ＿＿＿
만 하면 된다.
(이케부쿠로 점의 개점을 내일로 앞두고 준비도 마쳤고, 남은 일은
손님을 기다리는 일 뿐이다.)

1 손님을 기다리는　　　　　　2 준비도 되고
3 앞으로는　　　　　　　　　　4 로 앞두고

문제7 다음 문장을 읽고 **41** 에서 **45** 안에 들어갈 가장 적당한
　　　표현을 1·2·3·4에서 하나 고르시오.

　　　자연과 사람의 관계를 고찰하고 있는 사이에, '자연
이란 시스템'이라고 생각할 수는 없는 것인가, 하고 생
각이 들었다. 자연을 정해진 존재로서가 아니라 항상
몇 개의 조건이 얽혀 변화하는 시스템으로서 보는 것
이다.
　　　거기에는 자연과 인간 사회를 엄밀하게 나누는 것이
아니라 자연이 성립하는 하나의 요소로서 인간의 활
동도 포함된다. **41** 강수량이나 연간 기온의 변화
가 자연계를 만들어내는데 중요한 역할을 하는 것처
럼, 인간의 활동도 자연의 성립에 큰 영향을 주고 있다
는 것을 인식하는 것이다. 사람과 자연을 대립시키는
42 , 인간의 활동도 자연의 일부로서 본다면, 사람의
삶 그것이 생태계를 만들어내는 요소라고 볼 수도 있
다.

　　　사람과 자연은 **43** 이다. 어느 것이 우위에 서 있다
고도 말할 수 없다. 다만 조심해야 할 것은 현재의 생
태계는 빛, 물, 기온 등 실제로 여러 가지 요소가 복잡
하게 작용하는 것으로 형성되어 있다. 거기에는 사람
의 지혜로는 예측할 수 없는 연결고리가 아직 숨겨져
있을지도 모른다. **44** 인간의 행동에는 신중함이 요
구된다. 사람의 활동도 자연의 일부라면, 자연을 조절
하는 것도 가능하다는 오만한 의식을 가지는 것은 위
험할 것이다. 예를 들면 해충을 죽이려고 살충제를 뿌
리면, 해충의 천적도 죽여버리게 된다. **45** , 해충은
약제에 대한 내성을 키워 약이 들지 않는 사태가 발생
하는 것이다.

41
1 왜냐하면　　　　　　　　　　2 즉
3 말하자면　　　　　　　　　　4 결국

42
1 ~하는 한편　　　　　　　　　2 뿐만 아니라
3 필요는 없이　　　　　　　　　4 것이 아니라

43
1 쫓고 쫓기는　　　　　　　　　2 왔다 갔다
3 서로 도움을 주고 받는　　　　4 (술을) 주거니 받거니

44
1 그에 비해서　　　　　　　　　2 그만큼
3 그건 그렇고　　　　　　　　　4 그건 그렇다 치고

45
1 그 반면　　　　　　　　　　　2 그건 그렇고
3 그렇다고 해서　　　　　　　　4 그건 그렇다 치고

문제8 다음 문장을 읽고 다음 문제에 대한 답으로 가장 알맞은
　　　것을 1·2·3·4에서 하나 고르시오.

　　　'긍정적으로 산다'는 것은 쉬운 일이 아닐지도 모릅니
다. 하지만 이것도 자신에게 조금 마법을 거는 것으로
가능해집니다. 그 마법은 '자신을 좀 더 좋아하는 것'
입니다. 싫었던 자신, 한심한 자신…… 그래도 인간
의 긴 역사 속에서 자신이 우연히 태어난 기적이 있습
니다. 이 생명의 연쇄를 생각했을 때 작은 고민 따위는
싹 없어집니다. 안 되면 안 되는대로, 한심하면 한심한
대로 사람은 내려주신 수명을 살아가면 되는 것입니
다. 있는 그대로의 자신이 사랑스럽게 느껴졌을 때 에
너지가 솟아납니다. 그리고 지금까지와는 다른 세상이
보이는 것입니다.

46 '지금까지와 다른 세상'이라는 것은, 무엇을 의미하고 있는가?

1 다시 태어난 자신
2 지금까지와는 다른 삶의 방식
3 고민이 사라진 자신
4 새로운 생명의 탄생

생명윤리의 관점에서 존엄사를 인정할 것인가 말 것인가. 의견은 딱 두 가지로 나뉘어져 있다. 존엄사가 합법화 되어 있는 나라도 있다. 그러나 현재 상황으로는 존엄사에 대해 엄격한 견해를 가진 나라가 대부분이다. 죽음이라는 것은 민감한 문제이기는 하다. 때문에 존엄사를 부정할 것인지 받아들일 것인지 한마디로는 말할 수 없다. 사람마다 각각 의견이 다른 것은 당연하기 때문이다. 그렇지만 나는 인간이 인간답게 태어나서 인간답게 죽는다는 것은, 그것들을 자신이 결정하고 그 선택에 책임을 지는 것이며, 그것이야말로 인간답게 사는 방식일 것이라고 생각한다.

47 필자는 존엄사를 합법화 하는 것에 대해서 어떻게 생각하고 있는가?

1 찬성하고 있다
2 반대하고 있다
3 아직 정하지 못하고 있다
4 양쪽 다 좋다고 생각한다

스포츠를 하는 것은 생활 습관병을 시작으로 질병의 예방이나 체력이나 근력의 향상이나 즐거움, 상쾌함 등의 자연적인 동기 부여와 연결된다는 이점이 종종 강조되고 있다. 그러나 스포츠는 모든 면에서 긍정적인 것은 아니다. 스포츠를 부정하는 것은 아니지만, 스포츠가 낳는 부정적인 사실도 알아둘 필요가 있다. 왜냐하면 그것을 아는 것으로 스포츠에 있어서의 주의점을 깨닫게 되고, 스포츠를 보다 한층 즐길 수 있다는 것과도 연결되기 때문이다. 그래서 여기서는 운동에 의해 야기되는 (ア).

48 (ア) 에 들어갈 문장으로 가장 적당한 것은 무엇인가?

1 경제효과나 사회에의 영향 등에 대해서 생각해 보려고 한다.
2 스포츠 장해, 스포츠 외상 등의 요인과 대책을 서술하려고 한다.
3 긍정적인 측면에 대해서 함께 생각해 보려고 한다.
4 몸과 마음의 변화에 어떠한 것이 있는지 서술하려고 한다.

첫 번째는 여성의 고학력화나 사회진출에 따라 전업주부보다 안정된 전문직에 취직하고 싶다는 희망자가 늘었다는 것. 두 번째는 결혼하지 않는 비율이 상승하고 혼인 관계나 양육에 구속되기보다 한 사람의 인간으로서의 자유와 사회적 지위를 지향하는 경향이 있다는 것. 세 번째는 결혼을 해도 출산을 선택하지 않는 경우나, 아이를 적게 낳는 선택을 하는 사람이 많아지고 있다는 것에 그 이유가 있다. 아이를 적게 낳아서 소중하게 키우려는 부모의 가치관과 양육비, 학원, 대학 등 교육비의 경제적인 부담도 이유의 한 가지라고 생각할 수 있다.

49 이 문장은 무엇에 대해서 서술한 것인가?

1 여성의 가치관의 변화
2 현대 여성의 자립지향
3 저출산의 사회적 영향
4 저출산의 배경과 원인

문제9　다음 문장을 읽고 다음 문제에 대한 답으로 가장 알맞은 것을 1·2·3·4에서 하나 고르시오.

'옛날 우리들이 어렸을 때는 먹을 것이 별로 없었다. 그러나 그 때문에 오히려 5월의 명절에 かしわもち(떡갈나무 잎에 싼 떡)이 맛있었던 것 등은 지금도 잊을 수 없을 정도이다. 집에서 떡을 찧고 산에서 떡갈나무 잎을 뜯어와서 가족들과 함께 떡을 만들어 먹는다. 맛없을 리가 없다.
요즘에 와서 좋아진 것은 예를 들면 자동차, 스테레오, 여러 가지 전기 제품 등이다. 그것에 의해 인간의 생활은 쾌적하고 편리해졌다. 그러나 그것을 얻기 위해서는 인간은 필사적으로 일해야만 한다. 일하기 위해서 시간을 절약해야 하고, 피곤하기 때문에 되도록이면 쓸데없는 곳에 마음을 쓰지 않도록 하려고 한다. 그렇게 되면 가족이 만든 각 가정의 맛을 가족들 모두가 즐기는 기회가 적어져서 1) '빈곤한 식사'가 되어버리는 것은 아닐까. 즉 2) 마음과 물질을 분리한 결과 이번에는 물질이 마음을 압박하고 있는 것이 현재 상태인 것은 아닐까.
마음과 분리한 물질은 측정하는 것이 가능하다. 그것은 화폐 가치라는 것에 의해 값이 매겨진다. 요리만 해도 값이 비싸냐 아니냐에 따라 맛의 우수함이 결정되고, 위에서 아래까지 일률적으로 순서가 매겨진다. 모든 것이 똑같다는 것은 맛이나 색의 조합의 차이가 없다는 것이다. 그러나 '맛'이라는 것은 그렇게 단순한 것이 아니다. 같은 맥주라도 언제 누구와 어디서 마시

느냐에 따라 분명히 달라질 것이다. '경제적으로 풍요
롭다'는 것에 사람들이 구애받기 시작하면 각지의 요
리가 갖는 향토의 맛이나 각 가정의 어머니의 맛을 잃
어버리고, 사람들은 '맛을 알 수 없게' 되어버린다. 그
래서 '경제적으로 풍요로워짐'에 따라 오히려 '풍요로
움'을 잃어버리는 얄궂은 결과를 낳고 있다. 생각해 보
면 '물건의 풍요로움'이라는 것은 본래 그 색, 맛의 다
양성에 있는 것이 아니었던가. 이렇게 생각하면 현대
는 정말로 물질이 풍요로운지 아닌지조차 위험해지고
있는 것이다.

50 1) '빈곤한 식사'라고 되어있는데, 여기에서 말하는 '
빈곤'이란 무엇을 말하고 있는가?

1 영양가가 낮은 것
2 맛이 좋지 않은 것
3 수가 적은 것
4 다양성이 없는 것

51 2) '마음과 물건을 분리한' 이라고 되어있는데, 구체적
으로 무엇을 가리키고 있는 것인가?

1 일하기 위해서 시간을 절약하지 않으면 안 되는 것
2 가족이 만들어서 가정의 맛을 느끼는 즐거움이 사라
진 것
3 피곤해서 마음을 쓸데없는 데에 쓰지 않도록 하게 된 것
4 모든 것이 똑같아지고, 맛이나 색의 배합의 차가 없어
지게 된 것

52 본문의 내용과 맞는 것은 어느 것인가?

1 경제적으로는 가난했던 옛날이 현대보다도 행복했다.
2 요즘 '맛을 모르는' 사람들이 점점 늘고 있다.
3 '풍요로움'은 화폐가치로 측정하는 것은 불가능한 것이다.
4 경제적으로 풍요로워지면서 사람들의 생활도 풍요로워
졌다.

ア : 돈이 생겼기 때문에 무엇인가를 많이 만들어서
남기는 것이 가능해진 것이다.
イ : 인간은 '물건'이 아니라 우선 '돈'을 만들어냈다.
ウ : 무엇인가를 너무 많이 만들어서 그것이 남아서
부족한 것과 교환하려고 내놓은 것이 아니다.
'교환'이라는 것은 커뮤니케이션이다. '말'을 교환하면
그것은 언어활동이 된다. '재화 서비스'를 교환하면 그
것은 경제활동이 된다. 인간과 다른 동물을 구별하는
표식은 인간이 이러한 교환을 행하는 것이며, 말을 교
환하고, 사랑을 교환하고, 돈을 교환하는 것, 그것이 '
인간'의 정의이다.
1) <u>그래서 돈은 소중하다</u>. 돈은 교환을 위해 존재한다.

그것이 무엇을 위해 있는 것인가를 잊고 돈을 항아리
에 모아서 마루 밑에 묻거나, 정기 예금의 잔고를 바라
보며 엷은 미소를 짓거나 하는 것은 돈의 사용법으로
그다지 현명한 방법이라고는 할 수 없다.
돈은 교환을 위해서, 커뮤니케이션을 위해서 존재한
다. 인간과 인간을 묶어주기 위해서, 인간이 무엇인가
를 만들어 내고자 하는 '마음이 들게 하기' 위해서 '돈'
은 존재한다. 돈이 있기 때문에 자신의 재능, 자원, 정
보, 기능…… 그러한 것을 손바닥에 놓고 저울질하고,
그것을 사용하여 '무엇이 가능한가'를 생각하게 된다.
그렇게 인간을 만드는 것이 '돈'의 역할인 것이다. 그
리고 이 돈이 존재한 덕분에 교환이 생겨나고 상품이
만들어져서 그 결과 우리들은 노동을 통해 자신이 어
떤 존재인지를 알 수 있게 된 것이다.

53 ア〜ウ의 문장을 올바른 순서로 배열한 것은 어느 것
인가?

1 イ → ウ → ア
2 イ → ア → ウ
3 ウ → ア → イ
4 ウ → イ → ア

54 1) '따라서 돈은 소중하다'라고 되어 있는데, 왜 돈은
소중한 것인가?

1 인간과 인간이 '재화 서비스'를 교환하기 위해서는 교
환수단으로서 돈이 필요하기 때문에
2 인간이 다른 동물과 다른 것은 교환을 행하는 것이며,
그 교환을 위해서 존재하는 것이 돈이기 때문에
3 돈이 생긴 덕분에 사람은 상품을 많이 만들고 경제를
발전시킬 수 있었기 때문에
4 돈은 너무 많이 만들어서 남은 물건을 낭비하지 않기
위해서 인간이 만들어낸 것이기 때문에

55 필자의 생각과 맞는 것은 어느 것인가?

1 돈은 모으는 것보다도 잘 쓰는 것이 어렵다.
2 돈이 있으면 자원, 정보, 기능 등을 손에 넣을 수 있다.
3 재화 서비스를 교환하기 위해서 돈이 생겨났다.
4 돈이 생기고 나서 비로소 교환이 시작되고 상품이 만들
어졌다.

세계적으로 미용성형이 붐인 것 같지만, 미용성형수술을 받고 있는 사람의 수는 인구비율로 말하면 일본은 한국이나 태국의 50분의 1정도라고 하므로 아시아에서도 아직 적은 편이라고 할 수 있다. 왜냐하면 일본에서는 미용성형에 대해서 부정적인 부모님들이 압도적으로 많고, 화상이나 교통 사고 등으로 도저히 보기 흉한 얼굴이 되었을 때 등의 특별한 사정이 없는 한, 10대의 젊은 딸이 성형수술을 하는 것을 봐 줄 부모는 적기 때문이다.

확실히 아름다움과 젊음을 추구하는 마음은 세계 어느 사람이나 공통된 바람일 것이다. 그러나 한번 받으면 멈출 수 없게 된다는 미용성형수술. 부작용도 많고 위화감은 평생 떨쳐내지 못한다고도 한다. 요 몇 년 사이에 일본에서도 점차 증가하는 경향이 있는 10대의 미용성형에 대해서 '(　ア　)'라는 말은 그녀들의 귀에는 공허하게 들리는 것일까.

하지만, 그녀들만을 탓하는 것은 불가능할 것이다. 그것은 채용 불채용이 취직 면접에서 외견의 좋고 나쁨에 의해 좌우되는 것도 있고, 외견으로 사람을 판단하는 경향이 현실적으로 이 사회에 존재하고 있기 때문이다. 텔레비전 방송 등에서 심한 열등감으로 고민하던 여성이 성형수술로 자신감을 되찾고, 긍정적으로 살게 되었다는 이야기를 들으면 나도 성형수술의 긍정론 쪽으로 기울어지지만, 1) 만일 실제로 딸이 성형수술을 받고 싶다고 한다면 나는 망설일 것이 틀림없다. 지금의 나로서는 현재 중학교 2학년인 딸이 그 말을 꺼내지 않기를 그저 간절히 바랄 뿐이다.

56　(　ア　) 에 들어갈 것으로 가장 적당한 것은 어느 것인가?

1 내면의 아름다움이야말로 소중하다.
2 외견으로 사람을 판단하지 말라.
3 청춘은 두 번 다시 없다.
4 미용성형은 위험이 따른다.

57　1) '만일 실제로 딸이 성형수술을 받고 싶다고 한다면 그거야말로 나는 망설일 것이 틀림없다.' 라고 되어있는데, 그것은 왜인가?

1 성형수술에는 수술에 실패할 우려도 있고 부작용도 있기 때문에
2 머리로는 성형수술을 긍정해도, 마음으로는 그렇게 하지 않았으면 하는 마음이 있기 때문에
3 외견의 아름다움보다도 내면의 아름다움이 중요하기 때문에
4 10대는 가장 아름다울 때이며, 젊음 이상의 아름다움은 없기 때문에

58　이 문장의 제목으로서 가장 적당한 것은 어느 것인가?

1 최근의 미용성형 붐
2 외견을 중시하는 사회
3 미용성형수술의 공죄
4 10대의 미용성형

문제10　다음 문장을 읽고 뒤의 질문에 대한 답으로 가장 알맞은 것을 1・2・3・4에서 하나 고르시오.

생물계 중에서 사람이라고 하는 종을 특징지어 보면 뛰어난 학습 능력이 거의 일생에 걸쳐서 유지된다는 것이 첫 번째로 꼽힐 것이다.

원래 원숭이 종은 다른 대형 포유류와 같이 확실한 신체적인 특징을 갖고 있지 않다. 예를 들면 돌고래는 수중생활에 편리하도록 체형이 변화하였고, 또 사자나 호랑이는 근육이 발달하고 민첩하며 거기에 날카로운 이빨과 발톱을 갖고 있다. 따라서 어떤 환경 조건 아래에서는 먹이를 잡고 종족을 유지시키는 것이 용이하다. 이를테면, 다른 대형 포유류가 특수화한 방향으로 진화해온 데에 반해 1) 원숭이 종은 오히려 환경에 대한 유연성이라는 점에서 진화해왔다고 말할 수 있을 것이다. 그러므로 원숭이 종들은 경험에 근거하여 바깥 세계에 대한 지식을 몸에 익히는 것이 개체의 생존에 있어서도 또 종의 유지에 있어서도 그만큼 중요해진다. 어디가 안전한지, 어떻게 하면 먹이를 얻을 수 있는지 등을 정확히 판단할 수 있는 것이 생존을 위해 불가결한 것이다.

그러나 이러한 사정은 사람에게 한층 현저하게 나타난다. 사람은 다른 유인원과 비교해서도 천성적인 행동의 구조가 적다. 그렇기 때문에 침팬지의 새끼와 사람의 아기를 쌍생아처럼 키워보면, 처음의 수 개월간은 오히려 사람의 아기가 지적으로도 떨어지는 인상을 줄 정도이다.

사람의 경우에는 각각의 개체가 스스로 직접 경험에 의해서 지식을 축척하는 것 뿐 아니라 다른 개체의 경험을 언어 등을 매개로 하여 이용할 수도 있다. 즉, 학습이 사회적인 성격을 갖는데에 다다르고 있다. 인간 개체의 생존이나 종족 유지는 각각의 개체마다의 경험에 의한 지식뿐 아니라, 문화라는 형태로 축척된 다른 개체의 경험을 섭취할 수 있는 것에도 의존하고 있다고까지 말해도 좋을 것이다. 이렇게 축척된 지식이 없다면 사람은 정말로 무력한 동물이다.

그래서 학습이나 지식이라는 용어가 반드시 일상적 용어라고 의미와 일치하지 않는 것을 주의하자. 여기서의 학습이란, (　ア　)와 거의 같은 의미이다. 또

지식이라는 것도 개별적인 사실에 대한 지식이나 판단, 실행의 수속에 대한 지식뿐만 아니라 바깥 세계의 사물, 자기자신 및 그 관계에 대한 어느 정도 체계였던 정보를 포함한다. 사람은 이와 같은 정보의 체계, 또는 세계의 이미지를 갖는 것으로 살아남은 것이다.

59 1) '원숭이 종은 오히려 환경에 대한 유연성에 있어서 진화해 왔다고 말할 수 있다'라고 되어 있는데, 여기서 말하는 '환경에 대한 유연성'이란 무엇을 서술하고 있는가?

1 바깥 세계에 대응할 수 있도록 자신의 체형이나 신체적인 특징을 바꾸는 방향

2 바깥 세계에 대응할 수 있도록 천성적인 행동의 구조를 갖추는 방향

3 바깥 세계에 대응할 수 있도록 바깥 세계에 대한 지식을 몸에 익히는 방향

4 바깥 세계에 대응할 수 있도록 문화라는 형태로 축척된 지식을 섭취하는 방향

60 필자는 사람이 원숭이와 가장 다른 점은 어디에 있다고 생각하고 있는가?

1 신체적인 특징의 차이
2 천성적인 행동의 구조
3 학습 능력의 우열
4 학습의 사회적인 성격

61 (　ア　)에 들어갈 것으로 가장 적당한 것은 어떤 문장인가?

1 바깥 세계에 대해 지식을 익히는 것
2 언어로 지식을 전달하는 것
3 개체마다 경험에 근거한 지식
4 다른 개체의 경험을 이용하는 것

62 본문의 요지로서 가장 적절한 것은 어느 것인가?

1 사람은 각각의 개체가 스스로 직접 경험에 의해서 지식을 축척하는 것에 의해 유능하게 행동할수 있다.

2 사람은 개체마다의 경험이나 다른 개체의 경험을 이용해서 축척된 지식을 갖는 것으로 살아남았다.

3 사람은 천성적인 행동이나 구조가 적기 때문에 원숭이보다 신체구조상의 특징이 없고 지적으로도 떨어진다.

4 사람은 다른 대형 포유류가 특수화한 경향으로 진화한 것이 반해, 환경에 대한 유연성에 있어서 진화해 왔다.

문제 Ⅱ 다음 문장은 상담자로부터의 상담과 그에 대한 A와 B로부터의 회답이다. 세 개의 문장을 읽고 다음 질문에 대한 답으로 가장 알맞은 것을 1·2·3·4에서 하나 고르시오.

상담자

저는 21살의 학생입니다. 그런데 요즘 학생들은 안이한 생각을 한다거나, 매너를 모른다거나 노력을 하지 않는다고 말하는 어른들과 종종 접촉합니다. 솔직히 말해서 저로서는 기분이 우울해집니다. 또, 그러한 사람들은 종종 '자신이 젊었을 때에는 모두가 사회개혁의 꿈에 불타있었다', '이 나라를 풍요롭게 하기 위해서 모두 필사적으로 일해왔다'고 말합니다. 역시 지금의 젊은 사람보다 예전 세대의 사람이 훌륭한 삶을 살았던 것일까요? 모두의 의견을 들려주세요.

회답자 A

지금과 옛날은 시대가 달라. 부모 세대의 사람은 자신들이 일해서 회사가 좋아지면 자신들의 생활도 좋아지고 나라도 좋아진다고 믿을 수 있었던 행복한 시대에 살았다고도 할 수 있지 않아? 그런 의미에서는 부모 세대의 사람들은 훌륭했는지 어땠는지는 둘째 치고, 우리들보다 필사적으로 일했다고 생각해. 우리들은 태어날 때부터 편리한 세상이었고, 차도 휴대폰도 텔레비전도 무엇이든 보편적으로 있었잖아. 지금 편리하게 생활하고 있는 것은 역시 그 사람들 덕분 아닐까. 하지만 시대가 다르고, 같은 고생을 할 수도 없고, 그런 말을 해도 어쩔 수 없지 않나 하고 생각해.

회답자 B

10인 10색이죠. 젊지만 착실한 사람이 있으면 바보 같은 녀석도 있어요. 개인 개인의 일을 모르면서 고정관념으로 한데 묶지 않았으면 좋겠다고 말하고 싶네요. 저더러 말하라고 한다면, 옛날의 어른들이란 좋은 대학에 들어가지 않으며 안 돼, 무엇무엇이 아니면 안 돼, 그러한 상표에 묶여 꼼짝 못하는 사람이 많을 거라고 생각합니다. 그런 점에서 지금의 젊은이들은 그다지 상표에 얽매이지 않는다고 할까, 옛날 어른들보다 발상이 자유롭다고 생각합니다. 그 반면 저돌적으로 나아가야 할 곳을 찾을 수 없다고 할까, 모두 같은 꿈을 꾸는 것이 불가능해졌다고 해야 할까, 모두가 풍요로운 나라를 목표로 했던 부모님 세대와는 다른 고민을 안고 있습니다.

63 회답자 A는 부모님 세대에 대해서 어떻게 생각하고

있는가. 올바른 것을 골라라.

1 부모님 세대의 사람은 우리들 젊은 세대보다도 행복
했다.

2 부모님 세대의 사람은 우리들 젊은 세대보다도 훌륭
한 삶을 보냈다.

3 부모님 세대의 사람은 우리들 젊은 세대보다도 열심
히 일했다.

4 부모님 세대의 사람은 우리들 젊은 세대보다도 사고
방식이 혁신적이었다.

64 회답자 A의 문장의 중에 '그런 의미에서는'라고 되

어있는데, 이것은 어떠한 내용을 말하고 있는가?

1 자신의 생활보다도 회사의 발전을 우선시해서

2 노동의 의의가 확실한 것도 있어서

3 국가를 위해서 공헌하고 싶은 강한 마음에서부터

4 지금만큼 편리한 세상이 아니었기 때문에

65 회답자 B의 문장의 내용과 맞는 것은 어느 것인가?

1 지금의 어른은 아무튼 젊은 사람을 고정관념으로 한
데 묶어 '이렇다, 저렇다'하고 결정짓는 경향이 있다.

2 젊은 사람은 어떠해야만 한다는 상표에 얽매이지 않
고 좀더 자유로운 발상으로 살아가면 된다.

3 지금의 젊은이는 옛날과 다르게 꿈을 찾기 어려운 시
대에 살고 있다는 것을 부모 세대의 사람이 알아줬으
면 한다.

4 노력할지 어떨지는 사람마다 다르며, 시대에 의해 각
각의 세대가 안고 있는 고민도 달라진다.

문제 12 다음 문장을 읽고 다음 질문에 대한 답으로 가장 알맞은
것을 1·2·3·4에서 하나 고르시오.

우리들은 점점 죽음을 꺼림칙하게 생각하고 죽고 싶
지 않다고 바라며 삶에 집착한다. 그러나 죽을 운명
을 짊어지고 있는 인간이 삶에 너무 집착하는 것은
불행한 일이 된다.

36억 년의 생명의 역사 안에서 인간만이 죽음에 대
한 공포를 이상하게 부풀려 왔다. 그것은 대뇌의 발
달과 관계가 없지는 않을 것이다.

인류는 처음부터 현재와 같이 예민한 자기감각을 갖
고 있었던 것이 아니라, 자아의식 또한 인류의 진화
와 같이 변화해왔다고 생각된다. 자아 의식이 발달해
오면, 한 사람 한 사람의 인간을 개별된 존재로서 강

하게 인식하게 된다. 그렇게 되면 자신의 죽음, 친한
사람의 죽음이 구별되며, 죽음의 공포와 더불어 헤어
짐의 슬픔도 생겨난다.

우리들이 죽음에 대해서 가지는 공포는 동물의 본능
적인 공포에 자신이 무로 돌아간다는 형이상학적 공
포가 더해진 것이다. 자아로의 집착이 강할수록 자신
이 무로 돌아간다는 데에 대한 공포도 커진다. 자아
에의 집착은 죽음에 대한 공포를 만들어내지만, 개인
적으로 친한 사람에의 집착은 헤어짐의 슬픔도 생겨
난다.

이러한 인간의 집착심이 복제 인간을 만든다는 바람
으로 발전해가는 경우도 있을 것이다. 자신과 같은
사람을 만들어서 늘리고 싶다. 또는 언제까지나 계속
살고 싶다고 생각한다. 그리고 자아에의 집착이 극단
적으로 강해지면 이러한 욕망도 점점 강해질 가능성
이 있다. 또, 친한사람에의 집착이 강할 때도 그 사
람이 죽었을 때에 그 사람의 복제품을 만들고 싶다는
바람을 가져도 이상하지 않다.

인간의 개성이라는 것은 유전적인 요인과 환경의 상
호작용으로 만들어진 것이니까, (　ア　)것이
지만, 과도한 집착은 이성까지도 잃게 하는 법이다.
또, 1) <u>의료현장에서는 의사가 환자의 목숨에 집착해
버리는 위험이 늘 따라다닌다.</u> 처음에는 치료로서의
병을 낫게 하려는 순수한 마음에서 시작한 행위 안에
서 무의식 중에 일의 대상으로의 집착심이 숨어 들
어, 환자의 존엄을 무시한 말기의료에 빠져드는 위험
성을 수반하고 있는 것이다. 뇌사문제든 존엄사 문제
든, 이러한 위험성을 바르게 인식해서 이성적으로 배
제하는 노력이 필요할 것이다.

죽음은 우리들의 자연에 대한 비뚤어진 인식과 강한
집착심, 욕망, 증오 등의 인간의 본성을 좋든 싫든 간
에 비추어낸다.

66 (　ア　) 에 들어갈 문장으로 가장 적당한 것은 어

느 것인가?

1 복제 기술로 사랑하는 사람의 복제 인간을 만들고 싶다
고 생각한다.

2 복제 기술로 자신의 복제 인간을 만들어서 늘리고 싶다
고 생각한다.

3 복제 기술로 복제 인간을 만들고 싶은 기분은 이해할
수 있다.

4 복제 기술로는 복제 인간을 만들 수 없다.

67 1) '의료현장에서는 의사가 환자의 목숨에 집착해

버리는 위험이 늘 따라다닌다.'라고 되어있는데, 그
것은 어떠한 예를 말하는가?

1 혼자의 목숨을 자신의 연구를 위한 실험 재료로 생각하
게 되는 것
2 자신이 담당하는 환자 이외의 환자의 목숨은 어떻게되
도 상관없다는 태도
3 생명 연장만을 자기 목적화하여 환자의 인격을 무시한
생명 연장 치료를 행하는 것
4 환자의 의향을 무시하고 일방적인 의사의 주도에 의한
치료를 시행하는 것

68 이 문장에서 필자가 하고 싶은 말은 무엇인가?

1 죽을 운명을 지고 있는 인간이 삶에 너무 집착하는 것은
좋지 않다.
2 우리들이 죽음에 대해서 공포를 안는 것은 당연하며, 부
정할 필요는 없다.
3 복제 인간을 만들려고 하는 시도를 절대 용서해서는 안
된다.
4 생명 연장만을 자기 목적화하여 환자의 인격을 무시한
생명 연장 치료를 행하는 것

69 본문의 내용과 맞는 것은 어느 것인가?

1 현대에 사는 우리들은 옛날 사람과 같이 죽음에 대한 공
포의 감정을 갖지 않게 되었기 때문에 목숨을 시시하게
취급하게 되어버렸다.
2 현대 사회의 여러 가지 문제는 죽음에 대한 인간의 일그
러진 인식기 원인이며, 우리들은 죽음을 극복할 노력을
앞으로도 계속할 필요가 있다.
3 현대에 살아가는 우리들은 죽음을 몹시 꺼려하는 경향
이 있으며, 과도한 삶에 대한 집착이 생명 윤리에 관련
된 여러 가지 문제를 발생시키고 있다.
4 현대의 인간은 생에 과도에게 집착하게 된 결과, 사는
것에 대한 자신을 잃고, 죽음에 대한 공포에 떨게 되었
다.

문제 13 다음은 '온라인 서점에서의 쇼핑 순서'이다. 다음 질문에
대한 답으로 가장 알맞은 것을 1·2·3·4에서 하나 고르
시오.

70 주문한 책의 권수를 늘리고 싶을 때는 어떤 과정에서
하는가?

1 쇼핑 카트 안
2 회원 정보의 입력
3 수취, 지불 방법 선택
4 주문 확인

71 주문한 책을 받고 나서 대금을 지불하려고 할 때 어떠
한 수취 방법이 있는가?

1 서점에서 받기
2 서점에서의 배달 서비스
3 택배로 받기
4 선물로 보내기

온라인 서점 쇼핑 순서

1 상품을 선택

↓ 검색결과 상세정보 화면, 또는 서재에서
상세정보 화면을 표시

2 카트에 넣는다

↓ 버튼을 클릭합니다.

3 쇼핑 카트의 안

↓ 다른 상품을 계속해서 주문할 경우에는
'TOP 페이지' 또는 '전 페이지로 돌아감
' 버튼을 클릭, 구입을 하려면 버튼을 클
릭. (취소 버튼으로 선택 상품의 취소가
가능합니다.)

4 회원 정보의 입력

↓ 회원 ID 또는 메일주소·비밀번호를 입
력합니다. (회원 등록을 하지 않은 경우
는, '처음이신 분은 이쪽'의 링크를 클릭
해주세요.)

5 수취·지불 방법 선택

↓ 수취·지불 방법은 아래의 5가지 중에서
선택할 수 있습니다.
1) 서점에서 받는다 / 서점에서 지불
2) 서점에서의 배달 서비스 이용
3) 택배로 받는다 / 카드로 지불
4) 택배로 받는다 / 대금 교환으로 지불
5) 선물로 보내기(택배/신용카드만 가능)

6 주문 확인

↓ 주문 정보의 확인을 거치고 버튼을 클릭.
변경사항이 있을 때는 '변경' 버튼을 클
릭하고 수정해주세요. (주문 확정 버튼을
클릭하면 취소할 수 없습니다.)

7 주문 완료

주문 번호 등 주문 받은 정보를 표시합니
다. 등록 이메일로 즉시 주문 확인 메일
이 송신됩니다.

모의테스트 2회 청해 스크립트 및 번역 (M:男性　F:女性)

問題1

1番　夫婦で非常持ち出し袋の話をしています。表の中で、今回、買う物はどれですか。

F：あなた、そろそろ地震対策の非常持ち出し袋の中身、入れ替えなくちゃ。

M：そうだね。もう三年経ってるからね。

F：乾パンやアルファ米といった非常食は、確か5年保存が可能だったからいいとして、ペットボトルに入った水はもうダメでしょ。

M：そうだな。それと乾電池類も変えておかなくちゃ。

F：そうそう、非常用のトイレ、入れてなかったでしょ。地震体験者の話では、仮設トイレができたとしても、女性には非常用のトイレが絶対必要だって。

M：わかった。レインコートや軍手やロープなどは大丈夫として、医薬品はどうする？

F：口に入れるものは、買い換えておいた方がいいと思わない？

M：うん、でも、薬には消費期限があるだろうから、この際、全部入れ替えようよ。

F：わかった。じゃ、買いに行きましょう。

表の中で、今回、買う物はどれですか。

부부가 비상 반출 주머니에 대한 이야기를 하고 있습니다. 표 안에서 이번에 살 물건은 어느 것입니까?

F：당신, 슬슬 지진 대책으로 비상 반출 주머니 내용물을 바꿔야겠어요.

M：그렇네. 벌써 3년이나 지났으니까.

F：건빵이나 알파미 등의 비상식품은 아마 5년간 보존 가능하다고 하니까 놔두고, 페트병에 있는 물은 이제는 안되겠죠?

M：그렇겠군. 그거랑 건전지류도 바꿔둬야지.

F：맞아요, 비상용 화장실 안 넣었죠? 지진 체험한 사람들 말로는 임시 화장실이 생기더라도 여자들은 비상용 화장실이 반드시 필요하대요.

M：알겠어. 비옷이나 목장갑이나 로프 등은 괜찮고, 의약품은 어떻게 할까?

F：먹는 것은 바꾸는 게 좋지 않아요?

M：응, 하지만 약에는 소비 기한이 있을 테니까 이참에 전부 바꾸자고.

F：알겠어요. 그럼, 사러 갈까요?

표 안에서 이번에 살 것은 무엇입니까?

답 ❹

2番　車内放送が流れています。高尾駅に早く着きたい人は、どの電車に乗りますか。

M：地下鉄東西線をご利用いただきまことにありがとうございました。まもなく三鷹、三鷹、この電車の終点です。2番線到着、お出口は左側です。総武線ご利用のお客様は向かい側ホーム1番線から。各駅停車の西船橋ゆきです。中央線をご利用のお客様は立川・高尾方面行きは8番線ホーム、東京方面行きは5番線ホームをご利用ください。まもなく8番線に高尾行きの快速電車が到着しますので、立川・高尾方面お乗り換えの方はお急ぎください。なお、この高尾行きの快速は、途中、国分寺で特別快速電車の待ち合わせを行いますので、立川までお急ぎの方は、その後に来る立川行き特別快速電車をご利用ください。次は三鷹、三鷹終点です。

高尾駅に早く着きたい人は、どの電車に乗りますか。

차 내 방승이 흐르고 있습니다. 다카오 역에 빨리 도착하고 싶은 사람은 어떤 전철을 탑니까?

M : 지하철 도자이선을 이용해 주셔서 진심으로 감사드립니다. 곧 미타카, 미타카, 이 전철의 종점입니다. 2번 선 도착, 출구는 왼쪽입니다. 소부선을 이용하시는 손님은 반대편 홈 1번선에서. 각 역 정차의 니시후나바시 행입니다. 중앙선을 이용하시는 손님은 다치가와 · 다카오 방면 행은 8번선 홈, 도쿄 방면 행은 5번선 홈을 이용해 주십시오. 곧 8번 선에 다카오 행 쾌속 전철이 도착하오니, 다치가와 · 다카오 방면으로 갈아 타실 분은 서둘러 주십시오. 또한 이 다카오 행 쾌속 은 도중에 고쿠분 절에서 특별 쾌속 전철의 대기가 있 으니 다치가와까지 서두르시는 분은 그 후에 오는 다 치가와 행 특별 쾌속 전철을 이용해 주십시오. 다음은 미타카, 디타카 종점입니다.

다카오 역에 빨리 도착하고 싶은 사람은 어떤 전철을 탑니까?

1 5번선에서 다음에 오는 쾌속 전철을 탑니다.
2 8번선에서 다음에 오는 쾌속 전철을 탑니다.
3 5번선에서 다음 다음에 오는 특별 쾌속 전철로 갈아탑니다.
4 8번선에서 다음 다음에 오는 특별 쾌속 전철을 탑니다.

답 ❷

**3番　男の人が市役所の窓口で話しています。
　　　男の人はこの後どうしますか。**

M : すみません。戸籍謄本を一通、お願い
　　したいんですが…。

F : では、まずあちらのカウンターで請求
　　書にご記入ください。そのあと、５番
　　窓口で受けつけます。あのう、今日、
　　本人確認できるものをお持ちですか。

M : 銀行のカードなら持っていますが…。

F : 運転免許証やパスポートのような顔写

真付きのものでないと。

M : 今日は運転免許証を忘れたんですが、
　　銀行のカードじゃダメなんですか。こ
　　こに名前も書いてありますよ。

F : 申し訳ございません。規則ですので。

M : しかたありません。じゃ、もう一度出
　　直します。

F : 市民カードをお持ちなら、自動交付機
　　でもお受け取りできますよ。お持ちで
　　ないなら、市民課７番窓口で交付申請
　　を受け付けています。

M : 急いでいますから、今日はいいです。

男の人はこの後どうしますか。

남자가 시청 창구에서 이야기하고 있습니다. 남자는 그 후에 어떻게 합니까?

M : 실례합니다. 호적 등본을 한 통 떼고 싶습니다만……
F : 그럼, 우선 저쪽 카운터에서 청구서에 기입해주세요. 그 후에 5번 창구에서 접수 받습니다. 저, 오늘 본인 확 인 가능한 것은 갖고 계십니까?
M : 은행 카드라면 갖고 있습니다만……
F : 운전면허증이나 여권과 같은 사진이 붙어 있는 것이 아니면 안되는데요.
M : 오늘은 운전면허증을 잃어버렸습니다만, 은행 카드로 는 안 됩니까? 여기에 이름도 써 있는데요.
F : 죄송합니다. 규칙이라서요.
M : 어쩔 수 없군요. 그럼, 다시 오겠습니다.
F : 시민 카드를 갖고 계시다면 자동 교부기에서도 받을 수 있습니다. 없으시면 시민과 7번 창구에서 교부 신청 을 받고 있습니다.
M : 바빠서, 오늘은 됐습니다.

남자는 그 후에 어떻게 합니까?

1 카운터에서 청구서에 기입합니다.
2 운전면허증을 가지러 집으로 돌아갑니다.
3 5번 창구에서 호적 등본의 교부 신청을 합니다.
4 7번 창구에서 시민 카드를 교부 받습니다.

답 ❷

**4番 男の人が電話しています。吉田商事の
事務所はどこですか。**

F：お待たせしました。吉田商事です。

M：あのう、わたくし、求人広告を見て、
面接にまいった木村と申します。

F：はい、木村様ですね。10 時からのお約
束ですね。

M：はい。あのう、今、一階にいるのですが
、御社の事務所はどちらでしょうか。

F：はい。建物を入ったところにエレベー
ターがございます。六階で降りていた
だくと、右に会議室、左にトイレがご
ざいます。突き当たりを右に曲がって
ください。奥から二番目の部屋が弊社
の事務所です。

M：わかりました。すぐまいります。

吉田商事の事務所はどこですか。

남자가 전화를 하고 있습니다. 요시다 상사의 사무소는 어
디입니까?

F : 오래 기다리셨습니다. 요시다 상사입니다.
M : 저기, 저는 구인광고를 보고 면접 보러 온 기무라라고
합니다.
F : 네, 기무라 님이시군요. 약속은 10시부터이시죠?
M : 네. 저기, 지금 1층에 있습니다만, 귀사의 사무소는 어
디입니까?
F : 네. 건물을 들어오는 곳에 엘리베이터가 있습니다. 6층
에서 내리시면 오른쪽에 회의실, 왼쪽에 화장실이 있
습니다. 막다른 곳에서 오른쪽으로 꺾어주세요. 끝에
서 두 번째 방이 본사의 사무소입니다.
M : 알겠습니다. 곧 가겠습니다.

요시다 상사의 사무소는 어디입니까?

1 604
2 605

3 606
4 607

답 ❹

**5番 女の人と男の人が話をしています。当日
の売り上げを出してから、次にどうしま
すか。**

F：鈴木さん、レジ閉めのやり方を教えて
いただけませんか。

M：いいよ。まず、この黒いボタンを押して
。すると、伝票が3枚出てくるから、そ
れを取って、この赤いボタンを押す。そ
うしたら、レジのボックスが開くはず。

F：はい。

M：先の3枚の伝票の中に、「会計用」と書
かれたものがある。その伝票に書いてあ
る金額は当日の売り上げだから、その金
額のお金をレジボックスから出す。そし
て、レジボックスに残ったつり銭を数え
て、青いかばんに入れる。

F：あ、はい。

M：最後に、3枚の伝票と当日の売り上げを
金庫に入れたら、完成。

F：はい、わかりました。ありがとうござ
います。

M：あ、言い忘れちゃった。つり銭はかば
んに入れる前に、店長に聞いて、元の
つり銭額とあってるかどうか確認しな
きゃ。

F：わかりました。

当日の売り上げを出してから、次にどうしますか。

여자와 남자가 이야기하고 있습니다. 당일의 매상을 꺼내고 나서 다음에 어떻게 합니까?

F : 스즈키 씨, 금전출납기 닫는 방법을 알려주시겠습니까?

M : 좋아요. 우선 이 검은 버튼을 눌러. 그러면 전표가 3장 나오니까 그것을 뽑고 이 빨간 버튼을 눌러. 그러면 금전 출납기 박스가 열릴 거야.

F : 네.

M : 아까 전표 3장 중에 '회계용'이라고 쓰여진 것이 있어. 그 전표에 쓰여진 금액은 당일의 매상이니까, 그 금액을 금전출납기에서 꺼내. 그리고 금전출납기에 남은 거스름돈을 세서 파란 가방에 넣어.

F : 아, 네.

M : 마지막으로 전표 3장과 당일의 매상을 금고에 넣으면 완성.

F : 네, 알겠습니다. 고맙습니다.

M : 아, 까먹었다. 거스름돈은 가방에 넣기 전에 점장에게 물어봐서 원래 거스름돈과 맞는지 확인해야 돼.

F : 알겠습니다.

당일의 매상을 꺼내고 나서 다음에 어떻게 합니까?

1 3장의 전표와 당일의 매상을 확인해서 금고에 넣는다.
2 금전 출납기에 거스름돈을 세서 파란 가방에 넣는다.
3 점장에게 물어본 후 거스름돈을 확인해서 파란 가방에 넣는다.
4 거스름돈을 세서 파란 가방에 넣은 후 점장에게 보고한다.

답 ❸

6番　女の人が不動産屋と相談しています。女の人はどの部屋に転居しようと思っていますか。

F : 今のアパート、部屋もきれいだし、最初はいいと思ったんですが、駅から遠くて…。

M : それに、やっぱり一部屋では使いにく

いでしょう。

F : ええ、そうなんです。

M : じゃ、これなんかどうですか。

F : ちょっと、私には贅沢すぎますよ。家賃も高いし、一人暮らしには広すぎます。

M : じゃ、これはどうですか。家賃も今とあまり変わりませんし、駅にも近いですよ。

F : でも、私はやはり洋室にベッドの方が。

M : この部屋は洋室で安いですが、駅から遠いですね。そうだ、いい考えがあります。一人では広いですが、この部屋に誰かと一緒に住んだらどうですか。家賃もかえって安くなるんじゃありませんか。

F : ああ、その手がありますね、ちょっと心当たりがあるので、相談してみます。

M : じゃ、お待ちしています。

女の人は、どの部屋に転居しようと思っていますか。

여자가 부동산에서 상담하고 있습니다. 여자는 어느 방으로 이사하려고 하고 있습니까?

F : 지금 아파트, 방도 깨끗하고 처음에는 좋다고 생각했는데 역에서 멀어서…….

M : 거기다 역시 방 하나로는 쓰기 불편하죠?

F : 네, 맞아요.

M : 그럼, 이런 것은 어떠십니까?

F : 조금, 저에게는 사치스러운데요. 월세도 비싸고, 혼

자 살기에는 너무 넓어요.

M : 그럼, 이건 어떠십니까? 월세도 지금과 별로 차이 나지 않고 역에서도 가까워요.

F : 하지만 저는 역시 서양식 방에 침대가 있는 쪽이.

M : 이 방은 서양식이라서 싸지만, 역에서 멀군요. 맞다, 좋은 생각이 있습니다. 혼자서는 넓지만, 이 방에 누군가와 같이 살면 어떠세요? 월세도 오히려 싸지지 않습니까?

F : 아, 그런 방법이 있군요. 좀 짐작 가는 데가 있으니 상담해 볼게요.

M : 그럼, 기다리고 있겠습니다.

여자는 어느 방으로 이사하려고 하고 있습니까?

1	2
방 배치 : 3DK	방 배치 : 1DK
(6洋 · 4.5洋 · 3洋 · DK)	(8洋 · DK)
건축일 : 1999년 3월	건축일 : 2006년 5월
월세 : 75000엔	월세 : 60000엔
보증금, 사례금 : 각 1개월	보증금, 사례금 : 각 1개월
교통 : 역까지 도보 3분	교통 : 역까지 도보 25분

3	4
방 배치 : 2DK	방 배치 : 2DK
(6和 · 4.5和 · DK)	(6洋 · 4.5洋 · DK)
건축일 : 2002년 3월	건축일 : 1992년 10월
월세 : 62000엔	월세 : 55000엔
보증금, 사례금 : 없음	보증금, 사례금 : 각 1개월
교통 : 역까지 도보 5분	교통 : 역까지 도보 30분

＊ 洋: 양식방, 和: 일본식 방

답 ❶

問題 2

1番　テレビのニュースです。学校は、事故の原因は何だと考えていますか。

M：静岡県の浜名湖で、富士中学校の生徒18人と教師2人が乗ったカッターボートが転覆し、吉川みよさん12歳が亡くなりました。記者団からは、ボート一隻に20人も乗せたのは適切か、ボートの手こぎ訓練は野外活動として適切か、天候などの判断にミスはなかったか、指導に当たる教師に十分な経験があったかなどの質問がぶつけられました。これに対し加藤校長は、「教育活動の場で最悪の事故が起き、亡くなった生徒、家族に申し訳ない気持ちでいっぱいです」と陳謝し、「当日は天候も悪く、湖上の様子や気象情報などさまざまな情報の中で判断して活動したと思うが、最悪の結果になったということは、判断に間違いがあったのではないか」と述べました。

学校は、事故の原因は何だと考えていますか。

텔레비전의 뉴스입니다. 학교는 사고의 원인은 무엇이라고 생각하고 있습니까?

M: 시즈오카 현의 하마나 호에서 후지 중학교 학생 18명과 교사 2명이 탄 캇타 보트가 전복해, 요시가와 미요 씨 12세가 사망했습니다. 기자단에서는 보트 한 척에 20명이나 태운 것은 적절한가, 보트의 손 젓기 훈련은 야외 활동으로서 적절한가, 날씨 등의 판단에 실수는 없었는가, 지도에 적절한 교사에 충분한 경험이 있었는가 등의 질문이 이어졌습니다. 이에 대해 가토 교장은 "교육활동의 장에서 최악의 사건이 일어나 사망한 학생, 가족에게 정말 면목이 없습니다."라고 사과하고, "당일은 날씨도 나쁘고, 호수 위의 상태나 기상 정보 등 여러 가지 정보를 가지고 판단해서 활동했다고 생각되나, 최악의 결과가 되었다는 것은 판단에 착오

가 있었던 것은 아닌가"라고 말했습니다.

학교는 사고의 원인은 무엇이라고 생각하고 있습니까?
1 정원을 넘겨서 보트에 학생을 태운 것
2 교사에게 지도자로서의 충분한 경험이 없었던 것
3 지도를 맡았던 교사가 날씨 등 상황 판단을 잘못한 것
4 보트를 손으로 젓는 훈련은 야외활동 방법으로서 부적합
　했던 것

답 ❸

2番　女の人と男の人が話をしています。男の人が夏休みに帰国する最大の理由は何ですか。

F：ねえ、夏休みに一ヶ月も国に帰るんだって。

M：うん。君も機会があったら遊びにきなよ。韓国を案内するから。

F：ありがとう。私もこのお盆に里帰りするつもりなの。お正月も帰らなかったから。

M：僕も大学に入ってから、三年も会ってないからね。やはり、お袋の味が恋しいよ。それに母も会いたがっていたし、昨年結婚した姉に女の子も産まれてね。

F：そう。李くんもいよいよおじさんってわけ。

M：うん。初めての姪だから、早く顔が見たいよ。

F：ところで、李くん、卒業の準備は順調？

M：実はそれなんだよ、一ヶ月も帰るのは。卒論のテーマが「韓日合弁企業の過去・現在・未来」だから、いろいろ調べることがあって。

男の人が夏休みに帰国する最大の理由は何ですか。

여자와 남자가 이야기하고 있습니다. 남자가 여름 방학에 귀국하는 가장 큰 이유는 무엇입니까?

F：저기, 여름방학에 한 달이나 귀국한다면서?
M：응. 너도 기회가 되면 놀러와. 한국 안내해 줄게.
F：고마워. 나도 이번 추석에 시골에 갈 예정이야. 설날에도 안 갔으니까.
M：나도 대학에 들어간 후 3년이나 못 만났으니까. 역시 어머니의 맛이 그리워. 게다가 어머니도 만나고 싶어 하시고, 작년에 결혼한 누나가 여자 아이도 낳아서 말이야.
F：그래. 이 군도 드디어 삼촌인 거네.
M：응. 첫 조카라서 빨리 보고 싶어.
F：그런데 이 군, 졸업 준비는 잘 되어가?
M：실은 그것 때문이야, 한 달이나 귀국하는 이유는. 졸업 논문의 주제가 '한일합병기업의 과거·현재·미래'여서 여러 가지 조사할 것이 있어서.

남자가 여름 방학에 귀국하는 가장 큰 이유는 무엇입니까?
1 어머니의 요리가 먹고 싶어서
2 어머니가 걱정하고 있으니까
3 조카를 빨리 만나고 싶어서
4 졸업 논문을 완성시키기 위해서

답 ❹

3番　男の人が女の人に友人の結婚式について相談をしています。男の人はどうしますか。

M：あのさ、結婚式に招待されたんだけど…。

F：誰の？

M：大学の時の友だちなんだ。それでさぁ、始めてなんだよ、結婚式に行くのって。で、お祝いのお金なんだけど、いくらぐらい包めばいいの？5万くらい？

F：親戚ってわけじゃないんだから、5万はやりすぎよ。

Ｍ：じゃ、相場ってどのくらいか、わかる？

Ｆ：ご祝儀だったら、1万から2万ってところね。で、その同級生とは親しいの？

Ｍ：学生時代はね。でも、卒業後は連絡も取ってなかったし…。

Ｆ：それなら、1万円ぐらいでいいんじゃない。私だったら、5千円ぐらいですますけど。

Ｍ：いくらなんでも、それはちょっと。子供の小遣いじゃないんだから。

Ｆ：だったら、奮発してあげたら。

Ａ：そうだな。じゃ、もう一枚奮発するよ。

男の人は、結局、どうしますか。

남자가 여자에게 친구의 결혼식에 대해서 상담을 하고 있습니다. 남자는 어떻게 합니까?

Ｍ：저기, 결혼식에 초대 받았는데……

Ｆ：누구?

Ｍ：대학 때 친구야. 그런데, 결혼식 가는 거 처음이거든. 그래서 축의금 말인데, 얼마 정도 내면 좋을까? 5만 엔 정도?

Ｆ：친척이 아니니까 5만 엔은 너무 많아.

Ｍ：그럼, 대체적으로 얼마 정도 내는지 알아?

Ｆ：결혼식이라면 만 엔에서 2만 엔 정도겠지. 그런데 그 친구랑 친해?

Ｍ：학창 시절에는. 하지만 졸업 후에는 연락도 안 했고……

Ｆ：그렇다면 만 엔 정도도 괜찮지 않아? 나라면 5천 엔 정도로 해결할 것 같아.

Ｍ：아무리 그래도 그건 좀. 애들 용돈도 아니고.

Ｆ：그러면 큰마음 먹고 내 봐.

Ｍ：그럴까. 그럼 한 장 더 쓸게.

남자는 결국 어떻게 합니까?

1 축의금으로 5만 엔을 건넵니다.
2 축의금으로 5천 엔을 건넵니다.
3 축의금으로 2만 엔을 건넵니다.
4 축의금으로 1만 엔을 건넵니다.

답 ❸

4番　女の人と男の人が話しています。男の人はどうしてフリーマーケットに行きたくないのですか？

Ｆ：ねえねえ、今度の日曜日空いてる？

Ｍ：うん、暇だよ。何か？

Ｆ：公民館でフリーマーケットがあるんだけど、見に行かない？

Ｍ：フリーマーケット？僕はやめとくよ。

Ｆ：給料前だから？

Ｍ：いや、そんなことじゃない。

Ｆ：だったら、どうして？私とじゃ嫌だってこと？

Ｍ：違うよ。前にフリーマーケットで贋物の時計を買わされたことがあってさ。安いからって、飛びついた僕も悪いんだけど。

Ｆ：そう、運が悪かったわね。

男の人は、どうしてフリーマーケットに行きたくないのですか。

여자와 남자가 이야기하고 있습니다. 남자는 왜 프리 마켓에 가고 싶지 않습니까?

Ｆ：저기 말이야, 이번 일요일에 시간 돼?

Ｍ：응, 한가해. 왜?

Ｆ：공민관에서 프리 마켓이 있는데 보러 갈래?

Ｍ：프리 마켓? 난 관둘래.

Ｆ：월급날 전이라서?

Ｍ：아니, 그런 건 아니야.

Ｆ：그러면 왜? 나랑은 싫다는 거야?

Ｍ：아니야. 전에 프리 마켓에서 가짜 시계를 산 적이 있어서. 싸다고 달려든 나도 나쁘지만.

Ｆ：그래, 운이 나빴네.

남자는 왜 프리 마켓에 가고 싶지 않습니까?

1 일요일은 바빠서
2 돈이 없어서
3 속은 적이 있어서
4 그녀와 가고 싶지 않아서

답 ❸

5番　店員がお客さんに商店街のポイントサービスの説明をしています。ポイントサービスのチケットとはどのようなものですか。

M：お客様、この商店街のポイントサービスをご存知ですか?

F：あ、いいえ。知りません。

M：会員になっていただけますと、100円お買い上げごとに1ポイントを付与し、500ポイントたまりますと、チケットが一枚発行されます。そのチケット1枚で、この商店街のどのお店でも500円分のお買い物ができます。その他にも、各種イベント券、旅行券などと交換できますので、ぜひご利用くださいませ。

F：それはいいですね。

M：ええ、地域振興のために昨年から実施いたしましたが、本年度から町の掃除などのボランティア活動に参加してくださった住民の方にも、ポイントを差し上げることになりました。

ポイントサービスのチケットとは、どのようなものですか。

점원이 손님에게 상점가의 포인트 서비스의 설명을 하고 있습니다. 포인트 서비스 티켓은 어떤 것입니까?

M：손님, 이 상점가의 포인트 서비스를 알고 계십니까?
F：아, 아니요. 모릅니다.

M：회원이 되시면 100엔 살 때마다 1포인트를 부여하고, 500포인트를 모으면 티켓이 1장 발행됩니다. 그 티켓 1장으로 이 상점가의 어떤 가게에서도 500엔 분의 쇼핑이 가능합니다. 그 외에도 각종 이벤트 티켓, 여행권 등과 교환 가능하니 꼭 이용해주세요.

F：그건 좋네요.

M：네, 지역 진흥을 위해 작년부터 실시했습니다만, 올해부터 마을 청소 등의 봉사 활동에 참가해 주신 주민 분에게도 포인트를 드리기로 했습니다.

포인트 서비스 티켓이란 어떤 것입니까?

1 100엔 살 때마다 티켓 1장을 받을 수 있습니다.
2 500엔 살 때마다 티켓 1장을 받을 수 있습니다.
3 티켓은 100포인트마다 1장 발행됩니다.
4 티켓은 500포인트마다 1장 발행됩니다.

답 ❹

6番　女の人が男の人と話しています。男の人は、いったいどうしたのですか。

F：どうなさったんですか、そのマスク。

M：ええ、くしゃみが止まらなくて。そろそろ花粉の飛ぶ季節ですから。

F：もう始まりましたか。

M：今年はいつもより1週間早いってニュースで…。ハ、ハ、ハックショーン!

F：大変ですね。

M：目も痒いし、鼻水はでるし、頭もぼんやりして。

F：おきのどくに。

M：でも、こんなことで、仕事を休むわけにはいきませんし、クシャン!
　　どうもお見苦しくて、すみませんね。

F：いいえ、どうぞお大事に。

男の人は、いったいどうしたのですか。

여자와 남자가 이야기하고 있습니다. 남자는 대체 왜 그런 것입니까?

F : 어디 아프세요? 그 마스크.

M : 네, 재채기가 안 멈춰서요. 슬슬 꽃가루가 날릴 시기이니까요.

F : 벌써 시작되셨어요?

M : 올해는 다른 때보다 1주일 빠르다는 뉴스가…… 에, 에, 에취!

F : 큰일이네요.

M : 눈도 가렵고, 콧물은 나오고, 머리도 멍하고.

F : 안됐네요.

M : 하지만 이런 걸로 일을 쉴 수는 없고, 에취! 보기 흉한 모습이라 죄송합니다.

F : 아니요, 부디 몸조심하세요.

남자는 대체 왜 그런 것입니까?
1 화분증이 발병해서 괴롭습니다.
2 감기에 걸려서 재채기가 나옵니다.
3 열이 있어서 몸이 나른합니다.
4 숙취여서 머리가 아픕니다.

답 ❶

7番 男の人がコンピューターの人工知能について話しています。コンピューター将棋の開発が、チェスよりも難しい最大の理由は何ですか。

F：コンピューターの人工知能はどこまで進化しているのか？その目安になるのが将棋、囲碁などの思考ゲームでの人間との実力差です。チェスでは、1997年、スーパーコンピューターが、当時の世界王者と対戦して勝ち越し、大ニュースとなりました。しかし、コンピューター将棋の開発はチェスよりも難しいと考えられています。その理由として、将棋の方がチェスよりも盤のマスやコマの数が多いこともありますが、それよりも将棋には取った駒を持ち駒として再利用できるルールがあるため、一つの局面で候補となる指し手が多くなることが挙げられます。またその分、勝負がつくまでの所要時間も平均手数も将棋の方が多くかかります。

コンピューター将棋の開発が、チェスよりも難しい最大の理由は何ですか。

남자가 컴퓨터의 인공지능에 대해 이야기하고 있습니다. 컴퓨터 장기의 개발이 체스보다도 어려운 가장 큰 이유는 무엇입니까?

M : 컴퓨터의 인공지능은 어디까지 진화했을까? 그 기준이 되는 것이 장기, 바둑 등의 사고 게임에서의 인간과의 실력차입니다. 체스에서는 1997년 슈퍼컴퓨터가 당시의 세계 왕자와 대결해서 이겨서 큰 뉴스가 되었습니다. 그러나 컴퓨터 장기의 개발은 체스보다도 어렵다고 여겨지고 있습니다. 그 이유로는 장기가 체스보다도 판의 매스나 장기의 말 수가 많은 것도 있지만, 그것보다도 장기에는 따낸 말을 자기 말로 재사용할 수 있는 규칙이 있기 때문에 하나의 게임에서 후보가 되는 방법의 수가 많아지는 것을 들 수 있습니다. 또 그만큼 승부가 나기까지의 소요시간도 평균적으로 두는 수도 장기가 더 많이 걸립니다.

컴퓨터 장기의 개발이 체스보다도 어려운 가장 큰 이유는 무엇입니까?
1 장기는 체스보다도 판의 매스 수도 장기의 말 수도 많기 때문에
2 장기는 체스보다도 승부가 나기까지의 소요시간이 길어지기 때문에
3 장기는 체스보다도 승부가 나기까지 두는 수가 많기 때문에
4 장기는 체스보다 규칙이 복잡해서 한 국면에서의 후보 수가 많기 때문에

답 ❹

問題 3

1番 女の人が、「幸福感」について話しています。

F：今ではどこの家にも当たり前のように
　ある、洗濯機、冷蔵庫、テレビ、電子
　レンジ、パソコンなどの電化製品が、
　あなたの家にだけは一切なかったらど
　うでしょうか。私ならきっと、みじめ
　で不幸な気分になると思います。でも
　、たった半世紀前の日本の家には、こ
　れらの電化製品は一切なかったわけで
　す。それでは当時の日本人が皆、不幸
　だと思って生きていたかといえば、そ
　うではないと思います。かえって私た
　ちより幸せを感じて生きていたかもし
　れません。そう考えると、私たちは極
　めて相対的なことで、幸せや不幸を感
　じているのかもしれません。

女の人が、この話の中で述べていることは何ですか。

1 半世紀前の日本人の方が、現代の私たちよ
　りも幸せだった。
2 幸せか不幸かの感覚は、他との比較の上で
　成り立っている。
3 生活が豊かになり、快適で便利になれば、
　幸せも増える。
4 現代は物は豊かになったが、幸せが増えた
　わけではない。

여자가 '행복감'에 대해서 이야기하고 있습니다.

F : 지금은 어느 집에나 당연히 있는 세탁기, 냉장고, 텔레
　비전, 전자레인지, 컴퓨터 등의 전자제품이 당신의 집
　에만 전혀 없다면 어떨까요? 저라면 분명 참담하고 불

행한 기분이 될 것입니다. 하지만 불과 반세기 전의 일
본의 집에는 이러한 전자제품은 전혀 없었던 것입니
다. 그렇다면 당시의 일본인이 모두 불행하다고 생각
하며 살았는가 하면, 그렇지 않다고 생각합니다. 오히
려 우리들보다 행복하다고 느끼며 살았을지도 모릅니
다. 그렇게 생각하면 우리들은 지극히 상대적인 것으
로 행복이나 불행을 느끼고 있는 것일지도 모릅니다.

여자가 이 이야기 속에서 서술하고 있는 것은 무엇입니까?

1 반세기 전의 일본인이 현재의 우리들보다도 행복했다.
2 행복한가 불행한가의 감각은 다른 것과 비교하는데서 생
　겨난다.
3 생활이 풍요로워져서, 쾌적하고 편리해지면 행복도 늘어
　난다.
4 현대는 물질은 풍요로워졌지만, 행복이 늘어난 것은 아
　니다.

답 ❷

2番 男の人が、朝日新聞のある全国世論調査について話しています。

M：2010年、朝日新聞がおもしろい全国世論
　調査を行いました。日本人約2400人の調
　査結果をまとめたところ、「日本人は勤
　勉だ」という特徴に「当てはまる」と答
　えた人は46％で、「当てはまらない」が
　50％でした。これは、前回2002年の調査
　と、ほぼ逆の数字でした。それ以外の項
　目についてみると、「当てはまる」と答
　えた人の割合は、「日本人は礼儀正しい
　」が45％、「日本人は協調性がある」が
　45％、「日本人は独創性がある」が35％
　、「日本人は国際性がある」が26％、「
　日本人は自立心がある」が20％と、どの
　項目も少数派でしたが、「日本人は器用
　だ」という項目については、77％が「当
　てはまる」と答えています。

この朝日新聞の全国世論調査は、何を調査したものですか。

1　日本人は国際化についてどう考えているか。

2　今の日本人は自分たちをどうみているか。

3　日本人の国民性は、この数年でどう変わったか。

4　日本人の長所と短所はどこにあるか。

남자가 아사히 신문의 어느 전국 여론 조사에 대해 이야기하고 있습니다.

M : 2010년 아사히 신문이 재미있는 전국 여론 조사를 행했습니다. 일본인 약 2400명의 조사결과를 종합한 결과, '일본인은 근면하다'라는 특징에 '적합하다'고 대답한 사람은 46%, '적합하지 않다'가 50%였습니다. 이것은 지난 2002년의 조사와 거의 반대되는 수치였습니다. 그 이외의 항목에 대해서 보면, '적합하다'고 대답한 사람의 비율은 '일본인은 예의바르다'가 45%, '일본인은 협조성이 있다'가 45%, '일본인은 독창성이 있다'가 35%, '일본인은 국제성이 있다'가 26%, '일본인은 자립심이 있다'가 20%로, 어떤 항목도 소수파였지만 '일본인은 솜씨가 좋다'라는 항목에 대해서는 77%가 '적합하다'라고 대답했습니다.

이 아사히 신문의 전국 여론조사는 무엇을 조사한 것입니까?

1 일본인은 국제화에 대해서 어떻게 생각하고 있는가.
2 지금의 일본은 자신들을 어떻게 보고 있는가.
3 일본인의 국민성은 요 몇 년 사이 어떻게 바뀌었는가.
4 일본인의 장점과 단점은 어디에 있는가.

답 ❷

3番　国語の先生が、「新しい常用漢字表」について話しています。

F：常用漢字の見直しを進めていた文化庁の文化審議会国語分科会は、新しい常用漢字表の案を認めました。これで新しい常用漢字表の内容がほぼ決まった

ことになります。新しく追加されるのは、大阪の「阪(さか)」、語彙の「彙(い)」、「俺(おれ)」など１９６字。いまの常用漢字表、１９４５字からは、使われることが少なくなった尺貫法の「勺(しゃく)」「匁(もんめ)」など５字を外され、計２１３６字になりました。常用漢字はふだんの生活で使う漢字の目安となるものですが、約３０年ぶりに見直しとなります。新しい常用漢字表は、今年度内には正式に発表される予定ですが、それに伴って、学校で習う漢字も見直される予定です。

学校で習う漢字は、来年度からどうなりますか。

1　今までと変わりません。

2　今までより増えます。

3　今までより減ります。

4　どう変わるか不明です。

국어 선생님이 '새로운 상용 한자표'에 대해서 이야기하고 있습니다.

F : 상용한자의 재검토를 진행하던 문화청의 문화심의회 국어분과회는 새로운 상용한자표 안건을 인정했습니다. 이것으로 새로운 상용한자표의 내용이 거의 정해졌습니다. 새롭게 추가된 것은 오사카의 「阪(사카)」, 어휘의 「彙(이)」, 「俺(오레)」등 196자. 지금의 상용한자표, 1945자에서는 쓰임이 적어진 척관법의 「勺(샤쿠)」, 「匁(몬메)」등의 5글자가 제외되어 합계 2136자가 되었습니다. 상용한자는 일상 생활에서 쓰는 한자의 기준이 되는 것인데, 약 30년 만의 재검토입니다. 새로운 상용한자표는 올해 도내에는 정식으로 발표될 예정입니다만, 그에 따라 학교에서 배우는 한자도 재검토될 예정입니다.

학교에서 배우는 한자는 내년도부터 어떻게 됩니까?

1 지금까지와 변함 없습니다.
2 지금까지보다 늘어납니다.
3 지금까지보다 줄어듭니다.
4 어떻게 바뀔지는 불명확합니다.

답 ❷

4番 男の人が「国語に関する世論調査」の結果について話しています。

M： 文化庁が行った「国語に関する世論調査」に、「情けは人のためならず」という諺の意味を問う問題がありました。（ア）は「人に親切にしてあげれば、結局は自分のためになる」で、（イ）は「人を助けてあげることは、その人のためにならない」でした。正しい答は（ア）ですが、60歳以上の回答者の正解率は65.2%で、年齢が下がるにつれて正解率は下がる傾向にあります。こういう結果が出ると、とかく国語学者たちは「近頃の若者は…」と眉をひそめるのですが、言語がそうであるように、ことわざも時代とともに意味が変わるものではないでしょうか。これは、若い世代が、自己責任という原則を当然視していることの現れとも言えるのです。

男の人は今回の結果をどう思っていますか。

1 言語も諺も時代につれて意味が変わるものであり、それを咎めることはない。
2 国語学者は、正しい日本語を守り、次の世代に伝えなければならない。
3 若い世代に正しい日本語の使い方を教えるのは、年輩者の義務である。
4 若い世代の「情けは人のためならず」の解釈の方が、今の時代にはふさわしい。

남자가 '국어에 관한 여론조사'의 결과에 대해 이야기하고 있습니다.

M： 문화청이 시행한 '국어에 관한 여론조사'에 '情けは人のためならず'라는 속담의 의미를 묻는 문제가 있었습니다. (ア)는 '남에게 친절을 베풀면 결국은 나에게 돌아온다'이며, (イ)는 '남을 도와주는 것은 그 사람을 위한 것이 아니다(그 사람을 진정 위한다면 도와주어서는 안 된다)'였습니다. 옳은 답은 (ア)입니다만, 60세 이상의 회답자의 정답률은 65.2%, 연령이 내려갈수록 정답률은 내려가는 경향이 있습니다. 이러한 결과가 나오면 아무튼 국어학자들은 '요즘 젊은이들은……'하며 눈살을 찌푸리지만, 언어가 그렇듯이 속담도 시대에 따라서 의미가 바뀌는 것이 아닐까요. 이것은 젊은 세대가 자기 책임이라는 원칙을 당연시하고 있다는 것을 나타내는 것이라고도 말할 수 있습니다.

남자는 이번 결과를 어떻게 생각하고 있습니까?
1 언어도 속담도 시대에 따라서 의미가 바뀌는 것이며 그것을 비난할 것은 아니다.
2 국어학자는 바른 일본어를 지켜서 다음 세대에게 전해 주어야만 한다.
3 젊은 세대에게 바른 일본어 사용법을 가르치는 것은 연장자의 의무이다.
4 젊은 세대의 「情けは人のためならず」의 해석이 지금의 시대와 어울린다.

답 ❶

5番 大学の学生課の人が話しています。

M： 本学は、他大学に先がけて自由にインターネットが利用できる環境を全学生に提供してきました。 しかし、ごく一部の利用者が与えられた自由な環境を自ら放棄するような行為を起こしています。インターネットは社会的に新しい分野なので、インターネットでは何をしてもよいと思い込んで、安易な気持ちや軽い冗談のつもりで、他人の名誉を傷つけるような行為を行なう学生が見受けられます。 インターネットは公の資源です。 有意義に気持ちよくインターネットを利用するためには、 利用者が各自の倫理観を高め、法律やマナーに反しないようにしましょう。

この大学で何があったのですか。

1 学生による「表現の自由」を損なうような行為があった。

2 ソフトの違法コピーなど、パソコンを不正使用する学生がいた。

3 学生の間で、電子メールのマナーが十分に守られていない。

4 他人の誹謗・中傷や、人が不快になるような書き込みがあった。

M : 본교는 다른 대학보다 앞서서 자유롭게 인터넷을 이용할 수 있는 환경을 전교생에게 제공해 왔습니다. 그러나 극히 일부의 이용자가 주어진 자유로운 환경을 스스로 포기하는 행위를 일으키고 있습니다. 인터넷은 사회적으로 새로운 분야이므로 인터넷에서는 무엇을 해도 좋다고 생각해서, 안이한 마음이나 가벼운 농담으로 타인의 명예를 실추시키는 듯한 행위를 하는 학생이 눈에 띕니다. 인터넷은 공공의 자원입니다. 뜻이 있고 기분 좋게 인터넷을 이용하기 위해서는 이용자가 각자의 윤리관을 높이고 법률이나 매너에 어긋나지 않도록 합시다.

이 대학에서 무엇이 있었습니까?

1 학생에 의한 '표현의 자유'를 해치는 행위가 있었다.

2 소프트의 불법 복사 등, 컴퓨터를 부정 사용하는 학생이 있었다.

3 학생들 사이에서 전자 메일의 매너가 충분히 지켜지지 않고 있다.

4 타인의 비방, 중상이나 사람이 불쾌해질 만한 내용이 올라온 일이 있었다.

답 ❹

6番 男の人が「現代の労働」について話しています。

M：今日ほど「労働」が見失われている時代はないでしょう。働くなかで人に仕事を教えられたり、人と力を合わせて働くなかで喜びを感じたり、或いは働いた成果で社会と結ばれていることを実感できたりといったことから、私たちはずいぶん無縁な世界に生きています。現代では、「労働」をとおして、自分が働くことの意義や生きていることの意義が感じられなくなり、「労働の喜び」といった表現がひどく古めかしく感じられるほど、「労働」は私たちの生活から遠ざかってしまっているのです。

男の人は現代をどのような時代だと考えていますか。

1 生活と労働が一つに結びついた時代

2 「労働」の意義が実感できない時代

3 働きたくても「労働」の場がない時代

4 生活と「労働」を区別して考える時代

M : 오늘만큼 '노동'이 길을 잃은 시대는 없겠지요. 노동을 하면서 일을 배우거나, 사람과 힘을 합쳐 일하면서 기쁨을 느끼거나, 또는 일한 성과로 사회와 맺어져 있는 것을 실감하거나 하는 일에서 우리들은 상당히 인연이 없는 세상에 살고 있습니다. 현대에는 '노동'을 통해서 자신이 일하는 것의 의의나 살아있는 것의 의의를 느낄 수 없게 되고, '노동의 기쁨'이라는 표현이 굉장히 고풍스럽게 느껴질 정도로 '노동'은 우리들의 생활에서 멀어져 버리게 된 것입니다.

남자는 현대를 어떠한 시대라고 생각하고 있습니까?

1 생활과 노동이 하나로 맺어진 시대

2 '노동'의 의의를 실감할 수 없는 시대

3 일하고 싶어도 '노동'의 장이 없는 시대

4 생활과 '노동'을 구별해서 생각하는 시대

답 ❷

問題 4

1番

M：人事課の木村さんにお目にかかりたい
　のですが…。

F：1　いつもお世話になっています。

　　2　お約束でしょうか。

　　3　私がご用件をうけたまわりますが。

인사과의 기무라 씨를 뵙고 싶습니다만……
1 언제나 신세지고 있습니다.
2 약속하셨습니까?
3 용건은 제가 받겠습니다.

답 ❷

2番

F：人員整理以外に、会社再建の方法はな
　いでしょうか？

M：1　もう少し早く言ってくれれば、なん
　　とかなったのに。

　　2　じゃ、君は、どうすればよかったと
　　言うんだい？

　　3　今となっては、もう他に打つ手はな
　　いんだよ。

인사정리 이외에 회사를 재건할 방법은 없을까요?
1 좀 더 빨리 말해줬으면 어떻게든 됐을 텐데.
2 그럼 너는 어떻게 했어야 한다는 거야?
3 지금으로선 더 이상 손 쓸 방법이 없어.

답 ❸

3番

M：ごちそうさまでした。

F：1　どうぞおかまいなく。

　　2　おそまつさま。

　　3　まあ、ごていねいに。

잘 먹었습니다.
1 사양하지 마시고.
2 변변치 못합니다.
3 어머 공손하기도 해라.

답 ❷

4番

M：どうして、そんな大切なことを僕に教
　えてくれなかったんだ？

F：1　君の耳にはとっくに入っていると思
　　って。

　　2　知らなかったんだから、仕方ないじ
　　ゃないか。

　　3　そんなこと、言われなくてもわかっ
　　てるよ。

어째서 그런 중요한 것을 나에게 가르쳐주지 않았어?
1 너는 이미 알고 있을 거라고 생각했어.
2 몰랐으니까 어쩔 수 없잖아.
3 그런 건 말 안 해도 알고 있어.

답 ❶

5番

F：いったい、今、何時だと思っているん
　ですか。

M：1　たぶん10時ごろですよ。

　　2　申し訳ございません。

　　3　確か10時だったと思います。

대체 지금 몇 시라고 생각하고 있는 거예요?
1 아마 10시 쯤일 거예요.
2 정말 죄송합니다.
3 확실히 10시였을 겁니다.

답 ❷

6番

F：君の馬鹿さ加減には、つくづく呆れた
　　よ。

M：1　それほどでもないんじゃない？

　　2　君にだけは言われたくないね。

　　3　今ごろ言われても、もう間に合わな
　　　　いよ。

너의 바보 같은 면에는 아주 질렸어.
1 그 정도는 아니지 않아?
2 너한테만큼은 듣고 싶지 않아.
3 지금 얘기한대도 이미 늦었어.

답 ❷

7番

F：年の瀬もいよいよ押し迫ってきました
　　ね。

M：1　ええ、一年なんて早いものですね。

　　2　どうぞ、いいお年をお迎えください。

　　3　ええ、めっきり寒くなってきました
　　　　ね。

연말도 드디어 다가왔네요.
1 네, 1년이란 빠르네요.
2 부디 좋은 해를 맞이하세요.
3 네, 부쩍 추워졌네요.

답 ❶

8番

F：もう遅いので、そろそろ失礼します。

M：1　お近くにお越しの際は、どうぞお立
　　　　ち寄りください。

　　2　そうですか。お引き留めしてしまっ
　　　　て、申し訳ありませんでした。

　　3　せっかくおいでくださったのに、た
　　　　だいま取り込んでおりまして。

이미 늦었으니까 슬슬 실례하겠습니다.
1 근처에 들르실 때 부디 들러주세요.
2 그렇습니까? 붙잡아서 죄송했습니다.
3 모처럼 와주셨는데 마침 어수선해서요.

답 ❷

9番

M：お姉さんとこのカナちゃんに、七五三
　　のお祝いを贈らなきゃ。

F：1　そういえば、カナちゃん、今年三歳
　　　　だったね。

　　2　カナちゃん、病気の方はすっかり良
　　　　くなったの？

　　3　カナちゃんには、ずいぶんお世話に
　　　　なったからね。

언니의 딸인 카나 짱에게 시치고산의 축하 선물을 보내야
겠어요.
1 그러고 보니 카나 짱, 올해 세 살이 되었네.
2 카나 짱, 병은 완전히 다 나았어?
3 카나 짱에게는 굉장히 신세를 졌으니까요.

답 ❶

10番

M：せっかくの花見だったのに、雨に降ら
　　れちゃって、さんざんでした。

F：1　それはしかたありませんね。

　　2　それは残念でしたね。

　　3　それはお困りでしょう。

모처럼의 꽃놀이였는데 비가 와서 참담했습니다.
1 그건 어쩔 수 없군요.
2 그건 유감이네요.
3 그건 곤란하죠.

답 ❷

11番

M：印刷された年賀状って、どこか味気な
　　いと思わない？

F：1　今日は29日だけど、年賀状をもう出
　　　したの？

　　2　うん、今は簡単にパソコンで年賀状
　　　が作れるからね。

　　3　うん、やっぱり年賀状は手書きのも
　　　のが一番だね。

인쇄된 연하장은 어딘가 재미없지 않아?
1 오늘 29일인데 연하장을 벌써 보냈어?
2 응, 지금은 간단하게 컴퓨터로 연하장을 만들 수 있으니
　까 말이야.
3 응, 역시 연하장은 손으로 쓰는 게 최고야.

답 ❸

12番

F：いらっしゃいませ。木村様、お待ちし
　　ておりました。ご案内します。

M：1　お忙しいところを、ご迷惑ではあり
　　　ませんか。

　　2　わざわざのお出迎え、ありがとうご
　　　ざいます。

　　3　こちらこそ、突然伺いまして申し訳
　　　ありません。

어서 오세요. 기무라 씨, 기다리고 있었습니다. 안내하겠습
니다.
1 바쁘신데 폐를 끼치는 건 아닙니까?
2 일부러 마중나와 주셔서 고맙습니다.
3 이쪽이야말로 갑자기 방문해서 죄송합니다.

답 ❷

13番

M：これ、お世話になったお礼の気持ちで
　　す。どうかお納めください。

F：1　そのようなお気遣いは困ります。

　　2　申し訳ありませんが、今回は見送ら
　　　せてください。

　　3　ご希望には添いかねます。

이거, 신세 진 감사의 마음입니다. 부디 받아주세요.
1 그런 식의 배려는 곤란합니다.
2 죄송하지만, 이번에는 배웅하게 주세요.
3 바라는 바에 부응하기는 어렵습니다.

답 ❶

14番

M：会社の機密情報を外部に漏らしたのは
　　、君じゃないのか？

F：1　そんなこと、一方的に言われても困
　　　ります。

　　2　そんな無理を言わないでください。

　　3　変な言いがかりは、やめてください。

회사의 기밀정보를 외부에 누설한 것은 당신 아닌가?
1 그런 건 일방적으로 말해도 곤란합니다.
2 그런 불가능한 말은 하지 말아 주세요.
3 이상한 트집은 그만두세요.

답 ❸

問題5

1番 大学の教授がマレーシア社会について話しています。

F1：マレーシアの病院に入院したことがある友人によれば、その夕食には三種類の違ったメニューが出されたといいます。これは、マレーシアが典型的な多民族国家であるという切実な政治と文化の反映なのですが、メニューの一番目はマレー人、二番目は中国人、三番目はインド人向けで、豚肉と牛肉はついに一度も出されなかったといいます。豚肉はムスリムのマレー人にとってタブーであり、ヒンドゥー教徒は牛肉を食べないからです。多民族社会でありながら、マレーシアが安定しているのは、それぞれの民族性を尊重し合いながら、互いに協力しあう必要性を理解していることにあるでしょう。

M：日本とはずいぶん違うね。

F２：ええ、「日本は単一民族国家」だなんて、一国の首相が言ってたんだから。

M：そう言えば、アイヌ民族は、つい最近まで民族として認められていなかったよね。

F２：ええ、明治政府による過酷な「同化政策」にさらされ、多くの土地だけでなく、言語や文化までも奪われたからね。

M ：マレーシアと日本は、実に対照的だね。

F２：ええ、でも、マレーシアも宗教問題には手を焼いているようよ。マレーシアは憲法で「日常的にマレー語を話し、イスラムを信仰し、マレーの習慣に従う者である」としているように、イスラム教を国教とする国だから。

M ：とはいっても、日本に永住している在日コリアンの地方参政権も認めていない日本に比べれば、進んでるってことじゃない。

F２：それはそうね。

質問1　男の人が「マレーシアと日本は、実に対照的だね」と述べていますが、どこが対照的なのですか。

質問2　教授の話と男女の会話から、マレーシア社会はどんな社会だとわかりますか。

대학의 교수가 말레이시아 사회에 대해서 이야기하고 있습니다.

F1 : 말레이시아 병원에 입원한 적이 있는 친구에 의하면, 저녁 식사에는 세 종류의 다른 메뉴가 나왔다고 합니다. 이것은 말레이시아가 전형적인 다민족 국가라는 절실한 정치와 문화의 반영입니다만, 메뉴의 첫 번째는 말레이시아 인, 두 번째는 중국인, 세 번째는 인도인을 위한 것으로, 돼지고기와 소고기는 결국 한번도 나오지 않았다고 합니다. 돼지고기는 무슬림인 말레이시아 인에게 있어서 금기이며, 힌두교도는 소고기를 먹지 않기 때문입니다. 다민족사회이면서 말레이시아가 안정되어 있는 것은 각각의 민족성을 서로 존중해가며 서로 협력하는 필요성을 이해하고 있는 것에 있겠지요.

M : 일본과는 꽤 다르네.

F2 : 응, 바로 최근까지 '일본은 단일 민족국가'라고 한 나라의 수상이 말했었으니까.

M : 그렇게 말하면 아이누 민족은 바로 최근까지 민족으로 인정하지 않았잖아.

F2 : 응, 메이지 정부에 의한 과혹한 '동화정책'으로 많은 토지뿐 아니라 언어나 문화까지도 빼앗겼으니까.

M : 말레이시아와 일본은 정말로 대조적이군요.

F2 : 응, 하지만 말레이시아도 종교 문제에는 애를 먹고 있대. 말레이시아는 헌법에서 '일상적으로 말레이시라어로 말하고, 이슬람을 신앙하고, 말레의 습관에 따르는 자이다'라고 하듯이, 이슬람교를 국교로 하는 나라이니까.

M : 그렇다고는 해도 일본에 영주하고 있는 재일 한국인의
　　지방 참정권도 인정하지 않는 일본에 비하면 발달된 것
　　아니야?
F2 : 그건 그렇네.

질문 1 남자가 '말레이시아와 일본은 정말로 대조적이네'라
　　고 말하고 있는데, 어디가 대조적입니까?

1 일본은 단일 민족이지만, 말레이시아는 다민족 국가이다.
2 일본은 사회가 불안정하지만, 말레이시아는 사회가 안정
　되어 있다.
3 일본은 동화주의가 강하지만, 말레이시아는 다문화주의
　국가이다.
4 일본 사회에는 많은 민족의 협력이 없지만, 말레이시아 사
　회에는 있다.

답 ❸

질문 2 교수의 이야기와 남녀의 회화에서 말레이시아 사회
　　는 어떤 사회라는 것을 알 수 있습니까?

1 말레이시아는 민족에 따라 먹는 것도 다르고, 사는 곳도
　다르며, 서로 독립해서 생활을 꾸리고 있는 사회
2 말레이시아는 영어를 공통어로 하면서도 말레이시아 인,
　중국인, 인도인이 각각의 언어를 사용하고 있는 사회
3 말레이시아는 말레이시아 인의 언어나 종교·문화를 기본
　으로 하면서도 소수민족의 문화나 전통도 존중되는 사회
4 말레이시아는 이슬람교를 국교로 하고, 말레의 습관에 따
　르는 것에 동의한 여러 민족만으로 만들어진 사회

답 ❸

2番　学生三人が、宇宙ヨット「イカロス」について話しています。

M1：ねえ、「イカロス」って知ってる？

F ：確かギリシア神話に出てくる人物で、大
　　きな翼をつくって、空を飛んだ人ね。

M1：そこから名前をつけたんだろうけど、僕
　　の言ってるのは、世界初の日本の宇宙ヨ
　　ット「イカロス」のことさ。今、半年か
　　けて、金星に向かっているんだ。

F ：わかった。それって、太陽光発電で飛
　　ぶ宇宙船なんじゃないの？

M1：ううん。「イカロス」は風じゃなくて
　　、太陽の光の力を受けて進むんだよ。
　　光にはものを押す力があるんだよ。イ
　　カロスの帆を広げると、宇宙ではじゃ
　　ますする空気などがないから、ずっと光
　　を受け続ければ、スピードは半年で時
　　速360キロにまで加速できるそうだ。

M2：じゃ、どうして今まで実現しなかっ
　　たの？

M1：このアイデア自体は百年前からあった
　　らしいけどね。宇宙ヨットには軽くて
　　薄い帆が必要で、こういった薄い帆を
　　つくるのは難しいからさ。イカロスの
　　帆は、厚みが髪の毛の太さの10分の1ほ
　　どで、ポリイミド樹脂という素材が使
　　われているんだが、日本だけがそれを
　　つくる技術を持っているんだ。

M2：すごいね。でも、何かがぶつかって、
　　帆がやぶれることってない？

F ：そういえば、ギリシャ神話のイカロス
　　は、高く飛びすぎて、太陽の熱で鳥の
　　羽をくっつけていた蝋が溶けて、落ち
　　ちゃうんだけど。

M2：そうならないことを祈りたいね。

質問　日本が世界で最初に宇宙ヨットを実現したのには、どのような理由がありますか。

1 日本は最も早く太陽光発電に成功した国
　で、高い技術を備えていたから。

２ 日本は高品質で高性能のポリイミド樹脂
　をつくる技術を持っていたから。

３ 宇宙ヨットを造るというアイディアが、
　日本以外の国々にはなかったから。

４ 光にものを押す力があることに注目した
　のは、世界でも日本だけだったから。

학생 세 명이 우주 요트 '이카로스'에 대해서 이야기하고
있습니다.

M1 : 저기, '이카로스'라고 알아?

F: 아마 그리스 신화에 나오는 인물 말이지. 큰 날개를 만
　들어서 하늘을 난 사람.

M1: 거기에서 이름을 붙였겠지만, 내가 말하는 건 세계 최
　초의 일본의 우주 요트 '이카로스'야. 지금 반 년 걸려
　서 금성으로 향하고 있어.

F: 알겠다. 그건 태양광 발전으로 나는 우주선인 거 아니야?

M1: 아니야. '이카로스'는 바람이 아니라 태양의 빛의 힘을
　받아서 나아가는 거야. 빛에는 사물을 미는 힘이 있어.
　이카로스는 돛을 펼치면, 우주에서는 방해하는 공기 등
　이 없으니까, 계속 빛을 받아서 나아가면, 빠르기는 반
　년에 시속 360킬로미터까지 가속할 수 있다고 해.

M2: 그럼 어째서 지금까지 실현하지 않았어?

M1: 이 아이디어 자체는 백 년 전부터 있었다고 해. 우주
　요트에는 가볍고 얇은 돛이 필요한데, 이러한 얇은 돛
　을 만드는 것은 어려우니까. 이카로스의 돛은 두께가
　머리카락의 두께의 10분의 1 정도로, 폴리이미드 수
　지라는 소재가 사용되는데, 일본만이 그것을 만드는
　기술을 갖고 있어.

M2: 대단하네. 하지만 무언가와 부딪혀서 돛이 찢어지는
　일은 없어?

F: 그러고 보니 그리스 진화의 이카로스는 너무 높이 날아
　서 태양열에 새 깃털을 붙인 납이 녹아서 떨어지는데.

M2: 그렇게 되지 않도록 빌어야지.

질문 일본이 세계에서 최초로 우주 요트를 실현한 것에는
　어떤 이유가 있습니까?

1 일본은 가장 빠르게 태양광 발전에 성공한 국가로, 높은
　기술을 갖고 있었기 때문에

2 일본은 고품질이며 고성능의 폴리이미드 수지를 만드는
　기술을 갖고 있었기 때문에

3 우주 요트를 만드는 아이디어가 일본 이외의 국가에서는
　없었기 때문에

4 빛에 사물을 미는 힘이 있는 것에 주목한 것은 세계에서
　도 일본뿐이었기 때문에

답 ❸

3番　男女三人が野球観戦に来ています。

Ｆ１：うあ、すごい人だね。もうほとんど人で
　　　埋まっている。

Ｍ　：うん、最近、野球は人気があるからな。
　　　それに今日は巨人・阪神戦だし。

Ｆ１：ね、ね。早く席を探そうよ。指定席が取
　　　れたんでしょ。

Ｆ２：あれ、あそこの席、私たちの指定席じ
　　　ゃない？どこかのおじいさんたちが座
　　　ってるよ。

Ｍ　：困ったな。でも、まあいいか。俺たち若い
　　　しさ、この席は諦めて、他の席を探してみ
　　　ようよ。

Ｆ２：でも、こんなに人がいっぱいいて、空い
　　　ている席があるわけないよ。

Ｆ１：ちょっと、おじいさんたちになんとか
　　　言えば？

Ｍ　：俺、年寄りにはなんか言いづらくってさ。

Ｆ２：でも、私たちのことも少しは考えてよ。
　　　私目が悪いから、後ろだと全然見えない
　　　し。せっかく苦労して切符を手に入れた
　　　のに。

Ｍ　：でも、年寄りに立って観戦しろとも言えな
　　　いだろ。我慢しようよ。その代わりに、あ
　　　とでうまいものをおごるからさ。

Ｆ１：そういう問題じゃないでしょう。

Ｆ２：そうよ。もう、いい。私、もう帰る。

Ｍ　：おい、待てよ。わかった。言ってくるよ。

**質問　女の人たちは、どうして怒ったのです
か。**

1 人が多すぎて、どこにも空いた席が見つ
からなかったからです。

2 せっかく指定席を取ったのに、後ろの席
で全然見えないからです。

3 苦労して手に入れた指定席に、おじいさ
んたちが座っていたからです。

4 男の人が、おじいさんたちに席を替わる
ように言おうとしないからです。

남녀 세 명이 야구를 관람하러 와 있습니다.
F1: 우와, 엄청난 인파네. 벌써 거의 사람으로 가득 찼어.
M: 응, 요즘 야구는 인기가 있으니까. 게다가 오늘은 쿄진
　　· 한신 전이고.
F1: 저기, 저기. 얼른 자리 찾자. 지정석 샀잖아?
F2: 어? 저 자리, 우리 지정석 아니야? 모르는 할아버지들
　　이 앉아 있어.
M: 곤란한걸. 하지만 뭐 상관 없으려나. 우리들 젊기도 하
　　고, 이 자리는 포기하고 다른 자리를 찾아보자.
F2: 하지만 이렇게 사람이 많이 있는데, 남아있는 자리가
　　있을 리 없어.
F1: 저기, 할아버지들에게 뭐라고 말해 봐.
M: 나, 웃어른에게는 왠지 말하기가 어려워서.
F2: 하지만, 우리들도 좀 생각해줘. 나는 눈이 나쁘니까 뒤
　　에 앉으면 전혀 보이지 않는다고. 모처럼 고생해서 표
　　를 입수했는데.
M: 하지만, 웃어른에게 서서 관전하라고 할 수는 없잖아.
　　참자. 그 대신에 나중에 맛있는 거 살 테니까.
F1: 그런 문제가 아니잖아?
F2: 맞아. 이제 됐어. 나 그만 돌아갈거야.
M: 어이, 기다려. 알았어. 말하고 올게.

질문 여자들은 어째서 화가 났습니까?

1 사람이 너무 많아서 어디에도 빈자리가 없었기 때문
　입니다.
2 기껏 지정석을 샀는데, 뒷자리여서 전혀 보이지 않
　기 때문입니다.
3 고생해서 입수한 지정석에 할아버지들이 앉아 있었
　기 때문입니다.

4 남자가 할아버지들에게 자리를 바꾸라고 말하려고
　하지 않기 때문입니다.

답 ❸

N1　聴解　解答用紙

問題 1

1	①	②	③	④
2	①	②	③	④
3	①	②	③	④
4	①	②	③	④
5	①	②	③	④
6	①	②	③	④

問題 2

1	①	②	③	④
2	①	②	③	④
3	①	②	③	④
4	①	②	③	④
5	①	②	③	④
6	①	②	③	④
7	①	②	③	④

問題 3

1	①	②	③	④
2	①	②	③	④
3	①	②	③	④
4	①	②	③	④
5	①	②	③	④
6	①	②	③	④

問題 4

1	①	②	③
2	①	②	③
3	①	②	③
4	①	②	③
5	①	②	③
6	①	②	③
7	①	②	③
8	①	②	③
9	①	②	③
10	①	②	③
11	①	②	③
12	①	②	③
13	①	②	③
14	①	②	③

問題 5

1	1	①	②	③	④
	2	①	②	③	④
2		①	②	③	④
3		①	②	③	④

N1　言語知識（文字・語彙・文法）・読解　解答用紙

名 前
Name

問題 1

	①	②	③	④
1	①	②	③	④
2	①	②	③	④
3	①	②	③	④
4	①	②	③	④
5	①	②	③	④
6	①	②	③	④

問題 2

	①	②	③	④
7	①	②	③	④
8	①	②	③	④
9	①	②	③	④
10	①	②	③	④
11	①	②	③	④
12	①	②	③	④
13	①	②	③	④

問題 3

	①	②	③	④
14	①	②	③	④
15	①	②	③	④
16	①	②	③	④
17	①	②	③	④
18	①	②	③	④
19	①	②	③	④

問題 4

	①	②	③	④
20	①	②	③	④
21	①	②	③	④
22	①	②	③	④
23	①	②	③	④
24	①	②	③	④
25	①	②	③	④

問題 5

	①	②	③	④
26	①	②	③	④
27	①	②	③	④
28	①	②	③	④
29	①	②	③	④
30	①	②	③	④
31	①	②	③	④
32	①	②	③	④
33	①	②	③	④
34	①	②	③	④
35	①	②	③	④

問題 6

	①	②	③	④
36	①	②	③	④
37	①	②	③	④
38	①	②	③	④
39	①	②	③	④
40	①	②	③	④

問題 7

	①	②	③	④
41	①	②	③	④
42	①	②	③	④
43	①	②	③	④
44	①	②	③	④
45	①	②	③	④

問題 8

	①	②	③	④
46	①	②	③	④
47	①	②	③	④
48	①	②	③	④
49	①	②	③	④

問題 9

	①	②	③	④
50	①	②	③	④
51	①	②	③	④
52	①	②	③	④
53	①	②	③	④
54	①	②	③	④
55	①	②	③	④
56	①	②	③	④
57	①	②	③	④
58	①	②	③	④

問題 10

	①	②	③	④
59	①	②	③	④
60	①	②	③	④
61	①	②	③	④
62	①	②	③	④

問題 11

	①	②	③	④
63	①	②	③	④
64	①	②	③	④
65	①	②	③	④

問題 12

	①	②	③	④
66	①	②	③	④
67	①	②	③	④
68	①	②	③	④
69	①	②	③	④

問題 13

	①	②	③	④
70	①	②	③	④
71	①	②	③	④

N1 聴解 解答用紙

問題 1

問題	①	②	③	④
1	①	②	③	④
2	①	②	③	④
3	①	②	③	④
4	①	②	③	④
5	①	②	③	④
6	①	②	③	④

問題 2

問題	①	②	③	④
1	①	②	③	④
2	①	②	③	④
3	①	②	③	④
4	①	②	③	④
5	①	②	③	④
6	①	②	③	④
7	①	②	③	④

問題 3

問題	①	②	③	④
1	①	②	③	④
2	①	②	③	④
3	①	②	③	④
4	①	②	③	④
5	①	②	③	④
6	①	②	③	④

問題 4

問題	①	②	③
1	①	②	③
2	①	②	③
3	①	②	③
4	①	②	③
5	①	②	③
6	①	②	③
7	①	②	③
8	①	②	③
9	①	②	③
10	①	②	③
11	①	②	③
12	①	②	③
13	①	②	③
14	①	②	③

問題 5

問題		①	②	③	④
1	1	①	②	③	④
1	2	①	②	③	④
2		①	②	③	④
3		①	②	③	④

Ｎ１　言語知識（文字・語彙・文法）・読解　解答用紙

名　前　Name

問　題　1

	①	②	③	④
1	①	②	③	④
2	①	②	③	④
3	①	②	③	④
4	①	②	③	④
5	①	②	③	④
6	①	②	③	④

問　題　2

	①	②	③	④
7	①	②	③	④
8	①	②	③	④
9	①	②	③	④
10	①	②	③	④
11	①	②	③	④
12	①	②	③	④
13	①	②	③	④

問　題　3

	①	②	③	④
14	①	②	③	④
15	①	②	③	④
16	①	②	③	④
17	①	②	③	④
18	①	②	③	④
19	①	②	③	④

問　題　4

	①	②	③	④
20	①	②	③	④
21	①	②	③	④
22	①	②	③	④
23	①	②	③	④
24	①	②	③	④
25	①	②	③	④

問　題　5

	①	②	③	④
26	①	②	③	④
27	①	②	③	④
28	①	②	③	④
29	①	②	③	④
30	①	②	③	④
31	①	②	③	④
32	①	②	③	④
33	①	②	③	④
34	①	②	③	④
35	①	②	③	④

問　題　6

	①	②	③	④
36	①	②	③	④
37	①	②	③	④
38	①	②	③	④
39	①	②	③	④
40	①	②	③	④

問　題　7

	①	②	③	④
41	①	②	③	④
42	①	②	③	④
43	①	②	③	④
44	①	②	③	④
45	①	②	③	④

問　題　8

	①	②	③	④
46	①	②	③	④
47	①	②	③	④
48	①	②	③	④
49	①	②	③	④

問　題　9

	①	②	③	④
50	①	②	③	④
51	①	②	③	④
52	①	②	③	④
53	①	②	③	④
54	①	②	③	④
55	①	②	③	④
56	①	②	③	④
57	①	②	③	④
58	①	②	③	④

問　題　10

	①	②	③	④
59	①	②	③	④
60	①	②	③	④
61	①	②	③	④
62	①	②	③	④

問　題　11

	①	②	③	④
63	①	②	③	④
64	①	②	③	④
65	①	②	③	④

問　題　12

	①	②	③	④
66	①	②	③	④
67	①	②	③	④
68	①	②	③	④
69	①	②	③	④

問　題　13

	①	②	③	④
70	①	②	③	④
71	①	②	③	④